保険業界戦後70年史

生保と損保 — 成長と激動の軌跡

九條　守　著

協力　菊地 浩之

保険毎日新聞社

本書刊行にあたり

保険毎日新聞が創刊したのは、終戦直後の1945（昭和20）年12月です。おかげさまで2015（平成27）年に創業70周年を迎えたことを機に、戦後の保険業界の歴史をまとめてみてはどうか、ということから本書の企画がスタートしました。

1990年代後半からのバブル崩壊・自由化の激動の時代をきちんと描くこと、日本の保険業界を取り巻く国際的な動向や金融界全体との連関を視野に収めながら描くこと、業界全体の一般的な動向だけではなく、個社ごとの推移や営業職員・代理店など募集従事者にとっての歴史も描くことなど、考えてみればとても欲張りな企てとなり、当初の予定からは大幅に遅れての出版になりました。

しかし、菊地浩之氏の該博な知識と九條守氏の豊かな見識と力技がなければ、陽の目をみることもできなかった本書をこうして保険業界の読者の皆様にお届できることをたいへんな喜びとするところです。また、本書の企画段階では、当社ＯＢである中﨑章夫氏、石井秀樹氏のご協力も頂いたことを付記し、本書刊行にご協力くださいました皆様すべてに、紙上を借りて厚くお礼申し上げます。

2018年6月

保険毎日新聞社

編集代表　森 川　正 晴

はじめに

1945（昭和20）年8月に、米英等の連合国と戦っていた我が国はポツダム宣言を受諾し、第二次世界大戦がようやく終結しました。人類史上最も多くの国々が参戦し、広範囲にわたって戦闘を繰り広げ、原子爆弾投下・無差別爆撃をはじめ、残虐な殺戮を極め尽くした戦争、その悪夢のような世界戦争が終わってから70年余の歳月が経過しています。

この70年間を振り返ってみると、まず戦禍で主要都市が焼け野原となった我が国日本は、終戦直後の混乱とGHQ（連合国軍最高司令官総司令部）による占領時代を経て、朝鮮戦争の特需を糧に復興を成し遂げ、1960年代から70年代には高度経済成長への道を邁進し、東京オリンピックや大阪万博という世界的イベントを開催することによって成長の弾みをつけると、国民の所得は倍増し、国民は安定した生活を送れるようになりました。終戦から30年足らずで「一億総中流時代」を迎えるという驚異的な発展をしたのです。そして、先進国の仲間入りをして、1980年代には「ジャパン・アズ・ナンバーワン（Japan as No.1）」と呼ばれるほど、耀きを持った国として世界中から瞠目されました。当時は国民の誰もが夢と誇りを抱いて幸福を感じていました。戦後からこの時までの50年間（戦後の昭和の時代）は、今から思えば「成長の時代」だったといえることができます。

ところが、90年代（平成の時代）に入ると、世界的な金融政策や為替政策等の流れが大きく変わり、その影響を受けて、80年代後半に起こったバブル景気が突如崩壊し、「成長の時代」から後退・低迷したデフレーションの状況に陥り、それに追い討ちをかけるように日米の貿易摩擦等も激しくなると、グローバル化の波により自由化・規制緩和の時代が訪れ、「激動の時代」に突入してしまいました。2008（平成20）年には、世界的金融危機「リーマン・ショック」が発生し、バブル崩壊からこの頃までを「失われた20年」と呼ばれましたが、その混迷した「激動の時代」は現在も続いています。

本書は、戦後70年間における保険業界の変遷を振り返ることを目的としたものです。保険業界もこの70年間に「成長の時代」「激動の時代」をたどってきました。そして、戦後70年目に奇しくも、保険業界の基本法である保険業法が大幅に改定されました。特に保険募集のあり方について、厳しい対応が求められる内容に改められました。保険募集を行う者にとっては、文字どおり「激動の時代」になったといっても過言ではありません。「成長の時代」「激動の時代」の中で、保険業界にはどのような出来事があったのか、当局をはじめ、保険会社や保険募集人はどのように対応してきたのか、その詳細を知っておくことは、現在も続く「激動の時代」に必ず役立つと思います。保険会社の社員の皆様はもちろんのこと、保険代理店や保険仲立人（ブローカー）の皆様の基本書として、是非座右に置かれることを期待して止みません。

本書の出版元である保険毎日新聞社は、1945（昭和20）年12月に創業され、正に戦後70年間の保険業界の歩みとともに、保険業界のニュース・情報を伝えて、業界の発展のために貢献されてきました。本書では、関連する過去の記事を掲載しましたので、本文と合わせてお読みいただくと、臨場感を持って当時を体験できると思います。

保険評論家　**九　條　　守**

目　次

第2節 損害保険業界の「成長の時代」――――――― 38

第２章 「激動の時代」の到来ーバブル崩壊と自由化による破綻・合併の時代へ

第３章　これからの保険業界－質的能力向上への時代へ

第　1　章

「成長の時代」

―戦後からバブル期までの歩み

「はじめに」でも述べましたが、戦後70年間の日本の歩みを、終戦直後から50年間（1945年～1990年代中盤）の「成長の時代」と、それ以後から現在に至るまでの20年間（1990年代中盤以降）の「激動の時代」とに分けることができます。保険業界の戦後70年間も、同様に「成長の時代」と「激動の時代」に分けて見ることができます。この章では、「成長の時代」（戦後50年間）における保険業界の状況について詳しく解説することにします。

第１節　戦後体制の構築

１．甚大な戦争被害

第二次世界大戦によって、我が国が喪失した国富（国民全体が保有する資産から負債を差し引いた正味資産）の総額は、終戦時の価格で約653億円と推定されています。1941（昭和16）年時点にあった国富（約2531億円）の４分の１が失われてしまったことになります[1)]。

国内だけを見ても、大都市だけでなく地方の市町村にも米軍の空襲によって多くの被害が出ています。被害を受けた市町村の数は、全国で430市町村、死者数は約56万人、行方不明者は約２万5000人、負傷者は約30万人、損失家屋数は約234万戸もありました[2)]。

このような甚大な被害の中で、国民生活・国民経済を復興させるには、その基盤・屋台骨となる銀行や保険会社等の金融機関は大きな鍵を握っていました。ところが、その金融機関も、この戦争によって巨額の損失を被り、その経営再建もままならぬ状態でした。まず、当時の銀行や保険会社が、どのような状況にあったかを見ることにします。

⑴　在外資産の喪失

日本は、日清戦争から終戦までの間に、本土以外に朝鮮半島、台湾、南樺太、千島列島等を獲得し、さらに満州、中国大陸、東南アジアを植民地化して、広大な領土を持っていました。その面積は、満州、中国大陸および東南アジアを除いても、67万5000km^{2}もありましたが、敗戦によってそれらの領土のすべて（全体の約44％相当）を失い、37万8000km^{2}となりました。

それに伴って、当該領土に進出していた日本の一般企業および保険会社・銀行等の金融機関は、在外資産をすべて没収されてしまいました。その在外資産の総額は、3794億9900万円もありました。その資産は、1951（昭和26）年に締結されたサンフランシスコ平和条約によって、それらの国々への戦後賠償に充てられることになり、当該企業には戻ってきませんでした。

(2)　戦時補償の打切り

戦時中に、政府は「国家総動員法」をはじめ「防空法」「銀行等資金運用令」「軍需会社法」「戦時特殊損害保険法」等の法令によって、軍需会社および保険会社を含む金融機関に対して、戦争に起因する損害や損失の補償（戦時補償）を公約していました。終戦直後に成立した東久邇内閣は、公約どおりに軍需会社および保険会社等に対して戦時補償を支払って救済しようと計画していました。終戦時において、軍需会社および保険会社は、戦争に起因する損害や損失で巨額の負債を抱えていたからです。特に生命保険会社は、軍需会社の株式・貸付金・社債を保有していたため、この計画に大きな期待を抱いていました。また、銀行も軍需会社に対して多額の貸付をしていました。戦時補償の支払いをしなければ、不良債権化が起こって銀行や保険会社等の金融機関の多くが経営危機に陥り、ひいては日本という国全体が経済破綻をしてしまう懸念がありました。

しかし、この戦時補償の支払いを、簡単に行うことができない三つの深刻な問題がありました。

まず一つ目は、全国民が戦争の犠牲を被ったにもかかわらず、外地からの引揚者への給付を除いては一般市民への戦争被害補償は行われないのに対して、軍需会社や保険会社等にだけ補償が行われるのは不当であるという声が強く、このバランスをどうするかという問題です。

二つ目は、当時の大蔵省と商工省の調査によると、政府が支払うこととなる戦時補償債務額が総額565億円にも上ることが判明した結果、財政がこの巨額の負担に耐えられないのではないかという問題です。

三つ目は、たとえ巨額の戦時補償の支払いが行われたとしても、終戦直後に巻き起こっていた凄まじい悪性インフレーションを一層激化させてしまうという問題です。

そのため、10月に成立した幣原内閣は、「政府からの補償は全額行うべきではなく、国民・政府・企業が公平に損失を負担すべき」という趣旨で前内閣とは違った意向を表明しました。歳入が極度に減少した状態が続くことは避けられない情況の中で、この意向表明は基本的には財政収支の均衡を図ることを念頭に置いたものでした。政府は、これ以降、「戦時補償については、適正かつ厳格な審査と総合的な判断で行う」という慎重な姿勢を示しつつ、歳出を徹底して圧縮するように努め、歳出の新たな財源となる税を設ける政策の検討を開始します。GHQは、11月に「戦争利得の除去及び財政の再建に関する件」という覚書（ステートメント）を出し、日本政府の政策を承認します。GHQは、「戦争は儲かる事業ではなく、利益を生まない」という基本的な考え方を持っており、戦時補償については消極的なスタンスだったのです。

1946（昭和21）年に入ると、政府は「財産税」という新税を賦課する準備を行います。5月に誕生した吉田内閣は、「国家総動員法」および「軍需会社法」に基づく戦時補償の「一般補償債務」（165億円）を全額打ち切り、それ以外の戦時補償452億円を「経済の安定と産業の復興とに必要なる限り支払いを行う目標の下に速やかに調査を開始する」旨の方針を決定しました。

ところが、その方針決定の直後に、GHQがその戦時補償の請求権等に対して100％の課税を行うという案を提示してきました。政府としては、GHQと激しい応酬を繰り返しましたが、GHQは連合国の対日理事会におけるソ連等からの強い反対に配慮しなければならない事情があり、また占領政策をスムーズに進めるために、財政再建に重きを置くべきとする主張を曲げませんでした。このGHQの案は、日本政府の「財政再建」と「戦時補償の公約」の二律背反的な命題を解決するものであり、日本政府はこの案に逆らえず、「戦時補償特別措置法」(10月施行）を制定し、GHQの案どおりに戦時補償請求権および戦争保険金請求権に100％の課税を行うという方法によって、戦時補償の支払いを全面的に打ち切ることにしたのです。

この打切りによる損失は918億円であり、1946（昭和21）年度の国民総支出額4740億円の5分の1に相当する膨大な額でした。この打切りによって、軍需会社だった企業や保険会社等の金融機関の多くが破綻を覚悟せざるを得ない状況となりました。

⑶　保険金の支払い

通常、生命保険および外航貨物保険を除く損害保険では、戦争危険は免責となっていますが、第二次世界大戦、特に太平洋戦争前後から生・損保ともに戦争危険の引受けを行っていました。戦局が悪化するにつれて戦争による被害は拡大し、結果として、終戦時には巨額の保険金を支払わなければならなくなっていました。

①　戦争死亡保険（生命保険）

当時の商法では「戦争其他ノ変乱ニ因リテ生シタル損害ハ特約アルニ非サレハ保険者之ヲ塡補スル責ニ任セス」（商法第640条）と戦争危険を免責としていましたが、生命保険では、日清戦争以来、生命保険会社によって戦争による死亡者に対する対応が異なっており、特別割増保険料を払って保険金を支払う会社、保険金の支払額を削減する会社、無条件で保険金を支払う会社と3パターンに分かれていました[3)]。

1941（昭和16）年12月に太平洋戦争が始まると、「生・損保の戦争危険の免責が国民に不安を与え国民生活に支障を来す」という声が政府関係者から出始め、当局は生命保険業界に対し、戦争による死亡者に対する対応について統一するよう意見集約を求めました。ところが、生命保険業界は明確な対応を示しませんでした。

開戦から4ヶ月余り経った1942（昭和17）年4月18日に、懸念していたことが起こりました。米軍による初めての日本本土空襲があったのです。犬吠埼沖の東方650海里まで接近してきた米空母「ホーネット」から飛び立ったB25爆撃機16機のうち、13機が横須賀・横浜・東京を、2機が名古屋を、1機が神戸を爆撃しました。真珠湾攻撃の戦勝気分の覚めやらぬ時期に、予想を超えてあまりにも早く本土空襲があったので、日本中に衝撃が走りました。

この空襲の直後、生命保険会社各社は急遽集まり、保険料率の引上げを行わずに無条件で戦争危険による死亡保険金を支払うことを申し合わせました[4)]。さらに、翌年2月にも、戦争による死亡に対しては、従来どおり保険契約の約款にかかわらず無条件支払いを続行することを重ねて申し合わせるとともに、現に新契約の保険種類の全部について普通保険約款中の戦争条項を、次のように統一改正しました[5)]。

《被保険者が戦争其の他の変乱により死亡したる場合においても会社は保険金の支払の責に任ず 但し戦争其の他の変乱による死亡の増加が本保険の計算の基礎に重大なる影響を及ぼす虞ありと認めたるときは会社は主務官庁の認可を受け特別保険料を徴収し又は戦争其の他の変乱により死亡したる者の保険金を削減して支払うことあるべし》
（将来事態の急変ある場合に関する附帯条件付）

また翌年には、戦争死亡傷害保険が生命保険会社だけでなく損害保険会社でも発売されるようになりました。

ところが、戦局の更なる悪化に伴い、戦争死亡保険金の支払は激増、生保各社の収支に重大な影響を及ぼすようになります。そこで、1945（昭和20）年４月に戦争死亡保険金について、既契約は全額、新契約は保険金額５万円まで支払うこととし、政府が設立した国策機関の生命保険中央会がその再保険を引き受ける措置を取りました[6)]。また、生命保険中央会に損失が生じた場合には、政府が補償することになりました[7)]。

結局、第二次世界大戦で戦没した日本人の兵士は約230万人、一般市民は約80万人にも上り、戦争によって死亡した者に対して支払われた戦争死亡保険金の総額は、25.5億円にもなりました。国内生命保険会社が積み立てていた責任準備金はわずか３億円しかなく、そのうえ生命保険中央会の再保険部の損失、すなわち政府補償分が7.5億円だったことから、最終的な生命保険会社の実質的負担額は15億円にものぼったといわれています[8)]。生命保険会社にとって、この負担はかなり重いもので、戦後の会社再建を非常に難しくさせました。

② 戦争保険（損害保険）

一方、損害保険では、太平洋戦争が始まる数ヶ月前の夏頃から、戦争保険（空爆保険）の検討が開始されていました。

《わが国における損害保険制度によれば戦争危険、地震、爆発（鉱山などにおける）空爆などはいわゆる普通危険とは区別して保険会社に対する免責条項となり、実際損害を生じた場合も保険金の支払を行わない習わしとなっており、（中略）対外関係の急迫とともに万一の場合は空爆の危険なしとせず、しかも空爆の損害に対し何ら保険的施策の講ぜられていない現状では一般国民生活に与える不安もあり、また戦時経済自体の円滑なる運営にも支障を生ずる懼れなしとせず、政府は社会政策的および経済政策的観点より速かに空爆保険制度を実施すべく目下商工、大蔵両省においてこれが具体案を考究中である。》（大

阪朝日新聞「空爆保険を実施 政府、具体化を急ぐ」1941年8月16日付記事）

この記事は、10月の御前会議で太平洋戦争の開戦を決断する前から、米国との戦争が避けられない大勢であると見て、その場合に米軍機の空襲による火災被害を既に予測していたことを裏付けるものです。

そして、12月の太平洋戦争の開戦（8日）直後の19日に、「戦争保険臨時措置法」という法律が成立し、従来空襲等の戦争による火災等の損害を免責事項としていた火災保険の約款の効力を実質上停止し、一般の火災保険契約でも戦時割増保険料を払い込めば、空襲や襲撃等による損害に対しても保険金が支払われるようになりました。

「戦争保険臨時措置法」の法案が国会に提出された時には、次のような骨子説明がありました。

《同法制定の趣旨は戦時下における経済秩序の維持並に国民生活の安定を目的とするもので、火災保険等の戦争による損害に対する免責約款を実質上停止し、それによって生ずべき保険会社の損失を国家に於て補償せんとするものである、戦争保険臨時措置法案の骨子は大体左の如くである。

一、戦争保険は国営の形を採らず国家の損失補償による

一、戦争保険臨時措置法を制定し、火災保険等に於ける戦時免責約款を停止し、空襲、襲撃等戦争による損害に対しても保険会社をして保険金を支払わしむ

一、戦争保険加入は、現火災保険契約者は戦時割増保険料を支払うことにより、新規加入希望者は新規に保険会社と保険契約を結び、普通保険料と戦時割増料を支払うことによって効力を発する、加入は任意とする

一、戦時割増保険料は可及的低廉ならしめ、地域的に差異を設ける見込である

一、保険会社が戦争による損害に対し保険金を支払った結果損失を生じたる場合は国家が損失の全額を補償し、戦時保険により利益を生じたる時は国家がこれを収納する

一、可及的速かに実施するが、若し実施前に空襲等により損害発生せる場合は溯及的に適用を認める方針である》[9)]

この戦争保険は、損害保険会社が保険金を支払った結果、損失が生じた場合には、国がその損失の全額を補償し、損害保険会社に利益が生じた場合には国に納めるという仕組みを採用し、しかもこの戦争保険制度が実施される前に発生した空襲等による損害も遡及して補償するという眼を見張る内容でした。当時の大蔵省管理局戦争保険課長が、損害保険会社に対して、次のような説明をしています。

《保険事業の免許などは要りません。何とならば、臨時措置法は、保険業法の例外法をなして居るからであります。基礎書類も要りません。どうかこの仕事は、事務費持ち出しの仕事でございますが、国のために奉仕をするのだと云う心持ちで、運用に遺憾なきを期せられたいと切望しております》[10)]

戦争保険は創設されたものの、1942（昭和17）年4月の日本本土初空襲から昭和19年秋までほとんど空襲はなく、またこの保険への加入が任意だったことから、加入率は低い状態でした。そのため、国は「防げ空襲　つけよ戦争保険」「出来たか待機所　つけたか戦争保険」という標語を作って加入を促しました[11)]。

1944（昭和19）年2月には、「戦争保険臨時措置法」を廃止して「戦

時特殊損害保険法」を公布して、ある地域については任意加入から強制加入とし、さらには地震危険も補償するようになりました[12)]。地震保険も補償することにしたのは、前年の9月に鳥取で大地震があり、大きな損害があったからです[13)]。これが、現在の地震保険の原型ともいわれています（後述第2節2⑴①ウ参照）。

1944（昭和19）年7月にサイパンが陥落したことによって、同年11月下旬から米軍による空襲は激しくなり、国民の不安がこの戦争保険への加入を駆り立て、最終的に加入契約件数は1079万件、保険料は7億3860万円にもなりました[14)]。

実際に第二次世界大戦で空襲等により全焼壊した建造物は約233万戸で、疎開取り壊しによる55万戸を合わせると293万戸にものぼり、これは実に当時の日本全国の建造物（1190万戸）の25%に相当し、日本全国の主要都市は焼け野原となりました[15)]。支払われることになる保険金の総額は、462億7660万円という桁外れの額が見積もられ、その保険金が支払われると損害率は6265%にもなると試算されました[16)]。

実は、空襲による火災被害で、戦時中にこの戦争保険からすぐに保険金が支払われたのは、約2割でした。残りの8割については、政府が戦時中の施策として戦争保険金が支払われることによってインフレが起こるのを防止するために支払いを延期させる措置をとり、その資金を特殊預金として長期間封鎖したことから、実質的には保険金は支払われませんでした[17)]。

戦後になり、戦争保険金の支払いは、既述のとおり国の財政負担が莫大となることから「戦時補償特別措置法」により、個人5万円、法人1契約につき1万円、計10万円を限度として打ち切られ[18)]、結局残りの235億円は支払われませんでした[19)]。支払った保険金も、国が支払ったのであり、損害保険会社の資金から払われたのではありませんでした。このように保険金支払いを免れた損害保険会社は、生命保険会社に比べ早く再建できました。そのため、戦後しばらく損害保険会社に対してこの戦争保険部分の保険金支払いを求める声が強くありました。

２．独占禁止法公布と料率算定会の設立

GHQは、日本に対する経済的民主化政策として、「財閥解体」と「独占禁止法の制定」を実施しました。この政策によって、保険会社を含め日本の企業は、大きな影響を受けました。

(1)　財閥解体

連合国側は、戦前から存在した三菱・三井・住友・安田等の財閥が、ある特定の一族だけを構成員として、巨大な富を独占支配しており、極めて封建的で非民主的な制度であるという認識を持っていました。そして、その財閥の資本によって重化学工業産業が発展したからこそ、日本が戦争を引き起こすまでの力を持つに至ったのだと考えていました。「財閥解体」は、日本を二度と戦争を起こすような強国にならぬよう、日本を弱体化させるための強硬な政策だったのです。

この政策は、後で述べるように（本節４(3)④参照）、保険会社の再建、とりわけ生命保険会社の再建に大きな影響を及ぼします。

(2)　独占禁止法の制定

①　半世紀遅れた日本の現状

1947（昭和22）年３月に、GHQから政府に「独占禁止法」を定めるよう指令があり、それを受けて政府は「私的独占の禁止及び公正取引の確保に関する法律」を翌月に制定しました。特定の企業が他の企業の追随・競争を許さないよう独占的な支配を行うことを禁止しただけでなく、カルテル行為のほかに法人による他企業の株式支配も全面禁止しました。

米国は、19世紀末から20世紀初頭にかけて、「独占の禁止」「不公正な取引の禁止」「正当でない取引の制限」等を定めた「反トラスト法」を制定しており、日本は半世紀も遅れてようやく法律を定めることになったのです。

②　米国とGHQの政策変更

ところが、1948（昭和23）年になると、日本の経済的自立の立ち遅れによって米国の占領費用の負担が増加してきたため、米国とGHQは政策変更を余儀なくされました。強硬に進めてきた「財閥解体」を緩和して重化学工業製品の生産を再開させ、日本がアジア諸国に行うべき賠償を現物賠償方式によって軽減するとともに、貿易の拡大を図って強力に経済復興を目指す方針がとられるようになりました。

米国は、日本の産業の生産性向上や基盤拡充を図るために、「産業経営」「原価管理」「組織論」「品質管理」「販売技術」「生産工学」等の分野において専門家を日本に派遣して、本腰を入れた教育・指導を開始しました。保険についても、米国の専門家およびGHQの保険担当官からいくつか教育・指導を受けています。その一つが、「保険料のダンピング」を防止するための制度づくりです[20)]。

③　「保険料ダンピングの横行」と「料率協定制度」

終戦当時まで主要な保険が火災保険と海上保険であった損害保険会社は、火災保険の対象である家屋等の建造物が25％も失われ、海上保険の対象である船舶も戦争当初の約1000万トンから終戦時には150万トンに激減していたうえに、貿易も途絶状態であったことから、資産面だけでなく保険料収入面でも前途暗澹たる状況に陥っていました[21)]。

再建に向けて積極的な営業展開をしようとしても、都市部の家屋はバラック造りがほとんどで、火災保険の引受けでは慎重にならざるを得ませんでした。アンダーライティングを怠って無理して引き受けてしまうと、不審火が頻発したり、大火になったりしたりして、経営を軌道に乗せるのは困難を極めました。アンダーライティング上問題のない希少な物件が見つかると、その物件に多数の損害保険会社や保険代理店が群がり、熾烈な競争になりました。このような状況の中で問題となったのは、契約を獲得するために保険料を値引きする「ダンピング」の横行です[22)]。

保険料は、過去に起きた事故の発生頻度や損害額等の大量のデータに基づき「大数の法則」を用いて算出されますが、この算出方法を全く無視して保険料を勝手に値引きする「ダンピング」は、理論的かつ数理的に成立している保険の存在根拠そのものを無視するもので、その横行は保険会社の経営そのものも危うくします[23)]。ましてや、終戦直後の保険会社は再建途上で、その経営は極めて厳しい状況にあったので、なおさらです。

日本では、損害保険会社が明治時代から乱立したため、各社は「保険料のダンピング」による熾烈な価格競争を繰り返し、常に経営状態は不安定でした。1890（明治23）年頃から損害保険会社が協定して保険料率を決定する「料率協定制度」を設ける動きがあったのですが、なかなかまとまらず、ようやく1917（大正8）年になって国内18社と外国24社が参加して「大日本連合火災保険協会」を結成し、協定違反会社に制裁措置を科す仕組みを設けました[24)]。

しかし、損害保険業界は、その後も大火災が発生すると多額の保険金の穴埋めをするために、協定を破って「保険料のダンピング」を行い、新規契約をかき集めるということを度々繰り返します。特に、1923（大正12）年の関東大震災の際には、地震による火災は免責であったにもかかわらず、多くの契約者から不満が寄せられ、当時の首相であった山本権兵衛が「例えば保険会社の如きは其の性質上、社会公衆の安固を目的とするものなるを以て、此重大なる事変に顧み、幾十万の信頼に背かざるよう犠牲の精神を発揮して慎重の考慮を尽し、当業者終局の利益を期すべき」と政府の態度を明確にしたことから[25]、各損害保険会社はやむなく「見舞金」を支払うという異例の対応をせざるを得なくなり、その結果、資金難に陥って新規契約の獲得に奔走することになってしまいました。結局、またもや各損害保険会社は協定を破って「保険料のダンピング」による競争を始めたため、その経営は著しく不安定になりました。このような「保険料のダンピング」による競争が、昭和に入っても続き、終戦直後までその悪しき損保業界の体質は変わらなかったのです[26]。

④　「料率算定会の設立」と「独占禁止法の適用除外」

損保業界は、終戦直後もこの料率協定制度で対応していたのですが、1947（昭和22）年に「独占禁止法」が公布されると、この料率協定制度がカルテルの一種とみなされ、損害保険業界で維持されてきた料率協定制度を廃止せざるを得なくなりました。しかし、健全な損害保険業務を遂行するためには料率協定制度は不可欠であるため、同年11月に公布された「独占禁止法の適用除外等に関する法律」によって適用を一時延期する措置が行われました。

そこで、米国の専門家とGHQの保険担当官は、米国のコネチカット州の法律「料率算出団体法」をモデルとして、同様の法律の制定を勧めました[27]。それが1948（昭和23）年7月に制定された「損害保険料率算出団体に関する法律」（以下、「算出団体法」）で、同年11月に「料率算定会」も発足させました。当初、料率算定会は損害保険料率を算出する機関にすぎず、その料率は「アドバイザリー・レート」で損害保険各社には遵守する義務がなかったのですが、1951（昭和26）年12月に「算出団体法」と「保険業法」の一部が改定され、損害保険各社に料率の遵守義務が課せられるようになりました[28]。これは、料率協定制度を法定化して、会員である損害保険会社に対して拘束力を持つカルテル制度としたものです。このようにカルテルを法定化して認めることによって、独禁法の適用除外が正式にオーソライズされ、損保業界が健全に運営されるための盤石な制度が完成されたのです。

こうして、1998（平成10）年に算定会料率が廃止されるまで、料率の遵守義務が続けられ、損害保険業界ではどこの保険会社で契約しても、原則として同一の保険料率が適用されました。

３．保険募集の取締りに関する法律の整備

⑴　戦前までの保険募集の取締り

①　明治・大正時代の状況

明治末期頃から保険会社が乱立するにつれて、新契約獲得競争が激化し、特に中小の生命保険会社の保険募集人の不正行為等が日本全国各地で問題となっていました。当局（農商務省）は、各地の知事にその現状と対策を照会して対応を検討していました。そこでは、不良保険募集人への対策として、保険代理店には「相当の資産を有し、性向善良でその地方で相当名望ある者」に、また個人の保険募集人には「性向善良で前科なく、訴訟や他人の紛争に立ち入るを業としない者」に限定すべきで、「募集に際しては面会強要、無理契約強要しないよう取締」が必要だと指摘されていました[29)]。

生保業界では、このような指摘に応じて、地方単位で各生命保険会社が「使用人採用の場合は他会社に従事したる経歴あるものは勘定尻未決済のものなきか照合し若しあれば前会社の同意を得たる後にあらざれば採用せざること」等の申合せを行って、「乗合制」を否定して「一社専属制」を志向していくことによって解決を図ろうとしましたが、依然として保険募集人の不正刊行物使用、他社中傷、第１回保険料割引、保険会社に対する虚偽申告、嘱託医の虚偽診断書作成等の不正な募集行為は止むことなく横行し続けました[30)]。

当局（農商務省商工局）は業界の自主対策では不充分であるとして、1917（大正6）年に募集を取り締まる法律「保険勧誘取締法」制定の検討を開始します。この法律は、保険募集人の資格を制限して「一社専属制」の登録制とすることによって、保険勧誘の取締りを行うというもので、罰則規定もありました[31)]。しかし、生命保険業界は、「勧誘員（生命保険募集人）による募集が契約者を獲得する唯一の手段である保険会社に対し、勧誘員の資格を制限するのは会社の経営基盤を危うくするもの」とか、「同法の制定は業界人の人格を棄損し、募集取締りの運用如何によっては事業の発展に重大な影響を及ぼす」と強く反対しました。当局は生命保険業界と何度も交渉しましたが、結局、大正時代には募集を取り締まる法律の制定は実現しませんでした[32)]。

一方、その時期の損害保険業界では、既に述べたように、「保険料のダンピング」が頻繁に行われていました（本節2(2)③参照）。生保・損保の両業界とも、募集面で問題を起こしつつも、法律の制定によって規制を受けることを避け、あくまでも業界内の申合せによって自主規制をするという方針を変えることはありませんでした。

大正末期から昭和初期にかけて、生命保険業界では「低保険料（低配当）主義」の保険会社に対して、「高配当（高保険料）主義」の保険会社が攻勢をかけ、激しい競争が展開されました[33)]。また、財閥系の保険会社が進出したことにより、その競争に拍車がかかっていました[34)]。そのような状況の中、関東大震災からの復興のために発行された震災手形が膨大な不良債権となっており、また震災以後から続く不況と相まって中小の銀行等の経営も悪化していたことから、日本中に金融不安が漂っていました。1927（昭和2）年3月に大蔵大臣の国会での失言が引き金となって、民衆が銀行に預金引出しに走ったため、中小の銀行が倒産するという金融恐慌が起こってしまいました。そのあおりを受けて、激しい競争を展開していた生命保険会社の中には経営が深刻化する会社も出てくるようになりました。

②　昭和初期から戦前にかけての状況

1929（昭和4）年になって、当局（商工省）の保険部長は、不正募集が依然絶えない現状を憂慮し、生命保険会社協会に対して保険募集の適正化について諮問しました。生命保険会社協会は、この諮問に対して「協会の機能のみにては業界の全般に亘り、取締の十全を期し難いため主務官庁に於てもこの際募集従業員免許制度その他適当の方法に依り御取締被課下候」という答申をしました。遂に生命保険業界は、保険募集の法的な規制について容認したのです[35)]。

1931（昭和6）年7月に、当局（商工省）は「保険募集取締規則」を制定しました。その内容は、「保険外務員ノ登録ヲ受ケントスル者ハ登録申請書ニ履歴書及所属保険会社ノ証明書ヲ添付シコレヲ商工大臣に差出スヘシ」「二以上ノ保険会社ノ保険外務員ノ登録ヲ受ケントスルトキハ前項ノ外所属保険会社ノ同意書ヲ添付スヘシ」というもので、「乗合制」を認めながらも保険会社と保険外務員（保険募集人）の関係（登録制）を明確に法的に制度化したことによって、募集を規制しようとするものでした。また、具体的な募集行為に関する取締りの規定（禁止行為等）も盛り込まれました[36)]。

この「保険募集取締規則」は、厳密にいうと、法律による規制ではなく省令（商工省令）でした。当時の当局の課長は、「保険募集人は保険会社の使用人だけに限らず、代理店やその使用人もあり、保険会社のみを取り締まるだけでは不充分であることから、保険募集取締規則と保険業法とは取締事項および適用範囲も異なるため、この保険募集取締規則は、保険業法の付属法令とせずに、独立した省令として制定した」旨の説明をしています[37)]。いずれにしろ、当局によって保険募集の法的な規制が行われるようになったのです。

1941（昭和16）年に、「保険募集取締規則」は、登録に関する規定を

「保険外務員登録規程」に移行し、具体的な募集行為に関する取締りの規定だけを残す改定をしました。この時に、保険監督行政を商工省から大蔵省へ移管し、この生命保険における募集行為を規制する「保険募集取締規則」は、1947（昭和22）年末まで存続します[38)]。

なお、損害保険における募集行為の規制については、一度も生命保険のような法的な規制を採用することはありませんでした[39)]。1941（昭和16）年に（旧）日本損害保険協会が設立された際に業界で「火災保険営業所及び代理店の規則」を定めていますが、それはあくまでも自主規制でした[40)]。結局、損害保険の場合は、1948（昭和23）年4月まで業界の自主規制のままでした。

(2)　終戦直後の状況 ――「保険募集の取締に関する法律」制定の経緯

終戦直後は、悪性のインフレーションによって、保険会社は、新契約を獲得することが非常に困難な中、契約の解約も相次ぎ、なかなか営業が軌道に乗らない状態が続いていました。そのため、生命保険外務員や損害保険代理店は、生活苦から保険料の流用や費消を繰り返し、それに伴って保険事故発生時のトラブルが絶えず、未収保険料も増大する一方でした[41)]。

このように多発する不正な保険募集に対しては、生命保険では戦前からの「保険募集取締規則」によって取締りが行われ、損害保険では業界の自主規制ルールによって防止に努める以外によい方法はありませんでした。

ところが、生命保険の「保険募集取締規則」は、1947（昭和22）年5月の日本国憲法の施行によって、同年12月末をもって効力を失うことになりました。損害保険の自主規制ルールは、同年4月に公布された独占禁止法により撤廃を余儀なくさせられました。そのため、保険業界の再建を目指すには健全な保険募集を確保することが急務となり、生命保険および損害保険の両業界において、保険募集の取締りに関する法律を制定する必要が出てきました[42)]。

当初は、当時改正が検討されていた保険業法に保険募集の取締りに関する規定を盛り込む案が作成されましたが、不正募集の横行が酷く、一刻の猶予もありませんでした。そのため、当局（大蔵省）は生命保険および損害保険の募集を一緒に取り締まる「保険募集の取締に関する法律」を単独法という形で立案しました。その法案は異例のスピードにより国会で審議され、1948（昭和23）年7月に成立しました。法案が提出されてから成立するまでわずか半月しかかかっておらず、不正募集横行への対処がいかに切迫した状況の中で行われたかが窺えます[43)]。

⑶　「保険募集の取締に関する法律」の内容

「保険募集の取締に関する法律」によって、生命保険の募集人（主に外務員）や損害保険の募集人（主に代理店）は、当局の取締りを受けることになりました。この法律は、保険募集人の登録の規定、保険料の流用禁止や募集文書についての規定のほか、次の禁止行為を定めていました。

- 保険契約者又は被保険者に対して、不実のことを告げ、若しくは保険契約の契約条項の一部につき比較した事項を告げ、又は保険契約の契約条項のうち重要な事項を告げない行為
- 保険契約者又は被保険者が保険会社に対して重要な事実を告げるのを妨げ、又は告げないことをすすめる行為
- 保険契約者又は被保険者が保険会社に対して重要な事項につき不実のことを告げることをすすめる行為
- 保険契約者又は被保険者に対して特別の利益の提供を約し、又は保険料の割引、割戻その他特別の利益を提供する行為

この法律は、まずは横行していた不正募集に速やかに対処し、戦後の混乱から早く保険業界を立ち直らせて、保険契約者の利益の保護と保険事業の健全な再建を目指すために、急いで制定されたものでしたが、1995（平成7）年６月に改正された保険業法（施行は平成８年４月）と一体化されるまで長く存続し、その間「募取法」という名称で呼ばれていました。

４．保険会社の再建

⑴「金融機関再建整備法」による再建

1937（昭和12）年に日中戦争が始まり、政府は戦時の資金動員対策として国民の貯蓄奨励運動を展開しました。資金動員は、銀行預金だけでなく、保険契約の保険料という形でも行われました。そして、太平洋戦争が開始される前年の1940（昭和15）年には、特に生命保険会社は、戦時中に大量に発行された国債の受け皿としての機能や軍需企業等の社債の割当先としての役割を担い、銀行業界を上回る株式や債券の大口保有者となって機関投資家としての存在感を示していました[44)]。

ところが、戦争が終わると、既に述べたように、保険業界は、海外資産の喪失、戦時補償の打切り、戦争死亡保険金の支払いや付保対象である建造物や船舶の減少、悪性インフレーションによる新規契約の不振と契約解約の増大等の要因により、壊滅的な打撃を受けることになり、絶体絶命の経営の危機に直面しました。戦前の存在感からすれば、保険業界は銀行業界以上に日本の金融の基盤・屋台骨であったことから、政府としては、戦後の国民経済の安定を早く確実なものとするためには、是が非でもその再建を成功させる必要がありました。

しかし、再建の成否は、戦時補償が打ち切られた際の善後策が、政府によってどのように進められるかにかかっていました。

まず、政府は、1946（昭和21）年8月に金融機関向けに「金融機関経理応急措置法」と軍需企業等の企業向けに「会社経理応急措置法」を制定し、戦時補償の打切りによって大きな損失を被ることとなるバランスシート（資産と負債）を、事業の継続に必要な部分と不必要な部分に分けさせることにしました。事業の継続に必要な部分を「新勘定」とし、不必要な部分は「旧勘定」として管理・運営させることにしたのです。戦時補償の打切りによって回収が見込めない資産は、「旧勘定」に割り当てられました[45)]。

そして、政府は、同年10月に「金融機関再建整備法」と「企業再建整備法」を制定し、「旧勘定」の損失を「新勘定」で穴埋めできる場合は、資本金を充てて増資存続・事業譲渡・合併・解散のいずれかを選択する方法と、「旧勘定」の損失を「新勘定」で穴埋めできない場合は、資本金を全額切り捨てて従来からの会社に「旧勘定」を引き継がせ、その会社を解散させるとともに、「新勘定」に基づく第二会社を新たに設けて再スタートを切らせる方法を提示しました[46)]。

政府やGHQとしては、保険業界や銀行業界の金融機関が、戦後の経済復興に欠かせない一般企業への資金調達を担う重要な役割を果たすとともに一般企業の債務再編の見本になるよう強い期待を抱いていました。そのため、政府やGHQは、金融機関に対し、先頭を切って財務状況を改善し、急いで経営の健全化を図るよう積極的な働きかけを行いました[47)]。この働きかけが、後に「護送船団方式」と呼ばれる仕組み（後述本節5参照）を形成していくことになったといわれています。

(2) 損害保険会社の再建と新会社の設立

① 戦時中の再編

1941（昭和16）年7月に、政府は戦時の資金動員に関する計画のほかに、財政政策の改革、金融政策の改革、そして行政機構の改革の4本柱からなる「財政金融基本方策要綱」を発表しました。このうち、金融については戦時における「金融政策の基本的な方向」と「金融機関の再編成の方法」が示されました。同年12月に太平洋戦争が始まると、この要綱に基づいて金融機関の再編成が一挙に進められました[48]。

たとえば銀行は、大手銀行を合併させ、地方銀行を1県1行とする方針によって再編成され、昭和の初期に全国で1600行近くあった銀行数は、1945（昭和20）年の終戦時点で70行まで集約されました[49]。

損害保険会社も合併が奨励され、1940（昭和15）年に48社だった損害保険会社は戦時中に集約が進み、1944（昭和19）年には16社になってしまいました。

この損害保険会社の集約には、1940（昭和15）年に保険業法が40年ぶりに改正され、保険会社に対する監督命令に関する規定が整備されたことや、翌年に監督官庁が商工省から大蔵省に移管されて銀行と保険を合わせた金融行政が可能となったことも影響していました。

②　戦後の再建方策[50]

終戦直後の損害保険会社の経営は、既に述べたように（本節2⑵③参照）、極めて厳しい状態にあり、そのうえ長野県の飯田をはじめ各地で大火が発生し、火災保険の損害率は53.2%にもなりました[51]。多額の保険金を支払うため、生命保険会社や銀行から緊急融資を受ける損害保険会社もでてくるほどで、1946（昭和21）年度の損害保険会社の責任準備金の積立率は40%にも及ばなかった状態でした。

また、「金融機関経理応急措置法」により新旧勘定を分離し、最終的に旧勘定の最終処理を行った1948（昭和23）年3月末の確定損は、後で述べる生命保険会社（本節⑶③参照）と比べれば少額ではありましたが、3億円強ありました。

そこで、このような状態から脱するために、まず保険料率の引上げと

図１－１ 主要損害保険会社の合併

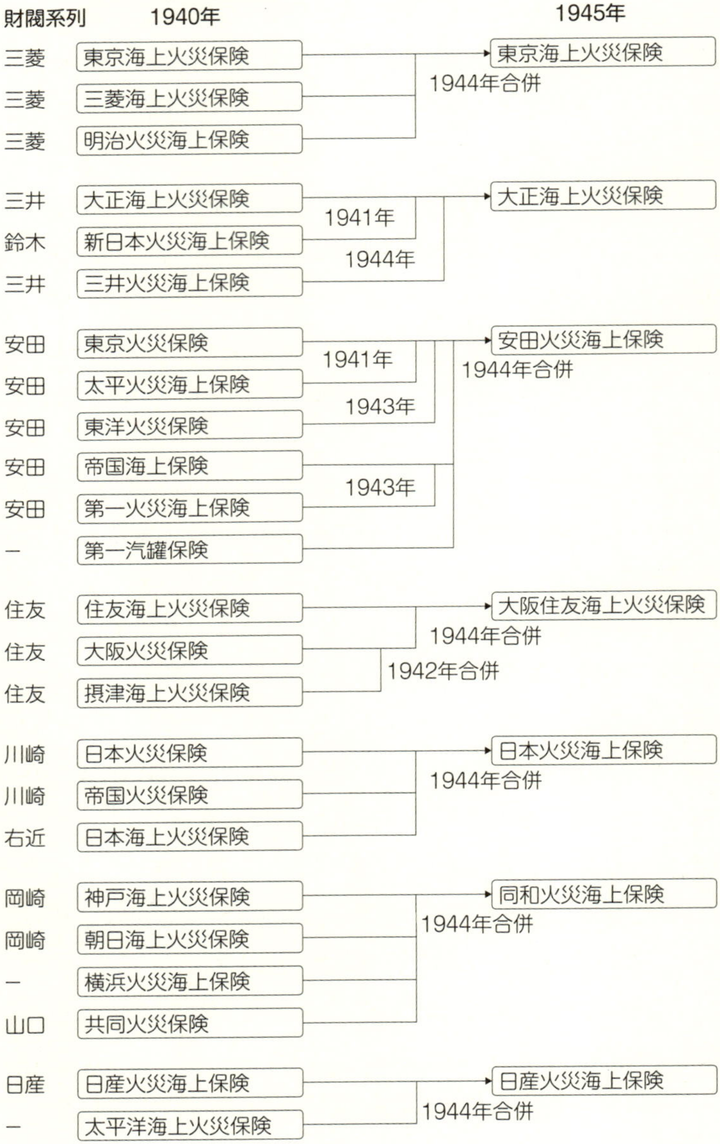
財閥系列
1940年
1945年
三菱
東京海上火災保険
三菱
三菱海上火災保険
三菱
明治火災海上保険
東京海上火災保険
1944年合併
三井
大正海上火災保険
鈴木
新日本火災海上保険
三井
三井火災海上保険
1941年
1944年
大正海上火災保険
安田
東京火災保険
安田
太平火災海上保険
安田
東洋火災保険
安田
帝国海上保険
安田
第一火災海上保険
－
第一汽罐保険
1941年
1943年
1943年
安田火災海上保険
1944年合併
住友
住友海上火災保険
住友
大阪火災保険
住友
摂津海上火災保険
大阪住友海上火災保険
1944年合併
1942年合併
川崎
日本火災保険
川崎
帝国火災保険
右近
日本海上火災保険
日本火災海上保険
1944年合併
岡崎
神戸海上火災保険
岡崎
朝日海上火災保険
－
横浜火災海上保険
山口
共同火災保険
同和火災海上保険
1944年合併
日産
日産火災海上保険
－
太平洋海上火災保険
日産火災海上保険
1944年合併

いう方策が講じられました。1947（昭和22）年2月に、火災保険の普通物件と倉庫物件の保険料率を35％、工場物件を80％と大幅な引上げが行われました。そして、8月に割増に関する規定を改定し、さらに11月には再び普通物件を50％、倉庫物件と工場物件の保険料率を35％引上げました。海上保険も船舶保険の保険価額基準の引上げが行われました。今考えれば、信じられない程の超大幅な保険料率の引上げを断行したのです。その結果、この大胆な荒療治ともいえる方策が功を奏し、1947（昭和22）年度の正味収入保険料は、一挙に前年度比約3.5倍にも増え、翌年度にはさらに約2倍にも増収しました。

その後、焼け野原だった都市部市街地の復興、工業生産の回復、船舶の建造、貿易の再開等が次第に進み、日本経済は回復基調に入り、それに伴って損害保険の付保対象となる家屋・ビル・工場等の建造物や船舶等が増えたことから、損害保険業界は急速に立ち直り始めました。1948（昭和23）年度になると、損害保険業界の収支は早くも黒字に転じて、この年度の決算では利益が4億3000万円計上され、前年度末で終了した「旧勘定」の3億3000万円の損失を穴埋めしてかつ1億円の余剰が生まれました。責任準備金も約3倍、総資産は約2倍と大幅に増えました。

ところが、この損害保険業界の業績好調による驚異の回復・立直りぶりが、高保険料率・高収益によるものであることから、世間の批判を浴びることになりました。そこで、損害保険業界は、この批判に対処するため、火災保険の保険料率の引下げを行いました。まず、1950（昭和25）年4月に火災保険の一般・普通物件の保険料率を10％、工場物件を15％、11月には倉庫物件を20％、さらに翌年2月には住宅物件を15％引き下げたのでした。

それでも、損害保険業界の業績は、その後も朝鮮戦争の戦争特需景気にも支えられ、極めて好調でした。そして、サンフランシスコ講和条約が発効して日本がGHQの占領から解放され主権を回復した1952（昭和27）年度には、戦前には生命保険会社の総資産の2割程度しかなかった損害保険会社の総資産が、9割まで達するほどになりました。

③ 新会社の設立

戦後、世間の批判を浴びるほどに著しい回復・立直りを見せていた損害保険業界に、第一、東洋、朝日、太陽の4社が新たに免許を取得して発足しました。これは、GHQが経済民主化政策と独占禁止の思想を推進していたという背景があったからこそ実現したといえます。この4社の新設によって、戦時中に集約されて16社になっていた損害保険会社は、20社[52]になりました。

表1－1 損保新設4社

会社名	設立年月
第一火災海上保険相互会社	1949年9月
東洋火災海上保険株式会社	1950年2月
朝日火災海上保険株式会社	1951年3月
太陽火災海上保険株式会社	1951年3月

(3) 生命保険会社の再建

① 戦時中の再編

1927（昭和2）年3月の金融恐慌では、相次いで銀行が休業・破綻する中、庶民は経営不安な銀行から預金を引き出し、より安全な銀行へ預け換えに走りました。その安全な銀行が大手の銀行で、四大財閥の三井銀行、三菱銀行、住友銀行、安田銀行と、堅実経営で評価が高かった第一銀行でした。当時、この5行は「五大銀行」と呼ばれていました[53]。

この金融恐慌では、銀行だけでなく生命保険会社も打撃を受け深刻な経営状態でした。この当時、銀行業界と同様に、生命保険業界でも大手の「五大会社」体制を確立していました。その「五大会社」とは、明治生命保険、帝国生命保険、日本生命保険、第一生命保険、千代田生命保険です。これらの「五大会社」によって、苦しい経営状態である弱小の生命保険会社を救済する合併が行われました[54)]。

その後、1929（昭和4）年10月に世界恐慌が起こり、日本は2年後の9月に勃発した満州事変を契機に満州への進出を図って経済の生命線を見出すとともに、高橋是清による金融政策が功を奏して不況を脱しつつありました。それにつれて、生命保険の市場が有望視され、財閥が既存の生命保険会社を買収して生命保険業界に進出したことにより、住友生命保険、三井生命保険、野村生命保険が誕生しました[55)]。これにより生命保険業界は大きく発展して、1934（昭和9）年末の契約保有高は100億円に達し、さらには戦時の資金動員対策・国民の貯蓄奨励運動によって、契約保有高は飛躍的に伸び、1940（昭和15）年末には300億円に達しました[56)]。この時点で日本の生命保険事業は、米英に次いで世界第3位の契約量を保有するまでに発展していました[57)]。

その後、太平洋戦争が始まると、銀行や損害保険会社等と同様に生命保険会社でも整理・統合の集約が行われ、1940（昭和15）年に31社あった生命保険会社は、1945（昭和20）年の終戦までに20社に集約されました[58)]。

②　戦後の再建方策

戦時補償の打切りによって生命保険会社にもたらされる損失は甚大であったため[59)]、生命保険会社は、損害保険会社と違って、「金融機関再建整備法」に規定された二つの場合の後者、すなわち「旧勘定」の損失を「新勘定」で穴埋めすることができない場合に該当しました。その場合は、資本金を全額切り捨てて「旧勘定」を従来からの会社に引き継がせてその会社を解散させるとともに、そのうえで「新勘定」に基づく第二会社を新たに設立して再スタートを切らせる方法を選択するしかありませんでしたが、うまく捗りそうにありませんでした。というのは、

「旧勘定」を引き継いだ従来の会社を解散させる際の最終処理をめぐって、確定損の処理をどうするかという問題が解決していなかったからです。

しかも、政府は全金融機関の「旧勘定」の最終処理を1948（昭和23）年３月末までに完了させる方針としていましたが、生命保険会社が保有している株式・社債・貸付金等の確定評価は、軍需企業等の企業の「旧勘定」の最終処理が終わらなければ決まらないため、生命保険会社の最終処理が政府方針の期限に間に合わないという切羽詰まった状況になっていました[60)]。

このような事情から、多くの生命保険会社は、先に第二会社の設立に着手し始めました。第二会社を早く設立して、今後の営業のために、新契約の獲得を急いだ方がよいと判断したのです[61)]。

③　相互会社への転換

1947（昭和22）年５月に、日本生命保険が早々と相互会社の形態を選択して第二会社を設立しました。生命保険会社20社のうち、株式会社は日本生命保険を含めて16社ありました。そのうち日本団体生命保険、大正生命保険、平和生命保険、協栄生命保険の４社を除いた12社は、日本生命保険に追随して、すべて相互会社の形態を選択して第二会社を設立しました。日本生命保険が第二会社の相互会社化に拍車をかけたともいわれています。もともとから相互会社であった第一生命保険、千代田生命保険と富国生命保険は、第二会社を設立せずに「新勘定」を増資して再建を目指しました。こうして、20社中16社が相互会社の形態となりました。

どうして20社のうち８割に当たる16社が相互会社の形態を選択したのでしょうか。それは、GHQからの強い勧奨があったからだけではなく、実は、第二会社の設立のための資本調達にかかわる次の二つの障害があったからです[62)]。

一つ目は、終戦直後の投資家からすれば、経済復興の兆しも見えない段階で、住まいを失い食糧不足に戸惑う国民に生命保険に加入する金銭的な余裕はないため、生命保険会社の将来性を期待できない中で、しかもその生命保険会社は、戦時補償の打切りによって、多額の負債を抱えて苦悩していて再建の見通しが立っておらず、投資マインドを抱かせる状況になかったことです。

二つ目は、悪性インフレーションが巻き起こっている中で、資産家に対して財産税等の課税政策が実施されており、資産家が極めて難しい状況に置かれていたことです。

これに対して、相互会社として設立する場合は、次のような利点があり、株式会社の設立よりも比較的容易でした。

まず、株式会社のように資産家を集める必要がなく、保険契約者（社員）が拠出した基金によって設立資金を確保できることです。

次に、相互会社形態には、「相互扶助」というイメージと非営利主義という理念があることや、相互会社は保険契約者が生命保険会社の所有者であることが、消費者に受け容れられやすく、新契約の獲得にもつながる営業上の得策となることです。生命保険会社が戦争死亡保険金を多額に支払ったにもかかわらず、1万円超の保険金を棚上げしたことにより国民に強い不満を抱かれていたため、生命保険会社としては是が非でも信頼回復をしたいという強い意識があったからです。

こうして生命保険会社の20社のうち16社が相互会社形態を選択して再建の道を歩み始めることになりましたが、「旧勘定」の損失確定は遅れたうえに、75億円強となった確定損の最終処理には政府からの補償を受けざるを得ないことになりました。最終的に政府補償を受けることになった生命保険会社は、18社にも及びました（損害保険会社は1社のみ）。その政府補償額は合わせて38億円強もあり、2億円強の銀行（5行）や2900万円の損害保険会社（1社のみ）に比べて桁が違う大きな額でした[63]。生命保険会社は、政府補償がなければ、再建の道は険しかったのです。

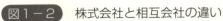

図1－2　株式会社と相互会社の違い

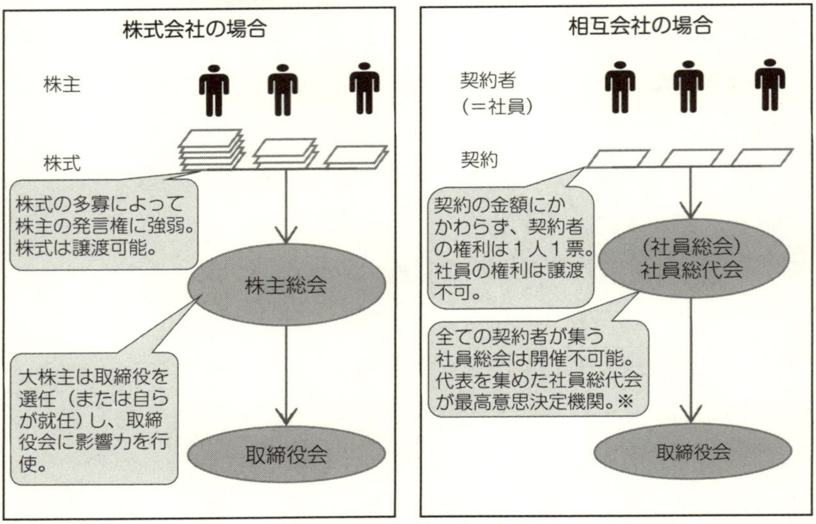

※「社員総代会」に経営陣の意向を反映した社員が選ばれると活発な議論がなされず、「社員総代会」が形骸化してうまく機能しないおそれがある。また、資金調達が、株式会社は自社の株式発行で比較的容易であるが、相互会社は利子返済義務がある基金を機関投資家等から募る必要があり困難。

④　財閥解体の問題

生命保険会社は再建にあたって、もう一つ難問を抱えていました。それは、「財閥解体」です。

GHQは、経済民主化政策を推進するため、財閥解体を強硬に実施しました。相互会社形態の第二会社を設立しようとしていた生命保険会社のうち十大財閥の傘下にあった生命保険会社は、帝国生命保険、三井生命保険、安田生命保険、住友生命保険、明治生命保険、日産生命保険、野村生命保険の７社でした。それらの生命保険会社は、各々財閥の関係株式を保有していました。たとえば、明治生命保険は戦時期を通じて約30％の三菱財閥の関係株を保有していたのです。それは、機関投資家と

表1－2　生命保険会社の相互会社化

	系列	1944年	1948年	1954年
五大会社	山口	日本生命保険㈱	日本生命保険（互）	日本生命保険（互）
	－	第一生命保険（互）	第一生命保険（互）	第一生命保険（互）
	三菱	明治生命保険㈱	明治生命保険（互）	明治生命保険（互）
	古河	帝国生命保険㈱	朝日生命保険（互）	朝日生命保険（互）
	－	千代田生命保険（互）	千代田生命保険（互）	千代田生命保険（互）
四大財閥会社	住友	住友生命保険㈱	国民生命保険（互）	住友生命保険（互）
	三井	三井生命保険㈱	中央生命保険（互）	三井生命保険（互）
	安田	安田生命保険㈱	光生命保険（互）	安田生命保険（互）
	野村	野村生命保険㈱	東京生命保険（互）	東京生命保険（互）
その他	日産	日産生命保険㈱	日新生命保険（互）	日産生命保険（互）
	－	大同生命保険㈱	大同生命保険（互）	大同生命保険（互）
	－	太陽生命保険㈱	太陽生命保険（互）	太陽生命保険（互）
	－	第一徴兵保険㈱	新日本生命保険（互）	東邦生命保険（互）
	川崎	第百生命徴兵保険㈱	第百生命保険（互）	第百生命保険（互）
	根津	富国徴兵保険（互）	富国生命保険（互）	富国生命保険（互）
	－	日本徴兵保険㈱	大和生命保険（互）	大和生命保険（互）
	－	日本団体生命保険㈱	日本団体生命保険㈱	日本団体生命保険㈱
	板谷	板谷生命保険㈱	平和生命保険㈱	平和生命保険㈱
	－	大正生命保険㈱	大正生命保険㈱	大正生命保険㈱
	－	（特殊法人 生命保険中央会）	協栄生命保険㈱	協栄生命保険㈱

※　網掛けは相互会社

してではなく、安定株主としての保有でした[64)]。また、財閥本社も株式会社形態だった傘下の生命保険会社の株式を保有していました。財閥系生命保険会社は、「その傘下の金融機関として従来その保有する巨額の株式投資または社債、貸付金などの質権を通じて財閥の企業支配上重要な一翼を担っていた」[65)]のです。

GHQは、財閥系生命保険会社が「財閥本社の持株支配を補完するもの」であると認識して、財閥系生命保険会社と財閥本社との資本的関係を断ち切る必要があると考えていました。生命保険会社が第二会社を設立するにあたって、GHQが生命保険会社に対して株主を持たない相互会社形態を選択させたのではないかといわれる所以がここにあります。しかし、GHQからの明示的な指導・指令は存在していないようです[66)]。

ただし、財閥系生命保険会社は、第二会社の設立に際し、財閥商号の使用を禁止され、三井生命保険は中央生命保険、住友生命保険は国民生命保険、安田生命保険は光生命保険、野村生命保険は東京生命保険、日産生命保険は日新生命保険というように、商号変更を余儀なくされたのです。

なお、財閥系の生・損保両業界において保険会社の役員の多くが、公職追放によって経営から退かざるを得なかったことも、財閥系保険会社の再建に大きな支障となったことを付け加えておきます。

5．生損保「20社体制」

戦後、損害保険業界も生命保険業界も、各々20社になりました。この保険会社の数は、1990年代中盤（平成の初期）まで続きます。つまり、戦後50年間（1945年～1990年代中盤）は、保険業界で設立、破綻、合併がまったく行われず、保険会社の数にほとんど異動がなかったのです。

本書の「はじめに」において、保険業界の戦後70年間を眺めると、終戦後の50年間を「成長の時代」、最近の20年間を「激動の時代」であると述べましたが、この戦後50年間（1945年～1990年代中盤）は、「安定の時代」でもあったのです。

⑴　設　　立

生命保険業界では1947（昭和22）年5月の協栄生命保険の設立を最

後に、1996（平成8）年に子会社方式の生損保相互乗入れが実現するまで、生命保険会社は1社も設立されませんでした。

また、損害保険業界では、既に述べたように（本節4⑵③参照）、戦後に4社が設立されましたが、それは1949（昭和24）年9月から1951（昭和26）年3月までの、わずか1年半の間だけでした。金融当局は保険会社の新設に否定的だったといわれていますが、GHQが自由競争を是とし、新規参入を拒まない姿勢だったため、申請があればこれを拒む道理がないと判断したようです。

1952（昭和27）年にサンフランシスコ講和条約が発効され、GHQによる占領統治が終わりを告げると、1954（昭和29）年に大蔵大臣は、「今後、当分の間は銀行その他民間金融機関の新設は原則として認めない方針で臨む」と発言し、損害保険会社の設立は、永らく停止されました。これは、当時の株式形態である損害保険会社の多くが経営の回復・立直りが早かったものの、資本金の増強に苦労していたことや損害保険市場が飽和状態にあったこと、さらには新設した他の金融機関の経営内容が芳しくなかったことが原因だといわれています[67)]。

損害保険業界も、生命保険業界と同様、1996（平成8）年に子会社方式の生損保相互乗入れが実現するまで新会社は設立されませんでした。その間、外資系損害保険会社の3社（オールステート自動車火災保険、ジェイアイ傷害火災保険、アリアンツ火災海上保険）の参入がありましたが、元受保険料ベースで0.2%台の小規模の参入率でした[68)]。

⑵　破　　綻

戦後の混乱期は、保険会社も甚大な損害を被り、経営のマヒ状態に陥りはしましたが、日本経済を支える基盤・屋台骨として不可欠な業界であるため、既に述べたように「金融機関再建整備法」による保護政策が実施され（本節4⑴参照）、1997（平成9）年4月に日産生命保険が破綻するまで、保険会社の破綻は１社もありませんでした。

⑶　合　　併

1945（昭和20）年10月の千代田火災海上保険と大倉火災海上保険の合併を最後に、2001（平成13）年４月の日本興亜損害保険（日本火災海上保険＋興亜火災海上保険）、あいおい損害保険（大東京火災海上保険＋千代田火災海上保険）、ニッセイ同和損害保険（同和火災海上保険＋ニッセイ損害保険）まで、生・損保両業界における保険会社の合併はありませんでした。

このように、戦後50年の間は、生・損保ともに設立・破綻・合併は行われず、国内主要会社が20社から動かなかったことから、「20社体制」が続いたのです。

６．「護送船団方式」の時代

損害保険の保険料率引上げは、短期間に数回行われ、それが再建に大きく寄与したことは既に述べたとおりです（本節４⑵②参照）。保険料率の引上げは、当局（大蔵省）が促していました。

生命保険会社に対しても、当局からの促しがありました。1946（昭和21）年４月に、生命保険業界では各社が申し合わせて、生命保険の主力商品である養老保険の「標準保険料率」（予定死亡率：商工省日本経験生命表ＪPM、予定利率：3%、新契約費：対保険金千円につき30円、維持費：対保険金千円につき５円、集金費：保険料の3%）を策定して、保険料率の引上げを決めています[69]。

ところが、保険料率の引上げを行った生命保険会社は、一部の保険会社だけでした。他の生命保険会社は、悪性インフレの影響により新規契約の獲得が難しい中で、保険料率を引き上げれば余計に新契約の獲得が難しくなると判断したのです。しかし、それでは事業収支の改善は見込

表1－3　生損保20社

〔生命保険会社〕

	社　名
1	日本生命保険
2	第一生命保険
3	住友生命保険
4	朝日生命保険
5	明治生命保険
6	太陽生命保険
7	三井生命保険
8	安田生命保険
9	千代田生命保険
10	東邦生命保険
11	第百生命保険
12	富国生命保険
13	協栄生命保険
14	大同生命保険
15	東京生命保険
16	日本団体生命保険
17	日産生命保険
18	平和生命保険
19	大和生命保険
20	大正生命保険

〔損害保険会社〕

	社　名
1	東京海上火災保険
2	安田火災海上保険
3	大正海上火災保険
4	住友海上火災保険
5	日本火災海上保険
6	日動火災海上保険
7	興亜火災海上保険
8	富士火災海上保険
9	千代田火災海上保険
10	同和火災海上保険
11	大東京火災海上保険
12	日産火災海上保険
13	共栄火災海上保険
14	日新火災海上保険
15	第一火災海上保険
16	大成火災海上保険
17	朝日火災海上保険
18	東洋火災海上保険
19	太陽火災海上保険
20	大同火災海上保険

（備考）20社の並びは1975年度の総資産額による

めるはずもありませんでした[70)]。

この生命保険会社の対応に強い懸念を抱いた当局は、生命保険業界に対して、その年の11月に、「標準保険料率」の維持費を対保険金千円につき5円から8円に引き上げた「暫定保険料率」を採用するように、今度は単なる促しではなく、主務大臣命令という形で行われ、しかも既存の保険契約にも遡及適用するというものでした[71)]。これによって、戦前から各社個別だった生命保険の保険料率は、全社同一の保険料率となりました。また、戦後中止していた契約者配当が、1949（昭和24）年に復活した際にも、全社一律で保険金額1000円に対し3円の配当としたのは、当局からの強い行政指導によるものです[72]。

当局としては、この画一的な保険料率と契約者配当は、当初は暫定的な位置づけだったようですが、その後常態化への道を歩み始めることになりました[73]。この頃から、生命保険業界に対し「護送船団方式」という行政指導体制が敷かれたといわれています。

損害保険業界の場合は、「算出団体法」と「保険業法」の改正により、損害保険各社に料率の遵守義務が課せられ、全社同一の保険料率となった時点、すなわち1951（昭和26）年12月（本節2⑵④参照）から、「護送船団方式」という行政指導体制が敷かれたと見てよいでしょう。

なお余談ですが、「護送船団方式」という言葉は、戦後当時から使われていたわけではありません。「護送船団方式」「護送船団行政」という用語が、使われるようになったのは、金融自由化が話題になりはじめた1990年頃からです[74]。この用語は、経営力や競争力の弱い金融機関等の企業が落伍することなく存続できるよう当局が許認可権限や行政指導等により業界全体をコントロールする行政手法で、戦時中に物資や兵隊を運ぶ輸送船の船団が、船団の中で最も速力の遅い輸送船に合わせて駆逐艦等の軍艦に護衛されながら航行することに喩えられて呼称されました[75]。

戦後の金融行政は、銀行にはどの銀行も貸出金利や預金金利を同率とし、保険会社にはどの保険会社も同一商品を同一の価格（保険料）で販売させる等、しばしば「箸の上げ下ろしにも口を出す」ほどの指導体制と徹底的な規制を敷いて、市場競争よりも金融機関の経営の安定を最優先にしたといわれています。この市場競争の制限によって、経営効率の悪い保険会社は存続可能となり、効率的な保険会社は超過利潤を生み出しました。事前認可制や行政指導による商品、保険料率（価格）や契約者配当率の市場競争の制限は、保険会社の自主性や自律性を発揮させず、単に営業成績である契約高シェアの拡大競争のみを経営目標とする方向に導くこととなったのです[76)]。この「護送船団方式」による行政指導体制によって保険業界が健全に育成された結果、1945（昭和20）年から1990年代前半（平成初期）までの間、保険会社は１社もつぶれず、合併すらなかったのです。

第2節　損害保険業界の「成長の時代」

1．復興期の終盤における質的な改善

損害保険会社の再建は、既に述べたように、火災保険への注力と短期間に立て続けに行った保険料率の引上げ、そして復興の進展と日本経済の回復基調に伴う保険対象となる建造物の増加、さらには朝鮮戦争による戦争特需景気によって、驚くほどのスピードで進みました（第1節4⑵②参照）。戦後経済復興が終わった1955（昭和30）年頃には、全種目合計の損害率も30％を割り、火災保険では20％にも達しない良好な状況で、正味収入保険料や責任準備金はほぼ太平洋戦争前の水準に達し、総資産は約1000億円を超えました[77]。

このように順風満帆に見えた損害保険会社ですが、実はその経費率が50％を超える異常値を示していました。経費率が高くなったのは、1953（昭和28）年から1954（昭和29）年にかけて、一般企業の設備投資と生産活動は活発であったものの、国際収支が赤字になり始め[78]、一般企業では著しく在庫が増えて次第に景気が悪くなり、物価が上昇したからでした。この損害保険会社の状態に、当局は強い懸念を抱かざるを得ませんでした。

当局は、保険事業が国民生活の安定・向上および経済の発展に密接な関わりを持つ公共性を有していることから、損害保険業界に対して事業費の削減に努めるよう再三強く行政指導を行い、質的な改善を図ろうとしました[79]。

２．高度経済成長の時代から自由化を迎えるまで

⑴　火災保険の商品開発

損害保険会社が復興期に注力し続けていた火災保険は、そのほとんどが企業物件でした。大手社であればあるほど、火災保険全体に占める企業物件の比率は高く、たとえば東京海上火災保険は、火災保険の大部分が企業物件（企業分野の火災保険）で、住宅物件（家計分野の火災保険）は10％程度しかありませんでした。損害保険業界は、経営が軌道に乗る復興期の終盤にかけて、次第に家計分野の火災保険を目指すようになります。

①　家計分野の火災保険

ア．団体扱火災保険［1954（昭和29）年］

住宅物件の普及率が悪かったのは、保険料が高かったからです。損害保険業界は、保険料率の引上げによる業績の好転の後に数度にわたり引き下げを行っていたのですが、庶民からすれば依然高い保険料水準だったのです。損害保険業界は、業績好調とは裏腹に、高い保険料水準を取り続けているとして社会から厳しい批判を浴び続けました。この批判の中から、損害保険会社とは別に公営保険や組合保険（組合共済）の創設を要望する声が多くなり、その立法化の動きも出てくるようになりました[81)]。

損害保険業界としては、公営保険や組合保険の創設の動きに対応するため、家計分野の火災保険（住宅物件）の開発に着手しました。そして、1954（昭和29）年８月に、給与所得者（サラリーマン）が保険料を分割して月々の給与からの天引きによって払い込むことができる便利な火災保険「団体扱火災保険」を発売しました[82)]。この商品は、分割払の手ごろな保険料で契約手続きの利便性に考慮した大衆ニーズに応えた商品

でした。

イ．住宅総合保険［1959（昭和34）年］／**店舗総合保険**［1962（昭和37）年］

1955（昭和30）年に入ると、経済状況が一変しました。急激に輸出が好調となり、国際収支が安定すると、一般企業の設備投資と生産活動は一層活発化し、民間消費も旺盛となって、「神武景気」といわれる空前の好景気をもたらしました。この年度の経済企画庁の「経済白書」（副題「日本経済の成長と近代化」）は「もはや戦後ではない」と宣言し、新時代の幕開けを象徴するその言葉が流行語になりました。好景気によって庶民の消費意識は高まり、白黒テレビ・洗濯機・冷蔵庫の「三種の神器」を買い揃える世帯が増え、マイホーム志向も徐々に強まり、国民の生活環境は見違えるほどよくなりました。

1959（昭和34）年9月に伊勢湾台風が来襲し、東海地方を中心に甚大な被害をもたらしました。家屋や家財を風水害で失った被災者は多く、風水害による損害を補償する保険を求める声が多く寄せられたことから、翌年になって従来の火災保険の補償内容を拡大して風水害を含む種々のリスクに対応した「住宅総合保険」が開発されました。また、この保険の登場によって、店舗等を対象とする火災保険にも風水害による損害を補償する声も強まり、1962（昭和37）年には「店舗総合保険」が開発されました。

ウ．地震保険［1966（昭和41）年］

1964（昭和39）年、東京オリンピックが開催される直前に、「新潟大地震」（M 7.5、最大震度6）が発生し、新潟県は大きな被害に見舞われました。新潟県選出の国会議員で大蔵大臣であった田中角栄の指示によって、地震保険制度の創設が保険審議会に諮問され、政府と損害保険業界で検討の結果、「地震保険」が開発されました。既に述べたように（第1節1⑶②参照）、太平洋戦争中の「戦争保険」で地震危険を補償していたことが、この新たな地震保険を開発する際の参考になっています。

エ．団地保険　［1968（昭和 43）年］

1950 年代後半（昭和 30 年代前半）から造成が始まった団地は、1960 年代後半（昭和 40 年代前半）には激増し、団地で生活する人々が増えました。団地特有の事故（特に水濡れ損害・水漏れ賠償）が起こるようになり、それに対応するため、火災事故だけでなく、団地内で発生しやすい損害賠償事故やその他の事故も補償する「団地保険」が開発されました。

オ．長期総合保険　［1968（昭和 43）年］

1965（昭和 40）年以降、高度経済成長が一段と加速すると、国民生活にゆとりが生まれ、貯蓄ニーズが高まりました。そこで、そのニーズに対応するため、「無事故戻し」の仕組みを使って、払い込んだ保険料のほとんどが「満期返れい金」として戻ってくる積立式の長期火災保険「長期総合保険」が開発されました（後述の本節 2⑶④参照）。

カ．住宅火災保険　［1973（昭和 48）年］

1960（昭和 35）年に発売された「住宅総合保険」は、火災だけでなく風水害を含む種々のリスクに対応した保険であるため、当然保険料が高くなりました。水災危険がない高台や 2 階以上の団地に住む顧客ニーズや、必要最小限の補償内容にして廉価な保険料の住宅物件専用の火災保険を求める声に対応するため、「住宅火災保険」が開発されました。

キ．店舗休業保険　［1974（昭和 49）年］

「店舗総合保険」が発売されてから 10 年以上が経過し、かなり普及してきた中で、火災損害に対する補償はあっても、休業リスクに対する補償がないため、商売を続けられない事例が多々あったことから、「店舗休業保険」が開発されました。また、1985（昭和 60）年に、電気・ガス・水道・電話等のユーティリティの事故による休業損失も補償する内容に改定されました。

ク．価額協定保険（特約）［1975（昭和50）年］

従来の火災保険では、付保割合が充分でない場合は保険金が減額されるため、損害額の全額が補償されず、実際に罹災した契約者から多くの不満が寄せられました。そのため、あらかじめ建物は再調達価額、家財は時価額を基準として保険価額を協定しておくことによって、罹災した場合に保険金額を限度に実損害額が支払われる「価額協定保険」が住宅火災や住宅総合保険等の特約として開発されました。1987（昭和62）年に、家財も再調達価額を基準にして保険価額を協定できるように改定されました。

ケ．借家人賠償責任担保特約 ［1981（昭和56）年］

この特約は、「住宅総合保険」等に付帯するものです。核家族化や都会への集中化が進み、アパートや賃貸マンション等に住む人が増え、過って火事を起こした場合、家主との間でトラブルが発生するケースが多く出てきました。その場合、民法上は故意・過失による不法行為（民法第709条）で賠償責任を負うことになりますが、特別法である失火法（「失火の責任に関する法律」）が優先されるため、重大な過失がなければ借家人には賠償責任がないとされます。ところが、不動産賃貸は賃貸借契約上で借家人の原状回復義務を定めており、借家人は退去時に不動産を借りた時の原状で返さなければならない（民法第415条「債務不履行による損害賠償」）ため、火災により賃貸物件が焼失した場合は、原状で返すことができなくなり、債務不履行責任を負うことになります。失火法はあくまで民法の不法行為責任（民法第709条）について適用され、この債務不履行責任については適用されません。この特約は、このような原状回復義務による債務不履行責任を担保（補償）する特約です。

② 企業分野の火災保険

損害保険会社は、家計分野の火災保険に力を入れる一方で、本来主流だった企業物件の火災保険の販売も拡充を図るため、都市銀行等との連携を強化していきました。当時は事業会社の資金調達が逼迫し、金融の担い手である都市銀行の地位が強かったためです。損害保険会社は、都市銀行等との連携強化を図るとともに、企業分野の火災保険の商品開発にも注力しました。

我が国の火災保険は、明治時代から戦後復興に至るまでの長い間、火災のみの単一危険を補償するものでした。戦後の経済復興がほぼ完了した1955（昭和30）年前後から、企業の設備投資と生産活動の活動が一層活発になり、リスクが多様化・複雑化したため、火災危険のみの補償内容では企業物件の火災保険として充分な需要を満たせなくなりました。

ア．拡張危険担保特約　[1955（昭和30）年以降]

1955（昭和30）年に「爆発損害担保特約」、翌年に「地震・風水災・雑危険担保特約」が新設され、それ以降も次のような拡張担保特約が開発されました。これらの特約は、次第に火災保険の改定とともに、普通保険約款に盛り込まれました。

風災およびひょう災危険担保特約、雪災危険担保特約、水災危険担保特約、騒擾・労働争議危険担保特約、破壊行為危険担保特約、航空機および車両危険担保特約、地震危険担保特約、噴火危険担保特約、ガラス損害担保特約、スプリンクラ不時放水危険担保特約、給排水設備不時放水危険担保特約、電気的事故担保特約

イ．利益担保火災保険　[1959（昭和34）年]

火災により企業活動が停止した場合の売上げ・生産が減少して発生した営業損失を補償する利益保険は戦前から火災保険の特約としてありましたが、単品の商品として開発されたことにより、大企業を中心に普及しました。

ウ．債券保全火災保険　［1955（昭和30）年］

戦後の混乱を経て、経済復興が進展する中で、住宅や工場等の建物等を新築し、機械や設備等の設備投資を行う際に、その資金を銀行等の金融機関から借り入れる需要が増していました。金融機関（債権者）は、債権の確実な回収を図るため、資金の借入れを行った者（債務者）の所有建物等に抵当権を設定しますが、抵当権を設定したその建物等に火災等が発生した場合に金融機関（債権者・抵当権者）が被る損害を補償する保険が開発されました。金融機関等の債権者が保険契約者および被保険者となって、抵当権が設定されている建物、機械、設備等を付保します。この保険の登場によって、銀行等の金融機関の融資が促進される効果がありました。

エ．家賃担保特約　［1967（昭和42）年］

貸家やアパートの賃貸業を営む経営者にとって、貸家やアパートが火災等によって損害を受けた場合に、建物等の物的損害は火災保険で補償されても、建物が復旧するまでの間、入るべき家賃収入が途絶えたり、減少したりしたことによって生じた家賃の損失を補償する「家賃担保特約」が火災保険の特約として開発されました。

オ．営業継続費用保険　［1981（昭和56）年］／**企業費用・利益総合保険**　［1995（平成3）年］

企業の建物等が火災・落雷・破裂・爆発によって損害を受け、営業が休止または阻害され、営業収益の減少が予想される場合に、その減少を防止・軽減するために復旧期間内に生じた必要かつ有益な費用のうち、通常を超える費用の「収益減少防止費用」と、通常の生産・営業活動を継続するために支出する臨時に必要となった仮店舗の費用、外注費用、緊急輸送費用、罹災した原材料や商品等の緊急仕入れに伴って割高になった費用等の「営業継続費用」を補償する「営業継続費用保険」が開発されました。

なお、この保険は「利益保険」を補完する商品という位置づけでしたが、1995（平成3）年に「利益保険」と組合せて一つの商品とし、ユーティリティの事故による休業損失等の経済的損失も補償する充実を図った「企業費用・利益総合保険」が開発されました。

(2)　自動車保険の商品開発

①　モータリゼーション以前

日本で初めて自動車が走ったのは、1898（明治31）年といわれています。日本の自動車保険は、1914（大正3）年２月に東京海上保険（4年後に東京海上火災保険と改称）が免許を取得したことに始まります。当時の日本の自動車保有台数は1000台程度であり、同社が自動車保険の免許を取得したのは、日本国内向けの販売というよりは、同社がアメリカにおいて自動車保険の再保険取引を開始してアメリカ市場への進出を図るためだったようです[83)]。本格的に日本国内で自動車保険が販売されるようになったのは、1921（大正10）年からでした[84)]。しかし、それ以降太平洋戦争までは、自動車保有台数もあまり伸びなかったせいもあり、自動車保険は新種保険（主力である海上保険や火災保険以外のその他商品）の一商品という位置づけでした。

②　モータリゼーションの到来

戦後になると、復興のためにトラックが必要となり、さらに朝鮮戦争による特需を契機に国内の輸送手段の需要が高まると自動車保有台数は大幅に増え始めました。それとともに、国内の自動車産業が、徐々に基盤を整えて成長産業への道を歩み始めました。

そして、復興期の終盤になると、主要都市の街並みは近代的なビルが立ち並ぶようになり、道路も整備され始めます。東京では出稼ぎや集団就職の労働者だけでなく、東京見物と称して観光客も増え始めました。それに伴って、トラックだけでなくバスやタクシー等も多く走り始め、活気づいてきます。

復興期が終わって1955（昭和30）年になると、トヨタ自動車が国産乗用車「トヨペット」を発売しました。それに続いて、他の自動車メーカーも国産乗用車の生産・販売を開始しました。1955（昭和30）年からの「神武景気」を経て、1960（昭和35）年に池田内閣が「所得倍増計画」を発表すると、我が国は高度経済成長への道を邁進します。これに伴い、1955（昭和30）年に140万台だった自動車の保有台数は、1960年代中盤（昭和40年頃）には800万台近くになり、自動車の普及は、交通の利便性を飛躍的に高め、社会経済の発達と国民生活の向上に大きく寄与しました。

保有台数が増えるにつれて、自動車による交通事故が多発するという問題が生じました。交通安全施設の整備、交通警察官の増員等の交通安全対策が追い付かず、自動車による交通事故の死者数は激増し、日清戦争（1894～95年）での日本兵の戦死者数（2年間で1万7282人）を上回ったことから、「交通戦争」と呼ぶようになりました[85)]。

表1－4 自動車保有台数の推移

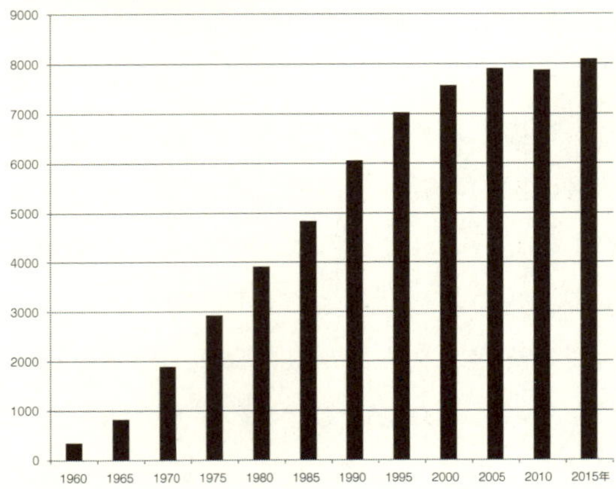

（備考）国土交通省自動車局「自動車保有車両数」による（単位：万台）

ア．自賠責保険の誕生

激増する交通事故によって、一家の主を亡くした未亡人や交通遺児等の遺族が、加害者から充分な賠償を得られないというケースが多く発生したため、大きな社会問題となりました。そのため、運輸省によって人身事故に対する公営の自動車損害賠償責任保険制度の検討が行われ、1955（昭和30）年７月に自動車保有者の損害賠償能力を常時確保する「自動車損害賠償保障法」（略称＝自賠法）が制定されました。そして、12月に各損害保険会社は「自動車損害賠償責任保険」（略称＝自賠責）の引受けを開始し、翌年２月からはすべての車が強制加入しなければならなくなりました。

この自賠責保険制度は、強制加入のほかに、次の特徴があります。

一つ目は、自賠法第３条で「自己のために自動車を運行の用に供する者」、すなわち「運行供用者」という概念を設け、第２条第３項の「自動車の所有者、その他自動車を使用する権利を有する者で、自己のために自動車を運行の用に供する者」、すなわち「保有者」と区別したうえで、従来までの自動車事故による損害賠償責任の原則（民法の不法行為における被害者による挙証責任）を大幅に修正し、前者の「運行供用者」に無過失であったことを証明させる責任を課すという、ほぼ無過失責任に近い法理を採用したことです。これによって、被害者側は、計り知れないメリットを享受できるようになりました。

二つ目は、ひき逃げ事故の「保有者」が不明の場合に、政府が損害を補償する「政府の自動車損害賠償保障事業」です（自賠法第72条第１項）。また、泥酔運転事故や自賠責保険を付保していない無保険車による事故等の被害者に対しても、自賠責保険の保険金相当額が保障金として支払われます。

そして、三つ目は、自賠責保険が損害保険会社や共済組合によって引き受けられているものの、ノーロス・ノープロフィットの原則に基づいて運用され、保険料は国の特別会計に積み立てられるという形をとっていること等から[86]、公保険の性格を強く帯びているということです。

自賠責保険制度が確立したことによって、自動車保険（自賠責保険と任意保険）の本格的な普及が始まることになり、自動車ディーラー、整備工場、ガソリンスタンド、中古車販売業者等が、損害保険代理店を兼業して自動車保険の販売に乗り出すことになりました。

イ．自動車保険のウエイト拡大と業界順位の変動

東京オリンピックが開催され、高度経済成長の真っ只中だった1964（昭和39）年には、損害保険会社の自動車保険（自賠責保険と任意保険）の収入保険料が、火災保険のそれとほぼ同じ額になり、いずれもが全種目収入保険料の40％になりました。その後、自動車保険の収入保険料は、火災保険のそれを大きく上回っていきました。それは、自動車保有台数が依然増え続けていたからです。1970（昭和45）年の保有台数はマイカー・ブームもあって1800万台強となり、自動車保険の全種目の収入保険料に占める割合が56.6％と過半を超え、3000万台となる1970年代後半（昭和50年頃）には、敗戦直後に全種目の約92％を占めていた火災保険と海上保険は、38％弱になっていました[87]。

保有台数の急増に合わせて、交通事故は急増し、ますます深刻な社会問題となりました。1970（昭和45）年の自動車事故は70万件、死亡者数は１万6000人を超え、「走る凶器」「交通戦争」という言葉が巷間に溢れました。死亡者数は、道路交通法の改正や道路整備等によって、この時をピークにその後は減少し始めましたが、高度経済成長に伴って国民所得が上昇したことにより、交通事故による損害賠償請求額が高額になっていきました。

創設当時の自賠責保険は対人賠償の死亡保険金額が30万円足らずでしたが、数年毎に引上げの改定が行われ、10年後の1966（昭和41）年には150万円、10年後の1975（昭和50）年には１桁増えて1500万円と

引き上げられましたが、1976（昭和51）年に自動車事故によって死亡した画家（57歳）の裁判では、3億8719万円という高額の損害賠償額が認定判決されました。1978（昭和53）年に自賠責保険の改定が行われ、死亡保険金額は2000万円に引き上げられましたが、補償としては充分ではありませんでした。

そこで、自賠責保険の保険金額の引上げだけでは充分な補償額が確保できない場合があるため、自賠責保険の補償額・補償内容を超えた損害賠償責任を担保する任意自動車保険の重要性が認識されるようになります。たとえば、1975（昭和50）年から1979（昭和54）年の自賠責保険と任意自動車保険の収入保険料の伸びを見ると、前者は6955億円から8583億円と23.4％増であるのに対し、後者は5889億円から1兆976億円と86.3％増という驚異的な数字を示しています[88)]。

しかし、損害保険会社の中には、自動車保険は損害率が高く収益性が悪いという懸念から、経営を危うくしかねないとの判断で、自動車保険の販売に慎重な姿勢を示す会社もありました。自動車保険の損害率は、関西を中心として西日本が東日本よりも高い（西高東低）傾向があることから、特に関西に基盤を持つ損害保険会社に、その姿勢が顕著に現れました。

その一方、関東に基盤を持つ損害保険会社は、整備工場とタイアップしたり、西日本での販売を控えたりする等、事故率を抑える工夫を凝らしてメリハリを利かせて積極的な募集を展開しました。

その結果、自動車保険の販売に積極的だった損害保険会社が業績を伸ばし、業界順位が大きく変わることになりました。順位を上げた損害保険会社には、自動車保険という1種目商品だけを見れば、確かに損害率が高く収益性が悪いのですが、自動車保険の契約者に収益性の高い火災保険等の商品にも加入してもらう「多種目販売」を積極的に展開すれば、経営を危うくすることにはならず、収入保険料の増加によって会社の規模拡大が図れるという戦略があったのです。

表1－5　交通事故発生件数の推移

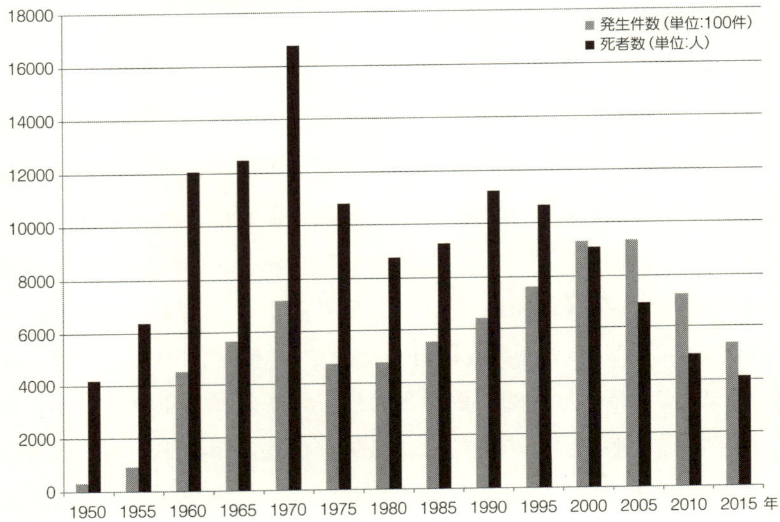

表1－6　交通事故対人賠償に関する主な高額判決例

認定総損害額	裁判所	判決日	事故日	被害者の性別・年齢	被害者の職業	被害の態様
万円 3億8,719	岡山	昭和 51．9.13	昭和 48．8.10	男57歳	画　家	死　亡
2億9,362	名古屋（岡崎）	57.11.18	51．2.16	男53歳	獣　医	死　亡
2億2,163	釧路	61．8．5	59．3．3	男39歳	医　師	死　亡
1億7,846	浜松	61．9.30	57．8.28	男27歳	会社員	後遺障害1級
1億8,414	東京	61．8.29	60．8．3	男57歳	医　師	死　亡

③　自動車保険の進歩 [89)]

ア．一般自動車保険（BAP）［1965（昭和40）年］

1921（大正10）年以降に各損害保険会社から発売された自動車保険の

約款は各社各様でした[90]が、戦後の1947（昭和22年）に損害保険業界統一の普通保険約款が制定されました。ところが、1955（昭和30）年頃から始まった急激なモータリゼーションにより自動車事故が急増したにもかかわらず、次のような補償内容でした。

・対人や対物の賠償責任保険は、衝突・墜落・転覆その他運転の車外での事故により支払った賠償金の4分の3を保険金として支払う。
・車両保険は、衝突・墜落・転覆・火災・盗難という限定列挙した事故しか補償されず、保険金が支払われると、それ以降の保険金額は、その保険金を差し引いた保険金額となる（残存保険金額方式）。

このような補償内容に対して、消費者から改定の強い要望が出ていました。そこで、1964（昭和39）年に設立された自動車保険料率算定会の料率をもとにして、翌年に普通保険約款が全面改定され、「一般自動車保険（BAP = Basic Automobile policy）」が開発されました。補償内容は、次のように改められました。

・対人や対物の賠償責任保険は、自動車の所有・使用または管理に起因した損害賠償責任を負担することによって被る損害を補償する。
　→車内・車外を問わず自動車の所有・使用・管理の状態において発生する免責以外の一切の賠償損害に拡大され，被保険者が法律上の賠償責任を負い賠償金額が確定しただけで、保険金額の限度内で賠償金額の全額に対する保険金支払請求が可能となった。
・車両保険は、免責事項に該当しない限り、あらゆる損害が担保されるオールリスク担保方式とされ、保険金が支払われた以降の保険金額は、自動復元する。

イ．ペーパードライバー保険　［1968（昭和43）年］

モータリゼーションの進展とともに、自動車運転免許の取得は就職する際等の社会活動を行ううえで必須となりました。マイカーを所有していない人が、行楽やリクレーション等で知人や友人の車を運転する機会が増え始め、そのような場合に対応する自動車保険を要望する声が強く出てきました。そこで開発されたのが、この保険で、正式名称は「自動車運転者損害賠償責任保険」といい、これまでの自動車保険は自動車単位に付保する保険でしたが、この保険は運転者単位に付保する保険です。

この保険が開発されたことによって、すでにマイカーを所有し、自動車保険に加入している者が、他人の自動車を借用して運転中に発生した場合の賠償危険を補償する特約「非所有自動車損害賠償危険担保特約（いわゆる「他車運転危険特約」）が新設され、従来の自動車保険に搭載されることになりました。

ウ．家庭用自動車保険（FAP）[91]　［1974（昭和49）年］

高度経済成長によるモータリゼーションの進展とともに、損害保険業界は自動車保険の販売姿勢に各社の違いがありましたが、業界全体としては急激にその規模を拡大していきました。当然、それに伴って損保代理店の数も増えましたが、火災保険よりも事故頻度が高い自動車保険を扱うようになり、損保代理店の業務も大きく変化していきました。

自動車保険の場合は、事故発生の際の迅速な対応が期待され、保険金支払体制の整備・拡充が強く求められました。当時は、現在のように損害保険会社に事故受付のコールセンターはなく、事故に遭った顧客からの問い合わせ窓口は、主に損保代理店を通して行われていました。そのため、特に自動車事故による損害賠償については、充分な知識や経験を持っていない一般の人々にとっては、示談交渉を円滑に進められないことが多く、損保代理店は損害保険会社よりも身近な存在として、その対応に期待を抱かれることが多くありました。そのため、損保代理店の中には、保険金が支払われるか否かについての有無責の判断や示談をする者（いわゆる「示談屋」）が出てきました。

当然、当時の損保代理店も、有無責の判断は損害保険会社しかできないことや、示談行為は当事者および弁護士しかできないことを知っていたはずですが、当時は損害保険会社の損害調査サービス体制が追いついていなかったばかりか、損害保険会社も示談できる立場でなかったので、損保代理店は、自動車事故の対応に際して、難しい立場に立たされることが多くありました。顧客は、損害保険会社よりはまずは顔をよく知っている損保代理店を頼りにし、ましてや損保代理店が有無責の判断や示談行為をしてはならないことを知らないので、顧客に頼まれれば断りきれずに、有無責を答えたり、示談の場に立ち会ったりしてしまった損保代理店は多くいたようです。

当時は、交通事故が日常茶飯事に起こり、事故解決に悩む人が多かったとはいえ、弁護士を入れて示談交渉を行うことは少なく、損害保険会社も保険金の支払いを円滑に進めることができなかったようです。そのため、損保代理店が示談に巻き込まれることが多かったといえます。次第に、消費者や損保代理店の間から、損害保険会社の損害調査部門に援助を求める声や損害保険会社が直接被害者と交渉するよう望む声が、多く寄せられるようになっていきました。

そこで、「保険会社による示談代行サービス」を付帯した「家庭用自動車保険（FAP = Family Automobile Policy）」が開発されました。この保険は、対人賠償保険、対物賠償保険および家族搭乗者傷害保険を基本セットにした自動車保険で、対人賠償保険において１事故保険金額を無制限とし、「被害者の直接請求制度」も導入しました。

エ．自家用自動車保険（旧PAP）［1976（昭和51）年］

個人事業主等が所有する車が、家庭用と業務用の区別がつきにくいこと等から、上記の「家庭用自動車保険（FAP）」と1975（昭和50）年に開発された「業務用自動車保険（CAP = Commercial Automobile Policy)」を統合した「自家用自動車保険（PAP = Private Automobile Policy)」が開発されました。この保険では、自損事故保険と無保険車傷害保険も基本セットに追加しました。

表1－7 交通事故対物賠償に関する主な高額判決例

認定総損害額	裁判所	判決日	事故日	被害物	事故状況
万円 1億2,037	福岡	昭和 55. 7.18	昭和 50. 3. 1	電車，家屋	踏切内で加害車両と電車が接触し，電車が脱線暴走し，家屋に突入したもの。
1,182	名古屋	55. 1.30	52. 9.17	清掃車	停車中の被害車両に，加害車両が側面から衝突したもの。
1,101	広島	61. 2.10	57.11.24	大型貨物自動車（冷凍庫）	センターラインオーバーの加害軽自動車と衝突後，ハンドルを左へ切った被害者両が横転したもの。
1,055	東京	60. 3.11	58. 6. 9	大型観光バス	交差点で信号無視の大型貨物自動車が，大型観光バスに衝突したもの。
922	名古屋	63. 9.30	62. 5. 2	大型貨物自動車（缶ジュース積載）	交差点で，信号無視の加害車両が被害車両に衝突し，車両および積載貨物を全損させたもの。

オ．自動車相互間衝突危険「車両損害」担保特約　［1980（昭和55）年］

車両保険を付帯するとどうしても保険料が高くなるため、車両保険を付帯せず対人・対物・搭乗者傷害だけの基本セットの契約が大半を占めていました。車両保険が付帯されていないと、過失割合がある事故では自己負担分が生じるため、示談交渉が進まないという問題がありました。そこで、車両保険の付帯を促すために、相手自動車との衝突・接触だけの事故に限定して、相手の自動車を確認できることを条件に車両損害を補償する「自動車相互間衝突危険「車両損害」担保特約」が開発されました。この特約により、保険料が従来の車両保険の半分以下になり、車両保険の付帯率がアップしました。

カ．自家用自動車総合保険（SAP）　［1982（昭和57）年］

車両保険の付帯率をさらにアップするため、「自家用自動車保険（PAP）」の内容に車両保険もセット化し、対人賠償保険、自損事故保険、無保険車傷害保険、対物賠償保険、搭乗者傷害保険、車両保険の６つの保険を基本セットとする「自家用自動車総合保険（SAP＝Special Automobile Policy）」が開発されました。この保険では、対物事故の示談交渉を円滑にするため、対物事故についても「示談代行サービス」を付帯しました。

キ．対人賠償保険の１名あたり保険金額無制限化　［1983（昭和58）年］

交通事故における裁判で、死亡・後遺障害の賠償額が年々高額化する傾向があり、保険審議会から「任意自動車保険の保険金額を上げる必要がある」旨の答申が出されたことから、任意自動車保険の各商品において対人賠償の被害者１名あたりの保険金額を無制限とする改定を行いました。

ク．座席ベルト装着死亡者に対する搭乗者傷害特別保険金の新設　［1983（昭和58）年］

自動車事故の死傷者数を減らす方法として、シートベルトの着用が有効であることから、その着用を呼びかける運動が展開されました。そこで、シートベルトの着用を促す目的から、シートベルトを着用していて自動車事故で死亡した場合に、搭乗者傷害保険の死亡保険金に上乗せして保険金を支払う「搭乗者傷害特別保険金」を新設しました。

ケ．自動車総合保険（新PAP）［1991（平成3）年］

「自家用自動車保険（PAP）」の契約対象車種をすべての用途・車種に拡大した「自動車総合保険（新PAP = Package Automobile Policy)」が開発されました。

コ．人身傷害補償担保自動車保険［1998（平成10）年］

事故により傷害を被った場合に、過失割合の決定を待たずに自分の過失分も含めて100％補償される「人身傷害補償担保自動車保険」が開発されました。損害保険会社は、対人賠償の保険金を支払うと加害者に対する損害賠償請求権を取得し、被害者に代わって加害者と交渉を行います。当事者間で過失割合が決まらず示談できないケースでは、従来は自分の傷害補償は示談成立まで相手から支払われないという問題がありました。この保険は、その問題を解決して、示談成立前に100％の補償を確保できるようにしました。自由化を迎える端境期に、東京海上火災保険によって開発され、その後は他の損害保険会社も追随しました。

(3) 傷害・疾病保険の商品開発

① 国民のライフスタイルの変化と商品開発ラッシュ

1970（昭和45）年頃になると、高度経済成長が景況感を一層高め、「イザナギ景気」と呼ばれる時代に入りました。この「イザナギ景気」が、サラリーマン世帯を増やし、国民の実質所得を上げ続けました。そして日本は、「夢のマイカー・マイホーム時代」を迎えることになります。人々は、マイホームを持ち、ゴールデンウィークや夏休みには、マイカーで家族一緒に出かけるようになり、行楽地に通じるどの道路も大渋滞するという現象が現れるようになりました。このような「国民のライフスタイル」が豊かでゆとりがあるように変化すると、国民の多くが中流意識を持つようになりました。社会のインフラも整い、情報が増加することによって、国民の一人ひとりの価値観が相対化して、その生活の仕方も多様化するようになりました。それに伴い、生活を取り巻くリスクが増大し始め、国民はそれを意識し出しました。

そのため、国民は所得が増えたこともあって、自分や家族の財産および身体等に万一の場合があることを考え、保険に加入するようになりました。生命保険はもちろん、損害保険においても自動車保険や住宅火災保険だけでなく、それ以外の傷害保険等の家計分野の保険も、飛躍的に高い販売実績を示すようになりました。

1971（昭和46）年に米国がドル金交換停止によって日本への円切上げ要求を行った「ニクソン・ショック」や、1973（昭和48）年から翌年にかけて世界的な石油の需給関係が逼迫したことによってOPEC（石油輸出国機構）が石油価格を引き上げて起こった「第1次オイルショック」、これらにより高度経済成長は終わりを告げることになりました。しかし、このような状況の中でも、国民の中流意識は変わらず、豊かで安定した保守的な生活を求める風潮がありました。

その後、団塊の世代（昭和22～24年生まれ）が成人となって社会に出るようになると、ますます国民の価値観が多元化・相対化し、自分らしい生活や余暇をいかに過ごすか、といった生活志向になっていきます。そして、「生活安定のためには、保険は欠かせない必需品」という意識がさらに浸透するようになりました。

損害保険業界は、大蔵省による「護送船団方式」の行政指導の下、円滑な企業活動ができるよう企業の巨大化・多様化したリスクをヘッジするだけでなく、「国民のライフスタイル」や「将来設計」の変化とともに新しい時代のニーズに応えるため、保険商品の開発に力を入れました。

特に1985（昭和60）年前後から、損害保険会社各社は、大手社を中心に商品開発を積極的に行います。1社単独での開発もありましたが、数社で共同開発を行うこともありました。開発した会社は、先行メリットを数ヶ月与えられるだけで、最終的には開発された商品は損害保険会社全社に開示され、その商品は多くの場合、「業界共通商品」となりました。積極的な商品開発によって、特に家計分野の損害保険は火災保険や自動車保険だけでなく、傷害・疾病・介護の分野の保険、さらには積立保険や年金払積立傷害保険等の保険が続々と登場し、多彩で充実した商品ラインナップとなりました。

②　傷害保険

我が国初の傷害保険は、1911（明治44）年に発売された「普通傷害保険」で、「急激かつ偶然な外来の事故」によるケガを定額で補償する歴史のある保険ですが、大衆向け商品として販売されるようになったのは、戦後になってからです。

この保険をベースとして、高度経済成長の時代から国民のライフスタイルの変化や多様化に合わせて、傷害保険はその種類を増やしていきました。

ア．交通傷害保険　［1963（昭和38）年］

1955（昭和30）年以降のモータリゼーションにより、交通事故による死傷者数が激増する中、自動車保険の普及がまだ不充分だった時期で、交通事故から身を守る自己防衛の観点から、交通事故被害者の救済を目的に「普通傷害保険」に比べて割安な保険料の「交通事故傷害保険」が開発されました。

イ．つり保険　［1968（昭和43）年］

高度経済成長が一段と進んだ1965（昭和40）年以降、「国民のライフスタイル」が変化し、国民は余暇やレジャーを楽しむようになりました。国民の余暇やレジャーに対応した商品として開発されたのが「つり保険」です。傷害保険のほかに、釣り道具の損害を補償する物保険、賠償責任保険、捜索救助費を補償する保険等を組み合わせた保険です。

この保険の内容と同様に、傷害保険の他に、賠償責任保険と用具の損害をセットして補償する余暇・レジャー向けの保険には、次の商品があります。

・ゴルファー保険　[1958（昭和33）年]
・ハンター保険　[1959（昭和34）年]
・テニス保険　[1982（昭和57）年]
・スキー・スケート保険　[1983（昭和58）年]　等

なお、最近になって、これらの余暇・レジャー向けの保険は、採算性等の理由で、ほとんどの損害保険会社で、単品では販売されず、団体契約に限定して販売されるようになっています。

ウ．ファミリー交通傷害保険　[1973（昭和48）年]

「交通傷害保険」を家族単位に包括で契約できるようにして保険料の割安感を出し、賠償責任保険も特約で補償が可能な「ファミリー交通傷害保険」が開発されました。翌年には、国民の貯蓄ニーズに対応するため、積立型の「積立ファミリー交通傷害保険」が発売（大手の損害保険会社は5年後に発売）され、積立保険ブームに火を点けました。

エ．海外旅行傷害保険　[1974（昭和49）年]

1970（昭和45）年に大阪で万国博覧会が開催されると、戦前以来の念願である「欧米諸国に追いつき追い越せ」という目標の達成が現実化します。それに伴い、海外への旅行者や出張者が急増しました。そこで、海外旅行中の傷害等を補償する「海外旅行傷害保険」が開発されました。特約によって、賠償責任保険や携行品損害保険の内容を付帯できるほか、海外で疾病を患って死亡したり、治療を受けたりした場合も補償する内容で海外旅行者の必需品となりました。

オ．自転車総合保険　［1980（昭和55）年］

交通事故の件数は、1970年代後半（昭和50年代前半）になっても増え続け、とりわけ自転車事故による死傷者は増えていました。このような状況を捉え、自転車の使用中の事故による傷害を補償する傷害保険だけでなく、賠償責任保険や自転車そのものの車体損害をも補償する「自転車総合保険」が開発されました。

カ．学生総合保険　［1982（昭和57）年］

高度経済成長期を終えても、国民は安定的な消費活動を営んでいました。1980（昭和55）年頃から、損害保険業界では、特定の顧客層をターゲットにして、その特有のニーズにあった補償や機能を搭載した商品、いわゆる「セグメント商品」の開発を行うようになりました。

その第1号が、学生生活における危険を総合的に補償する「学生総合保険」です。傷害保険だけでなく、扶養者または親族がケガにより死亡した場合に保険金を支払う学資費用を補償する保険、賠償責任保険、借家人賠償責任保険、および生活用動産を補償する物保険をセットした内容になっています。

この保険以降に発売された「セグメント商品」として、次の商品があります。いずれの保険も掛捨タイプと積立タイプが発売されました。

・こども総合保険　［1987（昭和62）年］　子供を対象
・青年アクティブ総合保険　［1989（平成元）年］　青年層を対象
・夫婦ペア総合保険　［1989（平成元）年］　夫婦を対象

キ．国内旅行総合保険　［1983（昭和58）年］

国内旅行を対象とする保険は、1947（昭和22）年に発売された「国内旅行傷害保険」と「国内航空傷害保険」がありましたが、しばらく改定が行われていませんでした。総合保険化され、充実した内容になりました。

③　疾病保険

ア．所得補償保険　［1974（昭和49）年］

この保険は、当初は傷害保険の種目に属していました。傷害だけではなく疾病により就業不能となった場合に喪失する所得を補償するもので、損害保険業界が疾病分野に新たに踏み込んだ商品として位置づけられます。

イ．医療費用保険　［1986（昭和61）年］

日本経済が豊かになるにつれて、医療の世界も充実が図られ、医療技術の進歩により高度な医療も受けられるようになりました。その反面、国民医療費が増大して、健康保険等の公的医療保険制度を補完する必要が出てきました。

このような状況を捉え、損害保険業界では、疾病分野への第２弾として、傷害または疾病によって入院した場合に生じた費用を補償する「医療費用保険」を開発しました。

ウ．介護費用保険　［1989（平成元）年］

平成に入ると、高齢化が進んだ少子高齢化社会の到来が予測されるようになりました。寝たきりや認知症（当時は「痴呆」）等の要介護状態の老人が増える時代に備え、病院や特別養護老人ホーム等の公的な施設の公費負担には財政上の限界があるため、自己負担によって民間の有料老人ホームやデイサービス等の利用や在宅介護への各種サービスを利用せざるを得ない状況になるといわれ始めました。

1987（昭和62）年の保険審議会答申において「医療ニーズ、介護ニーズ等高齢化に関連する社会的ニーズへの対応が重要な課題である」として「介護状態に陥った場合の諸費用を担保する保険の創設」が提言されたこと等から、損害保険業界では大手社が中心となって、寝たきりまたは認知症によって要介護状態になった場合の介護に要する費用を担保する「介護費用保険」を開発しました。

④　積立保険

ア．積立保険の誕生経緯

現在では、低金利時代になって、積立保険の販売額は少なくなっていますが、1985（昭和60）年頃から1990年代半ば（平成初頭）頃までは、金利の上昇と損害保険会社の積立商品開発ラッシュもあり、積立保険ブームが到来しました。当時の損害保険会社の総資産に占める積立資産の割合は５割を超え、積立保険は損害保険商品の中でも主力商品でした。

損害保険の積立保険は、保険期間の満了時に満期金（満期返れい金＋契約者配当金）が支払われる長期の保険期間の商品という点では、補償（保障）の内容に違いがあるとはいえ、生命保険の養老保険と似ています。生命保険の養老保険は、元来日本人の貯蓄志向に合っており、明治時代の後期から生命保険の主流商品でした。しかし、損害保険は、明治時代から基本的には掛捨商品ばかりでした。損害保険の積立保険は、どのような経緯で、開発されたのでしょうか。

1948（昭和23）年に、GHQの民主政策の一環で協同組合の設立が推進され、1947（昭和22）年に農業協同組合法が公布・施行されました。その翌年に設立された北海道共済農業協同組合連合会が共済事業を開始し、その動きが全国に広がっていきました。その共済事業では組合員の「生命共済」、農家の「建物更生共済」、組合役職員の「生命共済」、組合建物の「農協建物火災共済」を扱っていました[92)]。既に述べたように（本節２⑴①参照）、戦後復興の終盤に損害保険会社の火災保険料が、保険料率の度重なる引上げと経費率の高さから割高で、一般庶民から批判が出始めており、「建物更生共済」等の組合共済が注目されるようになり、損害保険会社は、その批判への対応から「団体扱火災保険」「住宅総合保険」等の家計分野の火災保険に注力し始めました。そのような損害保険会社の動きの中で、農業協同組合に基盤を持ちその事業財産の火災保険等を引き受けていた共栄火災海上保険が[93]、家計分野の火災保険に注力するために、保険期間の満了時に満期金（満期返れい金＋契約者配当金）が支払われる積立型の長期火災保険「建物更新保険」を創案し、商品認可申請をすることにしたのです。

ところが、大蔵省は難色を示しました。1963（昭和38）年１月に保険審議会が、次の内容の答申をしたことにより、事態は動き出すことになります。

《事故がなかった場合には何らか還付金の支払いがあるという方式が、日本におけるある層の火災保険契約者の気持ちに合うという面もあるので、通常の短期掛け捨て方式の火災保険のほかに、新たにこれらの保険を実施する意義があると考える。》

この答申により、ようやく共栄火災海上保険の「建物更新保険」（商品名＝タテコー保険）と第一火災海上保険の「火災相互保険」（商品名＝マルマル保険）が商品認可されました[94]。これが、損害保険の積立保険の始まりです。

しかし、この後すぐに他の損害保険会社も、この積立保険の認可を得たわけではありませんでした。通常であれば、ここで他の損害保険会社にも積立型保険が認可されるところですが、大蔵省は「すでに認可された２社はいずれも相互会社（損害保険会社では２社だけ）であり、株式会社への認可はこの種の保険の性格上、軽々には行えない」と拒否しました[95]。これは、おそらく大蔵省が、この２社だけが損害保険業界で相互会社形態であり、相互会社の範囲内であれば余剰金の成果配分としての契約者配当金を認めても、カルテル料率を前提とする我が国の損害保険市場において契約者配当による競争を最小限に抑えることができると考えたからです[96]。

イ．積立保険の販売競争の始まり

その相互会社だけの歯止めが、5年後にはなくなります。興亜火災海上保険と千代田火災海上保険は、積立型で保険期間10年の家計火災保険「長期総合保険」（略称＝長総）の開発を進め、大蔵省と地道に商品認可折衝を重ねた結果、1968（昭和43）年4月に認可を取得したのです。しかし、大蔵省は大手4社（東京海上火災保険、安田火災海上保険、大正海上火災保険、住友海上火災保険）への認可を翌年の4月まで遅らせて、意図的に競争を抑制しようと試みました。

ところが、この長期総合保険は貯蓄好きの日本人の好みに合った商品として爆発的な人気を得、初年度だけで数万件の販売成績を収めました。大蔵省が大手4社への認可を遅らせて意図的に競争を抑制しようとしたことが、逆に大手4社の競争心を煽る結果となったのです[97]。

長期総合保険は、損害保険会社にとって、火災保険市場の伸び悩みを打破し、10年間にわたって保険契約を維持できる点に大きなメリットがありました。また、損保代理店にとってもその手数料収入は大きな魅力でした。大手4社が長期総合保険の満期を迎えた1979（昭和54）年になると、「取って10年、取られて10年」といわれた契約更改の激しい争奪戦が繰り広げられました[98]。

また、日動火災海上保険が傷害保険の積立商品「積立ファミリー交通傷害保険」（略称＝積ファ）を開発し、大手4社を除いた中堅13社に呼びかけて大蔵省に認可を申請し、1975（昭和50）年1月に販売を開始しました。大蔵省は、この商品でも大手4社への認可を遅らせる処置をとり、大手4社は1979（昭和54）年3月まで認可取得を待たねばなりませんでした。

しかし、大蔵省の思惑とは裏腹に、大手4社の積立ファミリー交通傷害保険の認可が1979（昭和54）年までズレ込んだことで、長期総合保険の満期争奪戦が激しさを増すことになってしまい、「積ファ戦争」と呼ばれました。

そして、1984（昭和59）に大正海上火災保険が「健康生活積立傷害保険」を、住友海上火災保険が「積立女性保険」（通称「積女（ツミジョ）」）を開発し、特に後者の商品のパンフレットが従来の損害保険のイメージを変えた華やかなもので、補償内容も顔面のケガは2倍補償という女性心理を捉えた斬新なものであったことから、魅力のある商品として人気を呼び、これが商品開発ラッシュの火ぶたを切ることになりました。

ウ．積立保険の仕組み

積立保険の特徴は、「無事故戻し」の仕組みを利用して満期金（満期返れい金＋契約者配当）が支払われ、長期間にわたり補償があることです。積立保険は、保険料が「補償保険料」と「積立保険料」で構成されており、満期までに保険金額の全額を支払う等の事故（全損事故）がなければ、「積立保険料」を予定利率で運用した「満期返れい金」を支払う構造になっています。通常の積立商品は、予定利率以上で運用できた場合は、「契約者配当金」が付きます。積立保険は損害保険の本来機能である「補償機能」に「貯蓄機能」がうまく組み合わされた商品であるがゆえに、消費者に歓迎されたのです。

そして、特に長期総合保険の発売以来、この「貯蓄機能」部分を改良した商品開発が進められ、消費者の利便性に対応した次のような機能が登場しました。

・満期返れい金分割払　[1970（昭和45）年]

→満期を迎えた時に満期返れい金の全額を受け取らずに、分割にして受け取ることができる機能。

・契約者貸付制度　[1981（昭和56）年]

→銀行の総合口座と同様の機能で、保険期間中に資金が必要となった保険契約者が積立保険を解約せずに、積み立てた保険料部分を担保に貸付を受けることができる機能。

・満期返れい金据置払［1989（平成元）年］

→満期を迎えた時に満期返れい金を受け取らずに、全額据え置きすることができる機能。

・中途返れい金［1989（平成元）年］

→満期までの中途にも返れい金が受け取ることができる機能。

この機能は、住友海上火災保険と東京海上火災保険の共同開発による「新積立女性保険」で登場しました。この中途返れい金の開発によって、後の個人年金商品「年金払積立傷害保険」が誕生することになりました。

エ．予定利率の設定

この積立保険の魅力は、予定利率が鍵を握っていました。予定利率は、保険契約上の約定金利で、満期返れい金の支払いを約束する「最低保証金利」です。この予定利率が高くなると、満期返れい金が増えることから、積立保険の魅力が増します。

積立保険の商品開発ラッシュの最中に、予定利率に係わる事件が発生し、損害保険業界全体で激震が走りました。その事件とは、ある保険会社が他社よりも高い水準の予定利率を設定した商品を販売したのです。この時まで、大蔵省は各損害保険会社に同一条件で販売競争させるという「護送船団方式」で運営してきており、各損害保険会社もその前提を信じて競争を繰り広げてきたのですが、その大蔵省が１社のみに商品魅力をアップさせる条件を認めたのです。協会長がその保険会社に販売を止めるよう説得をする事態にまで発展しました。まさにこの事件は、損害保険業界にとっては大事件だったわけで、当時この事件はその商品名をとって「ガリバー事件」と呼ばれました。

オ．積立割合と一時払の問題

積立商品の「補償機能」と「貯蓄機能」の組合せには、「長期総合保険」や「積立ファミリー交通傷害保険」等に代表される「一体型」（または「完結型」）と、「積立普通傷害保険」や「新積立女性保険」等の「積特型」に分かれます。

「積特型」は、「積立型基本特約」を付帯した積立商品です。この「積立型基本特約」は、1985（昭和60）年9月に東京海上火災保険が開発し、「積立普通傷害保険」を販売しました[99)]。この「積立型基本特約」を付帯することによって理論上すべての掛捨保険商品を積立商品にすることが可能になりました。

「積特型」の開発によって、既存の掛捨保険や新たな多様な補償内容にも自在に組合せができ、しかも「補償部分」と「積立部分」の割合を調整できるようになったことから、商品開発のバリエーションが広がりました。

それまで「一体型」で人気のあった「積立女性保険」を開発した住友海上火災保険は、「補償部分」と「積立部分」の割合を調整できる等の特徴がある「積立型基本特約」に魅力を感じ、1989（平成元）年に東京海上火災保険と共同開発して「積女」を「積特型」に改良して「新積立女性保険」としました。

ただし、「積特型」であまりにも「積立部分」の割合を上げてしまうと、本来の損害保険という「補償機能」が薄れ、財テク商品としての魅力がアップし、ひいてはそれが販売競争を激化することから、大蔵省は「積立割合」に一定の規制を設けるよう各損害保険会社に指導を行いました。

積立保険の保険料の払込方法には、月払、半年払、年払、一時払がありますが、次第に一時払契約が中心となりました。それは、保険料の払込方法が一時払であると、保険契約者にとって、満期返れい金と払い込んだ保険料との差額が大きく有利な金融商品となり、一方、損害保険会社の営業社員にとって、分割払よりも営業成績カウントが高くなるからです。

しかし、この一時払偏重によって、保険会社の販売競争が激化しました。また、損保代理店は、高額な金額を扱うことによって、その保険料を着服する者も現れ、不祥事がよく起こりました。さらに、保険会社の資産運用部門では、当時は他の保険と同様に代理店専用口座に保管して翌月末までに保険会社に精算していましたので、契約から精算までの期間（平均して45日間）は資産運用ができないため高い運用利回りを目指すのにはそぐわない等の意見がありました。そのため、1989（平成元）年10月に、契約者から領収した一時払保険料を領収後速やかに保険会社に振り込む「積立型一時払保険料即時振込制度」が導入されました。これにより、保険代理店の不祥事の防止と資産運用の効率性アップが図られました。

企業向けにも「積立保険」は、積極的に販売されました。損害保険会社は、従業員を被保険者とする積立傷害保険を大口契約の「福利厚生プラン」として企業に勧めました。ノンバンクである信販会社（現在のクレジット会社）の「保険料ローン」を利用すれば、保険契約上は保険料払込方法が一時払ですが、企業が実際に信販会社に支払うのは、年払等の分割払にすることができました。保険契約上は一時払なので満期返れい金と払い込んだ保険料との差額が大きくなり、財テクおよび損金処理が可能な商品として話題を呼びました。また、損害保険会社も熾烈な積立保険販売競争に勝つために、この「福利厚生プラン」で大口契約の獲得に奔走しました。あまりにも激しい競争になり、契約した企業から苦情もあったため、大蔵省は、販売規制を行いました。

表１－８　損保正味収入保険料と収入積立保険料の推移

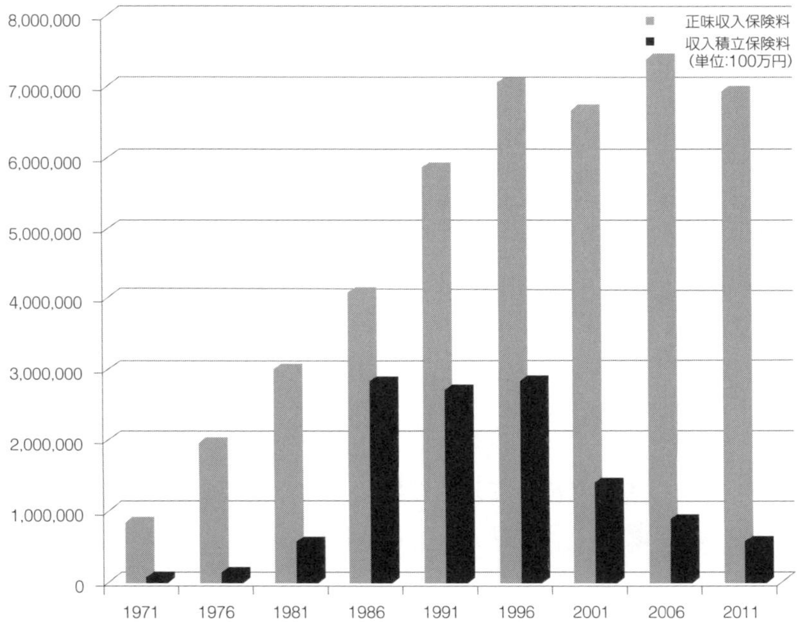

（備考）インシュアランス統計号の数値をもとに編集部作成

カ．システム対応の問題

1986（昭和61）年５月に、東京海上火災保険は「積立型追加特約」を開発し、業界他社に大きなインパクトを与えました[100)]。これは、「積立型基本特約」を付帯した普通傷害保険を主契約として、火災保険等の27種の一般商品（「積立型追加特約」を付帯）を従契約にするもので、東京海上火災保険は他社との差別化を図ろうとしたものです。

その後も、こうした「積立型基本特約」や「積立型追加特約」によって商品構成された「積特型」の積立保険は増え、商品開発ラッシュはますます競争の度を深めていきます。

・積立普通傷害保険　［1985（昭和60）年］

・積立家族傷害保険 ［1986（昭和 61）年］
・積立こども総合保険 ［1987（昭和 62）年］
・積立ホリデー・レジャー総合保険 ［1988（昭和 63）年］
・積立青年アクティブライフ総合保険 ［　〃　］
・積立夫婦ペア総合保険 ［1989（昭和 64）年］
・新積立女性保険 ［1989（平成元）年］
・積立実年長期傷害保険 ［1990（平成 2）年］
・積立所得補償保険 ［　〃　］

この頃の商品認可は、大蔵省の指導によって、開発会社に対して数ヶ月の発売時期の先行メリットが与えられ、その他の会社は開発会社から認可内容が開示された内容で追随認可を得るようになっていました。商品開発ラッシュにより、各社とも認可取得する積立商品の数が増えていきました。

ところが、「積特型」の積立保険は、それまでの損害保険システムでは対応できないため、商品毎のシステム開発が必要でした。そのため、中小の損害保険会社の中には、システム・コストが重荷になり、認可取得しても販売を控える会社も出てくるようになりました。

キ．固定金利運用型商品

平成の時代に入ると、予定利率は高金利を背景に高い水準で設定され、積立商品が信託銀行の「ビッグ」や長期信用銀行（日本興業銀行や日本債券信用銀行等）の「ワイド」の利回りと新聞や雑誌等で比較されて、その「利回り」の優位性が話題となって爆発的な販売実績を挙げるようになります。

そして、1990（平成 2）年から翌年にかけて、金利情勢を迅速に予定利率に反映できるよう予定利率を機動的に見直しすることによって、契約者配当を付加しない代わりに一般の積立保険よりも高い予定利率を設定する「固定金利運用型」の積立保険を、安田火災海上保険が業界で初めて開発しました。

- 積立安心生活傷害保険　[1990（平成2）年]（安田火災海上保険）
- 積立いきいき生活傷害保険　[1991（平成3）年]（安田火災海上保険と住友海上火災保険の共同開発）
- 積立しあわせ家庭保険　[　〃　]（三井海上火災保険）

ク．区分経理による積立資産の運用

「積特型」の登場に合わせて、積立保険の「積立保険料」を予定利率に基づいて運用するために、損害保険会社の資産を区分経理して「一般資産」と「積立資産」に分けて資産運用することになりました。「積立資産」部分を「積立勘定」と呼びます（当初の呼称は「特別勘定」でした）。「積立勘定」は、商品の種類や運用方法の違いにより、いくつかに区分されて運用管理されるようになりました。

損害保険会社の資産運用部門には、積立保険の「積立保険料」は保険契約者から預かった資産であり、予定利率に基づく利回りを確保し、さらにはできるだけ高い契約者配当を付ける資産運用が期待されました。「積立資産」の運用は、主に貸付金と国内債券・外国債券で運用され、高い運用成果が求められるとともに、積立資産が増加するにつれ、ALM（Asset Liability Management）という資産と負債を総合的に管理する体制の整備と強化が重要視されるようになりました。

「積特型」が誕生した1980年代後半（昭和60年代前半）は、まさに日本経済がバブルに突入する時期で、予定利率5%という高利回りだったこともあって爆発的なヒットとなり、1989（平成元）年には、積立性資産が損害保険会社の総資産の半分以上を占めるほどにもなったのです。

ところが、1995（平成7）年に、米国（クリントン政権）が、日本と

の貿易赤字を縮小するためにドル安政策を進め、改革開放政策の中国を異常なまでに優遇したことから、1ドル＝79.75円という急激な円高になりました。その結果、ほとんどの損害保険会社の「積立資産」はそのポートフォリオの一部に外国債券を組み込んで運用されていたために、多額の為替損を発生させてしまい、「最低保証金利」である予定利率の利回りを確保できなくなる「逆ザヤ」という異常な事態となりました。

近い将来に到来する少子高齢化社会に備えるための自助努力商品として1992（平成4）年に開発された「年金払積立傷害保険」は、発売当初は高い金利状況であったことから予定利率が6%を超える水準で設定され、大型の業界商品として各損害保険会社は競って積極的に販売しました。ところが、その後、国内の金利水準が景気低迷から公定歩合の引き下げ等により低下傾向をたどったことにより、この商品の「積立勘定」も「逆ザヤ」の状態に陥りました。

このように低金利時代になると積立保険のその魅力は消え失せ、徐々に主力商品の座から後退を余儀なくされ、マイナス金利の現在に至ってはＡＬＭが難しく、積立保険の運用自体が経営に影響を及ぼすリスク要因となりかねないため、各損害保険会社は積立保険の商品整理を行って積極的な販売を行わなくなっています。

昭和の終わりから平成の初めに展開された積立保険の商品開発ラッシュと販売競争を振り返ると、「兵（つわもの）どもが夢のあと」という印象を拭えません。

⑷　企業分野における新種保険の商品開発

①　高度経済成長期の企業活動を支えた損害保険

損害保険業界は、明治初期に損害保険が導入されて以来、主に企業を顧客として火災保険と海上保険（船舶・貨物保険）を中心にして発展してきました。第二次世界大戦後の復興期の終盤から高度経済成長にかけては、既に述べたように、家計分野の火災保険、自動車保険や傷害保険の商品開発を進め、大衆化路線に活路を見出しましたが、元来の企業分野にも依然力を入れていました。高度経済成長期（昭和30年代〜昭和40年代）において、重工業化が進むとともに、技術革新によって各業種の企業活動が特殊化・複雑化して広範囲に及んだことから、企業を取り巻くリスクは多様化かつ巨大化し、このような企業活動を安定的に支えていくために企業向けの損害保険商品は必需品であったからです。

したがって、企業分野の商品開発と販売は、損害保険事業の重要な使命の一つでした。企業分野の損害保険が、高度経済成長を邁進した企業の活動を縁の下の力持ち的存在で支えたといっても過言ではありません。

②　企業分野の新種保険

企業分野の保険の中でも新種保険では、特殊化・複雑化した広範囲に及ぶ企業活動の多様化・巨大化したリスクに対応するために、オールリスク方式の財物保険から賠償責任保険・費用保険・傷害保険等を組み合わせたパッケージ型の総合保険等、実にバリエーションに富む特徴のある商品が数多く開発されました。

ア．入札保証保険・履行保証保険　［1951（昭和26）年］

戦後の復興期において、公共事業や米軍に関わる工事が多く行われました。建設業者等の工事業者の中には、入札して請け負った工事を履行しない業者がおり、トラブルが少なくありませんでした。そこで、米国のボンド制度を参考に、「入札保証保険」と「履行保証保険」が開発されました。

「入札保証保険」は、建設工事等の請負契約または商品等の売買契約の入札に関して、入札参加者（保険契約者）が落札したにもかかわらず請負契約または売買契約を締結しないことによって、入札申出者（被保険者）が被る損害を補償する保険です。

「履行保証保険（履行ボンド）」は、入札によって落札されて、請負契約を結んだ際に、その工事を確実に履行し、工事完了までの保証を目的として、請負契約等に基づく債務が履行されない場合に、被保険者である発注者等の債権者が被る損害を補償する保険です。この保険によって、国や地方公共団体等が発注する公共工事等において、請負契約等を締結する場合、法令上「契約保証金」を納付する必要がありますが、国等の債権者を被保険者とする「履行保証保険」等を契約すれば、「契約保証金」の納付が免除されました。

イ．賠償責任保険　［1953（昭和28）年・1957（昭和32）年以降］

戦後、GHQの占領を経て、次第に欧米に倣って国民に権利意識が芽生え始め、日常生活における賠償責任の観念が強くなりました。そのため、1953（昭和28）年に個人や企業が他人の身体障害または財物損壊について損害賠償責任を負担することによって被る損害を補償する「賠償責任保険」が開発されました。

また、1957（昭和32）年以降には、個人向けと企業・事業者向けの整理が行われ、個人向けは個人の私生活における賠償責任を補償する「個人賠償責任保険」、企業・事業者向けは対象とする事業や責任発生原因の種類に応じて、次の商品が開発されました（保険商品名は開発当時のもの）。

・施設賠償責任保険　［1957（昭和32）年］
・昇降機賠償責任保険　［　〃　］
・請負賠償責任保険　［　〃　］
・生産物賠償責任保険　［　〃　］
・自動車管理者賠償責任保険　［　〃　］
　→モータリゼーションにより増加した駐車場の事業者向けに開発されました。
・船客傷害賠償責任保険　［1958（昭和33）年］

・原子力施設賠償責任保険、原子力輸送賠償責任保険［1960（昭和35）年］
　→1957（昭和32）年に茨城県東海村に原子炉が完成し、1960（昭和35）年に原子力発電所の着工開始に合わせて開発されました。
・医師賠償責任保険　［1963（昭和38）年］
・ＬＰガス業者賠償責任保険　［1968（昭和43）年］
・旅館賠償責任保険　［　〃　］
・建築家賠償責任保険　［1971（昭和46）年］
・公認会計士賠償責任保険　［　〃　］
・薬剤師職業賠償責任保険　［1972（昭和47）年］
・旅行業者職業賠償責任保険　［1973（昭和48）年］
・油濁賠償責任保険　［1975（昭和50）年］
・企業包括賠償責任保険　［　〃　］
・情報処理業者賠償責任保険　［　〃　］
・弁護士職業賠償責任保険　［1976（昭和51）年］
・旅館宿泊者賠償責任保険　［　〃　］
・消防設備等保守業者賠償責任保険　［1978（昭和53）年］
・ＰＴＡ管理者賠償責任保険　［1979（昭和54）年］
・個人包括賠償責任保険　［1981（昭和56）年］
・クリーニング業者賠償責任保険　［1982（昭和57）年］
・看護婦賠償責任保険　［1988（昭和63）年］
・測量士職業賠償責任保険　［1989（平成元）年］
・ＰＴＡ賠償責任保険　［　〃　］
・警備業者賠償責任保険　［1990（平成2）年］
・行政書士賠償責任保険　［　〃　］
・会社役員賠償責任保険　［　〃　］

・添乗員職業賠償責任保険　[1991（平成3）年]
・理学療法士賠償責任保険　[　　〃　　]
・老人訪問看護事業者賠償責任保険　[1992（平成4）年]
・環境汚染賠償責任保険　[　　〃　　]
・救急救命士賠償責任保険　[　　〃　　]
・スキー場総合賠償責任保険　[　　〃　　]
・中小企業向け生産物賠償責任保険（中小企業ＰＬ）[1995（平成7）年]

ウ．機械保険　[1956（昭和31）年]

戦後復興期の終盤から高度経済成長期に入った頃から、工場等の建設や機械設備等への設備投資が積極的に行われました。投資した工場等の機械に不測かつ突発的な事故によって損害が生じると、企業は買い替えや修理費等によって思わぬ経済的損失を被り、経営にも影響を与えかねません。

事故原因には、たとえば誤操作、材質や設計・製造上の欠陥、他物の落下・衝突等、様々な場合が考えられるため、オールリスク（ただし、火災、火災による爆発または破裂による損害を除く）で補償する機械専用の保険を求める声がありました。そこで開発されたのが、機械保険です。

この保険を付保すれば、一定の保険料を払い込む負担はあるものの思わぬ多額の経済的損失がなくなり、安定的な経営が実現できるようになりました。

エ．組立保険　[1956（昭和31）年]

この保険も、戦後復興期の終盤から高度経済成長期に入った頃の工場等の建設ラッシュや機械設備等の設備投資に対応して開発されました。

建物の内装・外装工事、ビル付帯設備工事（電気・空調・給排水、ガス、衛生設備等)、機械設備の設置（プレス機械の設置、印刷機械の改修工事、変圧器の設置等）等の工事中に、工事現場において、不測かつ突発的な事故によって工事対象物（工事の目的物等）が損害を被った場合に、損害発生直前の状態に戻すための復旧費を補償する保険です。この保険もオールリスク補償です。

オ．建設工事保険　[1960（昭和35）年]

数年後に東京オリンピックを迎え、特に東京では建設ラッシュでビル等の多くの建物が建設されました。この保険は、建物の建築工事中に、工事現場において、不測かつ突発的な事故によって工事対象物（工事の目的物等）に損害が生じた場合に、損害発生直前の状態に戻すための復旧費を補償します。この保険もオールリスク補償です。

カ．動産総合保険　[1961（昭和36）年]

高度経済成長が進むと、工場や倉庫から搬出された製品等は、問屋等の流通経路を経てデパートや小売店等で販売され、一般消費者や企業が購入し、家庭の日用品・家具等や企業の什器備品等となり、多種多様な物（動産）が身の回りにあふれるようになりました。

そのような動産が、保管中、展示中または運送中に、破損や盗難等の偶然な事故によって損害が生じた場合に、その損害を補償する保険のニーズが高まりました。そこで開発されたのが「動産総合保険」です。

この保険は、火災危険だけでなく、動産が運送されることも前提にして、しかもオールリスクで様々な偶然な事故よる損害を補償するという特長があります。

キ．住宅ローン保証保険　[1971（昭和46）年]

高度経済成長がピークになると、マイホーム建設の夢を国民の多くが持ち、その夢を叶えようとします。しかし、連帯保証人のいない人や住宅金融公庫の住宅融資保険の対象とならない人は、その夢を実現できませんでした。そこで損害保険会社が個人向け民間住宅金融に対する信用補完を行う「住宅ローン保証保険」が開発されました。

この保険によって、ローン債務者は適当な連帯保証人を探す手間が省け、金融機関は被保険者になることにより住宅ローンの信用補完をすることができました。貸倒れによる債権の回収等は損害保険会社が行うことになっていたため、金融機関からは煩わしさから解放されることもあり、歓迎されました。

ところが、その反面、金融機関による延滞管理が杜撰になり、貸倒れを増やすことになってしまいました。金融機関は、貸倒れが出ても保険金が支払われるため、貸付の管理が甘くなってしまい、その結果、数年後にはこの保険の損害率が悪化し、損害保険会社は苦しい羽目に陥ることになりました。

ク．労働災害補償保険・労働災害使用者賠償責任保険　［1972（昭和 47）年］

企業が労働者災害補償法によって定められた補償に上乗せして補償する法定外補償制度が、多くの企業で社内の規定として定められるようになっていましたが、企業が自己資金で当該補償の蓄えを行うことは難しく、被害者の救済を充分にできない状態が続いていました。この問題を解決するべく「労働災害補償保険」が開発され、損害保険業界は労働者の災害補償制度に貢献しました。

また、労災における使用者の民法上の損害賠償責任が、労働者災害補償法に定める補償額以上の額で認める判例が多く出たことから、使用者の民事責任を補償する「労働災害使用者賠償責任保険」も開発されました。

1979（昭和 54）年に、この二つの保険は「労働災害総合保険」に一本化されました。

ケ．土木工事保険　［1973（昭和 48）年］

国民の余暇やレジャーが浸透するにつれて、ゴルフ場や高速道路等の工事、マイホーム・ブームによる分譲住宅の造成等の工事が増え、それらの工事に伴う土木工事についても「組立保険」や「建設工事保険」と同様の専用の保険が望まれるようになりました。そこで開発されたのが「土木工事保険」です。

この保険は、道路工事・土地造成工事・上下水道工事・トンネル工事・ダム工事等の土木工事の工事中に、工事現場において不測かつ突発的な事故によって工事対象物（工事の目的物等）に生じた損害を補償します。この保険も「組立保険」や「建設工事保険」と同様オールリスク補償です。

コ．コンピュータ総合保険　［1975（昭和50）年］

1970（昭和45）年以降に、大企業のオフィスや工場を中心にコンピュータが用いられ、オートメーション化が展開され始めました。端末で各事業所を結び、情報の共有や処理が行われるようになったのです。そこで登場したのが「コンピュータ総合保険」で、コンピュータそのものである情報機器や情報メディアの損害、そしてその損害による臨時費用や休業損失を補償する保険です。

サ．住宅性能保証責任保険　［1982（昭和57）年］

日本国民のマイホーム熱は冷めず、マイホーム建設が進む中、住宅建設業者の中には悪質な業者もいたため、苦情が相次ぎ社会問題にもなりました。

そのため、「財団法人性能保証住宅登録機構」の発足に伴い、住宅建設業者や住宅販売業者が、引渡した住宅の所有者に対して発行した保証書に基づき、保証書に記載された保証期間満了日までの間に発見された主要構造部（基礎、軸組、床、屋根、壁）の瑕疵によって、当該部分の滅失または毀損に起因して負担する保証責任を補償する「住宅性能保証責任保険」が開発されました。

シ．費用・利益保険　［1982（昭和57）年］

企業等が一定の事故の結果として支出を余儀なくされた費用や喪失し

た利益に対して保険金を支払う保険です。この種の保険には次のような商品等、様々な種類があります。

・興行中止保険
　→イベント等の中止・変更による支出費用・喪失利益を補償します。
・スポンサー保険
　→ホールインワンの懸賞金等を補償します。

ス．フランチャイズ・チェーン総合保険　［1988（昭和63）年］

1975（昭和50）年以降になると、小売店の新しい形態であるコンビニエンスストアや外食産業としてのファミリーレストラン等が出店されるようになりました。権利、商標およびノウハウ等を提供する企業（本部）と個人等の経営者が加盟者・加盟店として契約を結び、加盟者・加盟店は本部が開発した商品・サービス・ノウハウを活用します。これをフランチャイズ・チェーン方式といいます。このチェーン展開によって、コンビニエンスストアやファミリーレストラン等は、全国に店舗網を拡大しました。

そこで登場したのが、この「フランチャイズ・チェーン総合保険」で、当時の安田火災海上保険が開発しました。フライチャイズ・チェーンの加盟店および直営店を対象として、商品等の物保険、休業損失を補償する利益保険、顧客等の第三者の身体・財物に損害を与えた場合の賠償責任保険、店主や従業員ための傷害保険をパッケージ化して一つの商品にしたものです。

このような「パッケージ商品」は、1987（昭和62）年の保険審議会答申において、顧客ニーズに適合した商品の提供を行うためには、欧米で広く普及している「パッケージ商品」を開発する必要があると提案されたことによって、開発された商品です。

この保険に続き、次のような「パッケージ商品」が開発されています。

・自治会活動保険　［1988（昭和63）年］

→自治会の賠償責任、住民の賠償責任、住民の親族等の傷害見舞費用、住民の傷害、行事のキャンセル費用等を総合的に補償します。

・テナント総合保険　［1992（平成4）年］

→ションピングセンター等のテナントを対象に、店舗や事務所の造作・什器備品・商品等の物損害、休業損失損害、顧客等の第三者の身体・財物に損害を与えた場合の賠償責任、顧客がケガをした場合の傷害見舞費用等の費用損害、従業員ための傷害を総合的に補償します。

この保険は、「フランチャイズ・チェーン総合保険」をベースに、当時の安田火災海上保険と住友海上火災保険が共同開発した商品です。

(5)　代理店制度

①　代理店を主流とした募集形態

我が国における損害保険の募集形態には、損害保険会社と委託契約を締結した損保代理店が行う「代理店扱」、保険会社が直接行う「直扱」、そして保険仲介業が行う「保険ブローカー」の３種類があります。欧米では「保険ブローカー」が主流であるのに対し、日本では、明治初期に損害保険が導入されて以来、「代理店扱」が主流となっており、現在では募集形態別の元受正味保険料割合の91.7％を占めています[102]。

遡れば、1879（明治12）年８月に海上保険会社として創業した東京海上保険会社が北海道の第百十三銀行に委託した「函館代理店」が、我が国最初の損害保険代理店（以下「損保代理店」）であるといわれています。これは、当時北海道との海上貨物輸送が頻繁に行われていたからで、翌月には、郵便汽船三菱会社（現在の日本郵船）と三井物産の支店・出張所や各地の海運問屋等で国内15ヶ所、国外は上海を含め3ヶ所に損保代理店を委託しています[103)]。これらの損保代理店が海上保険を募集する相手は、海上貨物輸送に係わる企業や事業者でした。

それから暫くして、1888（明治21）年10月に東京火災社（安田火災の前身）が火災保険会社として創業します。この保険会社は、個人の顧客を相手に火災保険を募集するため、損保代理店を地方の有力者に委託しました。その地方の有力者は、火災保険の専門的知識を身に付けず、紹介代理店的な活動を中心にしていたため、実際の引受けは保険会社の社員が手伝わざるを得なかったようです[104)]。「大数の法則」を成立基盤とする損害保険会社としては、この地方の有力者に損保代理店を委託して募集網を拡大する方策は、多数の契約を可能な限り広範囲から集めることができ、しかも契約内容の均一化が図られることから、経営の維持発展のために有効でした[105)]。

この方策による募集網の拡大路線は、戦後になっても続き、さらにエスカレートしました。算定会料率が実施されたことによって、各社同一価格（同一保険料率）による非価格競争のシェア争いの中で、募集網の拡大こそが唯一業界におけるシェアアップにつながるものとなったからです[106)]。

②　戦後以降の代理店制度への取組み

ア．募取法による登録制度　［1948（昭和23）年］

終戦直後の1948(昭和23）年7月に「保険募集取締に関する法律」（募取法）が公布され、法律による保険募集人の登録制度が初めてスタートしました。これにより、損保代理店ははじめて大蔵省の監督下に置かれ、損保代理店の登録が義務づけられるようになりました。ただし、大蔵省監督下といっても、同省で全国すべての損保代理店を監督することが容易でないことから、実際には1949（昭和24）年に地方財務局（大蔵省の出先機関）に登録事務と検査事務を委譲しています。

損保代理店登録制度の導入により、戦後に乱立した損保代理店は自ずと淘汰され、1946（昭和21）年に８万6515店あった損保代理店（火災保険代理店）は、３年後の1949（昭和24）年に５万9452店と大幅に減少しました（マイナス２万7063店、31％減）[107)]。

しかし、翌年になると損保代理店数が急増し、1952（昭和27）年には10万5282店と、1949（昭和24）年の２倍弱に急増します。戦前、損害保険各社が協定によって損保代理店数を制限・調整していましたが、「独占禁止法」の施行によりそれができなくなったからです[108)]。

損保代理店の乱立で、質的に著しく劣った損保代理店が目立つようになります。相次ぐ商品改定で複雑になった事務処理を損保会社社員へ依存することが多くなり、1950年には代理店勘定の未収が総資産の31％に達するなど、損害保険会社の経営を圧迫するようになります。

イ．火災保険代理店格付制度［1952（昭和27）年］

損保代理店の資質向上を図るために、1952（昭和27）年７月に「火災保険代理店格付制度」が導入され、代理店挙績と事務品質の高低によって代理店手数料を２段階に分けることにしました。しかし、この制度は、挙績が大きい大規模代理店を優遇する格付制度にすぎず、結局は充分な効果を挙げることができずに終わりました。

折しも、1956（昭和31）年６月に、この格付制度に起因して「テーブル・ファイヤー事件」（日本火災海上保険が損保代理店に規定以上の手数料を払う資金を捻出するため、架空の火災保険契約をつくり、これを罹災したことにして保険金を浮かせ、財源にした事件）が発覚したこともあって、損害保険会社の損保代理店に対する姿勢に問題があることが露見した格好になりました。そのため、1957（昭和32）年４月に、日本損害保険協会は、損害保険各社に業務規制の徹底を指示します。大蔵省も損害保険各社の全国一斉特別検査を実施して、代理店手数料の超過支払等の違反行為を摘発し、各社の役員を降格させるなど強権を発動しました。これを機に、損害保険業界は、損保代理店の管理を徹底するとともに、損保代理店の資質向上を図るために代理店格付制度の改定を検討します。

ウ．代理店格付制度の改定　［1958（昭和33）年・1965（昭和40）年］

翌1958（昭和33）年10月に、代理店格付制度が改定され、損保代理店の資格を4階級制（特別A、特別B、甲、乙）にしました。この改定で、睡眠代理店や自立できない損保代理店の淘汰が進みましたが、代理店の資質向上・体質改善は思うほどはかどりませんでした。

エ．火災保険代理店制度　［1965（昭和40）年］

代理店格付制度は、1965（昭和40）年4月にも改定され、「火災保険代理店制度」として刷新されました。損保代理店の挙績によって、特別総合代理店（火災保険料年間1000万円以上）、総合代理店（年間100件、100万円以上）、普通代理店（年間10件以上）、初級代理店（それ未満）の4階級に区分されることになりました[109)]。

また、従来、損害保険各社で実施されていた代理店教育を日本損害保険協会（代理店部）が担うように改め、特別総合代理店、総合代理店には資格テスト制度を導入して損保代理店の業務遂行能力を高めました。

オ．ノンマリン代理店制度　［1973（昭和48）年］

1960年代は、自動車保険、自賠責保険が急成長を遂げ、火災保険における住宅物件、傷害保険をはじめとする新種保険の普及が進み、企業物件が多かった損害保険が大衆化した時代でした。

そのため、損害保険会社は、保険募集を専門に行う「専業代理店」（プロ代理店等）のほかに、自動車販売会社、整備工場、ガソリンスタンド（ＳＳ）、旅行業者、不動産業者等に副業として損保代理店を委託する「兼業代理店」を増やし、保険募集網を拡げていました[110)]。

このような実態を反映して、1973（昭和48）年4月に、これまでの火災保険中心の「火災保険代理店制度」を廃止して、自動車保険や新種保険を含めた損害保険全般の普及と契約者保護を目的とした「ノンマリン代理店制度」を創設しました。さらに翌1974（昭和49）年には、傷害保険も取り込むようにしました。

カ．新ノンマリン代理店制度［1980（昭和55）年］

「ノンマリン代理店制度」は、1980（昭和55）年10月の全面改定により、「新ノンマリン代理店制度」として刷新されます。

「新ノンマリン代理店制度」の特徴は、制度の対象範囲をノンマリン全体に拡げ、火災保険、自動車保険、傷害保険を取り扱う一般代理店（種別代理店）とそれ以外の特殊代理店（無種別代理店）に大別し、「代理店種別」をそれぞれ4階級（特級、上級、普通、初級）に分類したことです。また、「個人資格」についても、定められた講習を受け、日本損害保険協会が実施する試験に合格することを要件として、その個人資格は「特級（一般）、特級（工場）、上級、普通、初級」に区分しました。損保代理店は、その代理店に所属して募集活動に従事する者の「個人資格」の取得状況と代理店の実績等に応じた「代理店種別」の認定を受けることになりました。消費者対応能力の向上を種別制度に反映させた制度として注目されました。

図1－3 代理店の種別

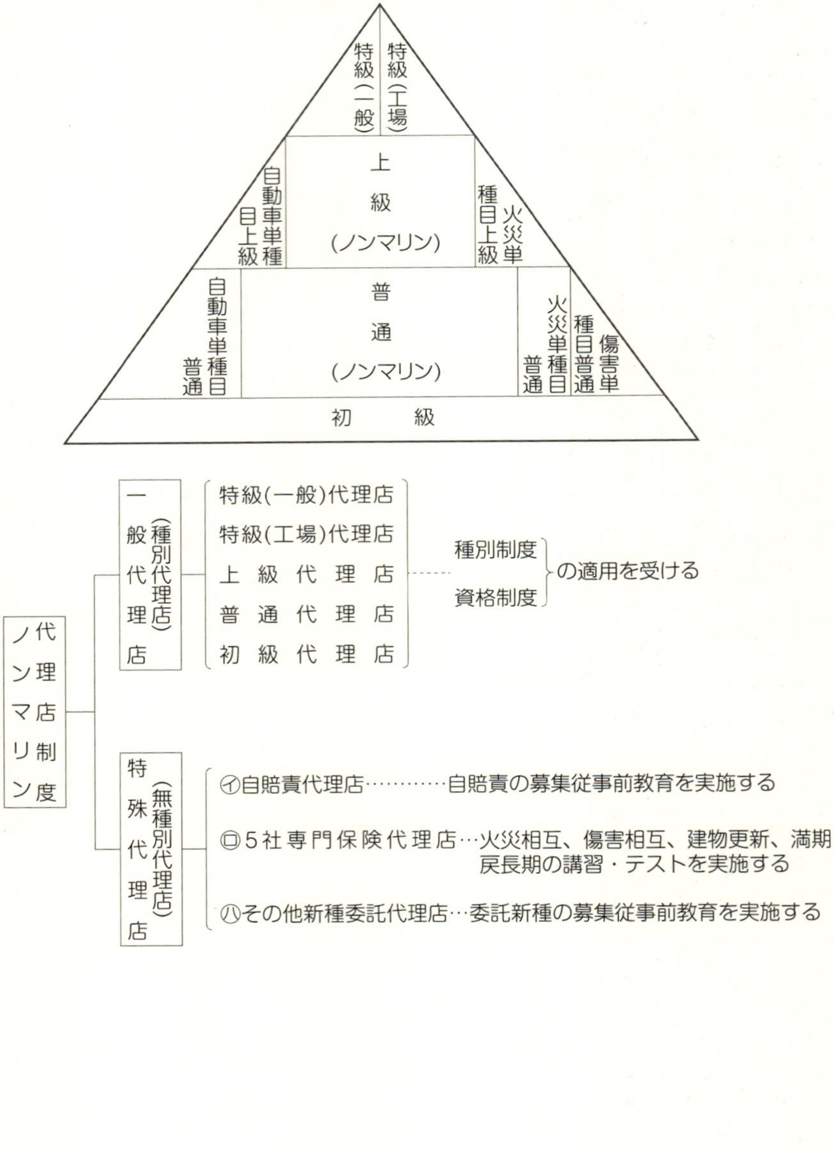
特級(一般)
特級(工場)
自動車単種目上級
上級(ノンマリン)
火災単種目上級
自動車単種目普通
普通(ノンマリン)
火災単種目普通
傷害単種目普通
初級
代理店制度
ノンマリン
一般代理店
(種別代理店)
特級(一般)代理店
特級(工場)代理店
上級代理店
普通代理店
初級代理店
種別制度
資格制度
の適用を受ける
特殊代理店
(無種別代理店)
㋑自賠責代理店…………自賠責の募集従事前教育を実施する
㋺5社専門保険代理店…火災相互、傷害相互、建物更新、満期戻長期の講習・テストを実施する
㋩その他新種委託代理店…委託新種の募集従事前教育を実施する

第３節　生命保険業界の「成長の時代」

１．生命保険の募集形態

⑴　戦前までの募集形態

生命保険会社の創業当初の募集形態は、損害保険業界と同様、「代理店扱」でした。近代的生命保険会社として、1881（明治14）年に創業した明治生命保険は、「代理店扱」を採用した理由として、創業当時の「保険思想は極めて幼稚であり、従って生命保険事業を営む当社に対する世人の認識が充分ではな」く、「地方における指導的地位にある名家・紳商等を代理店とし、その信用と後援を募集開始の手蔓とした」ことを挙げています[111]。各地の有力者に保険代理店（以下「生保代理店」）の委託をしたのも損害保険の場合と同じだったのです。

その後に設立された生命保険会社も、各社の株主や設立関係者のネットワークを生かした「代理店扱」を採用していますが、1902（明治35）年に創業した第一生命保険だけは、事業経費を抑えるために「代理店扱」を採用しませんでした。第一生命保険以外の生命保険会社は、生保代理店を中心にしながらも、第一生命保険のように直接雇用の社員や委任契約による販売員なども少しずつ採用して営業活動を展開しました。第一生命保険も、地方の名望家に募集を依頼する「地方協議員」制度を採用して、他の生命保険会社の生保代理店対策を講じました[112]。このようにして、生命保険会社各社は、募集・集金における生保代理店、社員や委任販売員等のメリット・デメリットを比較検討しながら、各社の戦略に合わせた募集形態を模索しました。

その後、中小の生命保険会社を中心に各社は、次第に小規模の生保代理店や外務員（営業職員）を増やしていきました。そして、1920（大正9）年頃からは、歩合給方式による外務員を中心とした募集形態に次第に遷移し[113]、昭和初期に「高配当（高保険料）主義」の保険会社や財閥系の保険会社が設立されると、外務員による激しい営業活動が展開されました。

太平洋戦争開始直前において日本の生命保険業界が米・英に次ぎ世界第3位の保有契約高にまで成長したのは、この外務員の募集活動によるところが大きいといわれています。

ところが、外務員の増加とそれによる激しい競争が展開されたことによって、昭和戦前期には法律による規制もなかったことから、不正な募集が一層頻繁に起こっていました。戦後になって募取法が施行され、生命保険の募集では「一社専属制」が徹底されたことによって、生命保険会社の保険募集人への管理・監督が強化され、不正な募集は改善が図られます。

(2)　戦後からの募集形態

①　月掛保険の登場

終戦直後から発生した悪性インフレーションによって、1947（昭和22）年頃の貨幣価値は戦前の100分の1になったといわれています。猛烈なインフレーションに伴い、戦前に契約した生命保険の死亡保険金額は実質的に目減りしていくため、各生命保険会社は、既存契約の保険金額の引上げを行う営業活動を積極的に展開しました[114]。しかし、生活に窮している国民にとっては、保険料を払う余裕もなく、大した成果は上がりませんでした。

1946（昭和21）年10月に、「簡易保険」の根拠法である簡易生命保険法が一部改正され、1916（大正5）年からの政府の独占事業であった月掛・少額・無診査の小口保険「簡易保険」の大市場が民間の生命保険会社に開放されることになりました。戦前、民間の生命保険会社の分割払は、半年払や年払しか認められておらず、月払は「簡易保険」だけが独占していたのです。太平洋戦争末期の「簡易保険」の保有契約件数は、人口の7380万人を大幅に超える8330万件にもなっており[115)]、生命保険会社の保有契約件数3064万件と比べると、倍以上の成長ぶりでした[116)]。その「簡易保険」が独占していた月払が規制緩和され、生命保険会社にも解禁されることになったのです。

ところが、民間の生命保険会社は、「簡易保険」の優位性、月払市場の開拓の余地、月払集金コスト等を考えると、参入に躊躇せざるを得ませんでした。一方、「簡易保険」は、最高保険金額の引上げを行い、農村部へ市場を拡げ、新契約件数を伸ばしていました。生命保険会社としては、「簡易保険」が市場拡大を続けるのをただ見過ごしているわけにはいかなくなり、1948（昭和23）年に明治生命保険が、民間の生命保険会社のトップを切って「月掛保険」（養老保険の月払）の販売を始めました[117)]。

「月掛保険」は、困窮した国民の家計状況を考えると、保険料を分割で払い込むようにすれば負担を軽減でき、万一の場合の保障と将来の生活の安定のためにこつこつと無理なく毎月積み立てるという貯蓄を兼ね備えた商品であり、発売当初から売れ行きは予想以上に好調でした。他社も1951（昭和26）年までに追随しました。

ところが、生命保険各社の「月掛保険」は販売好調だったのですが、やはり当初懸念したとおり、この毎月の保険料を集金する業務が、契約件数が増加するに従って、保険会社の悩みの種になってきました。戦前は、分割払の契約件数は多くなく、半年払や年払だけだったので月払に比べ集金の頻度は少なくて済むことから、集金業務を数の少ない生保代理店に委託していました。ところが、戦後の「月掛保険」の契約件数は、うなぎ上りに増え、月払のため集金の頻度も高いことから、数の少ない生保代理店だけでは賄いきれなくなってしまったのです。

そこで、生命保険会社は、保険料の集金業務に特化したパート従業員を雇用することにしました。これらのパート従業員は、主に戦争未亡人が採用されました。終戦直後で働き口も非常に少ない状況の中、生活に窮していた戦争未亡人には、集金だけをして報酬を貰える仕事は魅力的でした。生命保険会社も、比較的容易に多くの人数を雇用することができました。次第に、戦争未亡人だけでなく、家計の足しに働きたいという一般の主婦もこの集金業務の担い手となりました。

②　「デビット・システム」による女性外務員の誕生

「月掛保険」の販売実績が伸びるにつれて、生命保険会社の中には、パート従業員に集金業務だけでなく保険の募集もあわせて委託する会社が現れてきました。それは、「月掛保険」を最初に始めた明治生命保険でした[118)]。

1951（昭和26）年に、明治生命保険は、集金業務をしていた女性パート従業員に保険募集も任せ、女性外務員として営業活動を行うことを始めました。その際、明治生命保険は、米国プルデンシャル社と提携し、同社の「デビット・システム」を導入しました。「デビット・システム」とは、支社の管轄地域を地区（デビット）に細分化し、1人の外務員にこれら地区内の募集、集金、サービス活動をすべて担当させるやり方です。この頃、生命保険会社各社は、保有契約高の量的拡大を達成するために激しい競争をしており、大量の販売部隊投入による募集網の拡充が最優先課題となっていたため、この女性外務員による営業は、集金事務の問題も解消でき、まさに一石二鳥の営業戦略でした。

明治生命保険は、この「デビット・システム」によって、大量の女性外務員を採用し、地区別に担当を決めて配置し、きめ細やかな営業を始めました。女性外務員は、自分の担当する地区において「月掛保険」の新規顧客を開拓し、第2回以降の保険料も集金するわけですが、新規契約を増やすために、次第に担当する地区を１軒残らず開拓する「軒並飛込募集」を行うようになりました[119)]。この募集方法によって、女性外務員の日常募集活動と担当地区開拓に計画性が付与され、管理職社員による女性外務員の管理・指導の態勢が構築されるようになり、増員・訓練・職場規律等に影響を与えたといわれています[120)]。つまり、保険募集行為と集金の業務を行う女性外務員には、募取法を遵守させるうえで、生命保険会社としては日常規則的な連絡を取りながら、厳正な勤務管理を行うとともに、商品知識や募集話法等の教育指導の徹底をはじめ、募集集金能率の向上や勤労意欲の維持等を図る体制が確立されていったのです[121)]。

当初は、この女性外務員の報酬体系が、給与の大部分を占める歩合給プラス固定給で構成されており、生命保険会社にとっては、人件費を抑えながら、地域に密着した営業活動を展開できるという大きなメリットがありましたが、生命保険会社の管理・指導態勢が構築されるに伴い、給与も毎月一定の固定給が支給される割合が高められていくようになりました。

この「デビット・システム」による女性外務員の営業体制は、大手社を中心に広まり、その後1950年代後半（昭和30年代前半）までにはほとんどの生命保険会社に採用されました。このようにして、戦前は男性外務員の主戦場だった生命保険の営業の世界は、女性中心になっていったのです[122)]。

③　外務員試験制度の導入

女性外務員の活躍によって保有契約高が飛躍的に伸びたことから、「営業職員を増大すればするほど業績が伸びる」と考える生命保険会社の支社長クラスが多くいたそうです[123)]。そのため、あらゆる手段を使って女性外務員を勧誘する動きが起こって、それが新聞の苦情欄に取り上げられるほどだったといいます。急速な大量増員は教育訓練不足につながり、営業職員の質の低下、高い離職率、さらには保険契約の継続率の悪化となってあらわれました。

1958（昭和 33）年に大蔵省保険課長は「外務員制度等のありかた」と題して、生命保険会社に対して、支社支部のありかた、登録制度、外務員の採用手続き、管理など８項目について問題提示を行いました。また、1962（昭和 37）年には、保険審議会が「生命保険募集に関する答申」を行い、外務員の採用にあたっては生命保険協会が実施する試験に合格したものから選択し、外務員の教育課程の徹底や外務員の給与を合理的に改善することを求めました。この答申に対応して、翌年から生命保険協会によって生命保険外務員試験制度が実施されることになりました[124)]。

しかし、外務員の大量採用と大量脱落が繰り返され、定着性に乏しく、これに伴って無理な保険募集が行われ、契約の継続率が低いという実態が問題視されるようになります。1965（昭和 40）年の保険審議会答申では、生命保険会社に対して、計画的に外務員の育成を行うために支部長等の管理職の指導管理能力を高めることや契約の継続率を 80％以上とするよう継続率改善計画の策定等が求められました。これに対し、生命保険会社各社は、外務員の育成・継続率の改善等の３ヶ年計画を策定し、生産性の高い外務員を中核とする募集機構の確立と、無理・義理募集や悪質契約等の排除によって契約者利益の増進と業務の効率化を図ることとしました。また、生命保険協会では生命保険外務大学課程講座が開設され、外務員の資質向上策が図られました。しかし、若干の改善は見られたものの、充分な成果を見るに至りませんでした[125)]。

そのため、1970（昭和 45）年に、大蔵省は「生命保険募集制度の合理化と生命保険契約の継続率の改善について」を通達し、生命保険会社各社に引続きその達成への努力を促しました。これ以降も、特に外務員の資質向上が生命保険業界の問題であり続け、1975（昭和 50）年においても保険審議会は「今後の保険募集のあり方について」を答申しています。

これを受けて、翌年に大蔵省は「生命保険の募集体制に関する整備改善三ヶ年計画」（いわゆる「募体三」）行政を打ち出します。つまり、生命保険各社に次の三ヶ年計画を策定させ、以後毎年洗い替え方式で計画を見直させていくというものでした。

・外務員の新規登録数、業務廃止数および期末外務員数の計画推移を把握・計上させる。
・外務員のうちで「基幹職員」の層を設定し、新規登録者の基幹職員への育成率目標および外務員に占める割合を提示させる。
・さらには新契約の継続率について、払込方法別に保険金額ベースおよび件数ベースで継続率を把握させ向上を図る。

1979（昭和 54）年３月に、この第一次募集体制整備改善三ヶ年計画が終了しましたが、その実績において一応の改善をみたものの必ずしも所期の目標を充分に達成できるものではありませんでした。そのため、引き続き同年４月から第二次募集体制整備改善三ヶ年計画を策定させ、外務員だけでなく募集代理店関係や解約・失効率の指標を計画項目として策定させました。この後も、この取組みは、延々と続いて行われることとなります。

２．生保商品の変遷

⑴　基本となる生命保険商品

個人向けの生命保険商品で、我が国で生命保険会社が創設された当時から販売されているのは、大きく分けて「定期保険」「終身保険」「養老保険」であり、これらの商品を基本として、保障額、払込方法、配当の有無等の改良が加えられてきました。

①　定期保険

一定の保険期間中に死亡した場合に死亡保険金が支払われる保険です。掛け捨てで満期保険金はありません。解約返戻金もほとんどなく、保障性を重視しており、高額な保障が必要とされる場合に利用されます。

②　終身保険

保険期間は一生涯で、死亡した場合に死亡保険金が支払われる保険です。満期保険金はありませんが、解約返戻金は多く、保障性だけでなく、貯蓄性も重視しています。

なお、主契約である終身保険に、一定期間に定期保険特約を付帯することにより、その期間の死亡保障を厚くする「定期保険特約付終身保険」があります。

③　養老保険

一定の保険期間中に死亡した場合には死亡保険金が、満期まで生存していた場合には満期保険金が支払われる保険です。死亡保険金と満期保険金は同額で、貯蓄性を重視しており、定期保険や終身保険に比べて保険料は高くなっています。

なお、養老保険では高額な保障額にすると、保険料の負担が重くなるため、主契約である養老保険に定期保険特約を付帯することにより、保険料の負担を軽減して死亡保障を厚くする「定期保険特約付養老保険」があります。

(2)　戦前までのメイン商品

①　創業期の生命保険[126)]

明治時代に創業した明治生命保険が販売していた生命保険商品は、尋常終身保険（現在の終身払込終身保険）、有限掛金終身保険（現在の有期払込終身保険）、養老保険、定期保険、子女教育資保険の５種類で、尋常終身保険には利益分配が付くものと付かないものとがありました[127)]。

明治生命保険に次いで1888（明治21）年に創業した帝国生命保険は、いずれも無配当の尋常終身保険、有期終身保険（現在の有期払込終身保険）、養老保険、定期保険の４種類を、その翌年に創業した日本生命保険は、尋常終身保険、有限掛金終身保険、養老保険、定期保険の４種類を販売していました。

この３社は、養老保険や定期保険よりも終身保険を主力商品として販売していたようで、1890（明治23）年に販売された生命保険のうち終身保険が、件数ベースで83％もあり、創業期の生命保険は、終身保険が中心だったことが分かります。

②　戦前までの生命保険

日清戦争が始まった明治後期から第一次世界大戦中の大正にかけて、次第に終身保険から養老保険にシフトが起こっています。1915（大正４）年に販売された生命保険のうち養老保険が、件数ベースで90.6％と９割を超えました。これは、日清戦争に勝利したことにより、清国から巨額の賠償金を得て、それを投資に向けて軍備拡張と産業の振興を推進した結果、空前の好景気となって第一次産業革命（紡績事業等の軽工業中心）を実現させ、そして10年後の日露戦争の勝利によって、一気に第二次産業革命（重工業中心）をも実現させて、政治・経済ともに帝国主義国家として欧米列強と肩を並べる「一等国」となり、さらには第一次世界大戦の戦争景気の恩恵を被っていた時期と附合します。日清戦争に勝利した1895（明治28）年における生命保険会社全社の養老保険の引受保険金額の総額は629万円だったのに対し、第一次世界大戦が始まった翌年の1915（大正４）年は１億6644万円で、実に26.5倍にもなっています[128)]。これと併せて、当初は利益分配が付かない保険が主流だったのですが、次第に利益分配が付いた保険にシフトが起こっています。経済発展によって国民の生活水準が上がって、貯蓄をして将来の生活安定を求める志向が出てきたことを示すとともに、本来、生命保険が果たすべき死亡保障機能が、大家族主義や家父長制度による相互扶助で代替されていたため、保障よりも貯蓄の側面が強い生命保険商品が好まれたと解釈することもできます[129)]。

これ以降、第二次世界大戦中の政府の貯蓄政策もあって、生命保険は貯蓄性の高い「養老保険一辺倒」になりました。

⑶ 戦後からのメイン商品

① 養老保険の改良による大型保障化

戦後は、既に述べたように、女性外務員による「月掛保険」(月払の養老保険)の販売が好調で、戦前からの「養老保険一辺倒」の販売姿勢が継承されました。

戦後復興期が終わり、高度経済成長の時代に入ると、国民の所得が上昇するとともに国民生活は徐々に安定し、核家族化も進んでマイホームやマイカーを持つ世帯が増えました。一方で、モータリゼーションによる交通事故や発展を続ける企業活動による労災事故も増え始めました。交通事故の損害賠償請求額が高額になり、次第に国民は自分の生活を守るために、一家の大黒柱の死亡保障を重視するようになっていきます。

1959(昭和34)年に日本生命保険が定期保険特約付養老保険「暮らしの保険」を発売しました。死亡保険金額と満期保険金額が同額の養老保険に定期保険特約を付加することで、死亡保障を大型化し、同一の死亡保険金額に対する保険料を低廉化したのです。他の生命保険会社も追随して、以後暫くの間、この「定期保険特約付養老保険」が主力商品となりました[130)]。

販売の主役となった女性外務員が、「3倍型」とか「5倍型」といって保険募集をしましたが、それは「定期保険特約付養老保険」の養老保険部分と全体の死亡保障金額の倍率を表わしたもので、たとえば「3倍型」とは養老保険部分100万円・全体の死亡保障金額300万円という意味です。女性外務員は、この倍率を交通事故の損害賠償額の判例等を参考にして、「5倍型」「10倍型」「15倍型」と高倍率化して、この商品を自分の担当地区の顧客にアプローチしていったのです。これにより、生命保険の保障の大型化が進んでいきました。

その一方で、1970（昭和45）年前後の高度経済成長の終盤になると、貨幣価値が下がってきたことや、1968（昭和43）年に損害保険で長期総合保険（長総：保険期間10年）が発売されたこともあり、「生命保険は保険期間が長いので、損ではないか？」という声が上がってくるようになりました。これに対応するため、10年以上の長期にわたり契約を継続している契約者に対して経過年数に応じた上乗せ配当を行い、また満期を迎えた契約者にも満期時に割り増して支払う「特別配当金」を実施しました。

もともと契約者配当は、大蔵省の指導の下、生命保険会社全社一律で、1949（昭和24）年に戦後復活し、1951（昭和26）年に死差益（危険差益）と利差益の利源別配当方式となり、さらに1957（昭和32）年には費差益も加わって三利源配当となっていました[131)]。1960（昭和35）年からは、利差益に若干の会社間格差が生じ、大蔵省は配当率の個別化を認め始めていたこともあり、財産売却益を主な財源としている特別配当では、生命保険会社20社中18社が実施し、全社一律ではありませんでした[132)]。いずれにしても、メイン商品である養老保険の貯蓄機能を補完するために、対応策が講じられたのです。

②　団体保険・企業年金

戦前の損害保険会社が販売していた保険は、海上保険や火災保険が9割近くを占め、その顧客はほとんど企業で、企業向けの大口契約の販売を中心とするいわゆる「ホールセール」主体の営業展開をしていましたが、戦後になると徐々に個人向け（家計分野）の小口契約の販売「リテール」のウェートを増やし、大衆化路線に転じていきました。具体的には、商社や海運会社と緊密な関係がある海上保険や工場・倉庫などの企業管財物件が多い火災保険から、住宅火災、自動車保険や傷害保険へという流れです。

これに対し、戦前「リテール」一辺倒だった生命保険会社は、戦後になって「ホールセール」の開拓を進めました。そのきっかけとなったのは、GHQが推進した独占禁止法の制定でした。

生命保険に、「団体定期保険」という商品があります。この商品は、企業等の従業員を団体の構成員として被保険者とし、従業員が保険料を負担し、死亡保険金受取人が従業員の遺族となる1年更新の定期保険で、無診査で加入できます。1947（昭和22）年4月に独占禁止法が施行されるまで、この「団体定期保険」は、戦前から日本団体生命保険だけが合法的に独占して扱っていました。ところが、同法が施行されると、他の生命保険会社に同商品の販売が解禁されたのです。

1948（昭和23）年に明治生命保険が同商品の販売を開始したことを皮切りに、他の生命保険各社も追随し、1951（昭和26）年までにはほとんどの生命保険会社が参入し、企業分野での競争を開始しました。

また、1959（昭和34）年に国民年金制度が実施され、1962（昭和37）年に適格退職年金（適年）制度が誕生すると、翌年には生命保険会社が「新種企業年金保険」を、信託銀行が「退職年金信託」を発売し、熾烈な販売競争が繰り広げられることになりました。

時あたかも1960年代中盤（昭和40年前後）は、日本がOECD（経済協力開発機構）に加盟し、「貿易・資本の自由化」が始まったところでした。その対策として、日本企業の間では、株式持ち合いによる安定株主工作が広がりました。これを機に金融機関に多くの株式を持ってもらいたい企業と、販売競争を有利に進めようという生命保険会社との思惑が一致し、生命保険会社は日本企業の株式を購入して、次第に大株主となってきました。

その後、1970年代（昭和45年以降）になると、団体定期保険の最高保険金額の引上げ、配偶者団体の適用範囲の拡大、保険金額の組数制限の廃止、最低保険金額に対する倍数制限の緩和、保険料率の引下げ、労働災害保障特約の創設等、団体定期保険の商品改良が積極的に行われ、「ホールセール」における競争が激化しました[133)]。

③　再び終身保険の時代へ

日本が経済大国として「ジャパン　アズ　ナンバーワン」と呼ばれるようになった1980年代（昭和50年代後半）には、「定期保険特約付養老保険」に比べ、より低廉な保険料で高額な死亡保障を得られる商品として、「定期保険特約付終身保険」が主力商品となりました。明治時代の生命保険会社創業期に主力商品だった終身保険が、100年後にカムバックしたのです。

「定期保険特約付終身保険」は、当初は定期保険部分の保険期間が終身保険部分の保険料払込期間と同一である「全期型」が主流でしたが、定期保険部分の保険期間を終身保険部分の保険料払込期間よりも短く設定することにより、保険料をさらに低廉化した「更新型」が開発されました。これにより、死亡保障の高額化・保険料の低廉化が一層進展することになりました[134)]。

「定期保険特約付終身保険」の販売の工夫としては、まず終身保険部分と全体の死亡保障金額の倍率を「定期保険特約付養老保険」よりも高い「20倍」「30倍」等にすることが可能でした。また、保険料の払込金額を、たとえば保険契約者が若い頃の所得の低い時期は低く、所得が増えた中年の時期に高く設定して、保険料の負担感を軽減するステップ保険料払込方式が導入されるなど、保険料の低廉化の工夫が進められました[135)]。

さらに、女性外務員は、既存契約の責任準備金や積立配当金等を新契約の一時払保険料に充当する「契約転換制度」を販売手法にして、既存顧客に加入している「定期保険特約付養老保険」から「定期保険特約付終身保険」に契約を切り換えさせる営業を展開します[136)]。この手法により女性外務員の成績は飛躍的に向上しましたが、徐々に養老保険から終身保険へのシフトがエスカレートするようになり、この手法は次第に問題視されるようになりました。

1988（昭和63）年に、日本生命保険は、「定期保険特約付終身保険」の保険料払込が完了したタイミングで、終身死亡保障から、介護保障・年金保障・死亡保障を自由に組み合わせて保障内容を選択できる「レインボープラン」を開発しました。これは終身保険の自在性を高める画期的な商品となったため、すぐに他の生命保険会社も追随しました。

これ以降も、「定期保険特約付終身保険」の販売の工夫をする商品開発が行われ、日本生命保険とアリコジャパンが、1991（平成3）年の暮れに、「3大疾病保障保険（特定疾病保障保険）」の認可を取得します。これは、所定のがん・心筋梗塞・脳卒中に罹患した場合に保険金を支払う「生前給付商品」で、「定期保険特約付終身保険」とセットして販売されました[137)]。翌年には、プルデンシャル生命が余命6ヶ月と診断された場合に保険金を支払う「生前給付商品」として、「リビング・ニーズ特約」を開発し、「定期保険特約付終身保険」とセットして販売しました。この「三大疾病保障保険」と「リビング・ニーズ特約」についても、他の生命保険会社はすぐに追随しています[138)]。

④　バブル期に脚光を浴びた一時払養老保険と個人年金保険

1985（昭和60）年の「プラザ合意」により、米国の貿易赤字とドル不安定に対する解決的措置として、先進国が協調的ドル安を図ることにしました。これにより、1年後には1ドルが235円から150円台へと急激な円高・ドル安になり、「円高不況」となる懸念が強くなりました。ところが、日銀は公定歩合を引き下げずに、金融引締め的な対応をとったことから、インフレ率は低かったものの、国内外からこの金利高目放置に対して強い非難が起こりました。そのため、日銀は公定歩合の引下げに踏み切りました。金融市場は、金融緩和の長期化を予想し、インフレ率が低下していたこともあって、名目長期金利が低下した状況になりました。1986（昭和61）年～1991（平成3）年の国内長期金利は５～８％の高金利でしたが、名目長期金利が低いと感じた投資家たちは、不動産や株式への投資を積極的に行いました。これが、バブル景気が生まれた原因といわれています[139)]。

バブル当時、生命保険では、「個人年金保険」や「一時払養老保険」が、脚光を浴びていました。インフレ率を反映した実質の長期金利は、５～６％程度であったため、長期の生命保険の予定利率もそれに合わせて高めに設定されており、貯蓄性の高い魅力ある金融商品になっていたからです[140)]。また、1986（昭和61）年には、ハイリスク・ハイリターン商品の「変額保険」を開発して、高利率の財テク商品の開発、販売に一層注力するようになりました。

この頃、信託銀行の「ビッグ」、長期信用銀行の「ワイド」等とともに、損保の積立保険、生保のこれらの商品がしのぎを削って競争していました。1987（昭和62）年に中堅の日産生命保険が銀行ローンと組み合わせて高利率の保険商品を一括払する「保険料ローン」を開発すると、銀行等の金融機関が、この一時払保険料を「保険料ローン」で払い込むことを積極的に勧めたこともあって、「個人年金保険」や「一時払養老保険」は爆発的に売れました。この時期に、日産生命保険は、資産規模を約４倍に増やしたといわれています[141)]。その成功に驚いた日本団体生命保険、東邦生命保険、東京生命保険、千代田生命保険等も同様の高利回り銀行提携商品で追随しました[142)]。

国内での積極的な営業展開をした中小生命保険会社とは対照的に、日本生命保険等の大手の生命保険会社は、海外投資を活発に行っており、世界を席巻する「ザ・セイホ」と呼ばれていました。

バブル経済は1990年代前半（平成初期）に崩壊してしまいます。経営不安に陥った銀行業界を救済するために、政策的な低金利が導入され、高利回り商品を扱う生命保険会社は、運用で「逆ザヤ」となり、その損失補填で経営を圧迫していくことになりました（第2章第4節参照）。

3．外資系保険会社の上陸

1964（昭和39）年に、日本が加盟したOECDでは、保険委員会が中心となり、保険の自由化が議論されていました。保険の自由化とは、「営業免許の自由化」と「海外直接付保の自由化」であり、この議論を受けて日本は、資本の自由化措置により、1969（昭和44）年3月に、当初「非自由化業種」とされた保険業を「自由化業種」に指定しました[143)]。

この動きの中で、同じ3月に、外資系生命保険会社が、国内の事業免許を認可取得しました。ただし、これは日本に駐留する米国軍人およびその家族を対象にしたドル建ての生命保険商品を販売するためで、日本国民をターゲットにした日本進出ではありませんでした。

その直後の5月および1972（昭和47）年に保険審議会が、保険業の自由化に対応して、今後の保険行政のあり方や国際化の進展に伴う保険事業の諸問題について答申を出し、自由化・国際化時代における我が国の生保業としては単に消極的な防衛策に堕することなく、積極的・前向きに対処する必要があるとしました[144)]。

⑴ アリコ社（メットライフ社）

この答申を受けて、大蔵省は、既に1970（昭和45）年6月に円建ての在日外国人契約向けの生命保険商品の認可を取得していたアメリカン・ライフ・インシュアランス・カンパニー日本支社（通称・アリコジャパン、ALICO）に対して、1972（昭和47）年12月に日本人を対象とした生命保険商品（無配当の定期保険・逓減定期保険・養老保険）の認可を与えました（発売は翌年２月）。同社は、この商品認可取得で日本進出第１号の外資系生命保険会社となったのです[145)]。

ちなみに、我が国に外国保険会社が進出するにあたっては、外国保険事業者に関する法律（昭和24年６月１日法律第１号）第３条第１項に基づく免許を受け、支社（支店）形態で事業を行う方法と保険業法第１条第１項に基づく免許を受け、内国生命保険会社の形態（現法形態）で事業を行う方法の２種類があります[146)]。

⑵　アメリカン・ファミリー社（アフラック）

また、大蔵省は、1974（昭和49）年10月にも、日本進出第２号の生命保険会社として、アメリカン・ファミリー・アシュアランス・オブ・コロンバス日本支社（通称：アメリカン・ファミリー生命保険会社、AFLAC）に、事業免許と「がん保険」（無配当終身保険）の商品認可を与えました[147)]。

AFLACは営業開始にあたって、国内生命保険会社が展開する営業職員による人海戦術はできないと判断し、損害保険代理店チャネルで「がん保険」を販売し、成功を収めました。同社は、本国アメリカでの「がん保険」の認知度は意外に低く、収益の８割を日本で稼いでいるともいわれるほど、順調に成績を伸ばしました。

また、第１号のアリコも、1976（昭和51）年から、日本初の単品の医療保険として「疾病保険」を発売し、当時国内社が販売していた商品の入院保障が死亡保険金額の1000分の３を上限としていたのに対し、この「疾病保険」は死亡保険金額を低く抑えて、入院保障に特化した商品であったことや、国内社の疾病入院は20日以上の入院を支給条件としていたのに対し、この「疾病保険」は８日以上であったことから注目を浴び、着実に販売実績を伸ばしていきました[148)]。

また、この2社のほかに、日本資本との合弁会社を設立して、日本への進出を考えた外資系保険会社もありました。

(3)　オールステート社

まず最初は、西武オールステート生命保険です。1975（昭和50）年には西武流通グループとシアーズ・オールステート・グループとの折半出資により設立され、12月に生命保険事業と生命保険再保険事業の認可を取得し、翌年1月から営業を開始しました。販売商品は、すべて無配当商品で、西武流通グループ小売業の店舗内に保険ショップを設置し、店頭販売を行う新しい保険募集スタイルで注目されました[149)]。

(4)　ソニー・プルデンシャル社（ソニー生命）

次に設立されたのは、ソニーと米国プルデンシャル生命保険との折半出資による合弁会社ソニー・プルデンシャル生命保険です。1981（昭和56）年2月に生命保険事業の認可を取得し、4月から営業を開始しました。販売商品は、これも同じくすべて無配当商品で、定期保険と終身保険を中心に、ライフ・プランナーと呼ばれる男性外務員が携帯端末を駆使して生涯設計を提示する営業手法で、女性外務員を擁した国内生命保険会社とは一線を画しています。なお、ソニー・プルデンシャル生命保険は、1987（昭和62）年に持ち株比率の変更に伴い、社名を「ソニー・プルコ生命」に変更した後、1993（平成5）年6月にソニーの単独出資となり、「ソニー生命保険」に改称しています。現在では同社は内国会社となっており、外資系生命保険として数えられていません[150)]。

(5)　コンバインド社

1981（昭和56）年12月に、米国の生命保険会社であるコンバインド・

インシュアランス・カンパニー・オブ・アメリカが生命保険事業の免許を取得し、支店形態で翌年4月から営業を開始しました。同社が販売する商品は、保険料の払込みが半年払のみという特色があり、当初は交通事故傷害給付金付定期保険だけでしたが、交通傷害給付金付災害割増定期保険も取り扱うようになり、男性の専属外務員による訪問販売を展開しました[151]。

(6) アイ・エヌ・エイ社（損保ジャパン日本興亜ひまわり生命）

1982（昭和57）年2月に、アイ・エヌ・エイ生命保険が生命保険事業の免許を取得しました。同社は、米国のライフ・インシュランス・カンパニー・オブ・ノース・アメリカが全額出資で設立した会社で、4月から営業を開始しました。専業外務員および損保代理店チャネルを通じて、主に終身保険と定期保険の無配当商品を販売しました[152]。

(7) オマハ社（オリックス生命）

日本国内において、外国人のみを対象に営業を行っていた米国の生命保険会社のオマハ社が、1985（昭和60）年10月に日本人向けの営業認可を取得し、翌月から支店形態で業務を開始しました。米国におけるオマハ保険グループは、個人健康保険の分野では全米第1位で、日本でも医療保険を中心に販売を展開しました[153]。

1991（平成3）年に、オマハ社は、オリックス・グループとの間で合弁により、オリックス・オマハ社を設立し、5月から事業免許を取得しました。これに伴い、日本人向けの保険契約はオリックス・オマハ社に包括移転されました[154]。なお、オマハ社は、外国人向けのドル建ての生命保険事業については、引き続き支店形態で継続しました[155]。

さらに1992（平成4）年11月には、オマハ社がオリックス・オマハ社の合併を解消したため、オリックス・オマハ社はオリックス・グループが100％出資する内国法人へと株主構成を変更し、翌年２月に「オリックス生命」に社名を変更しています[156)]。

⑻　ナショナーレ・ネーデルランデン社

オランダ最大の生命保険会社であるナショナーレ・ネーデルランデン社（日本名：ナショナル・ライフ社）が、1986（昭和61）年３月に生命保険事業の免許を取得し、日本支社として翌月から営業を開始しました。医療保障付定期保険が主力商品でした[157)]。その後、1995（平成7）年に日本法人化し、1997（平成9）年に社名を「アイエヌジー生命」に変更し、逓増定期保険を開発しました。2015（平成27）年には「エヌエヌ生命」に改称しています。

⑼　エクイタブル社

1986（昭和61）年10月には、エクイタブル生命保険が生命保険事業の免許を取得し、営業を開始しました。同社は、米国のエクイタブル生命社が全額出資で設立し（現法形態）、変額保険を中心にすべて無配当商品の販売を展開しました[158)]。

1991（平成3）年に、同社は日本信販グループ４社と合併し、翌年４月に「ニコス生命」に社名変更しました[159)]。その後、同社は「クレディ・スイス生命」、「ウィンタートゥール・スイス生命」、「アクサファイナンシャル生命」と遷移し、2009（平成21）年に「アクサ生命」と合併しています。

⑽　プルデンシャル社

米国のプルデンシャル社は、ソニー・プルデンシャル生命社における持ち株比率を下げ、1988（昭和63）年２月に単独で全額出資してプルデンシャル生命として生命保険事業の免許を取得し、４月から営業を開始しました。専業外務員のみによる変額保険と終身保険を中心に販売を展開しました[160]。

⑾ オリエント・エイオン社

1990（平成2）年に、既に支店形態で進出していたコンバインド社が、オリエントコーポレーションとの間で合弁によりオリエント・エイオン社を設立し、7月に事業免許を取得しました。これに合わせて、コンバインド社は、保険契約をオリエント・エイオン社に包括移転し、日本における生命保険事業を廃止し、翌年9月には合弁を解消してしまいました[161]。この合弁は、コンバインド社が日本での事業がうまくいかず、撤退するために、契約と業務を包括移管する方法として行われたようです。結局、12月にオリエント・エイオン社は「オリコ生命」に社名変更しました[162]。その後、2001（平成13）年に英国プルーデンシャルグループが全株式を取得して「ピーシーエー生命」となり、2015（平成27）年にはSBIグループが全株式を取得して「SBI生命」となっています。

1992（平成4）年度時点で、外資系の内国生命保険会社（現法形態）は4社、支店形態の外国生命保険会社は13社で、合計17社（米国16社、オランダ1社）にもなりました[163]。しかし、日本進出を試みた外国の生命保険会社の多くは、日本企業と合弁を組まざるを得なかったり、撤退を余儀なくされたりと、試行錯誤・紆余曲折を繰り返して悪戦苦闘を続ける結果となり、日本市場における保険事業の展開が思いのほか容易にはいかなかったといえそうです。

注

1)宇佐見憲治『生命保険業100年史論』(1984年、有斐閣)
2)朝日新聞社編『週刊朝日百科　日本の歴史12　現代　122号・敗戦と原爆投下』(1988年、朝日新聞社).
東京空襲を記録する会編『東京大空襲の記録』(1982、三省堂).
早乙女勝元著『東京大空襲－昭和20年3月10日の記録』(1971年、岩波新書).
3)宇佐見憲治『生命保険業100年史論』(1984年、有斐閣) 197 - 199頁.
4)宇佐見憲治『生命保険業100年史論』(1984年、有斐閣) 197 - 199頁.
5)宇佐見憲治『生命保険業100年史論』(1984年、有斐閣) 199頁.
6)宇佐見憲治『生命保険業100年史論』(1984年、有斐閣) 224頁.
7)宇佐見憲治『生命保険業100年史論』(1984年、有斐閣) 224頁.
8)宇佐見憲治『生命保険業100年史論』(1984年、有斐閣)
9)中外商業新報『戦争保険臨時措置　免責約款を停止し会社の損失全額補償』(1941年12月13日付記事).
10)日本損害保険協会『戦争保険臨時措置法の説明』(1942年2月).
11)南恒郎『最近の日本戦争保険制度』(1949年、財団法人大蔵財務協会).
松浦章『今日の情勢(戦争法・原発・労働法制)と損保産業』(2015年10月16日、大阪損保革新懇総会基調報告).
12)南恒郎『最近の日本戦争保険制度』(1949年、財団法人大蔵財務協会).
松浦章『今日の情勢(戦争法・原発・労働法制)と損保産業』(2015年10月16日、大阪損保革新懇総会基調報告).
13)日本地震再保険株式会社『家計地震保険制度と地再社—30年の歩み—』(1997年3月) 2頁.
14)南恒郎『最近の日本戦争保険制度』(1949年、財団法人大蔵財務協会).
松浦章『今日の情勢(戦争法・原発・労働法制)と損保産業』(2015年10月16日、大阪損保革新懇総会基調報告).
15)日本保険業史編纂委員会編『日本保険業史・総説編』(1968年、保険研究所) 240頁.
16)南恒郎『最近の日本戦争保険制度』(1949年、財団法人大蔵財務協会).
松浦章『今日の情勢(戦争法・原発・労働法制)と損保産業』(2015年10月16日、大阪損保革新懇総会基調報告).
17)日本銀行『日本銀行百年史・第5巻』(1985年)24頁、26頁.
松浦章『今日の情勢(戦争法・原発・労働法制)と損保産業』(2015年10月16日、大阪損保革新懇総会基調報告).
18)財政金融統計月報『保険特集』(1972年12月、250号)「戦後の保険事業と保険行政の歩み」16頁.
19)松浦章『今日の情勢(戦争法・原発・労働法制)と損保産業』(2015年10月16日、大阪損保革新懇総会基調報告).
20)九條守『スーパープロフェッショナル 保険実務の道しるべ』(2015年、保険教育システム研究所)5頁.
21)財団法人日本経営史研究所編『東京海上火災保険株式会社百年史』(1982年).
22)九條守『スーパープロフェッショナル 保険実務の道しるべ』(2015年、保険教育システム研究所)5頁.
23)九條守『スーパープロフェッショナル 保険実務の道しるべ』(2015年、保険教育システム研究所)6頁.
24)財団法人日本経営史研究所編『三井海上火災保険七十五年史』(1996年).
25)野崎稚恵＝倉田楽＝久野康成『東京海上ホールディングス』(2015年、出版文化社)61頁.
26)九條守『スーパープロフェッショナル 保険実務の道しるべ』(2015年、保険教育システム研究所)5頁.
27)九條守『スーパープロフェッショナル 保険実務の道しるべ』(2015年、保険教育システム研究所)6頁.
28)多田英明＝鈴木隆彦『保険業における競争法の適用除外制度に関する比較法的研究—ＥＵ競争法との比較検討を中心として—』(2011年、公正取式委員会)「競争政策研究センター共同研究広告書」7頁.
29)刀禰俊雄＝渡辺記安『生命保険募集人の「一社専属制」について(Ｉ)』(1989年)「文研論集」第87号165 - 166頁.
30)刀禰俊雄＝渡辺記安『生命保険募集人の「一社専属制」について(Ｉ)』(1989年)「文研論集」第87号171頁.
31)刀禰俊雄＝渡辺記安『生命保険募集人の「一社専属制」について(Ｉ)』(1989年)「文研論集」第87号174頁.
32)刀禰俊雄＝渡辺記安『生命保険募集人の「一社専属制」について(Ｉ)』(1989年)「文研論集」第87号174 - 175頁.

33)大坪英一郎『生命保険業の発展と保険政策との関係に関する一考察』(2016 年 6 月)「ビジネスクリエーター研究」第 7 号 48 - 49 頁.
34)菊地浩之『図解 合併・再編でわかる日本の金融業界』(2015 年、平凡社)44 頁.
35)刀禰俊雄 = 渡辺記安『生命保険募集人の「一社専属制」について（Ⅰ）』(1989 年)「文研論集」第 87 号 177 頁.
36)刀禰俊雄 = 渡辺記安『生命保険募集人の「一社専属制」について（Ⅰ）』(1989 年)「文研論集」第 87 号 179 頁.
37)刀禰俊雄 = 渡辺記安『生命保険募集人の「一社専属制」について（Ⅰ）』(1989 年)「文研論集」第 87 号 180 - 181 頁.
38)刀禰俊雄 = 渡辺記安『生命保険募集人の「一社専属制」について（Ⅰ）』(1989 年)「文研論集」第 87 号 182 頁.
39)刀禰俊雄 = 渡辺記安『生命保険募集人の「一社専属制」について（Ⅰ）』(1989 年)「文研論集」第 87 号 182 頁.
40)鏡味徳房『21 世紀へのビジョン 損害保険』(1994 年、金融財政事情研究会)23 頁.
41)日本保険業史編纂委員会編『日本保険業史・総説編』(1968 年、保険研究所).
42)刀禰俊雄 = 渡辺記安『生命保険募集人の「一社専属制」について（Ⅰ）』(1989 年)「文研論集」第 87 号 186 - 187 頁.
43)刀禰俊雄 = 渡辺記安『生命保険募集人の「一社専属制」について（Ⅰ）』(1989 年)「文研論集」第 87 号 187 頁.
44)大坪英一郎『生命保険業の発展と保険政策との関係に関する一考察』(2016 年 6 月)「ビジネスクリエーター研究」第 7 号 51 - 52 頁.
45)大坪英一郎『生命保険業の発展と保険政策との関係に関する一考察』(2016 年 6 月)「ビジネスクリエーター研究」第 7 号 55 頁.
46)鈴木恒一『戦後復興期の金融構造(4)―市中金融機関の再出発』(2001 年)文教大学国際学部紀要第 11 巻 2 号.
47)大坪英一郎『生命保険業の発展と保険政策との関係に関する一考察』(2016 年 6 月)「ビジネスクリエーター研究」第 7 号 55 頁.
48)横浜銀行六十年史編纂室編『横浜銀行六十年史』(1980 年)119 頁.
49)横浜銀行六十年史編纂室編『横浜銀行六十年史』(1980 年)126 頁.
50)財政金融統計月報『保険特集』(1972 年 12 月、250 号)「戦後の保険事業と保険行政の歩み」
51)野崎稚恵 = 倉田楽 = 久野康成『東京海上ホールディングス』(2015 年、出版文化社)65 頁.
52)損害保険業界は、東亜火災海上再保険（現・トーア再保険)を含めて「20 社体制」と呼ばれていました。厳密に言えば、1972（昭和 47)年の沖縄返還により、大同火災海上保険が参入して「21 社」となりました。
53)菊地浩之『図解 合併・再編でわかる日本の金融業界』(2015 年、平凡社)24 頁.
54)菊地浩之『図解 合併・再編でわかる日本の金融業界』(2015 年、平凡社)43 - 44 頁.
55)菊地浩之『図解 合併・再編でわかる日本の金融業界』(2015 年、平凡社)44 頁.
56)大坪英一郎『生命保険業の発展と保険政策との関係に関する一考察』(2016 年 6 月)「ビジネスクリエーター研究」第 7 号 45 頁.
57)財政金融統計月報『保険特集』(1972 年 12 月、250 号)「戦後の保険事業と保険行政の歩み」6 頁.
58)菊地浩之『図解合併・再編でわかる日本の金融業界』(2015 年、平凡社)44 頁.
59)青地正史『戦後日本における生命保険会社の相互会社化―コーポレート・ガバナンス構造の視点から―』(2001 年)「経営史学」第 36 巻第 2 号 29 頁.
60)青地正史『戦後日本における生命保険会社の相互会社化―コーポレート・ガバナンス構造の視点から―』(2001 年)「経営史学」第 36 巻第 2 号 30 頁.
61)青地正史『戦後日本における生命保険会社の相互会社化―コーポレート・ガバナンス構造の視点から―』(2001 年)「経営史学」第 36 巻第 2 号 30 頁.
62)姜英英『戦後日本の生命保険業における企業形態―所有権理論による分析―』(2013 年)「保険学雑誌」第 620 号 186 頁.
63)青地正史『戦後日本における生命保険会社の相互会社化―コーポレート・ガバナンス構造の視点から―』(2001 年)「経営史学」第 36 巻第 2 号 29 頁.
64)青地正史『戦後日本における生命保険会社の相互会社化―コーポレート・ガバナンス構造の視点から―』(2001 年)「経営史学」第 36 巻第 2 号 32 頁.
65)持ち株会社整理委員会『日本財閥とその解体』(1951 年)462 頁.
66)青地正史『戦後日本における生命保険会社の相互会社化―コーポレート・ガバナンス構造の視点から―』(2001 年)「経営史学」第 36 巻第 2 号 32 頁.

67)財団法人日本経営史研究所編『三井海上火災保険七十五年史』(1996年).
財団法人日本経営史研究所編『住友海上火災保険百年史』(1995年).
68)井口富夫『現代保険業の産業組織　規制緩和と新しい競争』(1996年、ＮＴＴ出版)101頁.
69)福地幸文『個人保険の需要要因分析―戦後のわが国における生保市場の需給構造―』(2014年)「経済科学論究」第11号84頁・88頁.
70)福地幸文『個人保険の需要要因分析―戦後のわが国における生保市場の需給構造―』(2014年)「経済科学論究」第11号88頁.
71)福地幸文『個人保険の需要要因分析―戦後のわが国における生保市場の需給構造―』(2014年)「経済科学論究」第11号88頁.
72)黒木達雄『昭和戦後の保険監督行政と生保相互会社経営―護送船団方式による実費主義の後退を中心として―』(2010年、早稲田大学大学院アジア太平洋研究科出版)「アジア太平洋研究科論集」第19巻49‐50頁.
73)黒木達雄『昭和戦後の保険監督行政と生保相互会社経営―護送船団方式による実費主義の後退を中心として―』(2010年、早稲田大学大学院アジア太平洋研究科出版)「アジア太平洋研究科論集」第19巻50頁.
74)飯田隆『「護送船団方式」についての一考察』(2005年、法政大学)「経済志林」第72巻第4号70‐72頁.
75)九條守『スーパープロフェッショナル 保険実務の道しるべ』(2015年、保険教育システム研究所)15頁.
76)茶野努『ビッグバンは保険市場を競争的・効率的にしたか』(2009年、武蔵大学)「武蔵大学論集」第57巻第1号41‐42頁.
77)財政金融統計月報『保険特集』(1972年12月、250号)「戦後の保険事業と保険行政の歩み」17‐18頁.
78)中村隆英『昭和史（下）』(2012年、東洋経済新報社)606頁.
79)財政金融月報『保険特集』(1972年12月、250号)「戦後の保険事業と保険行政の歩み」18頁.
80)九條守『スーパープロフェッショナル 保険実務の道しるべ』(2015年、保険教育システム研究所)18‐22頁、36‐39頁.
鏡味徳房『21世紀へのビジョン 損害保険』(1994年、金融財政事情研究会)47‐51頁.
81)財政金融統計月報『保険特集』(1972年12月、250号)「戦後の保険事業と保険行政の歩み」18頁.
82)財政金融統計月報『保険特集』(1972年12月、250号)「戦後の保険事業と保険行政の歩み」18頁.
83)野崎稚恵＝倉田楽＝久野康成『東京海上ホールディングス』(2015年、出版文化社)55頁.
84)李洪茂『自動車保険の変遷と多様化について』(2002年、早稲田大学)早稲田商学第394号62頁.
85)浅井建爾『道と路がわかる辞典』(2001年、日本実業出版社)196頁.
86)自賠責保険の保険料およびその運用益は、国の特別会計に計上されて運用されることが基本原則となっていましたが、1994（平成6)年度および1995（平成7)年度に、国の財政難を理由に運用益約1兆1200億円が一般会計に繰り入れられました。その約半額は2003（平成15)年までに返済されましたが、残りは期限を過ぎても返済されず、現在でも元本と利子を合せた約6100億円が戻っていないという異常事態が続いています。運用益は、基金として国土交通省が管理し、重度後遺障害を負った事故被害者を受け入れる専門病院などの運営費に充てられていますが、このままの状態が続くと、基金は十数年で底を突き、十分な被害者救済対応ができなくなるおそれがあります。
　2017（平成29)12月になってようやく財務大臣と国土交通大臣が覚書を交わし、毎年返済額を協議することとし、2018年度には約20億円を特別会計に戻すことになりましたが、まだかなりの額が返済されないままとなっているため、予断を許さない状態が続く見込みです。
87)鈴木辰紀『わが国の自動車保険について』(1978年、早稲田大学産業経営研究所)「産業経営」第4号75頁.
88)『インシュランス　損害保険統計号』(1980年、保険研究所)昭和55年度版.
89)九條守『スーパープロフェッショナル 保険実務の道しるべ』(2015年、保険教育システム研究所)23‐26頁.
90)李洪茂『自動車保険の変遷と多様化について』(2002年、早稲田大学)「早稲田商学」第394号、63頁.
91)九條守『スーパープロフェッショナル 保険実務の道しるべ』(2015年、保険教育システム研究所)13‐14頁.
92)足羽進三郎『農業協同組合の共済事業について』(1955年、北海道大学)「法経会論叢」第14号190頁.
93)足羽進三郎『農業協同組合の共済事業について』(1955年、北海道大学)「法経会論叢」第14号190頁.
94)共栄火災海上保険編『共栄火災海上保険相互会社五十年史』(1993年).
95)興亜火災海上保険編『興亜火災海上保険株式会社七十年史』(1995年).
96)岡村国和『積立型保険をめぐる損害保険の変容に関する考察』(1993年、慶應義塾大学)「三田商学（庭田範秋教授退任記念号)」第36巻第1号166頁.

97)財団法人日本経営史研究所編『三井海上火災保険七十五年史』(1996年).
98)財団法人日本経営史研究所編『東京海上火災保険株式会社百年史』(1982年).
99)財団法人日本経営史研究所編『東京海上百二十五年史』(2005年).
100)財団法人日本経営史研究所編『東京海上百二十五年史』(2005年).
101)九條守『スーパープロフェッショナル 保険実務の道しるべ』(2015年、保険教育システム研究所)39 - 46頁.
102)日本損害保険協会『損害保険ファクトブック　２０１６』(2016年、日本損害保険協会).
103)野崎稚恵＝倉田楽＝久野康成『東京海上ホールディングス』(2015年、出版文化社)42 - 43頁.
104)大塚武敏『わが国における損害保険募集の構造―販売チャネルの多様化に見る消費者利便と問題点―』(2009年、千葉商科大学)CUC policy studies review 25、38頁.
105)大塚武敏『わが国における損害保険募集の構造―販売チャネルの多様化に見る消費者利便と問題点―』(2009年、千葉商科大学)CUC policy studies review 25、38頁.
106)大塚武敏『わが国における損害保険募集の構造―販売チャネルの多様化に見る消費者利便と問題点―』(2009年、千葉商科大学)CUC policy studies review 25、38頁.
107)塙善多『損害保険代理店―100年の歩みと今後の展望』(1981年、損害保険企画).
108)塙善多『損害保険代理店―100年の歩みと今後の展望』(1981年、損害保険企画).
109)塙善多『損害保険代理店―100年の歩みと今後の展望』(1981年、損害保険企画).
110)東京海上火災保険編『損害保険実務講座第2巻損害保険経営』(1986年、有斐閣)
111)明治生命七十年史編纂室『明治生命七十年史』(1955年、明治生命保険相互会社)338頁.
金井郁『雇用と自営の間―日本の生命保険業における営業職の雇用とジェンダー―』(2014年、埼玉大学経済学会)「社会科学論集」第143号129頁.
112)金井郁『雇用と自営の間―日本の生命保険業における営業職の雇用とジェンダー―』(2014年、埼玉大学経済学会)「社会科学論集」第143号129頁.
113)日本保険業史編纂委員会編『日本保険業史・総説編』(1968年、保険研究所)98頁.
114)財政金融統計月報『保険特集』(1972年12月、250号)「戦後の保険事業と保険行政の歩み」6頁.
115)日本銀行当局編『明治以降 本邦主要経済統計』(1966、日本銀行統計局)13頁.
116)第一生命保険相互会社編『第一生命百年史』(2004年、第一生命保険相互会社)220 - 222頁.
117)宇佐見憲治『生命保険業百年史論』(1984年、有斐閣)271 - 272頁.
118)明治生命七十年史編纂室『明治生命七十年史』(1955年、明治生命保険相互会社)425頁.
119)明治生命七十年史編纂室『明治生命七十年史』(1955年、明治生命保険相互会社)425頁.
金井郁『雇用と自営の間―日本の生命保険業における営業職の雇用とジェンダー―』(2014年、埼玉大学経済学会)「社会科学論集」第143号130頁.
120)明治生命保険相互会社９０年史編纂室『明治生命90年史　資料』(1973年、明治生命保険相互会社)25頁.
金井郁『雇用と自営の間―日本の生命保険業における営業職の雇用とジェンダー―』(2014年、埼玉大学経済学会)「社会科学論集」第143号130頁.
121)明治生命七十年史編纂室『明治生命七十年史』(1955年、明治生命保険相互会社)424頁.
金井郁『雇用と自営の間―日本の生命保険業における営業職の雇用とジェンダー―』(2014年、埼玉大学経済学会)「社会科学論集」第143号130頁.
122)宇佐見憲治『生命保険業100年史論』(1984年、有斐閣)329頁.
123)米山高生『戦後生命保険システムの変革』(1997年、同文館出版)69頁.
124)財政金融統計月報『保険特集』(1972年12月、250号)「戦後の保険事業と保険行政の歩み」9頁.
125)財政金融統計月報『保険特集』(1972年12月、250号)「戦後の保険事業と保険行政の歩み」13頁.
126)小林雅史『明治から昭和戦前の主力商品　終身保険から養老保険へ』(2016年、ニッセイ基礎研究所)「保険・年金フォーカス」(4月16日号)1 - 2頁.
127)明治生命保険相互会社百年史編纂室『明治生命百年史』(1981年、明治生命相互会社)34 - 36頁.
128)森荘三郎『我国生保業の統計的調査（１）』(1931年)「生命保険経営」第3巻第2号.
129)林裕『家計保険と消費者意識―保険の保障機能と貯蓄機能』(2003年、税務経理協会)64頁.
130)小林雅史『昭和戦後の主力商品　定期付養老保険、定期付終身保険を経て商品多様化の時代へ』(2016年、ニッセイ基礎研究所)「保険・年金フォーカス」(7月25日号)2頁.
131)宇佐見憲治『生命保険業100年史論』(1984年、有斐閣)279 - 280頁.

132)宇佐見憲治『生命保険業100年史論』(1984年、有斐閣)325 - 326頁.
133)財政金融統計月報『保険特集』(1979年12月、332号)「戦後の保険事業と保険行政の歩み」7 - 8頁.
134)小林雅史『昭和戦後の主力商品 定期付養老保険、定期付終身保険を経て商品多様化の時代へ』(2016年、ニッセイ基礎研究所)「保険・年金フォーカス」(7月25日号)3頁.
135)小林雅史『昭和戦後の主力商品 定期付養老保険、定期付終身保険を経て商品多様化の時代へ』(2016年、ニッセイ基礎研究所)「保険・年金フォーカス」(7月25日号)3頁.
136)小林雅史『昭和戦後の主力商品 定期付養老保険、定期付終身保険を経て商品多様化の時代へ』(2016年、ニッセイ基礎研究所)「保険・年金フォーカス」(7月25日号)3頁.
137)小林雅史『昭和戦後の主力商品 定期付養老保険、定期付終身保険を経て商品多様化の時代へ』(2016年、ニッセイ基礎研究所)「保険・年金フォーカス」(7月25日号)3頁.
138)小林雅史『昭和戦後の主力商品 定期付養老保険、定期付終身保険を経て商品多様化の時代へ』(2016年、ニッセイ基礎研究所)「保険・年金フォーカス」(7月25日号)4頁.
139)九條守『スーパープロフェッショナル 保険実務の道しるべ』(2015年、保険教育システム研究所)57頁.
140)九條守『スーパープロフェッショナル 保険実務の道しるべ』(2015年、保険教育システム研究所)58頁.
141)九條守『スーパープロフェッショナル 保険実務の道しるべ』(2015年、保険教育システム研究所)58頁.
142)植村信保『経営なき破綻 平成生保危機の真実』(2008年、日本経済新聞社).
143)財政金融統計月報『保険特集』(1972年12月、250号)「戦後の保険事業と保険行政の歩み」14頁.
144)財政金融統計月報『保険特集』(1972年12月、250号)「戦後の保険事業と保険行政の歩み」14頁.
145)財政金融統計月報『保険特集』(1979年12月、332号)「戦後の保険事業と保険行政の歩み」7頁.
146)財政金融統計月報『保険特集』(1998年3月、551号)「戦後の保険事業と保険行政の歩み」15頁.
147)財政金融統計月報『保険特集』(1979年12月、332号)「戦後の保険事業と保険行政の歩み」7頁.
148)小林雅史『昭和戦後の主力商品 定期付養老保険、定期付終身保険を経て商品多様化の時代へ』(2016年、ニッセイ基礎研究所)「保険・年金フォーカス」(7月25日号)3頁.
149)財政金融統計月報『保険特集』(1979年12月、332号)「戦後の保険事業と保険行政の歩み」9頁.
150)財政金融統計月報『保険特集』(1986年3月、407号)「戦後の保険事業と保険行政の歩み」12頁.
151)財政金融統計月報『保険特集』(1986年3月、407号)「戦後の保険事業と保険行政の歩み」12頁.
152)財政金融統計月報『保険特集』(1998年3月、551号)「戦後の保険事業と保険行政の歩み」10頁.
153)財政金融統計月報『保険特集』(1998年3月、551号)「戦後の保険事業と保険行政の歩み」11頁.
154)財政金融統計月報『保険特集』(1998年3月、551号)「戦後の保険事業と保険行政の歩み」16頁.
155)財政金融統計月報『保険特集』(1998年3月、551号)「戦後の保険事業と保険行政の歩み」16頁.
156)財政金融統計月報『保険特集』(1998年3月、551号)「戦後の保険事業と保険行政の歩み」19 - 20頁.
157)財政金融統計月報『保険特集』(1998年3月、551号)「戦後の保険事業と保険行政の歩み」11頁.
158)財政金融統計月報『保険特集』(1998年3月、551号)「戦後の保険事業と保険行政の歩み」11頁.
159)財政金融統計月報『保険特集』(1998年3月、551号)「戦後の保険事業と保険行政の歩み」16頁.
160)財政金融統計月報『保険特集』(1998年3月、551号)「戦後の保険事業と保険行政の歩み」11頁.
161)財政金融統計月報『保険特集』(1998年3月、551号)「戦後の保険事業と保険行政の歩み」15頁.
162)財政金融統計月報『保険特集』(1998年3月、551号)「戦後の保険事業と保険行政の歩み」15頁.
163)財政金融統計月報『保険特集』(1998年3月、551号)「戦後の保険事業と保険行政の歩み」16頁.

第　2　章

「激動の時代」の到来

－バブル崩壊と自由化による破綻・合併の時代へ

我が国は、高度経済成長によって1968（昭和43）年に米国に次ぐ世界第2位の経済大国になりましたが、1971（昭和46）年にニクソン・ショック（米ドルと金との兌換一時停止）が起こり、さらに1973（昭和48）年と1979（昭和54）年の二度にわたるオイルショックを経て、高度経済成長の収束を迎えます。しかし、1980年代（昭和55年以降）に至っても4%程度の成長率を維持し、自動車やカラーテレビ・VTR等のエレクトロニクスを中心とした高付加価値の製品を輸出して、貿易大国としての存在感を増していました。

1985（昭和60）年頃になると、新たにパソコンや半導体等の製品の輸出も増え、「日本の貿易黒字が米国をはじめとする主要先進国の貿易赤字を拡大させている」と各国から非難を浴びるようになります。とりわけ米国向けへの輸出ウエイトが高かった日本は、米国と深刻な経済摩擦を引き起こすこととなりました。

1988（昭和63）年に、米国は「外国の不公正あるいは不合理な貿易慣行に対しては厳しく臨み、交渉がうまくいかない場合は報復制裁措置をとる」姿勢を強化し（新貿易法、いわゆる「スーパー301条」）、日本に対して、「半導体」「自動車部品」等の品目についての交渉だけでなく、「関西空港建設への米国企業参入」という要求を突きつけてきました。当時の米国（レーガン大統領の時代）は、「財政赤字」と「国際収支の赤字」という「双子の赤字」に苦しんで資金不足に陥っていたため、日本を標的にしてその苦難を克服しようとしてきたのです。

そこで日本は、経済摩擦を和らげる意味もあって、米国に対して米国債券や証券を購入する証券投資や米国への工場進出、米国の不動産購入、企業買収等の直接投資によって資金提供を行いました。しかし、日米摩擦は解消されませんでした。

その後、この日米間の攻防は、単に貿易・経済だけの領域にとどまらず、金融の領域にまで拡大しました。しかも金融業界の中でも、なぜか、保険業界、とりわけ損害保険業界が突然巻き込まれることになってしまいました。ここから保険業界の「激動の時代」が始まったのです[1)]。

第1節　日米構造協議がもたらした保険業界の自由化

1．日米構造協議・日米包括経済協議[2)]

日米の経済摩擦では、その交渉対象がダンピングの問題や、ある特定の輸出品目の数量制限や価格の規制をめぐるものでしたが、「日米構造協議」が開催されるようになった1989（平成元）年からは、米国（ブッシュ大統領・父）は「対日赤字が膨らむ要因は日本の市場が閉鎖的であるためだ」と主張し、日本（宇野首相・海部首相）に対して「経済構造の改造」と「市場の開放」を強く迫ってくるようになりました。徐々に日本に「規制緩和」や「自由化」の波が押し寄せ始めます。

その後、1993（平成5）年４月の日米首脳会談における日本（宮澤首相）と米国（クリントン大統領）の交渉では、日米間の新たな協議の枠組みを構築する必要性を確認し、同年７月開催の東京サミットで「日米共同声明」が発表されました。それは今後の協議の名称を「日米包括経済協議」とし、日米間の貿易不均衡問題を解決するために、貿易および投資の拡大に影響を与えるセクター別・構造面での障壁を除去するための協議を行い、三つの優先分野について議論をするというものでした。

その三つの分野とは、政府調達、自動車・自動車部品、そして保険でした[3)]。この協議で話し合われる「規制緩和及び競争」の分野の一つに、保険が唐突に入ることになったのです。これは、日本の保険市場が世界第２位の位置を占めていたにもかかわらず、閉鎖的であったからという理由からですが、当時の当局や保険業界等の関係者は、寝耳に水という驚きと不安な感覚に襲われたといいます。米国内で大きく批判されている自動車分野と保険が同列に並べられて協議されるとは、全く誰も予期していなかったからです。

一方、銀行の金利に関しては、保険よりもかなり先行して1983（昭和58）年から「日米円ドル委員会」や「日米金融協議」において交渉が続けられていました。日本の銀行も、保険会社と同様に当時の大蔵省の監督管理下で「護送船団方式」によって運営されていましたので、銀行間の競争はほとんどなく、預金金利や貸出金利は低く設定されていました。それに対して、米国の銀行では、預金金利が完全に自由化され、預金金利や貸出金利も高く設定されており、この違いにより、米国では日本の銀行から低い金利で融資を受ける企業が増えてしまい、米国の銀行業界から日本の金融政策に対して非難が出ていました。幾度も協議が行われ、金利の自由化は大口預金金利の自由化から次第に進み、1994（平成6）年に解決に至りました。

2．日米保険協議

では、保険に関する協議は、どのように行われたのか、その経緯を見ることにします。

(1)　協議直前の保険業界の状況 [4)]

昭和の終わりから平成の時代に入った頃（1985～92年頃）、長期金利（10年日本国債の応募者利回り）は5.3%～6.8%と高く、生保の「一時払養老保険」や損保の「積立傷害保険」等の貯蓄型保険が、信託銀行の「ビッグ」や長期信用銀行（旧日本興業銀行や旧日本債券信用銀行等）の「ワイド」の利回りと新聞や雑誌等で比較され、その「利回り」の優位性が話題となって爆発的な販売実績を挙げていました。これによって、保険商品と銀行や信託銀行等の他業態の金融商品との競争が起こりました。

当時、保険会社と銀行等は同じ「護送船団方式」で行政運営が行われていましたが、銀行等の方が先行して幅広い金融サービスが認められ、しかも1985（昭和60）年から金融制度調査会において、銀行・信託・証券のそれぞれに業態別子会社を認めて相互参入を可能とする話が進んでいました。そのため、保険業界では銀行や信託銀行等と不公平な競争を強いられるという不満がにわかに高まっていました。

そこで、保険審議会は、1992（平成4）年に「新しい保険事業の在り方」という答申を行い、次の提言をしました。

・保険会社が、銀行・信託・証券の業務に参入できるようにし、銀行、信託、証券も保険事業にも参入できるようにする。参入は、業態別子会社方式が望ましい。
・第三分野は、本体の乗入れによって行う。
・行政監督の上での新しい経営指針として、支払い余力（ソルベンシー・マージン）基準を設定する。
・保険料率と新商品開発における目標は、自由化・弾力化を図る。
・保険仲立人であるブローカー制度を導入する。

翌年6月に「金融制度改革関連法」が成立し、1994（平成6）年4月以降、大手銀による信託子会社、証券子会社の設立、信託銀行による証券子会社、証券会社による信託子会社が設立されることになりました。その動きに合わせて、保険審議会は「保険業法等の改正について」という報告書において、上記の答申を踏まえ、「保険会社の銀行・信託・証券の業務への参入は、子会社方式によって段階的に行うことが適当であり、生損保間の相互参入以後とする」旨の提言をしました。

(2)　日米保険協議の開始[5)]

この保険審議会の答申や報告書が、「生命保険会社と損害保険会社の相手業務への相互乗入れは、子会社方式によることとし、第三分野に限り本体で相互乗入れが行うことができるとする内容であった」ため、米国側から、特に「第三分野」の取扱いについてクレームがつきました。

これは、アジアの保険市場に強い米AIG（アメリカン・インターナショナル・グループ）のモーリス・グリーンバーグ会長の強い意向が働いていたといいます。グリーンバーグ会長はクリントン大統領の有力なスポンサーでした[6)]。1970年代（昭和47年）以降、アメリカンファミリー生命保険会社（略称・AFLAC）やAIGグループのアリコジャパン（略称・ALICO）などの外国保険業者が日本に上陸し、がん保険や医療保険などの「第三分野」市場を独占してきました。ところが、1992（平成4）年に提唱された生損保の子会社方式による相互参入で、第三分野への参入が激化し、外国保険業者が劣勢に立たされることをおそれたのです。米国は「日本の生命保険会社と損害保険会社が本体で共に傷害、疾病、介護等の第三分野を募集するのは、明らかに米国の既得権益への侵害になる」と主張したのです。これが日米両国の政治問題として取り上げられて、「日米保険協議」が始まったのです。

この協議において、米国は自国の保険会社が得意とする第三分野に日本の保険会社が参入することを拒否しました。そして、米国は、日本の保険分野における「保険料率の自由化」を含めた「保険分野の完全自由化」を強く要求して、それが実現されるならば、代償として第三分野の既得権を解除してもよいという戦術をしかけてきました。

日米保険協議は、1年間にわたり、厳しい交渉が続けられ、1994（平成6）年12月（村山首相在任時）に一旦は決着を見ます。日米政府の合意内容は、日本が「必要に応じて適切な経過措置を講じながら、保険商品及び料率の認可手続の段階的な自由化を含めて、日本の保険制度の規制緩和を行う」という内容で、次の項目が掲げられていました。

・商品・料率認可の自由化・弾力化を段階的に進める。
・ブローカー制度を導入する。
・第三分野の相互乗入れは、生損保の規制緩和の進展度合いを見ながら進める。

これは、保険業法改正を提言した保険審議会答申の内容そのもので、具体的な内容が示されたものではありませんでしたが、米国側は納得したようでした。

(3)　保険業法の改正と日米再協議[7)]

この協議が行われていた間に、保険審議会の答申と報告を受けて1939（昭和14）年以来の実に56年ぶりに改正された保険業法が、1995（平成7）年6月に公布されました。施行は、翌年4月に予定されていました。

この保険業法は、「規制緩和・自由化による競争の促進・事業の効率化」「保険業の健全性の維持」「公正な事業運営の確保」を指針として、来るべき21世紀に向けての新しい保険制度の実現を目的としており、次の内容を定めていました。

・子会社方式による生保・損保の相互参入の解禁
・商品・料率の届出制の導入
・料率算定会制度の見直し
・保険募集制度の見直し
　→「保険募集の取締に関する法律（いわゆる「募取法」）」の廃止と本法への一本化

1994年（平成6年）6月30日（木曜日）　THE HOKEN MAINICHI　（第12469号）（昭和46年3月9日第3種郵便物認可）

保険毎日新聞
損保版
日刊（但土曜 日曜 祝日休刊）
購読料　一ヵ月　2,311円（消費税込）
郵送料（消費税込）　800円
発行所
©保険毎日新聞社
東京都新宿区市谷本村町2番16号
〒162
電話 東京(3268)1211(代表)
振替 東京 4−70860
編集発行兼印刷人　加藤安宏

保険審議会報告まとまる

6月24日に保険審議会第60回総会開催

保険審議会第六〇回総会が六月二十四日午後二時三〇分から大蔵省本館三階第一特別会議室で開催された。当日は法制懇談会報告を審議・了承し、審議会報告としてまとめ、大蔵大臣宛に提出した。同報告では、保険事業および生保固有分野・第三分野・損保固有分野について各々定義を規定。また、生損保の相互参入、他業態との相互参入については相互に五〇％超の株式取得をなし得る規定を置くとしている。さらに特定の商品・料率についての届出制の導入、ソルベンシー・マージン（支払余力）基準の導入、経営危機対応制度の導入等が示されている。また、外国保険事業者に関する法律、保険募集の取締に関する法律を保険業法と一本化させるとしている。一社専属制の規定は残すが、保険契約者保護に欠けるおそれがない場合は適用除外とする規定を設けること、保険ブローカー（仲立人）制度の導入、クーリング・オフ制度の導入を行う等の報告を行っている。

生損保、他業態の相互参入で規定

ブローカー制度、ソルベンシー（マージン）基準等を導入

募取法、外者法を保険業法と一本化へ

保険審議会では六月三日（第五八回）、十四日（第五九回）、二十四日（第六〇回）と三回にわたって総会を開き、法制懇談会が五月十三日にとりまとめた報告を審議、二十四日の総会においてこれを了承し、審議会報告として、大蔵大臣に提出した。大蔵省では、同報告を受けて、今後、早ければ来年の国会提出に向けて鋭意作業を進めることとしている。

同報告提出に当たって保険審議会では、「保険関係法規の改正については、まず、子会社方式による生・損保の相互乗入れを含む保険制度の自由化を進めるとともに、健全性維持のためのソルベンシー・マージン基準や新しい経営危機対応制度の導入などの法制化を急ぐことが肝要であり、その定着を見極めた後に子会社方式による他業態への進出も含めた制度改革が完了するよう、段階的に行うことが適当である。ただし、その際においても、当審議会の示した保険制度改革が、できるだけ早期に実現するよう配慮することが望ましい」としている。

また、支払保証等の機能を有する安全ネット、銀行等による保険販売などの項目については、今後とも引続き審議会等の場で検討するとしている。

さらに、法制懇談会報告について審議する過程で、外国保険事業者から意見を聴取したことに触れ「傷害・疾病・介護分野における生・損保の本体相互乗入れについては、先に提出した答申を踏まえた対応を図ることが適当」としている。

同報告は、(1)総則、(2)業務、(3)継続的監督、(4)会社形態、(5)経理・ディスクロージャー、(6)経営危機対応制度、(7)保険募集、(8)自主規制機関、(9)外国保険事業者、(10)料率算出団体法、および別添1相互会社についての基本的な考え方、別添2経営危機対応制度について——で構成されている。

「総則」の中では、保険事業を不特定の者を対象に保険の引受けを行う事業と定義したうえで、①生保固有分野…人の生死に関し定額給付を行う保険、②第三分野…傷害・疾病・介護分野の保険、③損保固有分野…一定の偶然な事故による損害をてん補する保険と、各々定義を規定している。

また、保険会社の最低資本金（基金）を一〇億円（現行三、〇〇〇万円）とし、所要の経過措置を設けることとしている。

「業務」では、保険会社のなし得る業務を、保険の引受け・資産運用、付随業務、法定他業に明確化している。

子会社方式による生損保兼営については、生保会社が損保会社の五〇％超の株式取得をなし得るとともに、損保会社が生保会社の五〇％超の株式取引をなし得る旨の規定を置くこととしている。また、生損保間のファイア・ウォールとして、法律上、再保険の引受けの制限、アームズ・レングス・ルール（通常と著しく異なる条件での取引の禁止）を規定することとしている。

他業態との相互参入では、保険会社と銀行等・信託銀行・証券会社が相互に五〇％超の株式取得をなし得る規定を置くこととし、保険会社と他業態とのファイア・ウォールとして、役員の兼任禁止、アームズ・レングス・ルールを規定することとしている。

「継続的監督」では、商品・料率とも現行は一律認可となっているが、特定の商品・料率については届出制（届出後一定の期間内に行政側が変更命令を出さなければ、期間満了時に自動的に届出に係る法的効果が生じる制度）を導入することとしている。

また、保険会社の健全性を維持するため、ソルベンシー・マージン（支払余力）基準を導入するとしている。

「会社形態」では、相互会社に関して、事業経営のために必要な財産的基礎の充実を図り、継続企業として保険を提供していけるよう法制上の整備を図ることとし、また、経営チェック機能の強化を図る。さらに、相互会社から株式会社への組織変更も認めることとしている。

「経理・ディスクロージャー」では、キャピタルゲインを含めた総合収益を適正配当として還元することを可能にし、八六条準備金を価格変動準備金に変更することとしている。また、保険計理人の職務を拡充し現行の責任準備金の計算の確認業務に加えて、責任準備金の積立てが適正かどうかの確認業務等も付加することとしている。さらに、一定の要件に該当する損保会社（長期の保険契約を取扱う場合等）にも、保険計理人制度を導入することとしている。

ディスクロージャーについては、現行銀行法と同様に、その根拠となる規定を法律上設けることとしている。

「経営危機対応制度」の項目では、保険契約においては保障機能が重視され、保険契約の継続が重要であることから、破綻保険会社の保険契約を包括移転・合併等により、できる限り継続させる制度をつくるとしている。法制的にみて問題のある大蔵大臣の処分による保険金削減、強制移転決定の規定は削除することとし、任意手続を基礎としながらも、大蔵大臣の関与する迅速な処理を行う制度を導入する。さらに、包括移転・合併等を円滑に行うために、業界各社で資金援助機能を持たせた公益法人を設立し、大蔵大臣の適格性の認定を受けた包括移転・合併について資金援助を行うこととしている。

「募集」では、保険募集の取締に関する法律と保険業法との一本化を行う。

生保の一社専属制の規定そのものは本則に残すものの、保険契約者保護に欠けるおそれがない場合として大蔵省令で定める場合については適用除外とする規定を法律上設けることとしている。

保険ブローカー（仲立人）制度については、保険ブローカーを保険会社の委託を受けないで保険契約者と保険会社の保険契約の締結の仲立をする者として位置づける。登録制を採用し、実際上、自主規制機関（保険仲立人協会）による試験制度を導入する、賠償資力の確保措置として、営業保証金の供託または損害賠償責任保険契約の締結を義務づける。このほか、ベスト・アドバイス義務の法定化、代理店等との兼営を禁止することとしている。

さらに、消費者保護の観点から保険契約についてもクーリング・オフ制度を法律上導入する。ただし、短期契約や保険申込者の加入意思が明らかな契約については適用除外とする。

「自主規制機関」としては、生保協会および損保協会を自主規制機関として法律上位置づけることとし、業務としては、募集に関する自主ルールの策定、苦情の解決、募集従事者の研修など。また、保険仲立人協会を自主規制機関として法律上位置付け、保険仲立人に関する自主ルールの策定、苦情の解決、保険仲立人の研修・試験などを業務とするとしている。

「外国保険事業者に関する法律」に関しては、同法と保険業法との一本化を行うこととしている。そして、本店が海外にあり、そのため本店については我が国の監督が及ばないという外国保険事業者の特性に起因する取扱いの差以外の規制は、できる限り内国社のそれと合わせることとしている。また、外国保険事業者の資産国内保有義務の明確化を図る。

「損害保険料率算出団体に関する法律」に関しては、特定の種目等については、純保険料率は算定会の算出した料率を各社が使用する義務を課すものの、付加保険料率部分については遵守義務を外し、算定会の算出したアドバイザリー・レートを参考にして各社が決定する制度に改めることとしている。この場合、各社の算出した営業保険料率が、算定会の算出した純保険料率プラスアドバイザリー・レートとしての付加保険料率の上下一定範囲内にあるときは大蔵大臣への認可も届出も要しないこととする。

さらに、生保会社についても、第三分野の保険の引受けを行う範囲において、算定会に加入できることとしている。

保険審議会メンバー

▽会長＝徳田博美（㈱野村総合研究所顧問）▽会長代理＝竹内昭夫（筑波大学社会科学系教授）▽委員＝猪口邦子（上智大学法学部教授）▼今井通子（医師）▼浦上敏臣（住友生命保険㈱社長）▼大田弘子（大阪大学経済学部客員助教授）▼小野田隆（住友海上火災保険㈱社長）▼倉沢康一郎（慶応義塾大学法学部教授）▼河野洋太郎（生保労連中央執行委員長）▼櫻井孝頴（第一生命保険㈱社長）▼杉田亮毅（㈱日本経済新聞社常務取締役）▼副島有年（日本ヒルトン㈱相談役）▼巽外夫（㈱住友銀行会長）▼中島資皓（経済評論家）▼西村正雄（㈱日本興業銀行副頭取）▼松方康（三井海上火災保険㈱社長）▼水島一也（流通科学大学商学部教授）▼宮下武四郎（日本製紙㈱社長）▼吉田正輝（㈱兵庫銀行社長）

法制懇談会メンバー

▽座長＝徳田博美（㈱野村総合研究所顧問）▽座長代理＝江頭憲治郎（東京大学法学部教授）▽メンバー＝岩原紳作（東京大学法学部教授）▼植村栄治（成蹊大学法学部教授）▼津野修（内閣法制局第一部長）―第一回～第九回▼阪田雅裕（内閣法制局第三部長）―第一〇回～第三一回▼田中弘（神奈川大学経済学部教授）▼山下友信（東京大学法学部教授）
▽顧問＝竹内昭夫（筑波大学社会科学系教授）

→「保険ブローカー（保険仲立人）制度」の導入　　等

旧保険業法は、いわば戦時保険業法で戦時統制を引きずっており、これによって戦後の保険事業規制である「護送船団方式」が生まれたともいわれ、当局はこの改正を機に第三分野を含めて生損保の全面相互参入という規制緩和を一気に推し進め、伝統的な画一的保険事業政策の転換を図ろうとしたのでした。ただし、これは、「保険分野の自由化」ではなく、「規制緩和」でした。

公布された年の12月になって、米国は、１年前の「日米保険協議」の合意内容が「保険分野の自由化」に関して具体性に欠けており、解釈の相違があるとして、協議再開を要求してきました。米国側は、「保険分野の自由化」、すなわち生損保主要分野における事業の自由化を求めていたからです。

協議は再開されましたが、難航しました。米国は、がん保険を中心とする第三分野の既得権を徐々に解除していく激変緩和策を設け、その一方で、自由な保険料率による商品で顧客を集めようという狙いから、損害保険料率算定会等の算定会料率を遵守する義務を廃止させようという作戦を展開してきたからです。この協議は、決着を見るまでに、日米間の事務レベル会合は18回、モンデール駐日大使と大蔵大臣との会談が3回、橋本首相との会談が１回、日米蔵相会談が１回、バシェフスキーＵＳＴＲ（米国通商代表部）代行と大蔵大臣との会談が５回、さらに日米首脳会談が２回にも及び[8)]、途中の1996年（平成8）年８月には交渉が難航し、一時交渉打切りという事態にもなったことから、途中２回も決着期限を延長したりしました。

このようにこの協議は、戦後の日米通商関係史上、未曾有の混迷と紛糾があったといわれるほどに難航しましたが、紆余曲折の結果、橋本首相は「日本版金融ビッグバン」構想（本章第３節参照）を表明し、その

１９９６年（平成８年）１２月１７日（火曜日）　THE HOKEN MAINICHI　（第１３０７２号）　（昭和46年３月９日 第３種郵便物認可）

保険毎日新聞
損保版
日　刊（但土曜 日曜 祝日休刊）
購読料　一ヵ月　２．４５０円（消費税込）
郵送料（消費税込）　８００円
発行所
©保険毎日新聞社
東京都新宿区市谷本村町２番16号
〒162
電話　03（3268）１２１１（代表）
振替　００１４０－６－７０８６０
編集発行兼印刷人　加藤安宏

日米保険協議が決着

損保料率を自由化

損保系生保子会社　第3分野参入見送り

難航していた日米保険協議が十五日合意した。自動車保険、火災保険など主要分野での料率自由化を九八年七月までに実施することになり、この結果、損保業界は一気に戦国時代に突入することになった。焦点となっていた第三分野については、生保系損保子会社の傷害保険参入を来年一月一日から一定認める一方、損保系生保子会社による医療保険、がん保険の販売は二〇〇一年まで先送りされた。交渉は、日本側が譲歩に次ぐ譲歩を示したのに対し、米国側は一方的に要求をエスカレート、第三分野における米系損保の既得権益を何がなんでも固守する姿勢を貫いた。その意味で今回の保険交渉は、最大の目的を達成したばかりか、自動車保険、火災保険の自由化まで引き出すことに成功した米国の完全勝利で決着した形となった。このため、〝決裂も辞さず〟との強い姿勢で交渉を見守ってきた損保業界の失望は大きく、「損保が犠牲にされた」との不満を示す関係者も多い。

損保業界、一気に戦国時代へ

九四年の日米合意の解釈をめぐって対立してきた保険協議が決着した。とはいえ、交渉は終始、米国のペースで進められ、最後まで押し切られた形となった。

米国側は、主要分野での規制緩和に先行して第三分野の自由化は認められないとして、子会社による第三分野参入は可能とする日本の主張と真っ向から対立した。

この間、日本は自動車保険の通信販売、火災保険の付加率アドバイザリー制度の拡大などの規制緩和措置を講じるなど交渉解決に向けて譲歩してきたが、米国はあくまでも主要分野での大幅な規制緩和を楯に、第三分野への参入を阻止する構えを崩さず、終始、強気の姿勢で交渉をリードしてきた。

今月六日と七日に行われた三塚蔵相と米通商代表部（ＵＳＴＲ）のバーシェフスキー代表代行による閣僚級交渉でも日本側が自動車保険の料率自由化を含む新たな提案を示し、米側はこれを一定評価しつつも決着には至らなかった。

十四日の再度の閣僚級交渉は二回行われた。会談終了後の四時過ぎに行われた記者会見でバーシェフスキー代表代行は「日本政府が新しい提案を示した。その内容は潜在的に大幅な性格を帯びうるものである」ことを明らかにしたが、それが米国側が主張する主要分野の規制緩和要求を満たすものかどうか判断する必要があるとして、その結果を予断することはできないと述べ、わずか三分ほどで会見を打ち切った。このため協議は最終期限の十五日に持ち込まれ、場合によっては決裂という事態も予想されたが、同日夜、バーシェフスキー代表代行が離日寸前の電話会談で急遽合意、交渉期限の十五日を前にぎりぎりで決着した。

合意内容は当初の予想をはるかに越えるドラスチックなもので、保険業界、特に損保業界にとってはショッキングな内容となった。段階的に進むはずだった規制緩和・自由化がすぐ目の前に迫ってきたからだ。これほどのスピードで自由化の波が押し寄せてこようとは誰も予想しなかっただろう。主要分野での一挙の自由化は中小損保はもちろん、大手ですら危機意識を持たざるを得ない。

今後、生き残りをかけた競争が始まることは必至で、生・損保の提携ないし合併といった再編の動きも出てこよう。

「競争、一層オープンに」

米国大使館がステートメント

米国大使館は十五日にステートメントを発表し、日米保険協議が合意に至ったことにより「日本の保険市場は根本的に変化するとともに、競争が一層オープンになっていくだろう。これらの措置はまた、日米の保険会社にさらに大きな機会を与え、日本の消費者に大きな利益を与えることになろう」と述べた。また、今回の合意は日本の保険市場を大幅に自由化するものであるとし、自動車保険、火災保険など主要分野に前例のない競争原理を導入することになるとしている。

さらに主要分野での自由化が実施されるまでは第三分野の市場環境を激変しないことになったとし、この措置によって、外社や小保険会社が同じ土俵で勝負できることになり、今まで以上に競争が激化するだろうと述べている。

「保険審議会で国民的議論を」

井口損保協会長が談話

井口・損保協会長

日米保険協議の合意を踏まえて損保協会の井口武雄会長は十四日、急拠ステートメントを発表した。

◇

日米間で行われていた日米保険協議が基本合意に達したと聞いた。内容については全く承知していないが、一年以上の長きに亘り交渉を続けて来られた関係者の皆様には感謝する。

そもそもこの協議は、米国の保険会社が強く主張した生命保険会社の損害保険子会社の傷害保険への参入問題が協議の中心課題であったのに、それが損害保険分野の性急な自由化の論議に変えられ、消費者利益を全く無視した理不尽な要求を米側が次々に出すという大変不条理な協議であったことに対し、われわれとしては腹立たしさを禁じ得なかった。

損害保険の自由化は、橋本総理大臣より示された金融システム改革案（日本版ビッグバン）に基づき、二〇〇一年に向け、当然のことながら消費者利益、被害者救済という観点から保険審議会の中で十分な国民的議論を尽くしていかれるものと信じている。

今後、消費者にとって真に利益のある自由化はどう進めて行けば良いのか、慎重にかつ早急に検討されることを望む。

日米保険協議決着のポイント

1、主要分野の規制緩和

(1)規制緩和策の拡充

a、火災保険の付加率アドバイザリー制度の最低保険金額の引き下げ－一九九七年一月一日三〇〇億円、一九九八年四月一日七〇億円

（注）本年十月一日発表の規制緩和パッケージでは、一九九八年四月一日には、一五〇億円に引き下げることとしていた。

b、料率及び特約の届出制の対象に、一九九七年一月一日、「医師賠償責任保険」等一〇種目及び「賠償責任保険」等六種目を加える。

（注）「医師賠償責任保険」等一〇種目は、本年十月一日発表の規制緩和パッケージでは、一九九七年四月一日に届出制に移行することとなっていたもの。

(2)算定会制度

a、大蔵省は、算定会の料率使用義務を廃止することを通じ、所要の国内手続にしたがって、算定会制度の抜本的な改革を行う。

b、所要の規定の整備後、大蔵省は、担保危険に基づいて、料率、約款及び販売方法の差別化の柔軟性を有する商品の申請を認可する。

c、関連規定の整備が行われるまでの間も、大蔵省は差別化商品の申請を認可する。ただし、その場合、算定会を脱会することが必要となる場合がある。

(3)差別型自動車保険

a、大蔵省は、一九九七年九月一日以降、差別型自動車保険を認可する。

b、差別化は、（運転者の）年齢、性別、運転歴、（自動車の）用途、使用方法、地域（七区分：北海道、東北、関東甲信越、北陸東海、近畿中国、四国、九州）、車種、安全装置、複数所有者に基づいて行われる。

（注）本年十月一日発表の規制緩和パッケージでは、販売方法としての通販を解禁。

2、子会社による第三分野への参入

(1)生保の子損保会社

生保の子損保会社は、一九九七年一月一日から、下記の激変緩和措置を講じた上で、傷害保険の販売を行うことが認められる。

a、既存の販売ネットワークの保護

①企業経営者のための非営利団体を通ずる傷害保険の販売禁止

②旅行代理店を通ずる国内及び海外旅行傷害保険の販売禁止

③学校法人等を通ずる学生向け傷害保険の販売禁止

④通販による傷害保険の販売禁止

b、共同引受の主幹事とならない場合等の団体傷害保険の引受の禁止

c、積立傷害保険の販売禁止

（注）長期及び短期の所得補償保険は、傷害保険であるが、一切、激変緩和措置の対象とはなっていない。

(2)損保の子生保会社

損保の子生保会社は、激変緩和措置として、医療単品保険及びガン単品保険の販売は認められない。また、改正保険業法施行前に存在した特約給付比率の制限を維持する。

(3)激変緩和措置の解除のための基準

大蔵省は、以下の「基準」がすべて満たされてから、二年半後に激変緩和措置を解除する。大蔵省は、遅くとも二〇〇一年までに激変緩和措置を終了する意図を有しており、このため、１の諸措置を遅くとも一九九八年七月一日までに実施する意図を有する。

a、大蔵省が、１(3)のとおり、差別型自動車通販の申請を認可すること。

b、大蔵省が、１(1)のとおり、火災保険の付加率アドバイザリー制度の対象となる最低保険金額の引き下げを行うこと。

c、大蔵省が、１(1)のとおり、届出制の拡大を行うこと。また、かかる届出を実際に受理すること。

d、大蔵省が、算定会員の料率遵守義務を廃止するための所要の規定整備を行うこと。

e、大蔵省が、料率等が差別化された商品の申請を認可すること。

内容を2001（平成13）年までに実現することを明らかにしたことにより、ようやく同年12月に最終合意をして決着に至りました。

その合意内容は、日本が交渉に屈して「算定会会員が算定会によって計算された料率を使用しなければならない義務を廃止することを通じ、最大限の自由化を達成することを指向しつつ、算定会制度の抜本的な改革を実行するために行動をとる」というもので、日本は次の具体的な措置を講じることになりました。

・大蔵省は1997（平成9）年9月以降、自動車保険について、運転者の年齢や性別、自動車の用途や使用方法、地域（7区分：北海道、東北、関東甲信越、北陸東海、近畿中国、四国、九州）、車種、安全装置等で異なった保険料を設定するのを認める（リスク細分型）。
→同年九月に米資本保険会社アメリカンホーム保険会社が日本初の「リスク細分型自動車保険」を発売。日本の損害保険会社の発売は、翌年以降。
・大蔵省は、1998（平成10）年7月までに、損害保険料率算定会等が出す損害保険料の使用義務をなくす（料率完全自由化）。
・損保の生保子会社には、外資系保険会社を保護する「激変緩和措置」として医療単品保険とがん単品保険の販売は認めない。
→結局、日本の保険会社の第三分野への完全参入は、米国側の引き延ばしにより、2001（平成13）年まで持ち越されて実現。
・生保の損保子会社は、1997（平成9）年1月から傷害保険の販売ができる。ただし、外資系保険会社を保護する「激変緩和措置」として、旅行代理店を通じた海外旅行傷害保険や通信販売による傷害保険は販売できない。　　等

この合意内容は、従来から日本独自に保険審議会で検討してきた生損

保の相互参入が具体的に実施されるよりも、米国の狙いであった保険市場を開放させるための「保険分野の自由化」（料率完全自由化等）が先行して実施されることになったことを意味します。このような結果になったのは、日本側が、生損保兼営禁止を「規制緩和」するために保険業法を改正して第三分野を含む生損保相互乗入れを図ることを「保険分野の自由化」と疑念を持たずに認識してしまっていたことや、当時GATS（General Agreement on Trade in Services：サービス貿易に関する一般協定）によって保険を含む金融サービスも国際的なサービス貿易自由化の分野となっていたにもかかわらず、「保険分野の自由化」を甘く考えていたからだともいえます。

このような経緯を見ますと、日本の「保険分野の自由化」は、日本自らが考えていた規模・内容よりも、遥かにダイナミックに、かつ早く、実現したのです。それは、米国という黒船によってもたらされなければ実現できなかったかもしれません。

第２節　自由化の矢先に起きた独占禁止法違反事件

1996（平成8）年に、突然、公正取引委員会の査察が日本機械保険連盟およびその会員である各損害保険会社に入り、損害保険業界に衝撃が走りました。

1．日本機械保険連盟による独占禁止法違反の内容

公正取引委員会が査察に入った理由は、事業者団体である日本機械保険連盟が機械保険および組立保険の「一定の取引分野における競争を実質的に制限した」として独占禁止法第８条第１項第１号（事業者団体の禁止行為）に違反している疑いがあったからでした。公正取引委員会が指摘した具体的な違反内容は、次のとおりでした[9)]。

・日本機械保険連盟は、機械保険および組立保険の保険料に関して、会員である損害保険会社各社が当局（当時大蔵省銀行局保険二課）に申請すべき認可申請の内容（標準基本料率、割引率、特約料率等）を決定していること。
・日本機械保険連盟は、当該保険の引受けにあたって適用すべき統一基準として保険料率等（標準基本料率、割引率、特約料率等）を定めた諸規定（タリフ）を設定していること。
・日本機械保険連盟は、会員である損害保険会社各社に対して、タリフで算定できない案件および高額案件等の特定の案件については、連盟に保険料率の算定を依頼させる求率制度を実施し、連盟が算定した保険料率によって保険の引受けを行わせていること。
・日本機械保険連盟の会員である損害保険会社25社が再保険にかか

る共同行為（再保険プール）を行っていることが、元受保険および再保険にかかる取引分野における保険料率に関する競争を実質的に制限し、保険契約者等の利益を不当に害することとなるおそれがあること。

２．日本機械保険連盟の設立経緯

既に述べたように（第１章第２節２(4)参照）、戦後復興期から高度経済成長期に進む 1955（昭和 30）年前後の過程において、重工業化が進むとともに企業の技術革新により各業種の企業活動が特殊化・複雑化し、企業を取り巻くリスクが多様化・巨大化していました。そのため、損害保険会社は、新しい保険の開発に力を入れていました。その際、欧米の保険会社の商品を導入する動きがありました。

当時の日本火災海上保険の社長が、以前から取引のあったドイツのミュンヘン再保険会社を訪問した際に、機械保険や組立保険等の技術保険の存在を知り、それを日本に導入することを思い立ち、帰国後、損害保険会社の数社に声掛けをしました。これに関心を持った８社が集まって、委員会を設置して調査・研究を開始したのが、機械保険等の技術保険の開発の始まりとされています[10)]。

この動きに大蔵省と通産省も機械保険等の創設に賛成の意向を示したことから、損害保険会社８社がミュンヘン再保険会社の協力を得て準備を進め、1956（昭和 31）年に保険業法に基づく大蔵大臣の事業免許を取得します。それと同時に、日本機械保険連盟が結成され、他の損害保険会社全社が加盟し、その後外国の損害保険会社も準会員として参加しました[11)]。

日本機械保険連盟は、次の二つの理由から、共同業務処理機関として結成されました。一つ目は、専門技術要員の養成に関する理由からです。

機械保険や組立保険という技術保険の場合は、損害保険会社の通常の業務以外に、機械や工事に関する工学的・経済的な専門的知識を絶え間なく吸収・蓄積するとともに、業務から得られる経験の蓄積により、業務内容・方法の改善を通して進歩を図るということが不可欠だったのですが[12]、損害保険会社各社が専門的な技術要員を育成すると相当な費用がかかってしまいます。そのため、共同で技術機関を設けて各社がこれを利用する形にすれば、経済的なだけでなく、個々の会社の営業的な利害から独立した中立・公正な保険が期待できるとして考え出されたのです。

二つ目は、再保険に関する理由からです。この種の企業向けの保険は、巨額の損害が発生する可能性が高く、海外の保険会社への再保険が不可欠であったため、当時の日本の経済および技術的レベルが世界的に低かったことを考えると、技術的な基礎をしっかりと健全なものとして育て上げることによって、海外の保険会社から信用を得ることも重要だったのです[13]。

さらには、再保険の出再を損害保険会社が個々に個別に海外の保険会社へ行うのは、まだ機械保険や組立保険の収入保険料も少ないこともあって困難を伴うとされ、全社分を一括して海外の保険会社へ出再する方が円滑かつ能率的に行うことができるため、再保険業務も日本機械保険連盟の主要業務としたのでした[14]。

3．排除勧告と課徴金納付命令

こういう設立経緯があったにもかかわらず、結局、公正取引委員会は、日本機械保険連盟に対して排除勧告を行いました。その結果、連盟は1997（平成9）年9月に解散に至りました。また、違反を行った損害保険会社に対して総額約54億円の課徴金納付命令が出されました[15]。

この日本機械保険連盟による機械保険および組立保険の運営は、40年の長きにわたる慣行として行われていたものですが、公正取引委員会は、「1983（昭和58）年に行なわれた同保険の改定以降の期間の行為について、違反事実を明確に特定できた」として違反行為の認定をしています[16)]。公正取引委員会としては、経済のグローバル化が進む中、日米構造協議等によって国内の経済活動が変化しており、競争政策の国際的展開に適切に対処しなければならなくなっていたという事情から、査察に踏み切ったと考えられます。

もともと公正取引委員会は、戦後の独占禁止法制定以来、独占禁止法適用除外の保険業界には関心を持っていなかったと思われます。しかし、1994（平成6）年に自動車修理業界から自動車保険の保険金で支払われる修理工費の算定についての苦情等があったことで、公正取引委員会の保険業界とのかかわりが始まります。

当時まで、自動車保険で支払われる損傷自動車の修理工費を損害保険会社が算定するにあたり、その指数方式を用いる際の対応単価について、日本損害保険協会が全国の標準となる対応単価および都道府県ごとの対応単価を決定し、これを会員である損害保険会社に実施させていました。公正取引委員会は、この事実が独占禁止法に抵触することを知り、日本損害保険協会に対し警告をしました[17)]。

この「自動車保険修理工費警告事件」を契機に、公正取引委員会は、独禁法適用除外となっている保険業界の実態に眼を光らせ、その結果が「日本機械保険連盟事件」の摘発につながったと思われます。

この時に至って、何故、公正取引委員会は日本機械保険連盟を摘発したのか、損保業界関係者の中には疑問を持つ人も多くいたに違いありません。損害保険業界を監督・指導する大蔵省からは、連盟の創設時から何ら問題とされることはなく、忠告もなかったわけで、理不尽な事件だと思われたのも無理はありませんでした。

このことに対し、公正取引委員会は、機械保険等の認可申請の際に「大蔵省が連盟および業界を代表していた損害保険会社を窓口として折衝して事前審査を行い、またその認可申請手続きにおいても一括申請させたこと等の行為が、本件カルテル行為を助長させた面も認められた」ことから、同省に対し、保険料率等の認可等にあたって、競争制限的行為を助長させることがないよう要請したとしています[18)]。これは、大蔵省の行政指導等により、カルテル行為が助長または誘発されたとしても、独占禁止法違反行為の要件に該当する場合には、同法の適用が妨げられるものではないことを示唆しています[19)]。

損害保険業界では、この独占禁止法違反事件以降、日本損害保険協会内の業務・損害サービス・財務・経理・情報システム等の各委員会の活動が、独占禁止法に過敏になって消極的になってしまったという指摘があるようです。損害保険業界にとって、ＩＴシステム等の共通のインフラ構築や整備等は、銀行業界等と比べ、業界としての積極的な展開になっておらず、各損害保険会社に委ねているため、損害保険代理店からは「競争の領域でない使用人登録や契約データ等について保険業法で求められる事項にも対処しにくい弊害状況が生まれている」という声さえ上がっています。激動の時代だからこそ各委員会は、独占禁止法の趣旨をよく理解して、どこまでが抵触しない範囲かを確認して、保険代理店を含めた損害保険業界の健全性と発展に資するよう努力することがまたれます。

第3節　日本版「金融ビッグバン」

バブル景気が崩壊したことによって、金融市場はその後しばらく停滞していました。1996（平成8）年11月に第二次橋本龍太郎内閣は、金融業界（銀行・信託・証券・保険のほかにノンバンク等も含む）の6大改革（金融システム改革、経済構造改革、財務構造改革、行政改革、社会保障構造改革、教育改革）を打ち出しました。

このうち、金融システム改革（金融制度改革）については、空洞化が懸念される東京市場を2001（平成13）年までに国際金融市場として再生させるために、段階的ではなく、一気に改革を実施する「ビッグバン方式」を提言したのです。

その改革案は、1986年に英国サッチャー政権が実施した英国証券市場改革「金融ビッグバン」を手本としていたため、その改革は「日本版金融ビッグバン」「日本版ビッグバン」などと呼ばれました。

「日本版金融ビッグバン」構想に従い、1997（平成9）年6月に保険審議会は「保険業の在り方の見直しについて―金融システム改革の一環として」を答申し、その中で次の提言をしました[20)]。

・算定会制度の改革（算定会料率の使用義務廃止等）
・業態間の参入促進（保険会社と金融他業態間の参入促進）
・持株会社制度の導入
・銀行等による保険販売（銀行窓販の解禁）
・トレーディング勘定（デリバティブ取引等）への時価評価の適用

また、同じ6月に金融制度調査会も「我が国金融システムの改革について―活力ある国民経済への貢献」で、銀行窓販や他業態との相互参入について遅くとも2001（平成13）年までに実現すべきであると答申しました。

この時、保険業界関係者は、「日本版金融ビッグバン」構想に従って、保険審議会や金融制度調査会が「保険分野の自由化」に追い討ちを掛けて来たような大きな風向きの変化を感じたといいます。「保険分野の自由化」が、この「日本版金融ビッグバン」で実現したとする見解があるようですが、今改めて時系列で振り返ってみますと、橋本内閣が「日本版金融ビッグバン」を打ち出した時が、まさに日本側は日米保険協議で米国の黒船の脅威に屈して合意に達する直前であったわけで、この「日本版金融ビッグバン」は米国に譲歩せざるを得なかった部分を取り入れたにすぎないという見方もあります。

1．生損保相互乗入れ

「日本版金融ビッグバン構想」に従い、1996（平成8）年8月から生損保間で業態別子会社による相互参入が実施され、生命保険会社が損保子会社を、損害保険会社が生保子会社をそれぞれ設立しました。

生命保険会社が設立した損保子会社は、ニッセイ損害保険、第一ライフ損害保険、スミセイ損害保険、明治損害保険、三井ライフ損害保険、安田ライフ損害保険の6社です。

一方、損害保険会社が設立した生保子会社は、東京海上あんしん生命保険、日本火災パートナー生命保険、日動生命保険、同和生命保険、千代田火災エビス生命保険、大東京しあわせ生命保険、富士生命保険、興亜火災まごころ生命保険、共栄火災しんらい生命保険、三井みらい生命保険、住友海上ゆうゆう生命保険の11社です。ひらがなの社名が多いことから「ひらがな生保」とも呼ばれたりしました。

これらの損保子会社および生保子会社は、同年10月から営業を開始しました。損保子会社は、親会社の生命保険会社の女性外務員が損害保険募集人資格を取得して損害保険代理店として損害保険を扱うようになりました。生保子会社は、親会社の損害保険会社の保険代理店が生命保険募集人資格を取得して生命保険を扱うようになりました。ただし、日米保険協議の合意に基づき、第三分野商品はこの時点では規制され、お互いに販売できませんでした。

生損保両業界を通じて、これだけの新規参入が実現したのは戦後初の大きな動きであり、その衝撃と慌ただしさの中で業界関係者は、新しい時代の到来を実感したといいます。しかし、これらの業態別子会社の行く末は、大きく明暗が分かれることになります。この結末については、後述することにします（第３章第６節参照）。

２．損保料率の自由化

(1)　損害保険料率算出機構の設立[21)]

「日米保険協議」で合意されたとおり、1998（平成10）年７月（橋本首相在任時）に、算定会料率（損害保険料率算定会および自動車保険料率算定会）の一律使用義務が撤廃され、2年間の経過措置を経て2000（平成12）年７月から各社個別の料率に完全移行し、「保険料率の自由化」が行われました。

従来から損害保険会社全社が横並びに「同一商品・同一価格（保険料）」で提供してきた販売形態および商品開発までが一気に自由化されました。これによって、損害保険業界は、本格的な競争時代に入り、銀行と同様にリスク管理に対する意識の強化が求められるようになります。

さらに２年後の2002（平成14）年７月には、損害保険料率算定会と自動車保険料率算定会が統合され、「損害保険料率算出機構」が業務を開始しました。この「損害保険料率算出機構」は、「参考純率と基準料

図２－１　生保会社の損保子会社

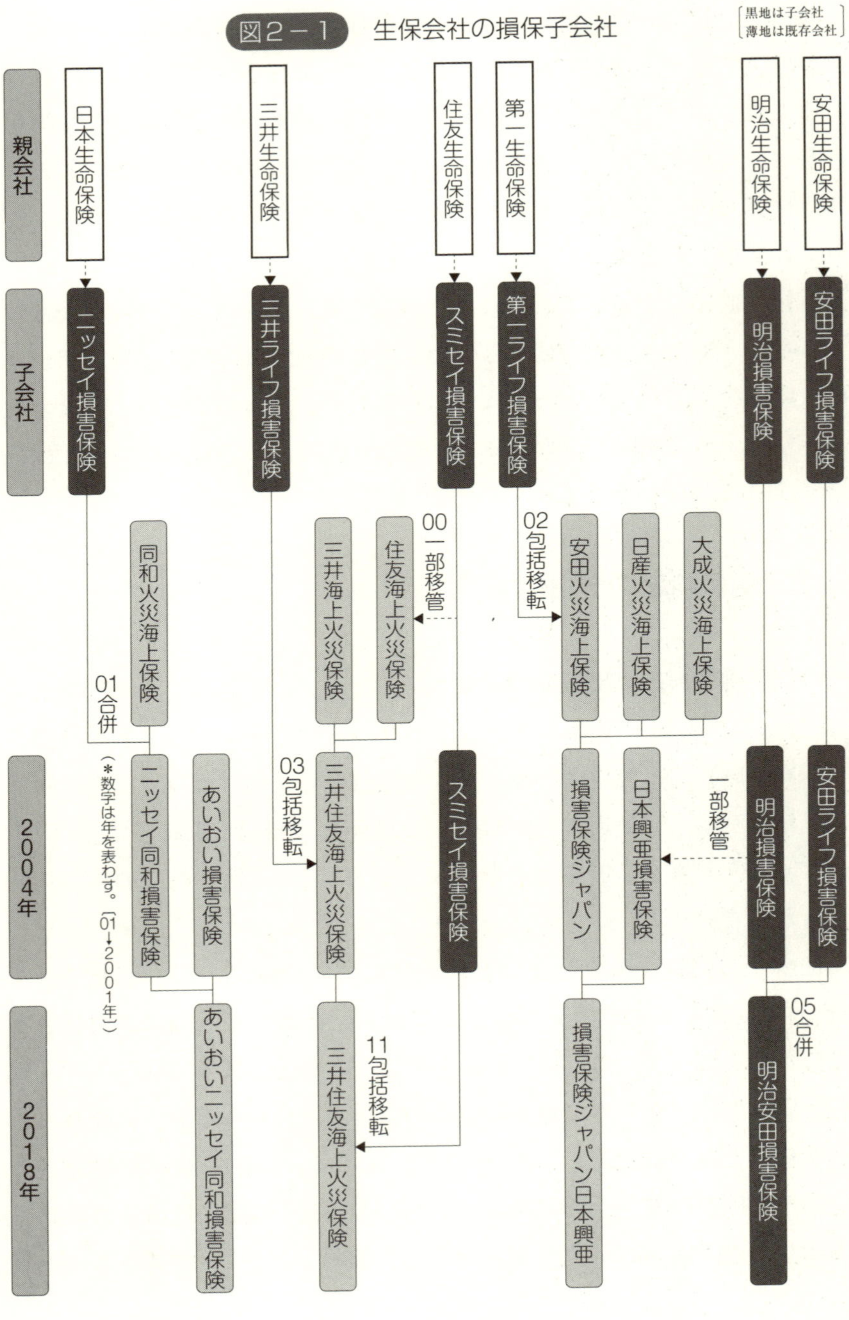

図２－２　損保会社の生保子会社

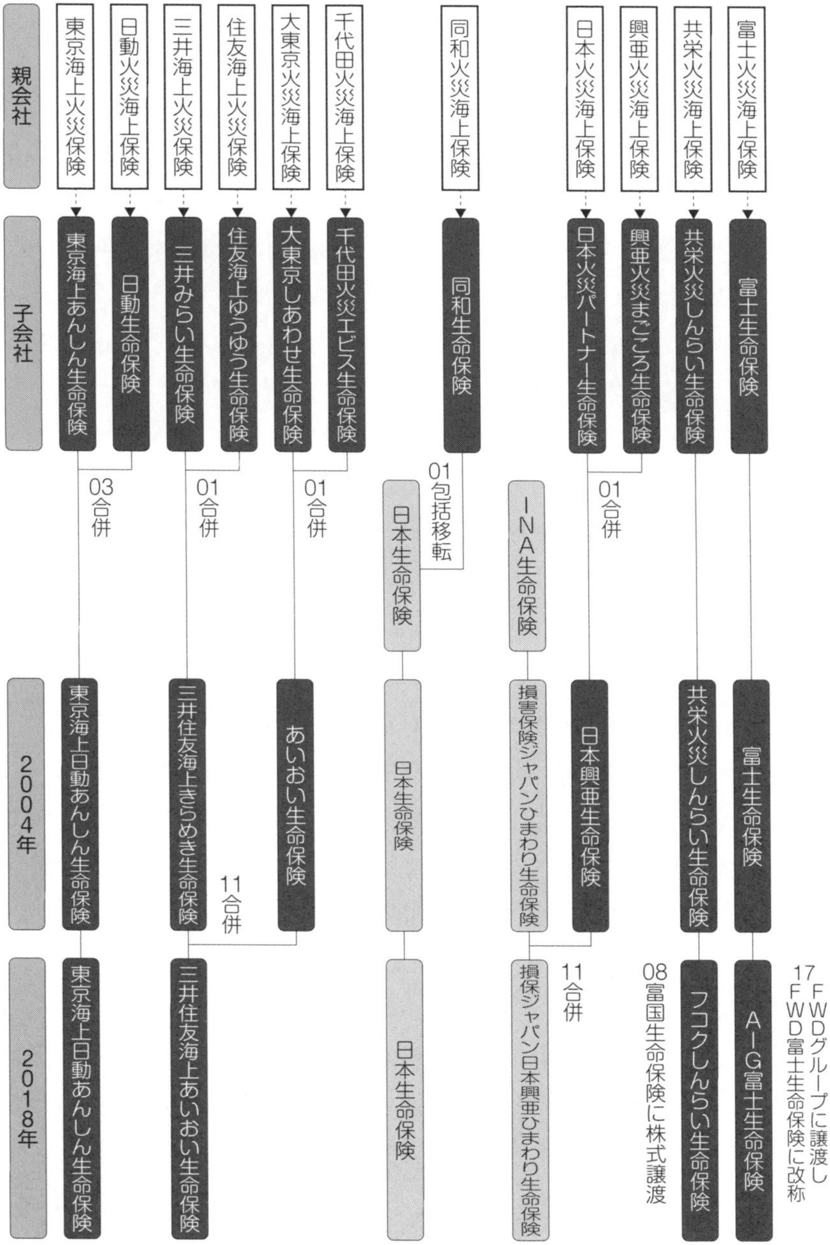
親会社
子会社
2004年
2018年
東京海上火災保険
日動火災海上保険
三井海上火災保険
住友海上火災保険
大東京火災海上保険
千代田火災海上保険
同和火災海上保険
日本火災海上保険
興亜火災海上保険
共栄火災海上保険
富士火災海上保険
東京海上あんしん生命保険
日動生命保険
三井みらい生命保険
住友海上ゆうゆう生命保険
大東京しあわせ生命保険
千代田火災エビス生命保険
同和生命保険
日本火災パートナー生命保険
興亜火災まごころ生命保険
共栄火災しんらい生命保険
富士生命保険
03合併
01合併
01合併
01包括移転
日本生命保険
INA生命保険
01合併
東京海上日動あんしん生命保険
三井住友海上きらめき生命保険
あいおい生命保険
日本生命保険
損害保険ジャパンひまわり生命保険
日本興亜生命保険
共栄火災しんらい生命保険
富士生命保険
11合併
11合併
東京海上日動あんしん生命保険
三井住友海上あいおい生命保険
日本生命保険
損保ジャパン日本興亜ひまわり生命保険
08富国生命保険に株式譲渡
フコクしんらい生命保険
AIG富士生命保険
17 FWDグループに譲渡し FWD富士生命保険に改称

率の算出・提供」および「自賠責保険の損害調査」を主な業務とする組織です。

①　参考純率

損害保険の保険料率は、保険金に充当される「純保険料率」部分と保険会社が保険事業を営むための社費（コスト）等に充当される「付加保険料率」部分によって構成されています。「損害保険料率算出機構」は、「純保険料率」部分を算出して、会員である損害保険会社に提供します。損害保険会社は、この提供された「純保険料率」を参考にして自社の「純保険料率」を算出します。したがって、「損害保険料率算出機構」から提供される「純保険料率」を「参考純率」と呼びます。

損害保険会社は、「参考純率」を基礎として自社の「純保険料率」を算出したうえで、これに自社自身で算出した「付加保険料率」を加えて、自社独自の保険料率を金融庁（長官）に認可申請（または届出）します。

金融庁は、当該保険会社の保険料率が基礎とした「参考純率」部分について、「保険料率の三原則」に適合しているかを勘案して審査します。なお、「損害保険料率算出機構」の会員である損害保険会社は、「参考純率」を使用する義務はありません。

「保険料率の三原則」とは、「損害保険料率算出団体に関する法律」において、「参考純率」および「基準料率」は、「合理的かつ妥当なものでなければならず、また不当に差別的なものであってはならない」と規定されている「合理的」「妥当」「不当に差別的でない」をいいます。

・「合理的」とは

保険料率の算出に用いる保険統計その他の基礎的な資料が、客観的であり、精度の高い充分な数量のものであるとともに、算出の方法が保険数理に基づく科学的な方法によるものであること。

・「妥当」とは

「参考純率」は、将来に保険金として支払いに充てられることが見込まれている部分として、過不足が生じないと認められるものであること。

「基準料率」（次項②にて説明）は、保険を申し込もうとする者にとって、保険契約の締結が可能な水準であるとともに、「基準料率」を使用する保険会社の業務の健全性を維持する水準であること。

・「不当に差別的でない」とは

「参考純率」は、料率の危険の区分や水準が実態的な危険の格差に基づき適切に設定されていること。

「基準料率」は、料率の危険の区分や水準が実態的な危険の格差と見込まれる費用の格差に基づき適切に設定されていること。

②　基準料率

「損害保険料率算出機構」は、「自賠責保険」および「地震保険」の保険料率を「基準料率」として算出することができます。「損害保険料率算出機構」の会員である損害保険会社は、自社の保険料率を算出する際に、同機構が算出した「基準料率」を使用することができます。損害保険会社は、「基準料率」を使用する旨を金融庁（長官）に届出手続きを行えば、保険業法に基づいた認可を取得したものと見なされます。

「基準料率」は、公共性の高い保険である「自賠責保険」および「地震保険」の保険料率であることから、「ノーロス・ノープロフィットの原則」に基づいており、「付加保険料率」部分に損害保険会社の利潤は織り込まれていません。

⑵　リスク細分型商品と通販会社の登場

算定会料率使用義務の廃止により、日米保険交渉で米国側が強く要求した自動車保険における「リスク細分型商品」が販売できるようになりました。

「リスク細分型商品」とは、保険のリスクを細分化し、きめ細やかな保険料体系を実現することで、低廉な保険商品を実現するものです。例えば、次のようなリスク要因を評価して保険料の算出を行います。

・年齢
・性別
・運転歴
・営業用、自家用、その他車の使用目的
・車の種別
・車の安全装置の有無
・年間走行距離、その他車の使用状況
・地域
・車の所有台数　　等

損害保険会社毎にリスク分析の手法や保険料の算出方法等が異なるため、同一の人物がこの自動車保険に加入しても、損害保険会社が異なれば、保険料は異なります。また、電話による通販（通信販売）と組み合わせて、保険代理店を通さない募集を行うため、代理店手数料部分がカットされ、より低価格な保険料となります。

この「リスク細分型商品」は、コンピューターを駆使することによって初めて可能となった保険です。このタイプのビジネス・モデルは、英国のダイレクト・ライン社のコンピュータ・システム技術者が、複雑な自動車保険のアンダーライティング業務を自動的に行う保険システムを開発したことから始まりました。そして、システム開発のほかに、テレビ、ラジオ等のマスメディアを通じた広告・宣伝を行って代理店等の保険仲介業者を排除した電話による保険販売で募集経費を徹底的に抑制した手法を用いたことから、優良保険契約者の場合は平均35%も安い料率を実現することに成功しました。これが、英国消費者の絶大な支持を得、創設から僅か10年後の1995年には国内トップのシェアを獲得し、英国最大手の自動車保険会社としてヨーロッパでも大きな存在感を示すようになったのです[22)]。このダイレクト・ライン社の目覚ましい成功が、世界中の損害保険会社や金融当局に多大なる影響を与えることになりました。

1997（平成9）年6月に大蔵省は「『リスク細分型自動車保険』の取扱いに関する留意事項等について」という認可ガイドラインを提示しました。それを受けて、アメリカンホーム保険会社が、同年9月1日に自動車保険料率算定会を脱会したうえで「リスク細分型自動車保険」の認可を取得し、同月3日から発売を開始しました。

アメリカンホーム保険会社の日本における通販の歴史は古く、1982（昭和57）年に傷害保険の通信販売を開始し、1996（平成8）年10月に範囲料率を使った自動車保険の通信販売の認可を取得しています[23)]。同社は大々的にテレビＣＭを打って、通販型自動車保険の存在を世に知らしめ、一世を風靡しました。

この動きに続き、1998（平成10）年にチューリッヒ保険、セゾン自動車火災保険、ロンドン保険、1999年にはゼネラリ保険、アクサ損害保険、ソニー損害保険、そして2000（平成12）年にはオールステート損害保険、ウインタートウル・スイス保険、三井ダイレクト損害保険、さらに2001（平成13）年には安田ライフダイレクト損害保険と、通販自動車保険への新規参入が相次ぎました。

ところが、通信販売は広告宣伝費やコールセンター設置にコストがかかる一方、日本では思ったほどの支持を得られず、2000（平成12）年にはオールステート損害保険、2001（平成13）年にはウインタートウル・スイス保険が日本市場から撤退し、2002（平成14）年にはロンドン保険も通販型自動車保険から撤退してしまいました。それ以外の会社も伸び悩み、英国で起きたような大規模なシェア変動は起きませんでした[24)]。

国内の既存損害保険会社は、当初、代理店擁護の立場から通販への積極的な参入を控えていましたが、2002（平成14）年、安田火災海上保険がセゾン自動車火災保険と包括業務提携し、2004（平成16）年には日本興亜損害保険が安田ライフダイレクト損害保険を買収、2008（平成20）年には三井住友海上グループホールディングスが三井物産系の三井ダイレクト損害保険を傘下に収め、東京海上ホールディングスも2009（平成21）年にNTTファイナンスと共同出資して通販型自動車保険専業のイーデザイン損害保険を設立する等、現在の3メガ損保はすべてグループ内で通販型自動車保険をラインアップしています。

表2－1　通販損害保険会社の参入

参入年	保険会社	資　本	備　考
1997年	アメリカンホーム保険会社	外資系	2016年に販売停止、既契約はソニー損保へ移管
1998年	チューリッヒ保険	外資系	
1998年	セゾン自動車火災保険	合弁（クレディセゾンと米オールステート自動車保険）	2002年に安田火災と包括業務提携
1999年	オールステート自動車保険	外資系	2001年に撤退
1999年	ウインタートゥル・スイス保険	外資系	2001年に撤退
1999年	アクサ損害保険	外資系	
1999年	ソニー損害保険	国内（ソニー）	
2000年	三井ダイレクト損害保険	国内（三井物産）	2007年に三井住友海上の子会社化
2001年	安田ライフダイレクト損害保険	合弁（安田生命保険と英ダイレクトライン社）	2004年に日本興亜損保が買収、そんぽ24損害保険に
2008年	ＳＢＩ損害保険	ＳＢＩＨＤとあいおい損保の合弁	設立後ソフトバンクも資本参加
2009年	イーデザイン損保	東京海上ＨＤとＮＴＴファイナンスの共同出資	

３．競争の時代への突入（コンバインド・レシオの重視）[25)]

損害保険業界は、戦後期・高度経済成長期・安定成長期を経て、大きく成長してきました。ところが、その経済の発展を支えた貿易によって、日米間で経済摩擦が生じた結果、思いがけず保険分野が矢面に立たされ、保険市場の開放、すなわち「保険の自由化」が進むことになりました。特に、保険料率の自由化によって、損害保険業界は「護送船団」から解き放たれ、競争の時代に突入し、激しい競争によって急速に収益が鈍化する事態に陥ることになりました。

損害保険業界では損害保険会社の優劣を見る指標として「コンバインド・レシオ」（Combined Ratio ＝ 損害率＋事業費率等）を重視するようになりました。これは損害保険会社の収益力を見る経営指標で、この指標の重視により、各損害保険会社の経営状態が明らかになり、競争に一段と拍車がかかることになりました。

４．損害保険代理店での投資信託の販売　［1998（平成 10）年 12 月］[26)]

「日本版ビッグバン」の改革の一つが、1998（平成 10）年 12 月に実施された証券会社以外での投資信託販売の解禁です。これにより、銀行、生命保険会社、損害保険会社でも投資信託の販売が可能になり、業際の垣根が低くなりました。

ところが、銀行や生命保険会社は、自社の職員が営業を担っていたので問題はなかったのですが、損害保険会社の場合、直接顧客と接して営業を担っているのはその職員ではなく、一般の個人や事業会社が営んでいる保険代理店であることから、損害保険会社の場合は実質上一般顧客へ投資信託が販売できないという問題が生じました。そのため、当時の「証券取引法」を急遽改正せざるを得なくなり、代理店を損害保険会社の「みなし従業員」ということにして、投資信託の販売を損害保険代理店にも認めることにしました。

銀行での投資信託の販売は、2008（平成20）年のリーマンショックまでは一時は全投資信託の残高の50％以上の販売実績を示し、現在（平成29年4月末）でも50％（投信協会調べ）を占めています。損害保険会社の保険代理店を通じての投資信託の販売は、損害保険会社が企業年金分野に初めて進出した401k（確定拠出年金）事業でも投資信託を扱うという局面があったのですが、結局はうまくいきませんでした。

5．代理・代行業務の解禁

1996（平成8）年の56年ぶりに改正された保険業法は、生損保の子会社による相互参入を認めました。従来は、他業禁止の例外の一つとして、損害保険会社のみ他の損害保険会社の「取引の代理又は媒介」を業務とすることが認められていましたが、この法改正によって、生命保険会社も新たに他の保険会社の業務の代理等を行うことができるようになりました。これにより、損害保険会社相互間だけでなく、生命保険会社と損害保険会社との間で、業務の代理等を行うことが可能になりました。親子会社の関係にある生命保険会社・損害保険会社の間での業務の代理等も可能となりました。

ところが、この業務の代理の具体的な範囲については、保険業法施行規則の第51条で定められていたのですが、生命保険会社が損害保険会社の保険契約の締結業務（保険募集）を行うことができるかどうかが不明確だったため、生命保険会社が損害保険会社の損保代理店になれず、女性外務員が個人で損害保険代理業の委託契約を損害保険会社と締結せざるを得ない状況が続いていました。生保業界では、「損保と比べ不公平だ」という不満がくすぶっていました。

そのため、当局（金融庁）は、2000（平成12）年８月に保険業法で保険会社の付随業務として認めている他の保険会社の業務の代理や事務の代行の範囲に、保険契約の締結の代理・媒介も含まれるという解釈を明らかにしました。そして、2001（平成13）年には、同法施行規則を改正して、規定上でも明確にしました[27)]。

これによって、保険会社は他の保険会社とその保険代理店となる委託契約を締結し、それぞれの営業販売網を通じて相互に保険の販売ができるようになり、子会社を通じることなく生損保会社本体による相互参入が自由化されることになりました。この代理・代行業務の解禁で、生命保険会社本体が子会社でない損害保険会社の損保商品を販売したり、損害保険会社本体が子会社でない生命保険会社の生保商品を販売したりすることが可能となったのです。

これを受けて、大手の生命保険会社と損害保険会社との間で、提携や相互の代理店委託契約が一気に進むこととなり、総合保険グループを形成する動きが相次いで出て来るようになりました[28)]。

例えば、2001（平成13）年４月に、第一生命保険と安田火災海上保険が包括業務提携を発表しました。これまで第一生命保険の女性外務員は、他社商品である安田火災海上保険等の損保商品を販売するためには、個人的に損保代理店になるしか方法がなかったのですが、今後は第一生命保険自体が損保代理店となることから、その使用人として販売できるようになったのです。さらに、第一生命保険は、第三分野商品を主とするアメリカンファミリー生命保険（ＡＦＬＡＣ）と業務提携しました。これにより、みずほグループ内で、第一・第二・第三分野の商品をラインナップに揃えることができるようになりました[29)]。

この後、生損保会社の業務提携や経営統合が、格段に進むことになりましたが、それがどのような変遷をたどるかは、後で述べることにします（本章第５節３参照）。

６．保険の銀行窓販の開始　［2001（平成13）年］[30)]

銀行は、1998（平成10）年12月に実施された証券会社以外での投資信託販売の解禁で、自らの商品以外の商品を窓口販売することになりました。そして、2001（平成13）年に、保険の窓口販売も開始します。これが保険の銀行窓販の「第一次解禁」と呼ばれるものです。

銀行が保険を販売するにあたっては、次の問題が指摘されていました。その一つは、銀行が融資業務等において債権者としての優越的地位を利用して、融資を受けている顧客に保険の圧力販売等を行う懸念があるという契約者保護の観点からの問題です。もう一つは、銀行の営業力は強力であるため、生命保険各社は銀行窓販によって女性外務員の営業が圧迫されるおそれが高いという生命保険会社の営業および女性外務員の生活防衛の観点からの問題でした。

このような問題に対応する措置として、対象商品を段階的に解禁する方法が採られました。この第一次解禁の段階では「住宅ローン関連の長期火災保険・債務返済保険（損保）・団体信用生命保険（生保）」および「海外旅行傷害保険（損保）」の４種類の保険に限定されました。この措置に対しては、生命保険業界の反対が強かった反面、損害保険業界では銀行窓販がおおむね好意的に受け止められたようです。

第二次・第三次・全面解禁に至る過程については、後述します（第３章第１節３参照）。

第４節　生保破綻のはじまり

１．戦後初、生命保険会社の破綻

⑴　バブル崩壊で高まる破綻への不安

1997（平成９）年４月25日、日産生命保険が大蔵省から業務停止命令を受け、事実上破綻しました。戦後初めての生命保険会社の破綻でした。

この破綻は、バブル崩壊の影響を受けたものでした。バブル期には日経平均株価が３万9000円にも上昇しましたが、バブルが崩壊した後は下落・低迷を続け、2001（平成13）には17年ぶりに１万円を割り込むという経過をたどりました。また、1990（平成２）年に一時８％を超えた10年物の国債の利回りは、バブルが崩壊して生命保険会社をはじめ金融機関の経営不安が叫ばれた頃には１％の水準まで低下しました。日産生命保険の破綻は、このような激しい金融環境の推移の中で起こったのです。

既に述べたように（第１章第３節２⑶④参照）、同社は高予定利率（最高6.25％）の「個人年金保険」や「一時払養老保険」を、提携した金融機関（全国160を超える銀行・信用金庫）の「保険料ローン」を使って積極的に販売しました[31)]。銀行にとって、この「保険料ローン」による販売手法は、貸し倒れのリスクが低く、高い貸出金利・手数料率であり、しかも日産生命保険から販売額の数倍の額の協力預金が設定されるというメリットがあったので、銀行はその別働体保険代理店を使って高予定利率の「個人年金保険」や「一時払養老保険」を積極的に販売しました。ところが、日産生命保険では「個人年金保険」の販売額が同社の全商品販売額の半分以上を占めるという異常な状態となってきたため、

1990（平成2）年頃には社内でたびたび問題視され、提携金融機関に販売抑制を呼びかけますが、それに応じた金融機関はほとんどなかったといいます。これにより、日産生命保険の資産は、わずか4年間で4倍以上になりました。これに驚いた日本団体生命保険、東邦生命保険、東京生命保険、千代田生命保険等も同様に追随して、金融機関と提携して「保険料ローン」を使った「個人年金保険」や「一時払養老保険」の積極的な販売を展開しました。

日産生命保険等の生命保険会社は、このようにして高予定利率の「個人年金保険」や「一時払養老保険」の大量資産を運用することになったのですが、バブルが崩壊すると国内の長期金利は低下の一途をたどり、その結果、日産生命保険等の生命保険会社は、深刻な「逆ザヤ」（利差損）状態に陥りました。どんなに運用利回りが悪化しても予定利率で約束した満期保険金や年金を支払わなければならないため、巨額となった「逆ザヤ」がこれらの生命保険会社の収益を圧迫することになりました。各社は、この「逆ザヤ」を補填するために、不動産や株式等を売却して必死に対応を図りました。

この異常事態に対し、大蔵省は日産生命保険に対して業務停止命令を発動しました。そして、救済処理の対策を講じようとしますが、当時の生命保険業界では、契約者保護基金が2000億円しかなく、日産生命保険の債務超過額がそれをはるかに上回る約3000億円であることが明らかとなるや、日立・日産グループの出資による救済策や既存保険会社への契約移転等による救済策も不調に終わり、救済計画は散々迷走したあげくに頓挫してしまうこととなり、結局、日産生命保険は破綻してしまいました。

日産生命保険の破綻後、保険管理人に選定された生命保険協会は、既存契約の維持管理業務だけを行う新会社「あおば生命保険」を設立し、日産生命保険の契約を同社に包括移転しました。しかし、債務超過額が想定以上に大きかったため、契約者に負担を強いる結果となりました。

具体的には、予定利率を2.75%に引き下げ、事実上、支払保険金額（年金額または給付額）を減額し、7年以内の早期解約に対して解約返戻金を最大15%削減することになりました。早期解約の返戻金削減は既存契約の解約を防ぐためのものでしたが、日産生命保険が破綻して半年後の10月にあおば生命保険が営業開始すると、不安に駆り立てられた契約者は解約に殺到しました。日産生命保険からあおば生命保険に包括移転された個人保険は、わずか5ヶ月間で3分の1が流出してしまいました（約163万4000件のうち、約53万3000件が解約もしくは満期となり、約5094億円が支払われました）。

なお、契約維持管理会社のあおば生命保険は、その後1999（平成11）年に、同社の株式を保有していた生命保険協会からフランスの投資グループ会社のアルテミス社の子会社タワー・エス・エイ社に250億円で売却され、さらに2004（平成16）年にはプルデンシャル生命に200億円で売却されて子会社となる運命をたどり、最終的に翌年にプルデンシャル生命に吸収合併されました。

(2)　ソルベンシー・マージンの導入と格付の動き

バブル経済崩壊後、大蔵省は保険会社の経営危機を未然に防止するために、1995（平成7）年の保険業法改正により、保険会社に対して「ソルベンシー・マージン比率」の報告を義務づけし、1998（平成10）年3月期の決算から公表するとともに、一定の基準をクリアできない保険会社に、是正措置を命じることにしました。

「ソルベンシー・マージン比率」とは、保険会社の健全性を測る指標で、大災害や景気変動など予測を超える事態が生じた場合の支払い能力を示すものです。分母を保険会社を取り巻く定量化されたリスクの合計額×2分の1、分子を自己資本や準備金等の支払余力（ソルベンシー・

マージン総額）として、これに100％を掛けたもので表わされます。

一般にソルベンシー・マージン比率が200％を切ると、経営の危険水域であるといわれ、保険業法に基づき金融庁が早期是正措置を発動することになっており、日産生命保険と同様に深刻な「逆ザヤ」を抱えた生命保険会社は、窮地に追い込まれることになりました。

しかし、日産生命保険の破綻後、このソルベンシー・マージン比率が200％を切っていない生命保険会社が破綻し（本節2参照）、このソルベンシー・マージン比率の意義が問われることになりました。

もう一つ、保険会社の経営内容を見るものとして、脚光を浴びたのが、外部の格付機関による「信用格付」でした。格付機関とは、債券を発行

表2－2　ソルベンシーマージン比率（1998年）

社　　名	比率	事　　項
大同生命保険	1016.8	
日本生命保険	939.9	
太陽生命保険	873.0	
富国生命保険	722.4	
明治生命保険	719.9	
朝日生命保険	654.8	
安田生命保険	648.1	
第一生命保険	632.1	
住友生命保険	526.2	
三井生命保険	491.6	
東京生命保険	431.6	2001年更生特例法を申請して破綻
千代田生命保険	314.2	2000年更生特例法を申請して破綻
日本団体生命保険	308.6	
協栄生命保険	300.7	2000年更生特例法を申請して破綻
第百生命保険	294.6	2000年業務停止命令を受けて破綻
東邦生命保険	154.3	1999年業務停止命令を受けて破綻

危険水域は200以下。
しかし、400超えても3年後に破綻

（備考）植村信保『経営なき破綻　平成生保危機の真実』より抜粋

する企業や国家の財務内容・収益性・担保の有無を総合的に判断し、その信用度を格付して表示する民間機関で、米国のムーディーズ社、スタンダード・アンド・プアーズ社（S&P）や日本の日本格付研究所（JCR）、格付投資情報センター（R&I）等をいいます。当時、生命保険会社のほとんどは相互会社（非上場）であり、株式上場会社に比べて情報開示が遅れている面があり、外部から経営内容の良し悪しが分かりづらい面があったため、これらの格付機関による「信用格付」が注目を浴びることになったのです。

(3)　早期是正措置、契約者保護機構の創設

1996（平成8）年の保険業法改正によって、自由化に大きく舵を切るのにともない、監督官庁の役割も事前規制から事後規制に重心が移り、銀行における預金保険機構による預金者の保護に匹敵するような契約者保護とそのための保険会社の健全性維持が中心となります。

そこで、保険会社破綻時のセーフティーネットとして、生損保それぞれに「保険契約者保護基金制度」が創設されました。「保険契約者保護基金制度」とは、破綻した保険会社を救済する保険会社が現れることを前提に、その救済保険会社に対して資金援助（損害保険300億円、生命保険2000億円）することによって、契約者保護を図ることにしたものです。その資金は一時的に銀行から借り入れ、10年分割で加盟保険会社が返済する仕組みでした。

しかし、「保険契約者保護基金制度」にはいくつかの問題点が内包されたままでした。基金への保険会社の加入は任意だったこと、救済保険会社が現れなかった場合の対応策が不明なこと、保険契約がどこまで保証されるのか、契約の削減率等がはっきりしない等の欠点があったのです。

実際、日産生命保険の破綻では救済保険会社が出て来なかったため、

生命保険協会が出資してあおば生命保険を設立し、これを救済保険会社として対応せざるを得なくなりました。つまり、「保険契約者保護基金制度」という保険会社の破綻に備えたセーフティーネットがうまく作動しないことが明らかになってしまったのです。

その後、こうした問題を解決するため、金融システム改革法に基づき新たに保険業法が改正され、生損保それぞれにセーフティーネットとして、1998（平成10）年12月に「保険契約者保護機構」がスタートしました。

新制度では、「保険契約者保護基金制度」と異なり、全保険会社の強制加入とするとともに、救済保険会社が現れない場合は保護機構が保険契約を引き継いでいく仕組みとする等の改善が図られました。

⑷　積極化する業務提携

セーフティーネットが整備されたといっても、風評被害はとどまるところを知りませんでした。また、雑誌・週刊誌が「危ない生保」特集を組み始め、生命保険会社の経営不安が社会的関心の的の一つとなりました。それに乗じて、その特集を見た生命保険会社の女性外務員が記事をコピーして、経営が危ないとされる生命保険会社の契約者を見つけると、契約を解約させて自社に乗り換えるように勧誘するようなコンプライアンスに抵触することも起こりました。

こうして経営不振の生命保険会社は、解約（銀行でいえば取り付け騒ぎ）による資金流出で、ますます業績を悪化させていくことになりました。これに対し、経営不安がささやかれた生命保険会社は、業務提携を発表することで、その悪評を払拭しようとしました。

生命保険会社が行った業務提携には、次の三つの形態がありました。

・外資系金融機関との提携

・国内の生命保険会社同士の提携

・損害保険会社との提携

「国内の生命保険会社同士の提携」の狙いは、優良中堅会社同士の前向きな生き残り戦略です。1999（平成11）年１月に太陽生命保険と大同生命保険が全面的な業務提携を結び、同年12月には安田生命保険と富国生命保険が業務提携を結びました。

なお、「外資系金融機関との提携」と「損害保険会社との提携」については後述します（本節２⑴および第５節３⑷参照）。

２．続出する中堅生命保険会社の破綻

⑴　外資系金融機関による救済と東邦生命保険の破綻

日産生命保険が破綻した後、特に経営が不安視されていたのが渋谷区や目黒区に本社を置いていた「渋谷系」と呼ばれた東邦生命保険、第百生命保険、千代田生命保険、日本団体生命保険でした。

そのうちの一つ、東邦生命保険は米国ノンバンクのGEキャピタル社と提携することで活路を見出そうとします。同社は、他の生命保険会社に比べ一番高い予定利率で「一時払養老保険」を販売していたこともあり、運用難に陥って巨額の利差損を発生させ、1993（平成５）年度と1994（平成６）年度には経常赤字となって、非常に深刻な経営状態に陥っていました。同社は経営陣の交代を図り、不採算部門の切り捨て、人員の大幅な削減、賃金体系の見直し等に取り組みましたが[32)]、1997（平成９）年11月に三洋証券、都銀の北海道拓殖銀行、大手証券会社の山一証券が相次いで破綻して「平成金融危機」が叫ばれると、東邦生命保険に契約の解約を求めて契約者が殺到し、１日に130億円もの資金が流出しました。そこで、東邦生命保険は、信用補完のために他社との資本提携で経営危機を乗り切ろうと考え、GEキャピタル社との提携にこぎ着けます。上記の「外資系金融機関との提携」という道を選択したので

す。

東邦生命保険は、相互会社であるため、株式取得による資本提携ができなかったことから、翌1998（平成10）年3月、GEキャピタル社と合弁でGEエジソン生命保険を設立します。そして、保有する契約の相当部分をGEエジソン生命保険に財務再保険として出再し、受入手数料として500億円を受け取り、責任準備金を積み増します。さらには、営業部門をGEエジソン生命保険に700億円で譲渡して新規契約の販売を委ねると、既存契約を管理する契約保全会社として存続する道を選びました。

ところが、同年度の東邦生命保険の決算において、監査法人が有価証券の含み損や不良債権など総額2313億円の追加処理を求め、決算承認を与えませんでした。しかし、全額を処理してしまうと、約2000億円の債務超過に陥ることが明らかになっていました。この事態を見た金融監督庁は、1999（平成11）年6月に東邦生命保険に対し業務停止命令を行いました。翌年3月に東邦生命保険は、1600人の従業員とともに保有契約をGEエジソン生命保険に包括移転して、その歴史に幕を閉じることになりました。東邦生命はその破たん処理に総額6250億円が必要とされましたが[33)]、最終的に外資系金融機関によって買収された形になったのです。

東邦生命保険の破綻は、信頼できる唯一の指標と考えられていたソルベンシー・マージン比率に疑問を投げかけた事件でもありました。1999（平成11）年3月期決算案では、劣後ローンの取り入れを行い、ソルベンシー・マージン比率が200％を超えていました。それにもかかわらず破綻したことから、同比率に対して疑問の声があがりました[34)]。

東邦生命保険の従業員と保有契約を受け入れたGEエジソン生命は保険契約の条件を変更することによって保険金支払額の削減（予定利率を4.75％から1.5％に引下げ）を行い、契約者保護機構からの3850億円の資金援助を受けることにより不良債権を処理し、21兆円の保有契約高と2.6兆円の資産を有する生命保険会社となりました。もともと東邦生命は自衛隊員等の安定したマーケットを持っていた中堅生命保険会社だったわけで、GEエジソン生命にしてみれば、それを2400億円で手に入れることができたのです[35)]。しかし、その4年後にGEエジソン生命は、AIGグループに売却されてAIGエジソン生命となり、さらに2012（平成24）年にはジブラルタル生命に吸収されてしまいます。

東邦生命保険の破綻後も、経営危機と噂される中堅生命保険会社への外資系金融機関等による支援・買収が相次ぎました。これは、この時点で国内の大手銀行や大手生命保険会社等の金融機関は自らの負債処理に汲々としており、とても経営危機に陥った生命保険会社の救済まで力が及ばなかったからです。しかし、それらの中堅生命保険会社は、いずれも外資系金融機関等との交渉がうまくいかず、その後2001（平成13）年までに5社が立て続けに破綻してしまいました。

(2)　第百生命保険の破綻

2000（平成12）年5月に第百生命保険が金融庁から業務停止命令を受けて破綻しました。同社は、1992（平成4）年度から「逆ザヤ」が発生し、株式・不動産の含み損の増加、債務超過、財務内容の脆弱化等も進み[36)]、1997（平成9）年頃には他社との提携なしには存続が危うい状態となり、1999（平成11）年2月にカナダのマニュライフ・フィナンシャルとの提携に漕ぎ着け、合弁会社のマニュライフ・センチュリー生命保険を設立しました。この提携により、営業権譲渡や財務再保険等で生き残りを図ろうとしたのでした。しかし、同じ手法を使った東邦生命保険が破綻したことで、信用不安による解約が急増します。

しかも、第百生命保険は、2000（平成12）年2月に金融監督庁からソルベンシー・マージン比率の虚偽表示を指摘され、業務改善命令を受けてしまいました。それは、前年3月期の発表で劣後ローンにより比率を不適切に嵩上げしたことが明らかになったためです。その結果、発表された数値が305%でしたが、175%へ修正されました。しかし、その後株価が上昇し、1999（平成11）年12月末には204%に回復したため、この段階では改善命令で済んだのです[37)]。

しかし、2000（平成12）3月の決算で、監査法人から繰延税金資産の非計上等を求められて債務超過に陥り、同年5月に今度は業務停止命令を受けてしまい、遂に破綻してしまいました。ここでも、東邦生命保険に引き続き、ソルベンシー・マージン比率について、200%を超えていても破綻してしまったことから、同比率への信頼性がさらに疑問視されました。

なお、破綻した第百生命保険の保有契約は、マニュライフ・センチュリー生命保険（同年9月にマニュライフ生命保険に改称）に包括移転されています。

(3)　大正生命保険の破綻

第百生命保険が破綻して3ヶ月後の8月には、大正生命保険も業務停止命令を受けました。同社はバブル崩壊後から自己資本の不足が懸念されていました[38)]。1999（平成11）年8月に金融監督庁が大正生命保険に立入検査を実施した際に、債務超過状態に陥っていることが判明し、その年度のソルベンシー・マージン比率が67.7%まで急落していることから、破綻がささやかれていました。

その風評を払拭するため、2000（平成12）年3月にクレメント・キャピタル・ホールディング社と業務提携を結び、第三者割当増資で30億円の出資を得ることで合意し、自己資本の充実を図ることに成功しました。大正生命保険は株式会社だったため、増資による資本増強が可能だったのです。

ところが、大正生命保険の経営権を握ったクレモント社に、大正生命保険の保有資産を私的流用した疑惑が持ち上がります。結局、大正生命保険はクレモント社の巨額詐欺事件に巻き込まれ、債務超過に陥った可能性が高いこと、それを食い止めるべき取締役会や監査役の機能が充分に働いていなかったことが明らかになります。こうして、８月に金融庁は「資産運用に係る業務の運営が著しく不適切であり、その保険業の継続が保険契約者等の保護に欠ける事態を招くおそれがある」として業務の一部停止を命じたのです。

その後、大正生命保険の契約者を救済するスポンサーとして、大和生命保険とソフトバンク・ファイナンスが手を挙げました。両社は2001（平成13）年２月に合弁会社の「あざみ生命保険」を設立し、翌月に大正生命保険の契約を包括移転しました。さらに翌年４月には、大和生命保険相互会社は、契約をそのあざみ生命保険株式会社に包括移転することによって、相互会社から株式会社になっています。

その後の大和生命保険株式会社については、後述します（第３章第５節１⑶②参照）。

⑷　千代田生命保険の破綻

大正生命保険が業務停止命令を受けて２ヶ月後の10月に、今度は千代田生命保険が更正特例法の適用を申請して事実上破綻しました。

千代田生命保険は1904（明治37）年創業の名門生命保険会社で、戦前「５大生保」の一角を占めていましたが、戦後は徐々に業界順位を落とし、保険料収入等のランキングでは1960年代以降は10位が定位置になっていました。

1980年代後半のいわゆるバブル期には「大手への復帰」を標榜し、量的拡大を志向して高利回りの貯蓄型商品（特に団体年金保険）を積極的に販売し、「大手８社」と呼ばれるまで挽回しました。

その一方、高利回りを確保するため、ハイリスク・ハイリターンの投融資にのめり込み、バブル時に不動産関連の企業向け融資や株式投資を積極的に行い、バブル崩壊後に多大な不良債権を生み出してしまいます[39)]。不良債権問題は社内の一部でしか知られていなかったのですが、その情報が漏洩してしまい、週刊誌等で問題となったりしました。

バブル経済崩壊後の1993（平成5）年6月に、生命保険各社が信用不安を払拭するために不良債権額を公開しはじめると、千代田生命保険は2316億円という突出した金額で世間の注目を浴び、1997（平成9）年の日産生命保険の破綻後は「次に危ない生保」としてマスコミに取り上げられることになりました。

千代田生命保険も他社との提携で経営危機を乗り越えようと検討し、外資系金融機関との交渉に入りますが、企業価値の計算で折り合いがつかず、提携まで漕ぎ着けることができませんでした。そのため、2000（平成12）年7月に、自力再建が困難とみて、親密銀行の東海銀行に約2000億円の支援を要請しました。しかし、同年3月に三和銀行との経営統合を発表していた東海銀行は、千代田生命保険の支援で合併交渉が不利になること嫌って、これを拒否します。

窮地に立った千代田生命保険は、再び外資との提携交渉に向かいますが、「逆ザヤ」、多額の不良債権、株価下落等による財務内容の悪化が進んだことから、新契約高および保有契約高の減少が起こってしまい、遂に10月に東京地方裁判所に更正特例法の適用を申請し、事実上破綻します。ちなみに同社のソルベンシー・マージン比率は、263％でした。

翌年3月に、裁判所が米ＡＩＧをスポンサーとする更正計画案を承認し、4月にＡＩＧスター生命保険に組織変更して営業を再開しました。

⑸　協栄生命保険の破綻

さらに同じ10月に、協栄生命保険が更正特例法の適用を申請し、事実上破綻しました。同社が、2000（平成12）年３月に公表したソルベンシー・マージン比率は、211％と、200％を上回っていました。

協栄生命保険は、戦前に再保険会社として設立され、戦後に一般の元受生命保険会社になりました。その設立経緯から営業基盤が弱く、ニッチマーケットに注力した特殊な経営手法をとっていました。

ところが、1980年代中盤（昭和60年頃）になると、営業現場から日産生命保険や東邦生命保険等のように「一時払養老保険を販売すべきだ」といった声が上がり、10年満期の一時払養老保険を発売し、1987（昭和62）年には予定利率を他社並みの高い水準に引き上げました。

結果として、これが「逆ザヤ」となって経営に重くのしかかります。しかも、危機感を抱いた他社が一時払養老保険の販売を抑える頃も販売し続け、経常赤字決算となった1994（平成6）年にようやく売り止めましたが、「もう手遅れだった」といいます。

協栄生命保険も他社との提携で生き残りを画策し、1999（平成11）年３月に第一火災海上保険と資本提携し、互いに基金を拠出することで一段落します。ところが、翌年５月にその第一火災海上保険が経営破綻し（本章第５節２(1)参照)、拠出した基金300億円が損失となる失態を演じてしまいます。

株式会社であった同社は、債務超過の状況を打開するために、劣後ローンを購入し、第三者割当によって資本の増強に努め、米プルデンシャル・ファイナンシャル社と提携を交渉し、2000（平成12）年６月に資本提携の基本合意を発表するまで漕ぎ着けることに成功しました[40)]。しかし、実際には、この基本合意の発表は、監査法人が「提携がなければ決算を認めない」と主張したためで、経営破綻が目前に迫っていた危機的な状況だったのです。

千代田生命保険が10月９日に破綻すると、協栄生命保険は雑誌・週刊誌から「次に危ない生保」のターゲットとされ、信用不安から解約が増え、結局、米プルデンシャル・ファイナンシャル社との提携も進まず、再建は困難と判断せざるを得なくなりました。それで、ついに同月20日に更正特例法の適用を申請して事実上破綻したのでした。

翌2001（平成13）年4月に、裁判所が米プルデンシャル・ファイナンシャル社をスポンサーとする更正計画案を承認し、同月にジブラルタ生命保険に組織変更して営業を再開することになりました。

⑹　東京生命保険の破綻

2001（平成13）年3月に、東京生命保険が更生手続きを申請して破綻しました。東京生命保険はバブル期に資産規模で日産生命保険に抜かれたため、同社をライバル視して追随するために、高予定利率の個人年金保険の販売に注力しました。それにより総資産は倍増したものの、バブル経済が崩壊した1992(平成4）年度に「逆ザヤ」となりました。しかし、同社は、この「逆ザヤ」を一時的な現象という認識で捉え、株式や不動産の含み益を現実化して穴埋めし、依然として業容を拡大し続けました[41)]。その結果、株式の含み益は底をついてしまいます。無理な資金運用がたたって債務超過となり、経営悪化に陥りました。前年に東邦生命保険や第百生命保険等、5社も相次いで破綻すると、大量の保険契約の解約が発生し、ますます経営不安が強まり、自力再建が困難になります。

そこで、同じ野村財閥を母体とする大和銀行（旧・野村銀行）主導で、同社を株式会社転換し、外資の傘下で生き残りを果たすスキームが検討されたのですが、最終的に大和銀行自体が経営不安を抱えていたこともあって支援の道は絶えて消えてしまいました。そして、ついに東京生命保険は、会社更生特例法適用を申請して破綻に至りました。

破綻した東京生命保険は同年10月に株式転換し、同社の経営再建スポンサー企業となった太陽生命保険と大同生命保険によって買収され、社名を「T&Dフィナンシャル生命保険」と改称して銀行窓販専用の生命保険会社に生まれ変わりました。

表2－3　生命保険会社の破綻

年　月	事　項
1997年 4月	日産生命保険が破綻
1999年 6月	東邦生命保険が業務停止命令を受けて破綻
2000年 5月	第百生命保険が業務改善命令、業務停止命令を受け、破綻
2000年 8月	大正生命保険が業務停止命令を受け、破綻
2000年10月	千代田生命保険が更生特例法を申請して破綻
2000年10月	協栄生命保険が更生特例法を申請して破綻
2001年 3月	東京生命保険が更生特例法を申請して破綻

3．破綻を免れた中堅生命保険会社[42)]

1997（平成9）年の日産生命保険の破綻に始まり、2001（平成13）年までに、7社の中堅生命保険会社が連続破綻し、世の中に激震が走りました。この7社の総資産の合計は、当時の全生命保険会社の15％近くに及ぶ規模の破綻だったのです[43)]。

当時、銀行が破綻した場合は、ペイオフ解禁が凍結される措置がとられ、預金は全額保護されるとともに、銀行には多額の公的資金が注入されました。これに対し、これら7社の生命保険会社の破綻の場合は、結果的に完全に機能しなかったセーフティ・ネットによる資金援助、既存の保険契約の予定利率の引き下げ、早期解約による控除の設定等であり、既存の保険契約者に負担を強いるものでした。終身保険に加入していた契約者の保険金額が、契約締結時の半分まで削減されたひどい事例があったといいます[44)]。このように、中堅生命保険会社7社の破綻は、保険契約者に多大の不利益をもたらしました。

1999（平成 11）年度の時点における生命保険会社の保険料等収支状況（保険料等収入から保険金等支払金を差し引いた額）を見ると、大半の会社（日産生命保険は既に破綻）はマイナスであり、「逆ザヤ」状態でした。プラスを維持している生命保険会社は、大手は日本生命保険と安田生命保険の２社、中堅生命保険会社は太陽生命保険、大同生命保険、富国生命保険の３社だけだったのです。この５社は、保険契約者に迷惑をかけず、生き残ったのです。

その生死を分けた要因は何だったのでしょうか？

この項では、まず太陽生命保険、大同生命保険、富国生命保険に注目して、その３社が日産生命保険と比べて規模では小さいにもかかわらず、なぜ破綻を免れることができたのかを見ます。

そして、「逆ザヤ」状態であったけれども、破綻を免れた日本団体生命保険と平和生命保険の２社について、その生き残りの経緯を見ていくことにします。

⑴ 太陽生命保険

太陽生命保険は、1893（明治 26）年に誕生した歴史ある生命保険会社ですが、昔から家計マーケット（個人市場）をメインに月掛貯蓄保険を地道に販売することによって基盤の拡大を図ってきた会社でした。

そのため、得意先企業の株式を営業目的で保有するということがほとんどなく、保有資産に占める株式や不動産のウエイトは低かったのです。とはいっても、５年満期の月掛貯蓄保険が主力商品のため、利差益配当を支払う負担が重く、国内債を中心とする債券運用（円金利資産）に徹する方針を貫いたといわれています。そのため急激な円高による損失もなく、国内金利の低下においても、他の破綻した生命保険会社のように決して株式の含み益を実現して配当を支払うとか、仕組債投資を行うというようなことはしませんでした。

そして、注目すべきは、バブル崩壊直前において含み損をロスカット（損切り）していたことから、巨額の「逆ザヤ」状態になることはなかったのです。このことは、運用の健全性を図るには、ロスカットがいかに重要かを物語っています。

(2) 大同生命保険

大同生命保険は、1902（明治35）年に設立され、NHKの朝ドラ「あさが来た」の主人公のモデルとなった広岡浅子が経営に参加した会社です。この生命保険会社は、家計マーケットではなく中小企業の経営者・個人事業主マーケット（法人市場）に特化して、税理士・公認会計士の加盟する団体や中小企業の加盟する法人会・納税協会等と提携して営業を展開している点が他の生命保険会社と大きく異なる特徴です。販売している商品は、定期保険と就業不能保障保険等で、法人市場の契約が約9割も及ぶともいわれています。

大同生命保険は、バブル期までは株式の含み益に依存した経営を行っていましたが、バブル崩壊後は健全性維持のためにALMの観点から、保有資産の運用を株式運用から公社債等の債券運用に切り替え、1990（平成2）年度に総資産に占める国内株式のウエイトを20％に下げ、さらに1995（平成7）年には10％以下にまで減らしました。

多くの生命保険会社が、バブル崩壊後の株式の暴落によって株式の含み益を減少させ、その後の金利低下による「逆ザヤ」の穴埋めにわずかになった含み益を実現して使い果たしたあげく、最終的に破綻するという道をたどったわけですが、大同生命保険は健全性の維持に徹して、そのような道をたどらなくて済んだのです。

1999（平成11）年1月に、大同生命保険と太陽生命保険は、健全な中堅生命保険同士の提携を発表し、6月にグループ名称を「T&Dグループ」としました。業務とシステム等の統合によって合理化を図るととも

2003年(平成15年)10月10日(金曜日) 保険毎日新聞 (第14725号) (昭和21年4月23日 第3種郵便物認可)

保険毎日新聞
日 刊(但土曜 日曜 祝日休刊)
定価1カ月4,000円(送料+税込み)
発行所
保険毎日新聞社
東京都千代田区岩本町1丁目4番7号
〒101-0032
電 話03(3865)1401(代表)
振 替00140−6−70860

きょうの紙面

【本日、ダイジェスト版掲載12ページ建て】

来年4月に持株会社設立

社名はT&Dホールディングス

T&D保険グループ

太陽生命、大同生命、T&Dフィナンシャル生命は10月8日、株主の承認と関係当局による認可を前提に、持ち株会社の設立に関する主要事項について合意したと正式に発表した。持ち株会社の名称(商号)は「株式会社T&Dホールディングス」(本店所在地:東京都中央区日本橋2−7−9、資本金1000億円)で平成16年4月1日に設立。持ち株会社の会長に吉池正博・現太陽生命社長=写真上=、社長には宮戸直輝・現大同生命社長=写真下=が就任する。これに伴って、太陽生命は来年1月1日付で大石勝郎専務が、大同生命は4月1日付で倉持治夫常務がそれぞれ新社長に昇格する。

吉池太陽社長

宮戸大同社長

会長に吉池氏 社長に宮戸氏

T&D保険グループは、①3社のビジネスモデルにおける強み・独自性を最大限発揮し、生命保険事業の強化を図る②グループ経営資源を結集することで、経営の効率化と戦略的な集中投資を可能とし、継続的成長と収益の拡大を目指す―の目的を達成するため、持ち株会社の傘下に太陽生命、大同生命、T&Dフィナンシャル生命が並存する形で経営統合を行う。

経営資源の効率的活用によるコアビジネスへの集中と統合効果の早期実現により、平成18年度と20年度にT&D保険グループとして別表(新契約高と保有契約高は個人保険・個人年金保険の合計)の経営目標達成を目指す。

また、生命保険会社の企業価値を評価する指標の一つであるエンベディッド・バリューの増加を重視した経営を行うとともに、契約者保護の観点から、3社の十分なソルベンシー・マージン比率を確保し、引き続き高い健全性の維持に努める。

3社ではこれまでも経営効率の向上に取り組んできたが、今回の持ち株会社の設立により、シナジー効果による一層の効率化を図る。コスト面では、グループ内共通業務の集約などにより、人件費・システム関連を中心に、平成15年度から20年度までの累計で約210億円以上の削減を見込んでいる。さらに、3社の有する専門性の高いノウハウ・サービスを活かして、引き続きシナジー効果を追求していく。

3社の株主に対する持ち株会社の株式の割り当ては、大同生命の株式1株につきT&Dホールディングスの株式100株、太陽生命の株式1株につき同55株、T&Dフィナンシャル生命の株式1株につき同15株をそれぞれ割り当てる。

株式移転により、T&Dホールディングスが発行する株式総数は2億4150万株となる。持ち株会社は単元株制度を採用し、1単元の株式数は50株とする。

T&Dホールディングスの経営体制(内定)は次のとおり。

(カッコ内は現職、敬称略)

▽代表取締役会長=吉池正博(太陽生命代表取締役社長)

▽代表取締役社長=宮戸直輝(大同生命代表取締役社長)

▽専務取締役=竹内致夫(大同生命専務取締役)、池田邦雄(太陽生命代表取締役専務取締役)

▽常務取締役=小山修(大同生命常務取締役)、中込賢次(太陽生命常務取締役)

▽取締役=臼井壮之介(大同生命取締役・T&Dアセットマネジメント㈱代表取締役社長)、小堀樹(㈶法律扶助協会会長・弁護士)

▽監査役=松重陽(太陽生命常勤監査役)、木下洋一(大同生命広報部長)、鈴木稔(三井物産㈱監査役)、家近正直(大同生命監査役・弁護士)

目標指数(3社単体の単純合算ベース)

指数	14年度実績	18年度目標	20年度目標
新契約高	7兆3,164億円	9兆5,000億円以上	10兆円以上
保有契約高	57兆9,254億円	65兆円以上	70兆円以上
基礎利益	1,142億円	1,200億円以上	1,600億円以上
当期純利益	98億円	350億円以上	600億円以上
ROE	2.9%	8%以上	12%以上

太陽生命役員人事

平成16年1月1日付

▽代表取締役会長(代表取締役社長)吉池正博▽代表取締役社長(専務取締役)大石勝郎▽専務取締役(代表取締役専務取締役)池田邦雄―池田氏は平成16年4月1日付で取締役・非常勤

大同生命役員人事

平成16年4月1日付

▽取締役・非常勤(代表取締役社長)宮戸直輝▽代表取締役社長(常務取締役)倉持治夫▽取締役・非常勤(専務取締役)竹内到夫

三井住友海上

678万株の自己株式取得

三井住友海上は10月8日、商法第210条の規定に基づいて、同社普通株式678万株を取得した。取得価格は899円(取得総額60億9522万円)で、取得方法は東京証券取引所のToSTNeT−2(終値取引)による買い付け。

同社は、6月27日開催の定時株主総会における自己株式取得の決議に基づき、9月30日の取締役会で自社の普通株式3500万株を総額260億円(いずれも上限)で取得することを決議している。

「無選択型終身保険」を発売

あいおい生命 50〜80歳まで無診査加入可能

あいおい生命は、10月2日から、「無選択型終身保険(無選択型災害割増特約および無選択型生存給付金特約付)」を発売した。同商品は、満50歳から80歳であれば、契約時に無診査・無告知で、一生涯にわたる死亡保障を提供。これにより、従来、診査を受けることに抵抗感があったり、健康にあまり自信のない顧客も保険に加入することができる。

また、交通事故などの災害で亡くなった場合には、主契約保険金額の4倍を支払う(ただし、85歳の契約応当日以降は主契約のみの保障となる)ほか、契約日から10年後の契約応当日に生存給付金として保険金額の10分の1を支払う。

保険金額はA(100万円)、B(150万円)、C(200万円)、D(250万円)、E(300万円)の5コースで、保険料払込方法は月払い・半年払い・年払い。

男性60歳の場合の口座振替月払保険料はAコース6942円、Bコース1万412円、Cコース1万3884円、Dコース1万7354円、Eコース2万826円となる。

うず

世代交代

9月に行われた自民党総裁選挙で勝利した小泉純一郎首相は、直後の党三役人事で、安倍晋三内閣官房副長官をナンバー2ポストである幹事長に抜てきし、世間をあっと言わせた。

当選3回での就任は異例のことで、49歳という若さと国民的人気に期待しての、総選挙をにらんだ小泉流人事と評価は高い。派閥主導型の党体質の変革を加速する世代交代といえる。

また、保険業界に目を向けると、AIGが買収したGEエジソン生命(AIGエジソン生命に社名変更予定)の新社長に、8月29日、片岡一則氏が就任した。昭和30(1955)年8月25日生まれで、就任時点で48歳になったばかりの若さだ。前任の伊藤伸彦氏が昭和22(1947)年2月5日生まれだったので、一挙に8歳若返ったことになる(学年ベースでは9年)。親会社が変わったこともあり、一気に世代交代を進めることになった。

一方、現在の国内主要生保や損保の経営陣はどうか。生保10社の社長の年齢を見ると、昭和10(1935)年生まれの3人を最年長に、昭和18(1943)年生まれの最年少2人まで、すべて60歳代で、平均年齢は63・5歳だ。また、損保10社では、昭和13(1938)年生まれを最年長に、昭和22(1947)年生まれが最年少と、生保より若干若くはなっているが、昭和17(1942)年生まれが4人を占めるなど、平均年齢は61・2歳となっている。しかも、新任の取締役や執行役員を見ても、昭和20年代前半(1940年代後半)生まれが多く、50歳代後半の世代が大半という印象だ。

会社の歴史や規模、従業員の年齢構成などの違いがあり、一概に外資系企業や新興企業と比べることはできないかもしれない。また、若ければいいというわけではないことも理解できる。ただ、厳しい経営環境が続き、変革が叫ばれる今、合併や統合、株式会社化など、組織変更の機をとらえて経営陣の若返りを図ることも、企業活性化のためには必要なのではないだろうか。

(ミチル)

※編集部注:入稿後の10月8日に、持ち株会社設立に伴い、大同生命と太陽生命が社長交代を発表、一気に若返りが進むことになった。

に、より一層盤石な経営体質を目指す戦略をとったのです。その後、両社は株式会社に転換した後、2004（平成16）年に共同持株会社「Ｔ＆Ｄフィナンシャルグループ」を設立して、東京生命保険が破綻して再生した「T&Dフィナンシャル生命」とともに連結子会社となって、現在に至っています。

⑶　富国生命保険

富国生命保険は、1923（大正12）年に徴兵保険を専門に設立された生命保険会社です。戦後間もなく、靖国神社境内にある「遊就館」内に本社を移したことで話題になったこともありました。

同社は、無理な保険販売を行わないという堅実な営業方針のもと、保険契約締結後のアフターフォローに徹して保険契約の解約失効率を低く抑え、良質な顧客層の契約を保有しているという特徴があります。

バブル期は、日産生命保険と同様に金融機関と提携して「保険料ローン」による一時払養老保険の販売を始めましたが、健全性の観点から社内の反対の声が強く、販売を即時中止しました。多くの生命保険会社が行った新契約拡大主義に陥らず、解約失効率とコストの削減に努め、収益力のアップを図ったことが、健全性の維持につながったといわれています。

また、資産運用部門では、インカム利回りを確保するために、含み益を実現するための株式の売却や仕組債等の運用には、手を出さなかったともいわれています。営業面でも運用面でも、会社全体が健全性の維持に注力していたことがうかがえます。

⑷　日本団体生命保険

既に述べたように、バブル崩壊後、株式の暴落や国内金利の低下に見舞われて、破綻した中堅生命保険会社の保険料等収支は、漏れなくマイナスでした。しかし、マイナスの中堅生命保険会社でも、破綻を免れた会社がありました。外資系金融機関との提携で破綻を免れたのです。その生命保険会社は、日本団体生命保険と平和生命保険です。

日本団体生命保険は、1934（昭和9）年に非営利の独占形態による日本初の団体生命保険専門会社として設立され、戦後の独占禁止法の施行によって団体保険事業の独占が解除されたのに伴い、団体保険事業を続けながら一般個人の家庭マーケットにも営業範囲を拡大した会社です。

バブル期には、日産生命保険等と同様に金融機関と提携した「保険料ローン」を利用した「一時払養老保険」や「個人年金保険」のほか、得意分野の団体マーケットで「共済型企業年金」を販売して個人資金を積極的に集め、資産規模を拡大したことにより、総資産順位で1985（昭和60）年度の15位から1989（平成元）年度には12位に浮上し、資産規模を3倍に拡大していました[45)]。バブル崩壊後は、当然、「逆ザヤ」や不良債権に悩まされて苦しい経営を強いられ、破綻寸前だったのです。では、日本団体生命保険は、どのようにして破綻を免れたのでしょうか？

同社は、1999（平成11）年11月に、世界最大の金融・保険グループであるフランスのアクサ社と提携を発表しました。そして、翌年3月にアクサの日本法人「アクサ生命保険」と共同して、株主移転方式により日本初の保険持株会社「アクサ・ニチダン保険ホールディングス」（後に「アクサジャパンホールディングス」に改称）を設立し、同社と「アクサ生命保険」はその傘下の100％連結子会社となりました。1997（平成9）年に独占禁止法の改正が行われ、金融持株会社の設立が解禁になっていたこと、そして同社がもともと相互会社ではなく株式会社だったことが、この展開をスムーズにしたといえます。翌4月に同社は「ニチダン生命保険」に、「アクサ生命保険」は「アクサ・ニチダン生命保険」に改称します。

「ニチダン生命保険」はもともとの日本団体生命の団体保険の顧客基

盤を活かしてホールセールを、「アクサ・ニチダン生命保険」はもともとの「アクサ生命保険」の家庭マーケットの顧客基盤を活かしてリテールを中心に営業展開することにしました。そのうえで、フランスのアクサ社は、持株会社を通じて約2060億円の直接投資を行い、最終的に持株会社の発行済株式の95％を取得しました。つまり、これで元の日本団体生命保険は実質的には買収されたことになり、同社は破綻を免れて「契約者の負担もなく、うまく再生できた」と評価されたのでした。

翌2001（平成13）年に「ニチダン生命保険」は「アクサグループライフ生命保険」に、「アクサ ニチダン生命」は「アクサ生命保険」に改称します。そして、2005（平成17）年に両社は合併して「アクサ生命保険」となり、さらに2015（平成27）年には、ホールディングスが「アクサ生命保険」を吸収合併して社名を「アクサ生命保険」とし、現在に至っています。

(5)　平和生命保険

平和生命保険は、1907（明治40）年に横浜の財界人たちによって「横浜生命保険株式会社」として設立され、関東大震災の影響で一時経営危機に陥りましたが、1927（昭和2）年に北海道小樽の海運業で成功した豪商板谷真吉が大株主となって危機を脱しています。板谷は1935（昭和10）年に社長に就任し、社名を「板谷生命保険」に変更しました。戦後の経営再建においては、他の生命保険会社の多くが第二会社として相互会社形態を選択しましたが、あえて株式会社形態を選択し、1947（昭和22）年10月に「平和生命保険株式会社」として再出発しました。株式会社形態を選択した理由は、一つは、生命保険の相互扶助の理念は株式会社組織であっても変わることはないからです。もう一つは、板谷家が財閥と見做されて公職追放の対象となるのを回避するためだったといわれており、実際に板谷家は第二会社の経営陣に加わらず、しかも大株主にもならず、株式の保有割合を１割以下に抑えた一株主になっています[46]。

平和生命保険がバブル崩壊以後に「逆ザヤ」状態に陥っていた1999（平成11）年に米国の医療・健康保険会社であるエトナ社と資本提携を結び、エトナ・グループの傘下に入りました。日本団体生命保険と同様に外資系との提携により破綻を免れたわけです。そして、翌年に社名を「エトナヘイワ生命保険株式会社」と改めました。ところが、落ち着く間もなく、同年にエトナの国際事業部門のエトナ・インターナショナル・インクが、オランダの総合金融ＩＮＧグループの傘下に入ることとなり、ＩＮＧグループの一員となりました。

さらに、翌2001（平成13）年には、同社は米国の総合金融グループのマスミューチュアル・フィナンシャル・グループの傘下に入り、社名を「マスミューチュアル生命保険株式会社」に変更するという慌ただしい変遷をたどりました。

平和生命保険は、このように外資との資本提携により経営危機を脱し、いくつかの外資系企業グループを経て、現在では創業110年を迎え、「マスミューチュアル生命保険株式会社」として総資産２兆円を突破した生命保険会社となっています[47]。

表２－４　2001 年当時の生命保険会社の提携

年	外資系金融機関との提携	国内生命保険会社同士の提携	損害保険会社との提携
1996.7			富国生命保険＝日新火災海上保険
1996			東邦生命保険＝三井海上火災保険 東京生命保険＝朝日火災海上保険
1997			朝日生命保険＝日産火災海上保険＝大成火災海上保険
1998	千代田生命保険＝米国／損害保険ユナム社		
1998	東京生命保険＝米国／ＲＧＡ社		
1998.2			太陽生命保険＝太陽火災海上保険
1998.3	東邦生命保険＝米国／ＧＥキャピタル		
1999.1		太陽生命保険＝大同生命保険	
1999.2	朝日生命保険＝米国／メトロポリタン生命保険 富国生命保険＝英国／ＣＧＵグループ 第百生命保険＝カナダ／マニュライフ・フィナンシャル		
1999.3			協栄生命保険＝第一火災海上保険
1999.6			日本生命保険＝同和火災海上保険
1999.10			明治生命保険＝日新火災海上保険
1999.11	平和生命保険＝米国／エトナ・インターナショナル 日本団体生命保険＝フランス／アクサ		
1999.12		安田生命保険＝富国生命保険	
2000.6	協栄生命保険＝米国／プルデンシャル		
2000.8			第一生命保険＝安田火災海上保険
2000.9		第一生命保険＝ＡＦＬＡＣ	住友生命保険＝住友海上火災保険 朝日生命保険＝東京海上火災保険＝日動火災海上保険
2000.10	千代田生命保険＝米国／ＡＩＧ		日本生命保険＝同和火災海上保険＝三井住友海上火災保険
2001.2			明治生命保険＝日本火災海上保険

第５節　損保業界の第一次再編

１．メガバンク再編[46)]

バブル崩壊により、金融・証券業界は未曾有の激震に見舞われ、銀行、証券会社や生命保険会社は、厳しい経営状態に陥りました。

このような最中、既に述べたように1997（平成9）年６月に独占禁止法の改正が行われ、翌年３月から金融持株会社の設立が解禁となりました。銀行、証券会社や生命保険会社は、不良債権や損失を抱えて、かなり経営体力を消耗していたため、この金融持株会社の設立が解禁になったことにより、「経営統合」の道を選択します。

この金融持株会社の設立解禁は、社名変更、給与体系や諸規定の統一等の面倒な手続きが必要な「合併」よりも、まずは持株会社の傘下に入ることで「経営統合」が比較的容易にでき、合理化を図っていけるというメリットがあります。

(1)　みずほホールディングスの誕生

金融持株会社の設立解禁により、急速に大手都市銀行に「経営統合」「合併」の動きが活発化し、メガバンクに向けての再編が進みました。当時の大手都市銀行は、1996（平成8）年に東京銀行と三菱銀行が合併してできた東京三菱銀行、住友銀行、1990（平成2）年に三井銀行と太陽神戸銀行が合併してできたさくら銀行、三和銀行、富士銀行、第一勧業銀行の６行で、当時「六大都市銀行」と呼ばれていました。

ことの発端は、1999（平成11）年８月、第一勧業銀行、富士銀行、日本興業銀行の３行が共同持株会社「みずほホールディングス（みずほ

HD)」(後に「みずほファイナンシャルグループ(みずほFG)」)を設立して経営統合する発表をしたことです。この「みずほHD」の誕生は大きな驚きをもって迎えられました。この発表により、特に危機感を抱いたのが他の都市銀行です。そして、金融業界では他業態も含めて再編・統合が本格化することになりました。

(2)　三井住友銀行の誕生

「みずほHD」の資産規模は、約140兆円と当時において世界第1位でした。当時、国内最大だった東京三菱銀行の資産規模が約68兆円でしたから、第2位の倍という圧倒的な規模の巨大銀行が誕生したのです。これによって、他の都市銀行は、圧倒的な規模を誇る「みずほHD」に対抗するためには、都市銀行同士で経営統合する道を選ぶしかなくなったのです。

六大都市銀行の中の富士銀行と第一勧業銀行が合併したため、残りの4行(さくら銀行、東京三菱銀行、住友銀行、三和銀行)は、それぞれ「経営統合」「合併」を模索することになりました。

その中で、特に注目されたのがさくら銀行の動向でした。相手候補の三和銀行、東京三菱銀行、住友銀行の3行うち、旧財閥系都市銀行以外は三和銀行だけであることから、「次は三和・さくらが合併する」との観測報道が目立つようになります。当時、旧財閥系銀行同士の経営統合は、「グループ企業があらゆる業界で競合するため、合併すると混乱が生じる」という観測からでした。この状況を見定めたかのように三和銀行が、先手を取ってさくら銀行に対して経営統合を打診しました。

ところが、この三和銀行の動きを見て、同じ大阪を拠点とするライバルの住友銀行が、さくら銀行に経営統合を申し入れます。結局、さくら銀行は住友銀行を選び、1999(平成11)年10月に両行は合併を発表し、2002(平成14)年に「三井住友銀行」になりました。なお、この合併は、金融持株会社を設立しない方法を選択しています。

(3)　UFJホールディングスの誕生

これにより、三和銀行は、六大都市銀行のうち残された合併相手が東京三菱銀行のみとなってしまったのですが、行風が違うため、経営統合は無理と判断し、2000（平成12）年3月に東海銀行・あさひ銀行グループへの参加を表明します。東海銀行とあさひ銀行は、既に1998（平成10）年9月に「スーパー・リージョナル・バンク（地域営業に特化した巨大地方銀行）」を目指して業務提携し、2000年（平成12）年10月を目途に共同持株会社を設立すると発表していました。これに三和銀行が加わることになったのです。

しかし、その3行で大きな路線対立が起こります。三和銀行は総合金融グループを志向しており、「スーパー・リージョナル・バンク」という考え方にはあまり関心を持っていなかったからです。これに対して、旧埼玉銀行の系譜を持つあさひ銀行は猛反発し、結局、東海銀行が三和銀行の路線に同調し、あさひ銀行が離脱することで決着します。こうして、2001（平成13）年4月に、三和銀行と東海銀行は2行での経営統合を発表し、「UFJホールディングス」を設立して2行はその子会社になります。翌年1月に2行は合併して「UFJ銀行」となりました。

なお、離脱したあさひ銀行は、東海銀行との経営統合から離脱し、2003（平成15）年3月に大和銀行と経営統合して、「りそな銀行」となりました。

(4)　三菱東京フィナンシャルグループの誕生

六大都市銀行のうち、唯一とり残された東京三菱銀行は、都銀同士の合併を行わずに、同じ三菱グループの三菱信託銀行との経営統合を選び、2000（平成12）4月に共同持株会社の設立を発表しました。そして、翌

図２－３　メガバンク再編

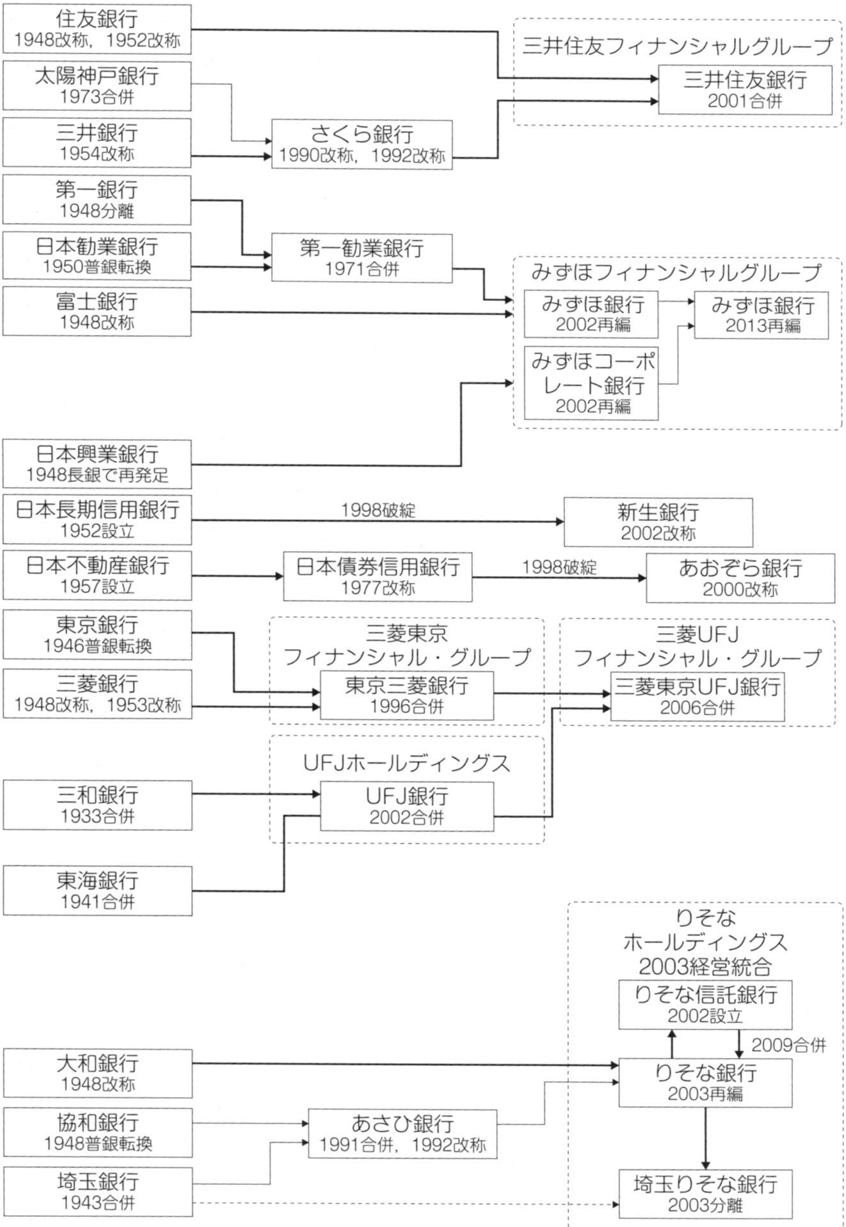

（備考）菊地浩之『図解合併・再編でわかる日本の金融業界』より

年4月に「三菱東京フィナンシャル・グループ（三菱東京FG）」を設立し、2行はその子会社となりました。

こうして、2002（平成14）年に、四つのメガバンクへの集約が完成しました。当時は、まだ「メガバンク」という呼称はなく、「BIG4」と呼ばれたりしていました。

そして、その後に再度大きな動きがありました。それは、「UFJ銀行」の不良債権が膨らんだことから、健全な経営が難しくなったのです。「UFJホールディングス」は傘下のUFJ信託銀行を住友信託銀行に売却する話を進めます。しかし、「三菱東京FG」と統合の話が持ち上がったため、UFJ信託銀行の売却交渉を中止します。住友信託銀行は裁判で「UFJホールディングス」と「三菱東京FG」との統合中止の仮処分申請をし、この係争が注目を浴びる形になりました。結果的に、最高裁まで争われて紆余曲折しましたが、「UFJホールディングス」が住友信託銀行に25億円の和解金を支払うこととなり、2005（平成17）年10月に「UFJホールディングス」と「三菱東京FG」が統合し、「三菱UFJフィナンシャル・グループ」となり、2006（平成18）年1月に「三菱東京UFJ銀行」が誕生しました。なお、同行は2018（平成30）年4月に「三菱UFJ銀行」に名称変更しました。

(5)　メガバンク誕生の背景と影響[49)]

このように矢継ぎ早にメガバンクが誕生したのは、バブル崩壊後の不良債権問題による経営不安を抱えた大手都市銀行が、経営不安を乗り越えるだけのためではありませんでした。これらのメガバンクは、経営統合を発表する際に、グローバルな競争力を持つことを目的の一つに掲げていました。それは、海外でも金融機関を取り巻く大きな動きがあったからです。

国内では「日本版金融ビッグバン」により、我が国の金融制度改革が保険や証券を含む金融機関の相互参入が具体化され、短期間に急速に進展しました。それは、日米保険協議や長引く不況、そして相次ぐ銀行や保険会社の破綻により、金融制度改革が避けられない状況にあったからというのはいうまでもないのですが、実は、同時並行的に、ヨーロッパ、米国、アジアにおいても、金融制度の改革が世界的規模で進んでおり、日本の大手都市銀行は、その海外での動きを見て、海外の金融機関に対抗してメガバンクを早く成立する必要があると認識していたのです。そのため、統合の相手を探す活動をしたのです。

その世界的な動きですが、特に米国では、銀行と証券の業務を厳しく規制する「グラス・スチーガル法」があり、その法の撤廃をして、銀行・証券・保険の相互参入を認める「金融制度法案」が1997年に議会に提出され、話題となっていました。「金融制度法案」は下院の本会議で通過したものの、上院の本会議で巨大金融機関の独占を許すことになる等の理由から廃案となりました。そのため、その修正案である「グラム・リーチ・ブライリー法案（金融サービス現代化法案）」が立案され、1999年11月に上・下両院の本会議を通過し、クリントン大統領の署名を得て成立しました。当初の「金融制度法案」から３年の歳月を費やしてようやく成立したわけですが、この長い検討状況は世界に伝わり、我が国を含め多くの国々によって注目されていました。それは、米国内だけでなく多くの国から、米国の巨大金融業が世界制覇に向けて急速な成長を目指すための規制緩和として受け取られたのです。

米国では、この規制緩和を先取りして、1998年にトラベラーズ社とシティコープ社とが合併して、巨大金融機関であるシティグループが誕生し、商業銀行・投資信託・クレジットカード・証券仲介・損害保険・生命保険等の総合的な金融業務を行い、世界中の主要都市に支店を配置して営業展開を開始していました。支店が置かれた各国では、このシティグループの動きに、金融制度改革による規制緩和の兆しを感じ、これ以降の米国の動向に強い関心を持ちました。そして、「グラム・リーチ・ブライリー法（金融サービス現代化法）」の成立後の2000年に、チェース・マンハッタン銀行とＪＰモルガン・アンド・カンパニー社が経営統合して、ＪＰモルガン・チェースが誕生しました。このように米国が巨大な金融機関を成立させたことにより、金融の国際競争が本格化されることになり、日本を含め世界の主要国は、金融制度改革を急いで進め、その金融業界が「統合」「合併」に向けた具体的な動きを開始したのです。

２．中小損保の経営危機

損害保険業界では、バブル崩壊後の低金利時代が招いた「逆ザヤ」と、1998（平成10）年７月の算定会料率廃止がもたらした商品開発や価格の自由化が、資産運用力・開発体力・価格競争力のない中小損害保険会社を苦境に陥れました。特に戦後に設立された第一火災海上保険、朝日火災海上保険、太陽火災海上保険、東洋火災海上保険の４社は、企業規模が小さいことから急激に経営不振に陥ることになりました。

(1)　第一火災海上保険の破綻[50)]

1949（昭和24）年に設立された第一火災海上保険は、損害保険会社では珍しい相互会社で、「マルマル保険」という掛金が全額戻る積立保険を、1963（昭和38）年から主力商品として積極的に販売していました。そのため、1999（平成11）年３月期の正味収入保険料（積立保険料を除いたもの）は597億円で、業界16位であったのに対して、総資産では業界８位にまで膨れ上がっていました。この「マルマル保険」による資産拡大が、中堅生命保険会社が販売して経営不安となった一時払養老保険等と同様の「逆ザヤ」をもたらし、1990年代後半は毎年数百億円の損失を計上していました。

同社は、もともと日本生命保険から基金拠出と人材の提供を受け、また住友海上火災保険等とは損害保険業務に関する提携関係にありました。ところが、同社の経営が悪化すると日本生命保険が基金の引き揚げは思い止まったものの、同社の経営者と意見が合わなかったこともあり、主要人材を引き揚げてしまいました。それにより、日本生命保険から紹介を受けて獲得していた大口契約が他の損害保険会社に切り換えられてしまうことになるなど、苦しい状況に追い込まれました。

そのような状況の中、1999（平成 11）年に金融監督庁の検査が入り、財務状況の悪化を指摘されてしまいます。実は、この検査で、同社が同様に経営困難に陥っていた協栄生命保険と相互に融資契約を結んで巨額の資産交換をしていたという会計操作の事実が判明し、実質的に両社は債務超過だったことが露見したのです。2000（平成 12）年３月期決算で、同社が当初公表していたソルベンシー・マージン比率は 330.0％でしたが、検査後にマイナス 74.7％と判明し、債務超過額は 488 億円にもなっていました。これにより、同社は業務停止命令を受け、破綻してしまいました。この第一火災海上保険の破綻は、損害保険会社では戦後初でした。

第一火災海上保険の破綻は、その後の処理において問題を残すことにもなりました。適当な受け皿会社が見つからず、すべての損害保険会社が強制加入している「損害保険契約者保護機構」が保険契約を引き受けざるを得なくなったのです。受け皿会社の候補となった外資系企業と保険管理人との資産評価に大きな開きがあったからです。第一火災海上保険の資産といっても、多額の「逆ザヤ」となった 130 万件の「マルマル保険」が大部分で、しかも同社の販売網や損害調査サービス体制は貧弱で、受け皿会社の候補からは「損害保険会社としての価値は低い」と判断されたのです。

⑵　破綻を免れた中小損保

①　朝日火災海上保険

朝日火災海上保険は、もともと野村証券、大和銀行、第一銀行（後の第一勧業銀行）等の出資によって1951（昭和26）年に設立され、旧国鉄（現ＪＲ）関連（鉄道弘済会等）を中心とした顧客基盤で営業を展開してきた損害保険会社です。

その顧客基盤に揺るぎがなかったことと、野村証券の支援によって、1997（平成9）年11月に第三者割当により増資を行う等、経営の強化を図り、苦しい時期を乗り越えました。同社は、2011（平成23）年に野村ホールディングスの連結子会社となって、現在に至っています[51)]が、ＩＴ企業の楽天が2018（平成30）年夏までに買収して完全子会社化される見込みです。

②　太陽火災海上保険

太陽火災海上保険は、1951（昭和26）年に大倉財閥等の資金を得て設立され、1967（昭和42）年には太陽生命保険と日本相互銀行（後の太陽神戸銀行）との間で包括業務提携を結んで３社が連携した営業展開を行ってきた損害保険会社です。

系列の太陽神戸銀行が、1990（平成2）年に三井銀行と合併し、さくら銀行となり、1999（平成11）年に住友銀行との合併を発表し、2001（平成13）年に三井住友銀行となったことが、太陽火災海上保険の運命を変えてしまうことになりました。

1999（平成11）年に太陽生命保険が健全な中堅生命保険会社同士の大同生命保険と提携して三和銀行系になったのに伴い、太陽生命保険と提携関係にあった太陽火災海上保険も三和銀行系の道を選択することとなり、結局、三井住友銀行の誕生に合わせて、2002（平成14）年に三和銀行系列の日本興亜損害保険（2001（平成13）年に日本火災海上保険と興亜火災海上保険の合併で成立。本節3(2)参照）と合併しました。

③　東洋火災海上保険

1950（昭和25）年に資本金3000万円で設立された東洋火災海上保険は、1974（昭和49）年に損保業界で初めてとなる「バイコロジー保険」（自転車総合保険）を開発した会社として一時注目を浴びたことがありました。一方で、同社は資本金を増やすことに努め、1964（昭和39）年に1億円、1987（昭和62）年に2億800万円と増やし続け、さらに翌年にも株主割当・第三者割当を行って、11億3800万円に達していました。

金融機関の健全性や体力が叫ばれるようになった1998（平成10）年には、警備保障会社のセコム社が360万株の第三者割当増資の全株を総額15億3100万円で引き受けて支援したことから、資本金は19億500万円にまで増え、これを機に社名を「セコム東洋損害保険株式会社」としました。

そして翌年にも第三者割当増資を行い、セコム社が総額73億9500万円全額を引き受け、資本金を56億1100万円まで増やし、セコム社の株式保有割合は75.88%となり、同社はセコム社の傘下企業となりました。その後、2000（平成12）年に「セコム損害保険株式会社」と社名変更をしています。セコム損害保険では、セコム社の警備契約をしている建物

表2－5　損害保険会社の資本提携（1999年まで）

年　月	損害保険会社	事　象
1998年2月	太陽火災海上保険	太陽生命保険の傘下に入る（株式60%程度の取得、子会社へ）。
1998年7月	東洋火災海上保険	セコムの傘下に入る（株式33.4%の取得、子会社化・社名変更へ）。
1998年9月	千代田火災海上保険	トヨタ自動車からの出資比率を37.1%から47%前後に引き上げ。
1999年6月	同和火災海上保険	日本生命保険の傘下に入る（出資比率、7.14%から20.15%へ）。
1999年9月	日新火災海上保険	明治生命保険を筆頭株主に迎える（4.3%から10%弱に出資比率引き上げ）。

等の火災保険料を割引く等の特色を出して、セコムグループの一員としての営業展開をしています。

こうして戦後設立された損害保険会社４社は、大企業の援助を受けることができたか否かで運命が分かれました。特に第一火災海上保険は、積立保険を主として販売して巨額の「逆ザヤ」を抱えたことが致命傷となったわけですが、日本生命保険という大企業と提携関係にあったにもかかわらず、相互会社が仇となって「統合」「合併」ができず、また自己資本充実のため基金拠出を得ても一定期間に返済（償却）しなければならなかったことなどから破綻してしまったことを考えると、設立時に相互会社を選択したこと、株式会社へ転換しなかったことも運命を分けたといえます。

３．合併・統合ラッシュ [52)]

1999（平成 11）年から 2005（平成 17）年までの間に、世界的な金融改革の大きな流れとバブル崩壊による不良債権処理に窮するという激動の状況の中で、日本の大手都市銀行はいくつかの「経営統合」や「合併」を経て、現在の三菱ＵＦＪ、三井住友、みずほの３つのフィナンシャルグループを形成してメガバンクの再編となりました。

この三つのメガバンクが誕生する過程において、他の金融機関も大きな影響を受けることになり、損害保険業界も「経営統合」や「合併」の再編の動きが本格化します。損害保険業界の再編は、1999（平成 11）年から 2006（平成 18）年までの「第一次再編」と 2010（平成 22）年から 2014（平成 26）年までの「第二次再編」の二度にわたり行われました。ここでは、「第一次再編」について、説明することにします。

1999年（平成11年）10月22日（金曜日）　THE HOKEN MAINICHI　（第13759号）　（昭和46年3月9日 第3種郵便物認可）

保険毎日新聞
損保版
日　刊（但土曜 日曜 祝日休刊）
購読料　2,600円（本体2,476円＋税）
郵送料　800円（税込み）
合　計　3,400円（1ヵ月分）
発行所
©保険毎日新聞社
東京都新宿区市谷本村町２番16号
〒162－0845
電話　03（3268）１２１１（代表）
振　替　00140－6－70860
編集発行兼印刷人　真鍋幸充

三井海上、日本火災、興亜火災が統合

2002年4月までに共同持株会社を設立

包括提携で共同展開も計画

統合準備委も設置　新保険事業グループ目指す

三井海上、日本火災、興亜火災3社は19日記者会見を行い、3社を統合して新しい保険事業グループを目指すことを正式に発表した。2002年4月までに共同持株会社を設立し、その後2、3年以内に事業を再編・統合する。当面、包括提携により営業・損害サービス面で協力、新規事業領域についても共同展開する計画。近く「統合準備委員会」を設置して具体的な協議に入る。会見ではすでに1月から日火と興亜、日火と三井の間で提携の可能性を検討し、日火が仲介して8月初めに3社間の意見のすり合わせを開始し、9月中旬以降本格的な検討に入っていたことを明らかにした。一方、統合への参加を協議・検討している住友海上は、3社の会見を受けて「結論はもう少し具体的な内容を詰めた上で早期に出していきたい」とのコメントを発表した。

握手を交わす井口武雄三井海上社長、岡本睦治興亜火災社長、松澤建日本火災社長（写真右から）

保険・金融業界では規制緩和が急速に進展し、損保事業は1998年の商品・料率の完全自由化を機に激しい競争環境が出現。競争相手は国内、同業界だけにとどまらず、外資、他産業からの参入、進出が著しく増え、今後もこの傾向に拍車がかかるものと予測されている。一方で顧客ニーズが多様化・高度化するとともに、顧客による保険会社・代理店・保険購入方法・保険商品の選別が厳しくなるなど市場にも変化が顕在化してきた。

今回の3社の統合合意はこうした環境認識をもとに踏み切ったもので、それぞれの特色・強みを相互補完・共有しながら市場競争力を強化するとともに、生産性向上、規模の利益につながる領域での統合・集約化を推進することで、「規模・収益力・競争力で国内屈指の保険事業グループ形成を目指す」のが狙いだ。

統合の基本精神として、「信頼」「対等」「公平」の3原則を掲げ、①事業効率・収益力の向上、財務基盤の強化②販売網の拡充・強化、保険開発・リスクコンサルティングなどの専門性と技術力の向上、事業効率の向上による競争力の強化③各社の特色や強み、ノウハウの共有による機能の強化④市場影響力と信認度の向上を目指すーとしている。

統合は3段階で実施する計画で、包括提携後、第2段階として2002年4月までに持株会社を設立し、傘下に3社をほぼ現状の姿で配置するとともに、集約化が業務効率化や資源の有効活用につながる事業領域については統合する。さらに、持株会社設立後2、3年以内に事業を再編成し、将来の事業環境・市場環境に最もふさわしい事業運営形態を確立する。現時点では①損保事業を個人・企業市場別に再編するプラン②リスクを引き受ける損保事業会社と保険販売社に分割するプラン③持株会社の下で3社を合併するプランーの3つの類型を示した。統合完成後の姿としては、グループトータルとしての競争力・収益性の分析に基づいて、最強の事業運営体制の構築に向けた本格的再編を実施するとし、あらゆる事業分野でグループベストに基づく統合・一体化の実現を目指す考え。

3社の社長はともに、持株会社を共同で経営する最高経営責任者に就任する。

持株会社への株式割当比率は1対1対1をめどとしているが、最終的な比率は外部機関の評価を踏まえて決定する。持株会社の名称、所在地は今後検討する。

統合3社の主要経営指標によると、3社単純合計で総資産6兆926億円、株主資本6129億円、資本金1597億円、正味収保1兆3054億円、マーケットシェア19・31%、保険引受利益419億円、経常利益805億円、当期利益（税引後）215億円、代理店数11万8461店、従業員数（99年3月末）1万8715人規模となる。

統合による効果としては顧客満足度の向上をはじめ、規模拡大による保険引き受け能力・キャパシティー・担保力の拡大が見込まれるほか、損害率の安定化によるリスクバッファの削減が期待される。また、経営資源を統合することで、事業費率（三井39・8%、日火39・8%、興亜39・5%）について各社の計画目標値に加えて3%程度削減し、5年以内に30%台前半を目指す。

このほか、店舗の統廃合・要員の効率化による生産性向上、システム、運用などの重複業務の集約化と集中化による事業運営の効率化、生保をはじめ関連業務の統合による業務効率化を行う考え。さらに経営資源を新規事業分野に積極的に投入して、インターネットビジネス、401kビジネス、健康・医療・介護分野、金融保証分野など事業領域を拡大する。

当面の推進体制としては「統合準備委員会」をできる限り早く立ち上げ、一定期間経過後にテーマ別に7つの小委員会を設置する予定。小委員会のテーマ領域と検討項目は①営業面の販売網・拠点政策②損害サービス面の拠点政策、システム融合③商品政策、サービス競争力強化策④財務・運用面の強化策⑤システム集約化策、新規システム共同投資⑥生保子会社統合⑦広報戦略、資本市場へのアピール。

19日の会見では、まず興亜火災の岡本睦治社長が統合の合意内容を説明したのに続き、日本火災の松澤建社長、三井海上の井口武雄社長がそれぞれ発言し、記者の質問に答えた。

このなかで松澤社長は、代理店政策に関する質問に答えて、「競い合って切磋琢磨していくべき。現時点で代理店の整理・統合は考えていない」と明確に述べた。

また、井口社長は人員・店舗の削減計画について「レイオフなどではなく、今までの人数を継続することで自然減を見込み、5年間で3社合計3000人程度減少する。営業店は現在の800店を400店に、損害調査拠点は400店を200店にする」との考えを示した。

岡本社長は、同日午後、金融再生委員会の越智通雄委員長に3社統合を正式に決定したと報告したことを明らかにした。

巨大損保グループ誕生へ

三井海上、日本火災、興亜火災の3社がグループ形成を目指すことで合意し、東京海上を抜く巨大損保が誕生することになった。住友海上も参加を検討しているという。業界再編が現実のものとなり、さらに第2、第3の再編劇が注目される。

3社統合の全体構図とスケジュール（イメージ）

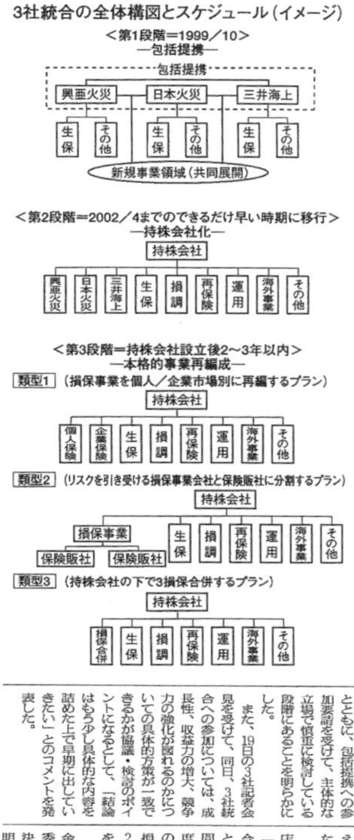

早期に結論出す方向

住友海上　会見受けコメント

住友海上は17日に興亜火災、日本火災、三井海上3社と包括提携に関して協議を進めている事実を認めるとともに、包括提携への参加要請を受けて、主体的な立場で慎重に検討している段階にあることを明らかにした。

また、19日の3社記者会見を受けて、同日、3社統合への参加については、成長性、収益力の増大、競争力の強化が図れるのかについての具体的方策が一致できるかが協議・検討のポイントになるとして、「結論はもう少し具体的な内容を詰めた上で早期に出していきたい」とのコメントを発表した。

(1) 損保３社の幻の合併劇[53)]

1999（平成11）年10月に、三井海上火災保険、日本火災海上保険、興亜火災海上保険の３社が合併を発表し、損害保険業界に大きな衝撃を与えました。

損害保険業界は、第一火災海上保険の場合を除き、銀行、証券会社や生命保険会社のような不良債権や損失を抱えて経営体力を消耗していたわけではありませんでしたが、この合併には、自由化の波が本格化してくる中で、経営体質の強化を図り、業界第１位の東京海上火災保険を抜いて業界順位を変える意図があったといわれています。東京海上火災保険は、1879（明治12）年に設立されて以来、同社が120年の間、業界トップの座を保っていましたが、３社の経営統合が成立すれば、はじめてトップの座が交代することになったのです。当時、第３位の三井海上火災保険は、第４位の住友海上火災保険に猛追されており、この状況を切り抜けることも合併理由の一つだったのでしょう。

この３社経営統合は、３社が当初に「銀行の動きと損保は別」、「銀行に頼っていても損保は生き残れない」という損害保険業界の独自路線を強調していたことから、メガバンク再編と一線を画した保険グループの結成というコンセプトで報道され、新たな時代の到来を予感させました。

しかし、実際はそうではありませんでした。この３社の銀行系列は、三井海上火災保険が、さくら銀行（三井銀行＋太陽神戸銀行）系列で、日本火災海上保険と興亜火災海上保険は、三和銀行系列でした。三和銀行とさくら銀行の合併が噂されていたことから、三井海上火災保険がそれを見越して日本火災海上保険に経営統合を持ちかけ、さらに日本火災海上保険が興亜火災海上保険に声をかけたといわれています。つまり、この３社統合は、当初メガバンク再編に沿った再編を意図していたのです。

ところが、三井海上火災保険、日本火災海上保険、興亜火災海上保険

1999年（平成11年）11月18日（木曜日）　THE HOKEN MAINICHI　（第13777号）（昭和46年3月9日 第3種郵便物認可）

保險毎日新聞

損保版

日　刊（但土曜 日曜 祝日休刊）
購読料　2,600円（本体2,476円＋税）
郵送料　800円（税込み）
合　計　3,400円（1ヵ月分）

発行所
©保険毎日新聞社
東京都新宿区市谷本村町2番16号
〒162－0845
電話　03(3268)1211(代表)
振替　00140－6－70860
編集発行兼印刷人　真鍋幸充

住友海上

3社との包括提携参加見送る

統合協議の長期化を懸念

主体的に提携戦略検討へ

住友海上は、三井海上、日本火災、興亜火災3社との包括提携への参加を見送ることを決定した。同社は3社が掲げた統合の目的についてはほぼ合致していたものの、統合後の姿、統合比率、統合スケジュールなどの点で早期に協議が調う可能性は低いと判断。また、4社という大規模な統合となった場合、システムや人事諸制度の調整などに多くのエネルギーを費やすこととなり、経営のスピードが鈍ることを懸念、4社による運営は極めて難しいとの結論に達した。同社では今後、成長力・収益力を強化し、包括的な提携、M&Aなどを視野に入れながら主体的に提携戦略を検討していくとしている。

住友海上は今回の提携協議について、成長性・収益力の増大、競争力の強化が図れるか、また、顧客・株主・代理店・社員がより良い将来を展望できるかという観点から慎重に検討してきた。

三井海上、日本火災、興亜火災の3社が掲げている事業効率・収益力の向上、競争力の強化、各社の強み・特長の共有化などの統合目的は、住友海上の考え方とほぼ合致していたが、統合後の姿、統合比率、統合スケジュールに関して、若干異なる点や未定の点もあった。

住友海上は、それらの点が4社で合意されることが統合の前提と考えて協議してきたが、早期に協議が調う可能性は低いと判断。検討が長期にわたることは3社にも迷惑をかけ、市場、自社関係者にとって好ましくないとの観点から、包括提携への参加を見送ったとしている。

また、4社統合となった場合、他に類を見ない大規模な統合となるため、システム・人事などの調整・統合、企業文化の違いの克服などに多くの時間とエネルギーを費やし、経営のスピードが鈍ることが懸念されるため、4社による運営は極めて難しいとの最終結論に達した。

同社では、今回の3社統合に加わらないことによって、同社の優位性、経営戦略に影響が出ることはないとしている。商品開発力、販売網、損害調査網、システム力、資産運用力を背景に、業界トップ水準にある成長性、収益性、財務の健全性と高い格付けを堅持している優位性を活かして、今後損保・生保をコアビジネスに「最高のリスクマネジメントサービスを提供する保険会社」を目指す方針。

また、商品、代理店、自動車損害率、事務プロセス、収益管理の「5大改革」を中心に成長性を高め、事業効率の向上を目指す。

こうした戦略に加え、今後の事業環境の変化を先取りして、成長力・収益力を一段と強化するため、包括的な提携、M&Aなどを視野に入れながら、主体的に提携戦略を検討するとしている。また、三井海上、日本火災、興亜火災の3社とは、これまでの4社協議の経緯も踏まえた信頼関係を基盤に、個別に協力できる分野で提携を検討していく考え。

一方、住友銀行をはじめとする住友グループ金融各社とは、今後、新たな金融サービス事業の共同取り組みや商品の共同開発・販売などを検討し、金融サービス機能の強化と顧客基盤の拡大を図るなど連携をさらに強めていくことにしている。

3社の見解　スケジュール、比率で相異

三井海上、日本火災、興亜火災の3社は12日、包括提携（統合）に関する住友海上との協議について、「基本精神やその目的について意見の一致を見たが、統合に際しての姿、スケジュール、比率などで若干異なる点やさらに検討を要する点があったため、早期にこれらをまとめる可能性が現時点では低いと考え、また、事業統合のスピードやエネルギーなどを勘案して、残念ながら今回は見送ることにした」と発表した。

今後は、住友海上と3社の協議を通じて築き上げた信頼関係を基盤に、個別に協力できる分野では業務提携なども含めて、検討を続けていくとしている。

また、3社としては1日に発足させた「統合推進本部」とテーマ別の16委員会での検討を一段とスピードアップし、基本目的の競争力強化、収益力向上などでの最大効果を目指して、強力で迅速な取り組みを進めていく方針。

損保協会集計

第2・四半期の貨物保険成績

911億円を計上

損保協会が集計した1999年度第2・四半期（4－9月末）の貨物保険成績（速報ベース）によると、積荷保険と運送保険の合計保険料は910億8174万円を計上したが、前年同期比13・8％減と直前四半期と同水準の厳しい状況で推移した。損害率は48・7％で、前年同期に比べ0・6ポ改善したものの、直前四半期に比べると7・7ポ悪化した。

各成績を見ると、貨物保険全体の約7割を占める積荷保険は収保598億3194万円を計上したものの前年同期比18・4％減と直前四半期より0・2ポ減収幅が拡大。国内景気の低迷により外航・内航とも不振で、特に内航が大きく落ち込んだ。

外航では、輸出が228億円、19・4％減、輸入も241億円、17・5％減といずれも減収幅が拡大した。外国相互間は94億円、16・4％減とやや持ち直した。この結果、外航合計では563億円、18・1％減と直前四半期に比べて減収幅は0・1ポ縮小した。内航は35億円、23・1％減と4・4ポ拡大し、減収幅は20％台に突入した。

一方、運送保険は収保312億4979万円、3・5％と依然厳しいものの、減収幅は直前四半期より0・7ポ縮小し、やや持ち直した。

損害率の動向を見ると、輸出55・0％（前年同期41・6％）、輸入45・3％（同52・4％）、外国相互間67・9％（同70・4％）で外航合計では53・0％（同50・9％）と悪化し、直前四半期に比べても8・6ポも悪化した。

内航も34・6％（同25・5％）と大幅に悪化したが、直前四半期比では5・8ポ改善した。この結果、外航、内航合計の積荷保険全体では51・9％（同49・3％）と悪化を示した。直前四半期に比べても7・7ポもの悪化となった。運送保険は42・6％（同49・1％）に改善したが、直前四半期比では7・4ポの悪化となった。

第2・四半期の貨物保険成績

（単位：千円、増収率％、▲印減）

契約区分	保険料	増収率
積荷		
外航		
輸出	22,793,419	▲19.4
輸入	24,052,072	▲17.5
外国相互間	9,442,944	▲16.4
輸入・相互間計	33,495,016	▲17.2
外航計	56,288,435	▲18.1
内航	3,543,506	▲23.1
積荷計	59,831,941	▲18.4
運送	31,249,794	▲ 3.5
合計	91,081,735	▲13.8

損保総研特別講座

「近年の異常気象と防災」で開講

12月14日

損保事業総合研究所は、1999年度損害保険特別講座として12月14日に「近年の異常気象と防災－地球温暖化時代に備えて」を開講する。講師は理学博士で元気象庁天気相談所長の宮澤清治氏。内容は①今夏の異常気象を顧みる②21世紀の気候と気象災害の見通し③異常気象に備える④気象災害を防ぐには。異常気象と防災の考え方について解説する。東京・神田淡路町の損保会館会議室で午後6時から8時まで行う。

受講料は損保協会社員会社の社員5250円、そのほか外国保険会社、損保代理店など6750円（いずれも税別）。受講希望者は12月6日までに同研究所（電話03・3255・5511）に必着するよう、各社研修担当部へ申し込む。

海外ネットワーク⑨

電磁波問題の闇

携帯電話などが街中にあふれ、一時期マスコミの注目を集めた電磁波論争はすっかり影をひそめている。賠償責任保険のアンダーライターの間でも関心は薄くなったのではないか。

こうした中、米国の国立環境衛生研究所（NIEHS）が「電磁波と癌などの病気の関連性については証拠が薄弱だ」としながらも、完全に無害とも言い切れないとする内容の報告書を発表した。これは米国エネルギー省の主導で実施された「電磁波研究・広報プロジェクト（EMF－RAPID）」の一環として、同研究所が電磁波と健康障害の因果関係の有無について6年間研究を行った後、米国議会に提出した報告書の中で明らかにしたもの。NIEHSは、電磁波と健康への悪影響を裏付けるだけの証拠は得られておらず、電磁波が病気を引き起こす可能性は低いとしている。

ただし、NIEHSは小児白血病の患者と発電所の労働者、溶接工などの間で慢性リンパ腺白血病にかかっている患者について電磁波への暴露状況を調べたところ、暴露と発病の間に「一定の関係」があることを示唆する疫学的なデータが得られたことを発表。同研究所のケネス・オルデン所長は「動物実験などの結果がないため、このリスクの増加が実際に電磁波によるものかどうかは断言できないが、電磁波とこれらの病気の間にまったく相関関係がないとも言い切れない。米国人のほぼ全員が電磁波にさらされているのだから、電磁波への暴露を減らす努力を続けるべきだ」と語っている。米国の権威ある研究機関が多額の費用を投じて研究しても玉虫色の結論しか出ないということは現代科学の限界を示している。

「電磁波は人畜無害」と信じ込むことも、「電磁波は危険だ」と断定することも、今の段階では誤りということであり、賠償責任保険の担当者は情報収集を続けるしかなさそうだ。

（探照灯）

の3社合併の発表の直前に、さくら銀行が住友銀行と合併する報道が流れ、三井海上火災保険は慌てて住友海上火災保険に4社合併を持ちかけますが、住友海上火災保険は、4社の合併はシステム統合が極めて困難となることや銀行系列を考えると、応じるわけにはいきませんでした。

最終的には、三井海上火災保険は、さくら銀行と住友銀行が合併する影響を受けて、3社合併を諦めることになり、この合併劇は幻となってしまいました。

(2) 日本火災海上保険と興亜火災海上保険の合併[54)]

2000（平成12）年2月に、三井海上火災保険が3社合併から離脱を図ります。もともと興亜火災海上保険は、三和銀行系列で三和銀行、東洋信託銀行、大同生命保険、太陽生命保険、ユニバーサル証券と共に6社提携による「フィナンシャル・ワン」を結成していました。「フィナンシャル・ワン」とは、リテールマーケットビジネス・資産運用・ＩＴ分野等で協力し合って、各社の商品・専門性・ネットワークの融合を目指した「機能本位」の提携でした。

上記の損保3社合併交渉が進む中で、興亜火災海上保険と三和銀行は、日本火災海上保険を「フィナンシャル・ワン」に招き入れていました。こうして日本火災海上保険と興亜火災海上保険は、共に三和銀行系列となっていたことから、そのまま合併の準備を継続することにしました。そして、翌年4月に今度は無事合併し、「日本興亜損害保険」が誕生しました。

両社は、合併により、商品開発力を強化して競争力を高め、2003（平成15）年度末までにマーケットシェアを11％にまで引き上げ、正味事業比率を32％台とする目標を発表しています。

なお、この合併に伴い、両社の生保子会社である「日本火災パートナー生命保険」と「興亜火災まごころ生命保険」も合併し、「日本興亜

２０００年（平成１２年）３月２９日（水曜日）　THE HOKEN MAINICHI　（第１３８５８号）（昭和46年３月９日 第３種郵便物認可）

保険毎日新聞
損保版
日　刊（但土曜 日曜 祝日休刊）
購読料 2,600円（本体2,476円＋税）
郵送料 800円（税込み）
合　計 3,400円（１ヵ月分）
発行所
©保険毎日新聞社
東京都新宿区市谷本村町２番16号
〒162－0845
電話 03（3268）１２１１（代表）
振替 00140－6－70860
編集発行兼印刷人 真鍋幸充

□きょうの紙面□

２面で通産省・産構審発表の「21世紀経済産業政策の課題と展望」（上）を掲載。報告では世界的な市場と高齢化社会の到来の中で、「競争力ある多参画社会」の形成が必要としている。

日本火災 興亜火災 来年４月合併へ

自主独立の大型損保目指す
正味収保で第５位の規模に

2001年４月合併で合意した松澤建日本火災社長（左）と岡本睦治興亜火災社長

昨年10月の基本協定書に基づいて統合を検討してきた日本火災と興亜火災は23日、ホテルオークラで記者会見を行い、２００１年４月１日に合併することで合意したと発表するとともに、実行計画の内容を明らかにした。新会社は総資産３兆２２００億円（業界第４位）、正味収入保険料６９００億円（業界第５位）の規模となり、財閥や系列に属さない自主独立の大型総合損保会社を目指す。両社の生保子会社も同日合併する。計画では１１００万人の個人顧客を基盤にプレゼンスを確立して２００３年度末までにマーケットシェアを11％程度まで拡大するほか、IT戦略に統合後３年間で５００億円を投入する。商品面では２社共同開発の新船舶保険を４月に発売するほか、リテール主要分野での画期的新商品を近く発表する予定。合併に向けて今後、２０００年度上半期に合併比率と新社名を決定し、10月に合併契約書を締結、12月の臨時株主総会で承認の運びとなる。

記者会見で説明に当たった興亜火災の岡本睦治社長は「昨年10月に三井海上を加えた３社統合の基本協定の内容を発表したが、三井海上が離脱した後も両社協力して初期の目的に向けて統合の準備を進めてきた。結果的に２社となったことによって融和を図るために要するエネルギーの減少や信頼感、一体感のさらなる醸成により今後の完成を加速させることが可能になった」と述べるとともに、事業強化に向けて今後もアライアンスを含めた戦略を積極的に展開していくことを明らかにした。

新会社の合併比率は１対１にすることをめどとしているが、両者の株主の利益を損なうことのないよう、最終的には外部機関の評価も踏まえて２０００年度上半期をめどに決定・発表する予定。存続会社は日本火災とし、本店所在地は興亜火災の本店がある東京都千代田区霞ケ関３丁目７番３号とする。役員体制は両社の社長が経営の最高責任を執り、会長に興亜火災の岡本社長、社長に日本火災の松澤建社長が就任する。取締役数は社外取締役を含めて10人程度とし、意思決定の迅速化を図る。興亜火災まごころ生命と日本火災パートナー生命も２００１年４月１日に合併し、存続会社は興亜火災まごころ生命を予定している。

新会社は「お客様第一主義の徹底」「保険事業を核とした総合安心サービスの提供」「高い倫理観と透明性を持った経営」「自主独立の経営と時代を切り拓く革新性・独創性」を企業ビジョンに、①CSの向上②プレゼンスの確立③効率化の推進とスケールメリットによる競争力の確保④収益力・財務基盤の強化⑤株主価値の最大化を目指す。特にCS向上に向けて、両社の商品開発力をさらに強化するとともに、全国３３０カ所の営業拠点による営業体制と上級以上のプロ代理店２万１０００店の拡充と組織化を進め、販売力と顧客対応力を持った全国ネットワークを構築するほか、全国２１０カ所の損害調査サービス拠点による事故対応サービスを提供する。また、成人人口の10％に当たる既存の個人顧客１１００万人を基盤にリテール市場での規模拡大と信認度向上を図るほか、顧客数１１０万の企業分野ではコンサルティングサービス、引受キャパシティーの拡大などによる総合的な保険サービスの提供を目指す。一方、業績に対するインセンティブを高めて報酬体系と株主利益の共通化を図るため、ストックオプション制度を導入する。

事業計画では①規模の拡大②収益力の向上③資本の充実（担保力の強化）の３点を基本に企業価値の最大化を目指す。

合併による規模の拡大に加え、商品開発力、価格競争力の強化などにより市場平均を２％程度上回る増収を図って、２００３年度末まではマーケットシェアを11％程度まで拡大することを目標にしている。

また、合併による業務統合効果に加えて業務の効率化を進め、２００３年度までに正味事業費率32％台を目指すとともに、長期的には30％以下に持っていく考え。具体的には、９０００人の人員を７０００人にするほか、重複拠点を見直して営業拠点を５４８から３３０に、損調拠点を２９６から２１０に、海外拠点を27から18に統合する。システムに関してはノンマリン分野は日本火災のシステム、マリン分野と生命保険子会社は興亜火災のシステムをベースに統合する。両社が重複して乗り合っている代理店３２００店についても見直す。これらの結果２００３年度の社費は１９９８年度に比べ４４０億円（人件費２３０億円、物件費２１０億円）の削減となる。

また、政策株式の見直しや遊休不動産の売却、非効率資産残高の圧縮あるいは資産ポートフォリオの改善に取り組み、運用収益の拡大を図る。これによって２００３年度には経常利益６００億円を確保し、株主資本利益率（ROE）を10％程度に押し上げ、株主価値の最大化を実現する。

一方、IT戦略も積極的に進める。①リテール分野の販売力強化②ネットワーク型ビジネスへの対応強化③経営管理、業務・事務新システム構築―の３分野を含めて２０００年度から３年間で５００億円のIT投資を行う計画。

（各分野ごとの個別事業戦略については後日詳報）

事業計画目標値

指　標	2003年度	1998年度（2社合計数値）		
マーケットシェア	11%	元受正味（含む積立） 10.45% 元受正味（除く積立） 10.20% 正味収保 10.22%		
正味事業費率	32%台		各社	合計
		興亜火災	39.5%	39.7%
		日本火災	39.8%	
正味損害率	市場損害率を常に下回る水準を確保（損害率上昇基調の中、現行損害率水準を維持）		各社	合計
		興亜火災	57.3%	58.4%
		日本火災	59.1%	
経常利益	600億円を上回る規模を確保（除く有価証券売却損益、同評価損）	282億円（除く有価証券売却損益、同評価損）		
資産ポートフォリオ	低利回り資産残高を20%削減（低利回り資産＝株式、不動産）	低利回り資産残高 8,989億円 対総資産構成比 27.9%		
株主資本利益率（ROE）	10%	3.57%（簿価ベース）		
ソルベンシー・マージン比率	今後とも適正水準を確保		各社	合計
		興亜火災	1,225%	1,368%
		日本火災	1,451%	

松澤社長「経営理念同一なら歓迎」
―記者団との質疑応答内容―

記者会見では合併の概要説明の後、記者団との質疑応答が行われた。主な内容は次のとおり。

――自主独立の総合損保会社を目指すということだが、事業環境が厳しい中でそれを実現するのはかなり難しいのではないか。

松澤社長　財閥に属さず自主独立の会社を目指している。規制緩和・自由化が進展している中で、自主独立の会社が存在し発展していくことが正しい姿ではないかと考えている。われわれの存在は極めて大切だと思う。非財閥・非系列の中で唯一総合大型独立損保の存在は意義があり、オールラウンドプレーヤーとして顧客、代理店のニーズに応えていきたい。

――自主独立だと契約が増えるのか。また、消費者にとってどういった利点があるのか。

松澤社長　多くの代理店やお客さまがわれわれが自主独立で頑張っている点に惹かれるといってくれている。今後も自主独立をセールスポイントにしていく。系列とか財閥が悪いといっているのではなく、同時にわれわれのような損保会社があっても然るべきではないかということだ。

岡本社長　興亜火災の保険料の80％は個人保険で、地域開拓型の代理店から挙がっている。

――２０００人の削減の内容は。

松澤社長　８割は定年退職や新人の採用抑制などの自然減で、２割は生保会社への投入あるいは周辺業務で吸収する考えでいる。

――そもそも三井海上はなぜ離脱したのか。また、それによってスケールメリットはかなり小さくなるのではないか。

松澤社長　三井海上から突然、３社統合による新会社は三井グループの１社であってほしい、それから住友海上も入れるべきとの話があり、われわれとしては受け入れがたく、離脱届けを受理した。しかし、それによって両社の絆がさらに強まり、やる気満々となった。スケールメリットについては確かに３社の方が大きいが、２社で10％のマーケットシェアを確保して、十分やっていける。企業合併はトップから管理、中間層、社員に至るまで気持ちが一致しなければならないが、その意味では目的、相互理解、信頼面でこれ以上の合併はないと思っている。

――マーケットシェア10％の規模となるのなら、なぜ新たな他業態と結び付くのか。

松澤社長　10％でも十分と考えているが、今後も金融業界の再編が続いていく中で、経営理念を同じくしのであれば、話もするし、相互理解、相互信頼できる場合によってはお迎えするということだ。

生命保険」となっています。

⑶ 大東京火災海上保険と千代田火災海上保険の合併[55)]

3社合併の発表で巨大損害保険会社が誕生するとなると、その動きに遅れまいと一気に再編ムードが巻き起こります。当時の損害保険業界は「20社体制」でしたが、特に中堅の損害保険会社にとっては動きに遅れると合併相手を失い、規模の拡大競争から脱落することを意味したからです。

2000（平成12）年に入ると、中堅の損害保険会社は最適な合併相手探しの動きが一層活発になりました。例えば、日産火災海上保険、日動火災海上保険、大東京火災海上保険の3社が合併交渉を模索していた途中で大東京火災海上保険が他社との合併を選択して離脱したとか、残った日産火災海上保険と日動火災海上保険は、大成火災海上保険を新たに交えて3社合併に入ったものの頓挫したとか、中堅損害保険会社の合併の動きに関する噂が流れたりしました。

同年2月に、大東京火災海上保険と千代田火災海上保険が合併を発表します。千代田火災海上保険は、1959（昭和34）年にトヨタ自動車販売（現トヨタ自動車）と業務提携し、1998（平成10）年9月にはトヨタ自動車の出資比率を47%程度に引き上げてトヨタ自動車の傘下となり、トヨタディーラーの保険代理店を基盤に自動車保険に強い損害保険会社でした。また、大東京火災海上保険は、野村証券系列で、特に関東地区で自動車整備工場の保険代理店を多く擁し、こちらも自動車保険に強い損害保険会社でした。この自動車保険に強い2社が合併して、「あいおい損害保険」が誕生したのです。

両社の首脳が合併を念頭に話し合いを持ちはじめたのは1999（平成11）年6月だと社史は伝えています。つまり、大東京火災海上保険は日産火災海上保険、日動火災海上保険と合併協議を進めている一方で、千

2000年(平成12年)9月13日(水曜日)　THE HOKEN MAINICHI　(第13974号)　(昭和46年3月9日 第3種郵便物認可)

保険毎日新聞
損保版
日　刊(但土曜 日曜 祝日休刊)
購読料 2,600円(本体2,476円+税)
郵送料　800円(税込み)
合　計 3,400円(1ヵ月分)
発行所
©保険毎日新聞社
東京都新宿区市谷本村町2番16号
〒162-0845
電　話 03(3268)1211(代表)
振　替 00140－6－70860
編集発行兼印刷人 真鍋幸充

新社名は「あいおい損害保険」

大東京火災と千代田火災が合併契約に調印

来年4月に合併する大東京火災と千代田火災は9月8日、合併契約に調印したと発表した。新会社の社名は「あいおい損害保険㈱」で、会長に福田耕治千代田火災社長、社長に瀬下明大東京火災社長が就任する。合併比率は千代田火災の額面普通株式1株に対して大東京火災の額面普通株式0・9株を割り当てる。資本金1000億円。合併後の総資産は2兆8293億円で業界第5位、正味収入保険料は8067億円で第4位（うち自動車保険・自賠責保険は5706億円で第3位）、代理店数は5万8152店で第5位となる（三井海上と住友海上、日本火災と興亜火災の統合を前提）。千代田火災はトヨタと緊密な関係にあるが、新会社もトヨタとの関係をさらに強化することで両社一致し、トヨタ首脳とも確認したことを明らかにした。今後のスケジュールでは12月20日に合併契約書承認株主総会を開き、来年4月上旬に合併登記する予定。両社の子会社、大東京しあわせ生命と千代田エビス生命も本体と同時に統合する。

新社名の「あいおい」は〃共感・共生・共創〃を象徴し、顧客・代理店・株主とともに成長していく意思を込めたもので、「親しみやすさと分かりやすさからひらがなにした」(福田社長)、「あくまでも新しい名前で挑戦していこうということで、それにふさわしい社名ができた」(瀬下社長)としている。ブランドマーク＝下図は視覚的効果を重視して、左右対称で「あいおい」を表し、Iは人を、Oは人を繋ぐネットワークをイメージした。

握手する瀬下大東京社長と（右）福田千代田火災社長（左）

新会社は自動車ユーザーにとってナンバー1の保険会社となることを戦略の第1の柱に位置付けている。そのため、自動車分野のトップブランドを確立するとともに、金融分野に本格的に乗り出しているトヨタグループと連携して事業戦略の強化とビジネスチャンスの拡大を推進する。具体的には、事故だけでなく故障にも対応する商品やリサイクル部品の活用など環境にやさしい商品、先進技術・安全性能を反映した商品、インターネットなど新たな販売手法に対応する商品など先進的・独創的な自動車保険を提供するとともに、業界随一のカーライフサービスを提供する。また、地域に密着したネットワークを構築して、戦略子会社の「安心ダイヤル社」をあらゆる車情報の受信・発信基地として顧客ニーズを吸い上げるとともに、サービスネットへのビジネス支援を展開する。

トヨタとの共同取り組みでは、損保独自の機能とトヨタの自動車技術革新を合わせた新商品の開発や販売店ネットワーク、ガズーなどの情報通信技術、環境保護・安全対策面で連携するとともに、カード事業や投信・投資事業など金融分野でも連携していく方針だ。

トヨタとの関係強化へ

2002年度に収保8800億目指す

新会社のシンボルマークとロゴタイプ

IOI

会見で福田社長は「トヨタとしても自動車保険に強みを発揮する新しい会社をグループの金融保険面での中核的会社として大きな期待感を持っており、トヨタ自動車あるいはトヨタグループとの関係は従来にも増して緊密になっていくだろうと考えている。したがって、資本面でのつながりをさらに強めていきたい。トヨタ側も同様の意向にあると思う」と述べるとともに、今後も役員を含めたトヨタとの人事交流を積極的に進めていく考えを明らかにした。瀬下社長も「基本的に千代田火災とトヨタとの関係は尊重したい。ぜひ親しくしていきたい」と強調した。

一方、健康・医療・介護分野にも積極的にチャレンジし、ニーズに対応した商品の提供や現物給付型保険を検討するほか、戦略子会社による独自のサービスを開発・提供する考え。

また、事務・業務を革新することで、顧客・代理店の利便性と満足度の向上を図ると同時に、事業費の大幅削減を実現して競争力を一段と強化していく。計画では新規システム投資として3年間で500億円を投入する。

生保子会社の統合では、第三分野の拡大を含めて、損生総合販売に踏み込む。新たな販売手法・代理店通販商品を開発して新規マーケットの拡大を図るほか、コンサルティングセールスの強化、第三分野商品など商品開発力の強化を進めていく。

これらの戦略によって、2002年度に正味収入保険料8800億円、事業費率34%（1999年度38・6%）、コンバインドレシオ94%台（同98・6%）、経常利益400億円（同277億円）を目指す。

主な効率化計画では、店舗の統廃合により208拠点を削減して350拠点にするのをはじめ、新規事業・生保事業へのシフトや採用を調整することで、要員を約30%減らして6550人体制とする。このほか、事務システム・プロセスの改革、システム維持コストの効率化、給与制度・福利厚生制度の見直し、関連会社コストの削減などを行う。

損保総研

「消費者契約法の適用に関する序論的考察」開講

損保事業総合研究所は、特別講座として10月19日に「消費者契約法の適用に関する序論的考察―介護サービス契約、金融リスク商品契約を中心として」を開講する。講師は㈱安田総合研究所主任研究員の卯辰昇氏。来年4月に消費者契約法が施行されることになったが、今後の「規制緩和型契約」では紛争が消費者と当事者との間に不可避的に存在することになると考えられる。講座では紛争解決に向けて消費者契約法はどのように機能するかを解説する。東京損保会館会議室で午後6時から8時まで。

受講料は損保協会社員会社の社員5250円、そのほか6750円（いずれも税別）。希望者は10月10日までに同研究所（電話03・3255・5511）に必着するよう、各社研修担当部へ申し込む。

大正生命保険管理人

旧経営陣の責任含め検討 更生特例法の適用も

大正生命の保険管理人は8月29日に記者会見し、生保協会の竹之内理事は処理スキーム策定の今後のスケジュールについて「金融庁から管理人に選任されたばかりであり、事実関係が判明せず、見通しは立っていない」と述べた。

今回のケースは当該会社の取締役による事件の発生という異例な案件のため、スキーム策定への影響が懸念されているが、小杉弁護士は「着任したばかりであり、事実関係の認識ができていない。今後、事実関係の認識を進める中で、契約者保護の観点から最善の策を早急に考えたい」と述べた。また、経営陣に対する責任追求の方針に関しては、当局の判断に対しては答える立場にないとしながら、「管理人の法律上の職務として、経営陣に対しては経営責任の明確化を図るべく、その行為に法律上問題がなかったか、事実関係の調査を進めたい」とし、損害賠償請求も含めて検討する考えを示した。更生特例法の適用については「法律改正によって更生特例法の適用が可能となったが、実際にはまだ過去に例がなく、実務面で詰めるべき点が多い」ことを明らかにした。

また、小杉弁護士は「現在は捜査がどの範囲に入っているのかを確認し、管理人業務に支障をきたすのかどうかを確認している段階だ。支障をきたすようであれば、当局に説明して然るべき協力を求める」方針を示した。

ロイヤル&サン

インドで損保事業認可申請

【ロイター＝ニューデリー8月28日】英国の大手保険会社、ロイヤル・アンド・サンアライアンスがインド企業との合弁による損保事業の申請を当局（IRDA）に行った。この申請はマドラスを拠点とする金融サービス会社のサンダラム・ファイナンスとその関連会社と共に提出した。

合弁会社は「ロイヤル・サンダラム・ファイナンス」で、ロイヤル・アンド・サンが26%出資し、残りの74%はサンダラム・ファイナンスとその関連会社が出資する。ロイヤル・アンド・サンのインド事業の責任者、アンソニー・ジェイコブ氏によると、2001年の第1・四半期に資本金10億ルピーで業務を開始したい意向。

IRDAでは、保険事業に進出を希望する新会社設立の申請を8月16日から受け付け始めた。昨年の末に法律が制定され、同分野の国の独占が撤廃され、外国企業や民間企業に参入の道が開かれた。外国企業に対しては、インドの保険会社に最大26%までの出資が認められた。サンダラム・ファイナンスはインド大手の金融サービス会社で、割賦販売、リース、住宅金融、資産管理業務を主体とし、インド全域に90を超える支店網を有している。

代田火災海上保険とも合併交渉を進め、最終的に千代田火災海上保険を選んだのです。大東京火災海上保険社長は合併に当たって「損保と損保の合併ではなく、事業会社（＝トヨタ自動車）との組合せを選んだ」と語っており、千代田火災海上保険の筆頭株主であるトヨタ自動車の存在を意識したようです。そして、合併にあたってトヨタ自動車からの追加出資を求め、関係強化に成功しています。

ただし、他の自動車メーカーのディーラー販売代理店は、あいおい損害保険がトヨタ自動車にシフトしたことを嫌って、距離を置いてしまったともいわれ、合併には、合併双方の得意とするマーケットが融合して、それを強みに体力強化と業容拡大を目指すというメリットがあるのですが、合併により失うというデメリットもあるのです。

なお、大東京火災海上保険と千代田火災海上保険の合併に合わせて、各々の「大東京しあわせ生命保険」と「千代田火災エビス生命保険」も合併し、「あいおい生命保険」となりました。

(4) 損害保険会社をめぐる大手生保の動き

① 日本生命保険の本業回帰――同和火災海上保険とニッセイ損害保険の合併[56)]

2001（平成13）年4月には、もう一つの合併がありました。同和火災海上保険と日本生命保険の損保子会社であるニッセイ損害保険が合併し、「ニッセイ同和損害保険」が誕生しました。

生命保険業界トップの日本生命保険は、金融ビッグバンの当初、「総合金融機関」化を標榜していました。しかし、1997（平成9）年に社長が交代すると、「本業回帰」に方向転換します。ただし、ここでいう「本業」とは生命保険のみならず、損害保険をも含む保険業という意味で、損害保険業界への本格的な進出が念頭に置かれていました。日本生命保険は、1999（平成11）年6月に、従来から親しかった同和火災海上

2000年(平成12年)6月5日(月曜日)　THE HOKEN MAINICHI　(第13903号)　(昭和46年3月9日 第3種郵便物認可)

保険毎日新聞
損保版
日　刊(但土曜 日曜 祝日休刊)
購読料 2,600円(本体2,476円+税)
郵送料　800円(税込み)
合　計 3,400円(1ヵ月分)
発行所
©保険毎日新聞社
東京都新宿区市谷本村町2番16号
〒162-0845
電　話 03(3268)1211(代表)
振　替 00140－6－70860
編集発行兼印刷人 真鍋幸充

同和火災とニッセイ損保 合併契約を締結

グループIT戦略推進

5年以内に 正味収保5000億円目指す

同和火災とニッセイ損保はそれぞれの取締役会の承認を得て5月19日に合併契約を締結した。今後、6月に予定している株主総会を経て、来年4月1日に合併する計画。新会社の名称は「ニッセイ同和損害保険㈱」で、資本金は473億円。6万営業職員・3万代理店と業界最大規模の約2000カ所の営業拠点の有効活用と情報通信技術の導入によるIT戦略を強力に推進して、5年以内に顧客数2000万人、取引企業数100万社を目指す。両社の合併と同時に同和生命と日本生命との間で包括移転契約も締結した。

合併比率（50円額面換算後）は同和火災1／ニッセイ損保0・1234で、ニッセイ損保の額面普通株式（額面5万円）1株に対して同和火災の額面普通株式（額面50円）123・4株を割り当てる。両社が第三者機関として依頼した監査法人太田昭和センチュリーと東京三菱銀行が算定した結果を参考に協議・決定した。太田昭和センチュリーは両社の企業価値を算出するに当たり、時価純資産方式を基本とし、DCF（ディスカウント・キャッシュフロー）方式を併用。東京三菱銀行は時価純資産方式と市場株価方式、DFC方式を併用した。発行する新株式数は額面普通株式2468万株。合併に先立ってニッセイ損保は、新会社への持込資本の縮小と平成13年3月期の決算で想定される欠損金の補てんの観点から200億円の減資を行う。50万株中30万株を消却。予定は来年2月1日。

新会社は「ニッセイ保険口座」を日本生命との共通ブランドに、生損総合リスクマネジメントを提供する〝最強の総合保険グループ〟の形成に向けて業界最高水準のクオリティーを追求。新会社の有するノウハウに日本生命の商品・サービス開発力を組み合わせて「画期的な生損保セット商品・サービス」を開発する一方、経営資源の集中と有効活用による競争力の強化と効率性の改善を図る。発足初年度には事業費率36％台達成を目指す。ニッセイグループの経営資源を最大限に活用するとともに、商品・チャネル・システムなどの開発・投資を日本生命と共同で実施する。

中期的発展目標として、合併後5年以内に顧客数2000万人、取引企業数100万社を達成し、これを通じて正味収入保険料5000億円、事業費率30％台前半、REO（株主資本利益率）業界トップレベルを目指す。

新会社は、マーケットをリテール（個人）・ミドル（中小法人）・ホールセール（大企業）に3分類し、それぞれのマーケット特性に応じた成長戦略を設定している。

リテール分野ではまったく新しいコンセプトの新商品を来年4月に発売する予定。ミドル分野では新型のパッケージ商品を開発して生損総合リスクコンサルティングサービスを推進する。代理店や営業職員が〝次世代保険エージェント〟としてそれを実現できる体制を拡充する。ホールセール分野では人保険分野を中心に総合補償型商品を開発して企業の福利厚生制度構築をサポートするとともに、高度化・多様化する企業ニーズに対応するため外資系専門機関などグループ内外の専門組織と連携して、R&D・商品開発・マーケティング手法開発を担う専門機関（部門）の創設を検討していく方針。

日本火災
興亜火災

「管理組合総合保険」発売

マンションのリスクを補償

日本火災と興亜火災は、2社共同開発の新商品として、マンションを取り巻くさまざまなリスクを包括的に補償する「管理組合総合保険」を6月1日発売した。マンションの管理組合の視点に立って、管理業務を取り巻くトラブルを総合的に補償するマンション専用の保険として開発したもので、管理組合に必要とされる補償を1商品ですべてカバーする。従来の保険では補償されなかったマンション構内に所在する建物以外の共有部分の損害なども補償する。従来型商品を組み合わせた場合に比べて保険料水準を大幅に引き下げた点などが特徴。

マンションは建物や設備など共有部分の損傷・居住者間のトラブルなど戸建て住宅には見られない特有の危険に取り囲まれている。分譲マンションの管理組合はこれらのリスクに備え、自らが契約者となって火災保険や賠償責任保険に加入する必要があるが、契約手続き・管理が煩雑なことや補償の漏れ・重複が生じやすい半面、保険料が割高になりやすいことから、専用商品の開発が求められていた。このため日本火災と興亜火災は、それらのニーズに応える商品として「管理組合総合保険」を共同開発したもの。

マンション建物や付属設備に対する補償、水漏れなど管理組合あるいは各居住者が負担する賠償責任の補償をセット。建物は地震保険とセットで万全な補償を提供するほか、破損事故やエレベーターの故障も補償の対象とした。修理費ベースで支払うため、保険金だけで建物は元通りにできる（破損・汚損による損害については1万円が自己負担）。従来の火災保険では対象とならなかった建物に直接付属しないフェンス、自転車置き場、庭木、外灯設備、駐車場設備などマンション本体以外の施設の損害を補償するほか、共有部分に偶然の事故が生じた場合、復旧のために必要な原因調査費用なども補償する。合理的な保険設計で保険料を20％程度軽減した。

保険料例として、東京都所在、40戸室で、共有部分保険価額6億円、共有部分保険金額3億6000万円（付保割合60％）、賠償責任（施設・個人とも）1事故1億円限度の場合、年間保険料は39万8000円。従来の契約方法（住宅総合保険＋機械保険＋賠償責任保険）では56万2440円。

損保総研

「保険流通革命への挑戦」開講

7月11日

損保事業総合研究所は、特別講座として7月11日にシリーズ・21世紀の代理店経営（その2）として「保険流通革命への挑戦―ベンチャー立ち上げからの1年」を開講する。講師はニューネットワークインシュアランス㈱代表の新（あたらし）邦明氏。保険の規制緩和・自由化を機に保険会社を退社し、保険流通のベンチャー企業群を率いる同氏がベンチャー企業家の目から見た保険業界と保険流通業界の実態と展望について解説する。損保会館会議室で午後6時から8時まで行う。受講料は損保協会社員会社の社員5250円、そのほか6750円（いずれも税別）。レジュメ代実費。希望者は6月30日までに同研究所（電話03・3255・5511）に必着するよう、各社研修担当部へ申し込む。

ストックオプション実施

富士火災 85万株を取締役などに譲渡

富士火災は取締役や執行役員、従業員の意欲や士気を高めて業績の向上を図るため、5月19日の取締役会でストックオプション制度導入に伴う自己株式の取得を決めた。

取得する株式は額面普通株式85万株・総額3億円（上限）。譲渡対象は、6月29日に開催予定の第83回定時株主総会終了時に在任する取締役13人、執行役員5人と従業員のうちの200人。譲渡する株式数は各取締役8000株、各執行役員6000株、各従業員2000～5000株。

譲渡価額は権利付与日の属する月の前月の各日（取引が成立しない日を除く）の東京証券取引所の終値の平均値に1・05を乗じた価額（1円未満の端数は切り上げ）。当該金額が権利付与日の終値を下回る場合は権利付与日の終値。株式分割、時価を下回る価額で新株を発行する時は、譲渡価額を調整し、調整により生じる1円未満の端数は切り上げる。

権利行使期間は平成14年7月1日から平成16年7月31日。行使の条件として、株式譲渡請求権の譲渡・質入れ・相続は認めない。その他の権利行使の条件については第83回定時株主総会決議と取締役会決議に基づいて対象取締役などとの間で締結する「株式譲渡請求権付与契約」で定める。

これらの内容は6月29日の定時株主総会で承認可決されることが条件。

「懸賞付積立保険」販売

三井海上 西暦2000年記念

三井海上は西暦2000年を記念して「懸賞付積立保険」を販売している。対象商品は個人を契約者とする一時払いの積立保険（積立労働災害保険、積立マンション総合保険、マンション修繕費用積立保険除く）で、5月から7月までに申し込み、6月1日から7月31日までに保険期間が開始する契約。

満期返戻金10万円について1本の抽選権が付き、3000本を1ユニットとして、1ユニット当たり1等10万円（1本）、2等1万円（10本）の商品券が当たる。抽選日は9月11日。

「ゆいゆいサポート」を開始

――大同火災――

大同火災は自家用自動車総合保険（SAP）契約を対象とした24時間ロードサービス「ゆいゆいサポート」を6月1日開始した。事故や故障で自力走行不能になった場合のレッカーけん引・落輪引き上げを無料で行う〝レッカーかけつけサポート〟と、外出先でのかぎ開け・スペアタイヤ交換・バッテリー上がり・ガス欠・冷却水の補充・電球やヒューズの交換など故障時の緊急修理に無料で対応する〝うっかりサポート〟の二つの新サービスを提供する。けん引距離が30㌔を超える部分、ガソリン代・オイル代・部品代は顧客の負担。

同サービスは同社の「ゆいゆいサポートセンター」に連絡すれば365日24時間利用できる。

保険への出資額を引き上げ、同社を関連会社化していました。

日本生命保険と同和火災海上保険の関係は戦前に遡ります。日本生命保険が戦前に株式会社だった頃の筆頭株主は大阪の金融財閥・山口家でした。一方、同和火災海上保険は４社が合併した損害保険会社でしたが、その一つの共同火災海上保険の筆頭株主が山口家だったのです。戦後、日本生命保険の経営権は創業者一族・弘世家が握り、同和火災海上保険は前身の一つの神戸海上火災保険の創業者一族である岡崎家が経営権を握りました。しかし、同じ山口財閥の系譜を引く企業として日本生命保険と同和火災海上保険は親しい関係を維持し、日本生命保険がニッセイ損害保険を設立した際には、同和火災海上保険に協力を仰いでいたのです。

日本生命保険は、損害保険会社との関係では、第一火災海上保険との提携関係がありましたが、経営悪化・破綻をたどる第一火災海上保険の救済・支援の道をとらず（本節２⑴参照）、自社の損保子会社と同和火災海上保険との合併を通じて、損害保険業界への本格的な進出を実現しようとし、生損保の本業回帰、すなわち「保険業」の世界の拡充を計画していたのです。

日本生命保険は、当時「ニッセイ保険口座」を設け、従来契約単位であった死亡保障、医療保険、年金、自動車保険、火災保険等の複数の保険契約を契約者単位でパッケージ化し、その契約高や期間に応じて保険料を割り引く制度を開始しており、損害保険商品を取り込んだ「生損保総合リスク管理」を提供する構想を実現しようとしていました。

なお、同和火災海上保険とニッセイ損害保険の合併に伴い、同和火災海上保険の生保子会社である「同和生命保険」が保有するすべての生命保険契約を日本生命保険に包括移転しています。

2000年(平成12年)９月１日(金曜日)　THE HOKEN MAINICHI　(第13966号)　(昭和46年3月9日 第3種郵便物認可)

保険毎日新聞

損保版

日　刊(但土曜 日曜 祝日休刊)
購読料 2,600円(本体2,476円+税)
郵送料　800円(税込み)
合　計 3,400円(１ヵ月分)

発行所
©保険毎日新聞社
東京都新宿区市谷本村町２番16号
〒162-0845
電　話 03(3268)１２１１(代表)
振　替 00140－6－70860
編集発行兼印刷人 真鍋幸充

□ 1 面 特 集 □

安田火災と第一生命が戦略的な業務提携することで合意した。生損保両業界それぞれ第2位の両社の提携は業態を超えた再編を加速させることになりそうだ。提携の今後の展開が注目される。

安田火災と第一生命が提携

最強・最優の総合グループ目指す

提携委員会設置し具体化図る

安田火災（平野浩志社長）と第一生命（森田富治郎社長）は8月28日、都内のホテルで記者会見し、業態を超えた商品・サービスの相互提供など保険分野を中心に包括業務提携することで合意したと発表した。事業環境の変化と業界再編が進む中、「新たな合従連衡のモデルを構築することでビジョンが一致」（平野社長）したもので、今後、提携の具体化を図るため提携委員会を設置して推進していくことになった。また、両社の関係を強化するため、第一生命が安田火災の株式を相当数取得することを明らかにしたが、将来の経営統合については否定した。今回の提携により販売チャネル規模は安田火災の代理店6万6000店と第一生命の営業職員5万1000人を合わせて11万7000となるなど業界第2位の両社が提携することで「最強・最優の総合保険グループを目指す」計画だ。

握手する平野社長（右）と森田社長

両社は「新たな競争ルールにおいては競争力のある事業者がさらに競争力を強めていく」との共通認識を踏まえて、業態を超えた商品・サービスの提供と両社の顧客基盤、商品開発力、損害調査網、提案・販売力、保険周辺事業・新規事業など早期にシナジー効果を生むコアコンピタンスとノウハウの融合をスピーディーに実現することで一致した。

提携の検討は昨年秋ごろから進められ、今年7月に一気に加速したという。今後、保険分野での提携を段階的に進めていく。

損保分野の提携第1段階としては、第一ライフ損保と安田火災との広範囲の業務提携と第一生命による安田火災の損保商品の販売を実施する。具体的には、第一生命は全国248拠点・約5000人のスタッフを有する安田火災グループの自動車事故対応サービスの提供と第一ライフ損保への人的支援を受けるとともに、安田火災の持つノウハウの提供を受けて第一ライフ損保の販売面・契約引受面でのレベルアップを図る。また、第一生命は安田火災固有の商品について、顧客の具体的ニーズに接した場合、安田火災に紹介するなど提携効果を早期に発揮する。

これらのステップを踏まえて第一生命は、2001年をめどに、安田火災の損保代理店として約5万人の営業職員、ファイナンシャル・プランナー、法人営業担当者などを通じて安田火災の損保商品の提供を開始する。

第2段階では、第一ライフ損保の引受・販売機能を抜本的に再編する。第一ライフ損保の事業を抜本的に改革して、引受事業の全機能を安田火災に委ねるとともに、販売・サービス管理機能を第一生命に統合。これにより両社は、当局の認可を前提として、2002年度をめどに第一ライフ損保を安田火災に統合・合併する。

一方、生保分野の提携第1段階では、第一生命による安田火災グループへの補完的商品の供給を実施する。安田火災は第一生命固有の商品について、顧客のニーズに接した場合、第一生命に連絡して説明を依頼するなど提携効果を早期に発揮する。また両社は、安田火災とシグナ・コーポレーション（米国）との合弁会社、INAひまわり生命が提供する生保商品（第一分野）のラインアップを補完・強化して販売力を強化するため、当局の認可を前提として代理店販売に最適な商品の共同開発を含め、第一生命による商品の補完供給を行うスキームを構築する。既存販売チャネルを補完・支援する新たな販売手法の構築に向けた共同展開も行う。

第2段階では事業環境などを踏まえて、両社グループの生保事業の機能と強みを最大限発揮できるよう、新たな事業モデルの展開の可能性について共同で検討する。

総合ポータルサイト構築

法人向けに「DYクラブ」も

企業向け総合サービスの共同開発、共同ロイヤリティプログラムの提供、パッケージ商品・新商品の共同開発も実施する。

企業向けに福利厚生制度全般をカバーする商品・サービスやカフェテリアプランを共同提案するほか、安田火災の企業向けITインフラサービスと第一生命が開発・提供している企業のイントラネットを通じた福利厚生総合管理システム「SELFS」を合わせて、企業・団体への共同提案などを行う。両社の法人顧客会員組織のコンテンツを統合した新しい会員組織「DYクラブ」も発足させて共同で運営。企業向け各種制度メニュー、情報サービス、リスクコンサルティングについてアクセスを一本化して会員企業に総合サービスを提供する。個人顧客には、第一生命が展開している「ドリームキングダム」に安田火災が参画し、同社の顧客にもポイント加算する仕組みを導入する。

インターネットによる先進的な生損保総合サービスの共同展開では、第1段階として、生損保総合保険ポータルサイトを構築して10月をめどにサービスを開始し、第2段階で契約加入状況、住所変更の一括受付や共同ロイヤリティプログラムのポイント照会など顧客ごとのワン・ツゥ・ワンサービスの提供を検討する。

介護事業分野の共同展開では、介護・健康・医療関連サービス、介護事業に関する資源・ノウハウの相互補完と統合を進め、保険と介護を合わせたわが国トップクラスのサービス体制の構築を目指す。安田火災が開発に参加している介護・福祉専門のポータルサイトについて、第一生命の参画を含めて共同で検討するほか、健康・医療分野での新しいサービス・事業の共同研究・開発を実施する。

確定拠出型年金と関連事業分野に関しては、類似制度の職域向け累積投資信託制度について、安田火災シグナ証券（YKCS）の制度管理システムの活用と両社グループの商品提携の共同展開を図るほか、第一生命は来年導入が予定されている確定拠出型年金制度に関して、みずほフィナンシャルグループなどに加えて、安田火災との間でも、YKCSの運営管理サービスの活用と両社グループの商品提携などについて共同展開を検討する。

資産運用面では、保険会社ALM・金融技術の共同研究、証券化事業の推進、協調融資の実行、確定拠出型年金向け資産運用商品の共同研究などを進める。

人材の交流についても、両社のコアコンピタンス・ノウハウの補完・強化を推進するため、両社とグループ内各社間で、システム部門・商品開発部門・運用部門をはじめ、幅広い分野で積極的に行う。

このほか、システム・調査研究などの分野で関連会社を含めた広範な協力関係の構築を検討する方針だ。

平野社長「あらゆる努力傾注」

会見の席上、平野社長は今回の提携が新世紀の新たなビジネスモデルとして評価されるよう、あらゆる努力を傾注する姿勢を強調するとともに、森田社長と記者団の質問に答えた。概要は次のとおり。

――相手側の商品を販売した場合、営業職員・代理店それぞれの手数料はどうなるのか

森田「代理店として正式に相手社の保険を販売した場合は手数料をいただくことになるが、紹介業務に関しては一切ない」

――他企業との提携については、今後も生・損保を含めてオープンスタンスで臨むのか

森田「将来的にお客さまの利便性向上のため、他の企業の参加が必要と判断した場合は、受け入れていく考えでいる」

平野「包括提携の基本ビジョンは〝お客さまにとってベストであり続けること〟であり、お客さまにとってより良い方向に進むのであれば、今後も提携関係の構築にはオープンスタンスで臨んでいく方針だ」

――INAひまわり生命との関係、そして同社の戦略について

平野「事業環境が急速に変化しつつある中で、INAひまわり生命が長期的に成長していくためには特徴のある生保に脱皮していくことが必要だ。そこで第1分野に関しては第一生命と連携して、企業経営者向けのオプション商品などを中心に補完的供給を図り、商品ラインアップの拡充を図っていく。また、第三分野に関してはINAの得意分野である医療保障を重点的に強化していきたいと思っている。今後の環境変化の度合いを見ながら、第一生命、安田火災、INAひまわり生命3社の持つ強みを生かして、生保事業における新しいビジネスモデルの構築につなげていきたい。第一・安田の両グループが持つ機能を最大限に生かせるような形に組み替えていく」

――将来的には経営統合の可能性もあるのか。第一生命の株式会社化の可能性も含めて見解を聞きたい。

平野「現状では統合の可能性はない。統合の前提となるのは、第一生命の株式会社化による経済合理性、あるいは両社による共同持ち株会社の経済合理性の有無にかかわってくるが、現時点ではいずれの場合も長期的な意味での経済合理性は見られないとの共通の見解に至っている。お客さまサービス向上の観点からも、今回の提携モデル以上のものはないと判断した」

森田「今回の（提携の）キーワードは〝アウトソーシング〟という点にあり、この観点から考えても、これ以上のモデルはないと考えている」

②　第一生命保険の分業戦略[57)]

日本生命保険が生損保の本業回帰を図ったのに対して、業界第2位の第一生命保険は、自ら総合保険グループを構築するのではなく、各分野に特化した企業との提携による棲み分けを考えていました。

代理代行業務の解禁（本章第3節5参照）が、その背中を押し、同社は2000（平成12）年8月に安田火災海上保険との全面提携に踏み切り、その翌月にアメリカンファミリー生命保険会社とも業務提携を結びました。つまり、第一生命保険は、損害保険（第二分野）は安田火災海上保険、第三分野ではアメリカンファミリー保険会社と棲み分けして、自らは生命保険（第一分野）に専心する事業戦略を打ち出したのです。

なお、この提携には、むしろ安田火災海上保険側の戦略が大きく反映していると思われます。なぜ、安田火災海上保険が第一生命保険との提携を選んだのかといえば、その答えはみずほHDの経営統合にありました。

みずほHDの前身の富士銀行、第一勧業銀行、日本興業銀行にはそれぞれ親しい生損保会社が存在していました。富士銀行系の安田生命保険、第一勧業銀行系の朝日生命保険と富国生命保険、日本興業銀行系の第一生命保険の生命保険会社4社と、富士銀行系の安田火災海上保険と日動火災海上保険、第一勧業銀行系の日産火災海上保険と大成火災海上保険の損害保険会社4社の計8社です。この業務提携の動きは、そのなかで安田火災海上保険と第一生命保険が最も業界順位の高い生損保会社であり、両社が手を携え互いを認め合うことで、みずほHDを代表する生損保会社は自分たちであることを誇示したものと見ることができます。

③　住友生命保険と住友海上火災保険の提携[58)]

2000（平成12）年11月初旬の新聞[59)]に全面広告で、住友生命保険と住友海上火災保険の全面提携が掲載され、衝撃を与えました。提携の主な内容は、住友生命保険グループと住友海上火災保険グループの生損保の相互販売、第三分野を含めた生損保融合型商品の共同開発、そしてインターネットによる保険商品・サービスの共同展開、さらにはスミセイ損害保険と住友海上ゆうゆう生命保険に対する両社からの相互出資による資本関係の強化でした。特に注目されるのは、住友生命保険が住友海上火災保険の募集代理店の認可を取得したことで、住友生命保険は営業職員５万人を募集使用人とする生損保の総合保険代理店となったことです。

この提携の背景には、次のような事情があったといわれています。そもそも、この全面提携は、「不良債権処理」や「逆ザヤ」で経営が苦しかった住友生命保険が住友海上火災保険に持ちかけたものであったようです。住友生命保険は、バブル期の積極的な不動産関連投資が裏目に出て、日本生命保険や第一生命保険よりも多額の「不良債権処理」による損失が発生していました。同社は、1993（平成5）年度から1997（平成9）年度にかけて合計1.5兆円の不良債権処理を行い、1994（平成6）年末には既に株式の含み益が枯渇していました。この株式の含み益枯渇は、1980年代までにおいて潤沢にあった株式の含み益を内部留保するよりも特別配当等で契約者への還元することを優先したために生じたものであり、含み益がなくなれば、同社が大手生保といえども過小資本状態にあるのではないかといううわさが流れたのです。

また、住友生命保険の「逆ザヤ」の額は、1995（平成7）年度で3000億円弱もあり、剰余金2000億円を上回っていました。翌年度に団体年金の予定利率を4.5％から2.5％に引き下げたため、逆ザヤの額は、1000億円程度減少したものの、その後に国内金利が低下したため、毎年度数千億円レベルの逆ザヤが続いていました。

住友生命のソルベンシー・マージン比率は、1999（平成11）年度が675.7％、翌年度は551.3％と低下傾向が続き、この提携発表があった後も低下し、2002（平成14）年度には498.0％と500％を下回ってしまいました。提携発表した時の格付は、かろうじてシングルＡ（日本格付情報センター）をキープしてはいましたが世間からは不安視され、2002（平成14）年度はシングルＡマイナス、その翌年はトリプルＢプラスまで下がってしまいました。中堅生命保険会社の連鎖倒産の段階が終わり、次は大手生命保険会社の段階になるのではという風評が流れ始めたのです。

一方、提携先である住友海上火災保険は、「不良債権」や「逆ザヤ」に何ら悩まされることはなく、順調な経営状態で、ソルベンシー・マージン比率は1999（平成11）年度が住友生命保険とは一桁違う1747.4％と高く、1999（平成11）年度以降の格付はダブルＡプラスを続けていました[60)]。住友生命保険は、経営不安の風評を払拭するためもあって、健全な経営を続けて高い信用力を維持している住友海上火災保険と業務提携をすることによって、イメージアップを図り、さらには住友海上火災保険から顧客の紹介を受けて、低迷していた新規契約を延ばそうと目論んでいたと思われます。住友生命保険は、創業以来初めて経験する非常に厳しい状況に陥っていたわけで、それを打開する必死の策として高い信用力の住友海上火災保険に頼らざるを得なかった事情があったと見られています。

さらに、住友生命保険は、損保子会社のスミセイ損害保険の経営不振という問題も抱えていたようでした。生命保険会社が設立した損保子会社の中では、ニッセイ損害保険に次ぐ第２位の業績でしたが、損保子会社の経営は計画どおりには進捗していませんでした。特に自動車保険の事故対応には、設立当初から住友海上火災保険の損害調査ネットワークを利用させてもらうなど[61)]、住友海上火災保険のサポートなしには、運営は難しい状態でした。

④　明治生命保険と日新火災海上保険、日本火災海上保険との提携[62)]

明治生命保険は、1999（平成11）年10月に日新火災海上保険と業務提携しました。主な提携内容は、日新火災海上保険が、明治生命保険の損保子会社である「明治損害保険」の商品開発と販売・システム・事務処理に関して協力し、明治生命保険は自ら保有する中堅・中小企業マーケットの顧客に日新火災海上保険の保険商品を紹介するというものでした。この提携により、明治生命保険は、日新火災海上保険の株式を買い増して、将来的に同社の筆頭株主になることを目論んでいました。

さらに、明治生命保険は、他の損害保険会社とも提携をしました。2001（平成13）年３月に日本火災海上保険と業務提携をしています。４月に日本火災海上保険は興亜火災海上保険と合併して日本興亜損害保険となりましたが、提携関係は維持されました。

明治生命保険は、我が国で一番古い伝統ある老舗の生命保険会社で三菱系に属し、それを基盤に企業・団体分野に強く、しかも資産運用戦略として地方銀行の株式を積極的に購入し、多くの地方銀行と友好な関係を築いていました。一方、日本火災海上保険は、「フィナンシャル・ワン」（本節３⑵参照）で三和銀行系列になる以前は、もともと川崎金融財閥の系譜にあり、同じバックグラウンドを持つ関東圏の有力地方銀行（常陽銀行や足利銀行等）と太いパイプを持っていました。この２社は系列は異なるものの、地方銀行という共通のマーケットを有していたことが提携の契機となったのです。

明治生命保険は、損保子会社である明治損害保険の自動車部門を日本興亜損害保険に譲渡するなどして提携関係を強めていきましたが、後に系列が異なったことが原因で、この提携関係は解消の方向に向かうことになりました。

⑸　三井海上火災保険と住友海上火災保険の合併[63]

幻の合併劇を演じた三井海上火災保険は、さくら銀行と住友銀行の合併が決定していたため、2000（平成12）年３月に住友海上火災保険と合併する発表を行い、2001（平成13）年10月に合併しました。

この2社は、合併までの約15年間、業界第3位の座を競い、かなり激しいデッドヒートを展開して、文字どおりライバル関係にあったのですが、対等合併をして「三井住友海上火災保険」となりました。当時、この合併が実現すると、総資産5兆7000億円、マーケットシェア17%、代理店数10万店という国内最大規模の損害保険会社が誕生すると騒がれました。

ほぼ同規模の2社による合併であったことから、合併で掲げられた計画[64]には、対等意識を感じさせる強気の姿勢がうかがえます。

たとえば「損保・生保の成長力・収益力でナンバーワン」を掲げ、損保の正味収入保険料増収率・増収額で1位、損保のコンバインドレシオ（損害率＋事業費率）と運用利回りで1位、そして生保新契約高増加額1位（損保系生保）、さらには国内損保以外の事業でグループ全利益の15%創出に向けた基盤を確立という具体的な内容を提示しています。

また、質的な面では、「最高品質の実現」として、最高品質の商品・サービス・お客さま対応の実現によるCSナンバーワン、そして株主・市場の期待に応えるコーポレートガバナンスの向上、さらにはコンプライアンスの徹底が掲げられています。

そして、「ＭＳパワー（三井住友海上社員・代理店のパワー）最大化」として、全員一丸で合併効果を早期実現、新しい企業文化の創造、創造性あふれる人材育成・社員の働きがいと処遇の向上、ＩＴの戦略的活用が挙げられています。

もともとライバル同士だったことから、社内外で2社の社員同士の融和がうまくいくかが注目され、実質的な一体化にエネルギーや時間を費やすことになるのではないかと懸念の声がありました[65]。そのため、新会社の会長に三井海上火災保険の社長が、社長には住友海上火災保険の社長が就任することとし、両者が共同最高責任者（ＣＥＯ）体制をとる形にしました。

2000年（平成12年）3月31日（金曜日）　THE HOKEN MAINICHI　（第13860号）（昭和46年3月9日 第3種郵便物認可）

保険毎日新聞
損保版
日　刊（但土曜 日曜 祝日休刊）
購読料　2,600円（本体2,476円＋税）
郵送料　800円（税込み）
合　計　3,400円（1ヵ月分）
発行所
©保険毎日新聞社
東京都新宿区市谷本村町2番16号
〒162－0845
電話　03(3268)1211(代表)
振替　00140－6－70860
編集発行兼印刷人　真鍋幸充

三井海上 住友海上 来年10月に合併へ

損保ナンバー1目指す

総資産5兆7310億円でトップに

・握手する井口武雄三井海上社長（右）と植村裕之住友海上社長

三井海上（井口武雄社長）と住友海上（植村裕之社長）は27日、合併に関する基本合意書を締結した。同日の記者会見で2001年10月1日をめどに合併するとともに、統合基本計画を明らかにした。2社を合算した98年度の正味収入保険料は1兆1547億円で、東京海上に次いで業界第2位の規模となる。総資産は5兆7310億円で第1位。2004年度には1兆2400億円、マーケットシェア18％以上を目指す。また、同年度までに現行経費の約18％に当たる550億円の削減を図る。具体的には従業員数を3000人減の1万1500人とするほか、営業拠点を574から340、事故対応拠点を384から260、海外拠点を94から62に統合する。これにより2004年度はグループ全体で900億円を上回る利益を見込んでいる。一方、事業費率は32・5％以下、損害率は59・5％以下とし、コンバインドレシオを92％以下にする計画。また、IT戦略に統合後3年間で900億円程度を集中投資する。新規事業進出では他の金融機関や異業種とのアライアンス、M&Aを通じて事業基盤を早期に構築し、2004年度には全利益の約15％を国内損保事業以外で生み出す考え。合併比率、新会社名、本店所在地、存続会社などは今後決定する。

計画の概要を説明した植村社長は「合併効果の最大化を実現して1社ではできない変身を遂げる。構造改革を進めて損保ナンバー1を目指すとともに、グローバル・クオリティを実現する。革新成長・スピードを共有の価値とし、フルスピード、フルパワーで合併を進めていきたい」と述べるとともに、質問に答える形で今年末をめどに自動車保険を共同で開発・販売する考えを明らかにした。

新グループは、事業ポートフォリオ戦略として事業領域ごとの必要資本量と収益を把握して資本の効率配分を行い、株主資本利益率（ROE）の向上を図るとともに、将来の事業ポートフォリオとして国内損保事業以外の利益ウェイト50％以上を目指す。

損保事業戦略では「わが国損保ナンバー1の成長性・収益性・規模を実現し、グローバルに展開する」方針。具体的に個人分野・中堅企業分野では最大級の販売網と独自新商品・新サービスを展開してシェアの拡大を図るとともに、大企業分野では統合によるシナジー効果を発揮して優位性を拡大する。販売チャネル面では代理店ネットワークシステム（現在2万店、2002年に4万店接続）を活用してネット上で大半の業務が完結する仮想オフィスを完成させ、保険料収納のキャッシュレス化と一体で業務プロセスを革新する。コールセンターのサービス拡充と代理店介在型の通信販売・インターネットへの出店などで顧客とのインターフェイスの多様化・効率化を図る。これらの施策を展開することで収益拡大を図る一方、営業組織単位の収益管理、商品別・得意先別の収益管理を徹底してコンバインドレシオの低減を目指す。

商品面については、個人分野では主力商品の自動車保険、火災保険と今後成長が見込まれる医療・介護などの第三分野などで大型新商品を開発・投入し、マーケットリーダーとしての地位確保を目指す一方、競争が一段と激化している企業分野では商品開発力とリスクマネジメント力、引受キャパシティをさらに強化して総合的なソリューションを提供していく。さらに、伝統的な保険の枠を超えて自然災害リスクの証券化や天候デリバティブなど保険とリスクマネジメントの融合による高付加価値型の商品とサービスを提供する。

海外戦略については、両社の海外拠点を統廃合することで効率を高めるとともに、アジア・米州・欧州の3極体制機能を強化し、グローバルに展開する日系企業に対するリスクマネジメントサービスの提供と収益性を重視した地域市場への取り組みを強力に推進する方針。海外保険会社への資本参加や業務提携などによって国際競争力を高め、グローバルプレーヤーとしてのプレゼンスを高める。海外再保険事業については現在の2社の海外再保険子会社を核にグローバルな再保険事業を本格化させる。

事故対応戦略では、最大級のサービス拠点網とコールセンターを活用して緊急時のアシスタンスから事故解決まで24時間365日ノンストップで展開する。

IT戦略では現在2社合算で年間350億円のシステム投資額を100億円規模で削減してIT投資余力を生み出し、統合後3年間で900億円程度を投入。企業向け・個人向けのインターネットによる契約手続きシステムや統合コールセンターなど24時間365日稼働のシステム基盤を構築する一方、代理店ネットワークシステムと顧客データベースを融合した新しい代理店システムを構築する。

一方、生保事業戦略では「生保子会社の統合で商品開発力と販売力の強化を図り、M&Aも視野に入れながら事業規模を拡大し、新たな収益の柱として確立する」方針。商品開発については今後ニーズの増大が見込まれる医療・年金・介護分野をはじめ、社会経済やマーケットの変化に対応していく。従来の損保代理店網を活用した生命保険のクロスセルを一段と強化するため、ファイナンシャルプランナーの育成など生保販売力の高度化を推進するとともに、販売チャネルの多様化も進め、「損保系生保会社トップを目指す」。

金融サービス事業戦略ではアセットマネジメント、ベンチャーキャピタル、投資信託、確定拠出型年金ビジネスなどとともに、高い格付けと技術力を活用した金融保証・債権流動化・不動産証券化・デリバティブなどの最先端のファイナンシャル・テクノロジーへの領域拡大を図り、保険商品と金融商品の総合コンサルティング販売を進める。これら金融サービス事業をダイナミックに展開するため、「内外の金融機関との提携強化も含め、効率的で戦略的な事業基盤を早期に構築する」としている。

リスク関連事業戦略では「保険事業と金融サービス事業とのシナジー効果を発揮させる」考え。環境対策・生産物賠償責任などのリスク関連の受託研究、コンサルティング事業による手数料収入を安定的に増加させる一方、健康・介護・医療などのケア事業や自動車・旅行・個人生活関連の緊急アシスタンス事業などについては既存事業の拡充と領域を拡大する。特に、介護についてはケアマネジメントや住宅介護サービス、介護専用型有料老人ホーム、介護研修などの事業に取り組む方針で、「異業種とのアライアンスを積極的に行う」考えている。

（損害保険事業）

	1998年度（2社合算）	2001年度	2004年度
正味収入保険料	1兆1,547億円	(1兆1,850億円)	1兆2,400億円
マーケットシェア	17.1%	(17.6%)	18.4%
損害率	57.2%	(57.4%)	59.5%
事業費率	39.1%	(36.8%)	32.5%
コンバインドレシオ	96.3%	(94.2%)	92.0%
保険引受利益	380億円	(320億円)	700億円
一般利息配当金収入	688億円	(700億円)	800億円
※金融事業収益	4億円	(12億円)	35億円
当期利益	211億円	(360億円)	840億円
総資産	5兆7,310億円	(5兆9,200億円)	6兆5,000億円
ROE（簿価ベース）	3.8%	(5.3%)	10.1%

（注）1．※印は国内損保事業以外の事業の当期利益を示す。
2．2001年度は期中合併のため、決算上数値が影響を受けるので、上記ではその影響がないものとみなして試算し、カッコ内に参考表示している。
3．上表の金融事業とは金融保証・証券化、投信・ARTなどをいう。

□きょうの紙面□

2面で、14日に開催されたチャイルドシートのシンポジウムの模様を紹介している。4月からの着用義務化を前に、乳幼児の乗車中の安全確保などについて医学的側面から講演が行われた。

新自動車保険を共同研究

「今年末めどに販売したい」

質疑応答

統合基本計画説明後に行われた質疑応答では記者団から多くの質問があった。主な内容は次のとおり。

——新会社は規模でも成長率でもトップを目指すということだが、両社が統合した場合に、東京海上と比べて何が足りなくて、それを埋めるためには何が必要なのか。また、三井物産が作る保険の通販会社とはどういう関係になるのか。

植村社長　単純にグロスの数字で比較すると、東京海上より勝っているのは資産と代理店数、それから運用利回り。しかし、保険料規模は一千数百億円の差がある。また、資産の含み益もビハインドしている。最も問題なのはコンバインドレシオで、経費率の部分が大きい。したがって、新会社の一番のターゲットは経費率を下げて、コンバインドレシオを業界一の低い水準にすることが課題だ。

井口社長　三井物産の直販会社とはまったく関係を持っていない。三井物産が行う新しい金融領域の事業であり、さくら銀行が中心になって計画しているネットワークバンキングに三井物産が出資するということからも現在の三井物産の金融業に対する一つの考えが表れていると思う。ということで、新会社も関係は持たない。

植村社長　新会社は代理店を通じて保険販売することを基本政策としている。

——合併の時期を来年10月としたのはなぜか。

植村社長　確かに合併は早ければ早いほど良いのだが、1800万人の個人顧客と140万社の企業顧客に合併後直ちに適正な対応を行うにはシステムの統合が大きなポイントとなる。これを完璧に成し遂げるには2年位かかるが、それでは遅すぎる。そうしたことからスピードの限界と顧客サービスとの調和点を考えて2001年10月とした。

（2面につづく）

合併前までは、住友海上火災保険が三井海上火災保険の業界3位の座に迫る勢いで追い込んでいました。その原動力は、住友海上火災保険が営業戦略として住友銀行から学んだ営業面での業績評価制度による強力な営業推進と営業展開にあったといわれています。合併後に、三井海上火災保険の社員は、その業績評価制度の優れた内容を知って、住友海上火災保険の猛追力の謎が解け、大きく合点したといいます。ただ、住友海上火災保険が三井海上火災保険をどうしても抜くことができなかったのは、三井海上火災保険にトヨタ自動車グループ（ディーラーを含む）の巨額の契約があったからだといわれています。

⑹　ミレア保険グループの誕生から東京海上ホールディングスへのプロセス

①　日新火災海上保険との提携挫折

東京海上火災保険は、メガバンク再編の動きが始まる直前の1999（平成11）年春に、日新火災海上保険と業務提携の協議を始めていました。東京海上火災保険は、金融持株会社が解禁になったこともあり、自らがホールセール（法人・大口取引）に強い損害保険会社であり、リテール（個人・小口取引）を中心とする中堅の損害保険会社や生命保険会社と「統合」して、どの分野にも強い保険グループを形成する構想を計画し、その第一歩として、日新火災海上保険に声掛けをしたものと思われます[66)]。

しかし、協議が進む中で、日新火災海上保険は、東京海上火災保険から提案された内容が「今後の業界情勢に関する認識は一致したものの、効率化のレベルとスケジュール感には大きな差があり、提携の前提として示唆された事業費率の水準を達成するためには相当の人件費減を要し、現事業規模を維持することを全く不可能とする内容と考えられた」ため、提携に消極的だったようです。既に述べたように（本節3⑷④参照）、日

2000年(平成12年)9月20日(水曜日)　THE HOKEN MAINICHI　(第13978号)　(昭和46年3月9日 第3種郵便物認可)

保険毎日新聞

損保版

日　刊(但土曜 日曜 祝日休刊)
購読料 2,600円(本体2,476円+税)
郵送料　800円(税込み)
合　計 3,400円(1ヵ月分)

発行所
©保険毎日新聞社
東京都新宿区市谷本村町2番16号
〒162-0845
電　話 03(3268)1211(代表)
振　替 00140－6－70860
編集発行兼印刷人　真鍋幸充

□1面特集□

保険業界の提携・合併が続く中で、東京海上、日動火災、朝日生命の3社が業態、系列を超えて保険グループを結成する。収入保険料ベースで世界トップに入る保険グループの誕生は、海外からも注目されよう。

東京海上、日動火災、朝日生命

経営統合視野に3社連合

世界レベルの巨大保険グループに

他の生損保会社との連携も

東京海上、日動火災、朝日生命の3社は9月18日、都内のホテルで記者会見し、将来の経営統合を視野に生損保両事業を融合した新たな保険グループを結成することで合意したと正式に発表した。3社がこれまで築き上げてきた顧客基盤に、商品開発力・金融技術力・システム開発力・コンサルティング力などの機能・ノウハウと人材、ブランド、ネットワークやインフラなどの経営資源を結集して保険グループとしての一体的な事業を展開する。今後、各社の社長をヘッドとする「グループ戦略委員会」を設置して基本構想、基本戦略を検討する。今回の合意により3社合わせて総資産18兆7883億円、収入保険料3兆751億円という世界のトップ10に入る巨大保険グループが誕生することになり、その影響は極めて大きい。また、3社は「保険グループとしてベストなトータル・リスク・マネジメント・サービスを提供する観点から、今後とも他の生損保会社との連携を視野に入れるなど開放性の高いグループ運営を目指す」ことを明らかにしており、今後、戦略の見直しを含めて新たな再編の動きが出るものと見られている。明治生命は参加しない。

握手する樋口（中央）、相原（右）、藤田（左）の3氏

会見には、東京海上の樋口公啓社長、日動火災の相原隆社長、朝日生命の藤田譲社長が出席、3社連合を発表した。樋口社長はグループ結成の趣旨について「この3社グループはあくまでも対等のイコールパートナーシップに基づくもので、将来的に経営統合も視野に入れている」と述べるとともに、「特定の企業、グループにこだわっておらず、グループに加わる意志があれば、業種、グループにかかわらず基本的に受け入れていく」考えを明らかにした。今後の検討推進体制を説明した相原社長も「今年度末をめどに具体的な共同事業構想などを詰めていきたい。3社は本日を新たなスタートとして、顧客に最も信頼される保険グループを結成したい」との決意を表明。また、ビジネスプランの概要を説明した藤田社長は「今回の保険グループの結成は21世紀に向けた壮大なチャレンジであり、世界のトップクラスの保険グループを目指していく」ことを強調した。

具体策についてはグループ戦略委員会で検討することになっていることから、会見では統合の時期や朝日生命の株式会社への転換時期など具体的な問題については明らかにされなかったが、今後、3社はそれぞれの特色と強みを生かしながら新たなビジネスモデルを構築して最も信頼される保険グループを目指すとともに、規模・収益性・効率性・成長性・事業領域の各面で国内はもとより、グローバルな保険市場でも充分な競争力を有する世界の保険グループとしてトップクラスの地位を確立するのが狙いだ。そのため、将来の経営統合を視野に、損保2社の生保子会社も一体となった事業を順次展開することとし、グループ結成の効果をできるだけ早期に実現するため、形態や具体的スケジュールを早急に検討していく。

プランでは、①生損保を融合した商品・サービスの提供②重複分野の徹底した効率化による経営効率と生産性の向上③資産運用の強化④新規事業・戦略的IT投資を推進する。具体的には、生損保の機能を本格的に融合したまったく新しい商品・サービスを共同で開発するとともに、新商品には新しい共通ブランドを冠することも検討する。また、トータル・リスク・マネジメント・サービスを提供するため、ITを駆使したウェブ・チャネルなどの新規チャネル開発によるマルチ・チャネル対応を進めて新商品・サービスとのマッチングを図る一方、3社のリテール販売網と法人営業部門を活用して保険商品を相互に供給する。

経営効率と生産性の向上では、規模の利益を最大限に追求してグループ全体の事業効率を高める。具体的には、事務・システムなどのインフラの共有化・共同開発、コールセンターの共有化、各社保有不動産の共同活用、教育・研修面での共同化、損保損害調査網の共同活用、関連会社の共同活用・統合を推進する。

資産運用の強化に関しては、ALM、リスク管理手法やデリバティブなど各種運用ノウハウの共有化と高度化を図るとともに、資産流動化ビジネスなどの共同展開、協調融資、運用資産の効率化などについて共同で取り組む。

一方、成長性と収益性が見込まれる新規事業や戦略的IT投資も積極的に行う。アジアをはじめとしたグローバルな保険事業や401k、投信・投資顧問会社によるアセット・マネジメント・ビジネスなどの金融サービス事業、介護事業、健康・医療関連事業といった新規事業を積極的に展開する。また、顧客管理システム・販売支援システムの開発やe・コマース対応などの戦略的IT投資を行うことで、グループ全体の生産性を向上するとともに、商品・サービスを高度化する。このほか、幅広い分野での人材交流を積極的に行い、各社の持つノウハウをできる限り有機的に一体化していく。研究調査機能についても共同活用や高度化を図る。

3社間の具体的検討・協議の場として設置する「グループ戦略委員会」には、下部組織として、商品・サービス、販売チャネル、システム、資産運用、新規事業など各分野ごとの「検討部会」を設置して検討を進める方針。具体的な共同事業構想やグループ運営のあり方、グループの名称、実施スケジュールなどについては今年度末をめどに策定する予定だ。

(2000年3月末現在)

	東京海上火災保険株式会社	日動火災海上保険株式会社	朝日生命保険相互会社
収入保険料(注1)	1兆2869億円	3828億円	1兆4054億円
総資産	5兆6854億円	1兆7808億円	11兆3221億円
資本金または基金	1019億円	505億円	500億円
個人顧客数	1830万人	764万人	410万人
法人顧客数	20万社	16万社	7万社
従業員数(注2)	1万3616人	7040人	6840人
営業職員数または代理店数	6万8605店	2万9623店	2万2000人
拠点数(国内)	67支店　53営業部　566営業室・課・支社　72事務所	57支店　17営業部　424営業課・支社・営業所	83統括支社・支社　947営業部・営業所・支部
損害サービス拠点数	262カ所	158カ所	―
ソルベンシー・マージン比率	2036%	1685%	732%

(注1) 生命保険会社は保険料等収入、損害保険会社は正味収入保険料。
(注2) 生命保険会社は内勤職員数。

樋口社長「理念、ビジョンが一致」

——今回の保険グループの結成をいつ頃から検討したのか。

樋口「自然発生的に話が進み、最終的に基本合意に至ったのは8月末か9月初めだ」

——相互会社の朝日生命を加えての経営統合の前に、株式会社2社だけの統合もあり得るのか。

樋口「理想としては相互会社である朝日生命を加えて、共同持株会社の下に3社がぶら下がるスタイルが望ましいと考えるが、相互会社の株式会社化は技術的に解決しなくてはならない問題が多いため、損保2社のみの先行提携・統合も選択肢のひとつ。ただし、現段階では資本を互いに融通する、あるいは基金を出資するなどの計画はない」

——朝日生命と組んだ理由は。また、なぜ提携ではなく、経営統合なのか。

樋口「藤田社長と話し合った中で、理念、考え方、ビジョンが一致したからだ。グループ結成の基本理念・理想に向かって進んでいくためには、業務提携よりもむしろ経営統合の方が自然だと考えたことによる」

——東京海上が参加を要請されている三菱東京フィナンシャルグループとの関係、さらに朝日・日動が属するみずほグループとの関係は今後どうなるのか。

樋口「現在、保険業界は激動の時代を迎え、まず、コア・コンピュタンス（本業）である保険分野で、お客さまから最も頼られる企業集団に成長していくことが大事だ。そういう中では同じ系列の企業グループだからという甘い考えは適用しない。何よりも保険集団としての充実・レベルアップが、ひいては系列グループのお客さまにとってもプラスになると考えた。三菱グループとの関係は従来とまったく変わらないし、グループ各社もその点について理解してくれると思う」

相原「当社とみずほグループとの関係も今後も変わらない。グループ内の各社とは従来と変わらぬ付き合いをすることで理解されている。あくまでもお客さまを第一義と考えている」

——朝日生命は今後、株式会社化についてどう対応していくのか。

藤田「現段階では株式会社化がいつになるかはまったく未定だ。将来的に経営統合を目指しており、株式会社化の方向に進んでいくことは間違いない。その前段階として、例えば、川下持ち株会社を設立する方法なども選択肢としては考えられる」

新火災海上保険は、この年の10月に明治生命保険と提携しています。同業の最大手の東京海上火災保険からの声掛けは、中小の日新火災海上保険からすれば、脅威に感じたのかもしれません。

②　東京海上火災保険、日動火災海上保険と朝日生命保険の３社経営統合[67)]

2000（平成12）年９月に、東京海上火災保険、日動火災海上保険、朝日生命保険の３社は「ミレア保険グループ」を結成し、持株会社方式による経営統合計画を発表しました。生損保を融合させた本格的な保険グループの誕生として注目を浴びます。東京海上火災保険は三菱グループ、日動火災海上保険は富士銀行（芙蓉グループ）に近く、朝日生命保険は一勧グループ（古河グループ）で、６大企業集団をまたがる「大手銀行の戦略と一線を画したもの」と報道されました。結局、東京海上火災保険から一番早く声を掛けられていた日新火災海上保険は参加しませんでした。

実は、東京海上火災保険は、このようなグループが入り組む統合を初めから絵に描いていたわけではなかったようです。当初、東京海上火災保険は同じ三菱グループである明治生命保険に声掛けしていました。ところが、明治生命保険は、日新火災海上保険への出資や日本火災海上保険との提携はしていたものの、東京海上火災保険が示したような巨大保険グループ構想は考えておらず、本業の生保に重点投資をした方が得策だと考えていたようで、東京海上火災保険の誘いを断っています。

そのため、東京海上火災保険は、巨大保険グループ構想の統合先の選定を練り直したようです。生保の候補先を比較検討して絞り込み、証券会社を通じて朝日生命保険に話を持ちかけてみました。朝日生命保険は経営に不安な面を抱えていたこともあり、巨大保険グループ構想の考え方に賛同したのです。

一方、東京海上火災保険は、中堅の損害保険会社も統合先として検討していました。幻に終わった三井海上火災保険、興亜火災海上保険、日本火災海上保険の経営統合の発表以来、各方面から東京海上火災保険に対して様々なアプローチがあったようですが、東京海上火災保険はその前後においても日動火災海上保険を最優力候補と考えていたようです。東京海上火災保険は、日動火災海上保険が統合によるシナジー効果を一番発揮できる会社と分析していたようです。

日動火災海上保険は、芙蓉グループであり、他の保険会社から見れば、同グループの安田火災海上保険と結ばれるだろうという当然の観測がありました。同社には、東京海上火災保険からこの構想を持ち掛けられる前に、安田火災海上保険から提携の誘いがあったのですが、それを断ったといううわさが業界で流れたのは、各損害保険会社の統合・合併に向けての動きが徐々に決まりつつある局面でした。当時、日動火災海上保険だけが統合・合併の動きから取り残されたかのような感があったといいますが、それは同社が損保としては珍しい直販社員を多く抱えており、その管理とコストでの負担が大きいと他の損害保険会社から見られていたことも影響していたようです。

この頃、朝日生命保険が、この構想にふさわしい損害保険会社を探している東京海上火災保険に、同じ古河グループである大成火災海上保険を推薦したらしいのですが、東京海上火災保険はよい返事はしなかったといわれています[68)]。大成火災海上保険は、戦前に植民地・台湾で設立され、戦後は古河グループ入りし、東京海上火災保険とタイアップすることで国内での地歩を固めてきました。そもそも古河グループの創業者・古河市兵衛が東京海上火災保険の創業者・渋沢栄一と親密だったため、東京海上火災保険は古河グループに強く、あえて大成火災海上保険と経営統合する必要がなかったからというのが理由のようです。東京海上火災保険の判断は、結果的に正解でした。その理由は、後で述べることにします（本節３⑺②参照）。

このような経緯をたどり、東京海上火災保険は、自らをホールセール（法人、大口取引）に強い損害保険会社と位置付け、リテール（個人、小口取引）に強い中堅損害保険会社、中堅生命保険会社と経営統合することによって、どの分野にも強い保険グループをつくろうという構想を固めたようです。

2001（平成13）年１月に、東京海上火災保険と日動火災海上保険は、まず2002（平成14）年４月に共同で国内初の上場保険持株会社「ミレアホールディングス」を設立することで合意します。朝日生命保険の統合は、同社が相互会社であったため、株式会社に転換したうえで、2004（平成16）年を目途に持株会社「ミレアホールディングス」の傘下に合流するという予定でした。

③　共栄火災海上保険の参加[69)]

さらに、東京海上火災保険は、別の損害保険会社にも声掛けをしていました。2001（平成13）年３月に、共栄火災海上保険が、2002（平成14）年から2004（平成16）年の間を目途に、相互会社から株式会社に転換したうえで「ミレア保険グループ」に合流することに合意したという発表がありました。共栄火災海上保険は、全共連（全国共済農業協同組合連合会）と提携して信用金庫向けの損害保険シェア20％を占めており、東京海上火災保険にとって魅力的だったのでしょう。

④　日新火災海上保険の再考[70)]

日新火災海上保険は、明治生命保険との提携をしていましたが、明治生命保険が日本火災海上保険（日本興亜損害保険）との提携関係を強化しつつあったため、日新火災海上保険は一度断念した東京海上火災保険との関係を再考するようになりました。

まず、生命保険会社と損害保険会社による第三分野相互参入が解禁となる2001（平成13）年７月に、東京海上火災保険から第三分野商品の

OEM供給を受けることにしました。そして、翌年５月に提携交渉を再開し、2003（平成15）年３月に資本提携を含んだ全面提携を結ぶに至りました。

この資本提携は、東京海上火災保険と日動火災海上保険が合併した（後述⑥）後の2005（平成17）年２月に、東京海上日動火災保険が日新火災海上保険の30％強の株式を取得することにより発展・強化されることになりましたが、このようにソフトランディングで慎重に進められたのは、以前の提携破談を踏まえてのことでした。

⑤　朝日生命保険と共栄火災海上保険のミレア離脱 [71)]

順調に進むように見えた東京海上火災保険、日動火災海上保険、朝日生命保険の巨大保険グループ構想は、二つの思わぬ問題を抱えることになりました。

一つ目の問題は、朝日生命保険に関するものです。当初予定では、2002（平成14）年４月に金融持株会社「ミレアホールディングス」を設立して、東京海上火災保険と日動火災海上保険の２社はその子会社となり、その後2004（平成16）年までに朝日生命保険が株式会社に転換して合流することになっていましたが、2003（平成15）年１月に朝日生命保険が経営不安に陥り、経営統合からの離脱を余儀なくされることになったのです。

2000（平成12）年頃から、住友生命保険等がそうであったように（本節３⑷③参照）、破綻を免れた生命保険会社でも「逆ザヤ」と「不良債権」により経営不安が風評に上るようになり、朝日生命保険も非常に苦しい経営を強いられるようになっていました。当時の朝日生命保険の格付は、2001（平成13）３月はトリプルＢプラスでしたが、翌年にはダブルＢマイナスに低下、さらに翌年にはシングルＢプラスという厳しい評価を下されていました。資本強化をしなければ、破綻の危機にさらされていたのです。そのため、朝日生命保険は、2001（平成13）11月の段

2002年(平成14年) 2月5日(火曜日)　THE HOKEN MAINICHI　(第14310号)　(昭和21年4月23日)第3種郵便物認可

保険毎日新聞

生保版

日　刊(但土曜 日曜 祝日休刊)
購読料 3,466円(本体3,301円+税)
郵送料　800円(税込み)
合　計 4,266円(1ヵ月分)

発行所
©保険毎日新聞社
東京都新宿区市谷本村町2番16号
〒162-0845
電　話 03(3268)1211(代表)
振　替 00140－6－70860
編集発行兼印刷人　真鍋幸充

きょうの紙面

シーアイが保険事故調査のアシスタンスサービス開始

㈱シーアイ（渡邉弘毅社長、豊島区池袋2―43―1池袋青柳ビル10階、電話03・5992・1560）は、オンライン画像診断システム「e－idia」（特許申請済）を武器に、1月から本格的に保険事故調査のアシスタンスサービス業務を遂行している。同システムは事故や医療確認の調査業務を、正確・迅速に行うために構築されたものだが、「日本で唯一の保険調査専用読影サービス」（同社）として大きな脚光を浴びている。同社は、昨年10月、試験的に損保会社4社から依頼を受けて、合計10件の調査業務を画像診断により実施したが、事故原因の究明に大いに役立つと高い評価を受けた。保険業界から注目される中でのスタートとなったが、6月末までの半年間で画像診断件数として、最低200件を目指している。

独自の画像診断システム構築

生命保険や損害保険の災害特約では「急激、偶然、外来」の3要件を満たした事故であることが保険金支払いの条件となるが、事故態様に問題点が散見されても明確な免責事由（客観的根拠）を明示できない限り支払請求に応じなければならず、そのため保険事故調査が長期化する事案も増えているという。また、原因がけがか、疾病かによって、支払保険金額が異なるケースが多いことから、事実関係を明らかにできる調査が求められている。

こうした中、同社では事故原因や死因究明のため、豊富な医師ネットワークを活用して、症状と既往症の因果関係など、事故事案か疾病事案かを明確にするための症状分析（脳内出血原因の特定、骨折症状の分析など）を行っている。調査に当たっては、保険会社から依頼を受けた事故案件のフィルムデータを、DICOM12ビット規格（医療用画像診断の国際標準規格）で画像をデジタル化して、現在20人いる同社の委託専門医（読影医）に画像を送る。それぞれが脳疾患、胸部関係、外傷分析などの得意分野を有する現役の放射線医のため、案件に応じて最適な医師を選定できる。

また、同社のシステムは医療用画像伝送システムと同じため、コンピューターを駆使して、画像を拡大したり色の濃淡を鮮明にすることなどが可能で、所見内容は医療用としても最高水準であり、その上、保険調査に特化した報告レベルだと評判が良い。さらに、総合的判断に基づいた医師の所見を2～3日以内に保険会社にオンラインで報告し、後日文書でも回答できる点は大きな特長だ。

画像診断では①基本所見（通常依頼報告書）3万5000円②説明付所見（基本所見のポイントに説明を付し、診断医を記名した報告書）5万円③詳細所見（画像数が多いものや特定事項に関して重点的に所見を求められた報告書）8万円④意見書（依頼内容に応じた意見書）事案により金額設定（見積もり）―の4段階に分けて、内容に応じて明確な料金体系を構築した。

自由化が進み競争が激化する中で、保険会社は顧客サービス面の充実化や事業比率の圧縮を目指している。同社では画像診断システムが適正で迅速な保険金支払いに役立つことや経費節減につながる点などを積極的にアピールしていく方針だ。

当面はテストケースとして生損保各社に利用してもらい、サービス内容を評価してもらうことで浸透を図りたいという。昨年、依頼を受けた時にも「社内にいながら業務が遂行でき、効率的だ」「料金も安く経費節減につながる」「モラルリスクの排除や真相究明に大いに役立つ」など保険会社から好評を得たことからも、業績向上に大きな期待を寄せている。

渡邉社長は「同サービスを多くの保険会社に理解してもらうことで、保険事故に関するアシスタンスサービス業務を拡大していきたい。来年度（今年7月から来年6月末までの1年間）は、画像診断処理件数として4000件を目指す。また、顧客サービスの一環として実施しているセカンドオピニオン提供のための画像診断サービスにも注力していく」と意欲を見せている。

朝日生命 東京海上
生保事業の統合見送り
ミレア4社の枠組みは維持

藤田朝日生命社長

石原東京海上社長

朝日生命と東京海上は、昨年11月から両社の生命保険事業の早期統合実現を目指し、事業譲渡、基金の拠出、2003年3月をめどとした合併について検討してきたが、1月31日、同方式による統合を見送ると正式に発表した。

今後、昨年1月のミレア保険グループ各社の合意に基づき、朝日生命は、従来通り、「ミレア保険グループ」の一員として、財務の健全性と収益力の強化を図り、2004年をめどに、可能な限り早期の株式会社化と「㈱ミレアホールディングス」への経営統合を目指す。

また、ミレア保険グループ4社の共同事業も引き続き実施していく。

今回の統合見送りについて、両社では、「朝日生命の経営統合の早期化を図ることにより、ミレア保険グループの目標である生損保両事業の融合による新たなビジネスモデルを早期に実現することについて鋭意検討を進めてきたが、最終的に、新契約募集にかかわる事業譲渡の内容について意見の一致に至らず、また、事業譲渡が前提となる基金の拠出、合併についても合意することができなかった」としている。

朝日生命と東京海上は昨年11月13日、両社の生保事業の早期統合の実現に向け、①2002年3月を目処とした朝日生命から東京海上の100％子会社である東京海上あんしん生命への新契約募集にかかわる事業の譲渡②事業譲渡と同時に実施する東京海上から朝日生命への基金の拠出③2003年3月をめどとした朝日生命と東京海上あんしん生命の合併―の3点について、検討に入ることで合意したと発表していた。

マスミューチュアル生命
「無配当終身」をリニューアル

マスミューチュアル生命は2月1日から、これまで販売してきた「愛の無配当終身保険ニューワイド21」の内容を一部改定。あわせて、名称を「マスミューチュアルの無配当終身保険」に変更した。

改定内容は、定期保険特約・重度障害保障定期保険特約・災害割増特約に従来からの「全期型」に加え「更新型」を新設。また、主契約が歳払込の場合、定期保険特約・重度障害保障定期保険特約・災害割増特約・生活保障特約に保険料払込期間より保険期間を5年間延長した短期払込を新設した。

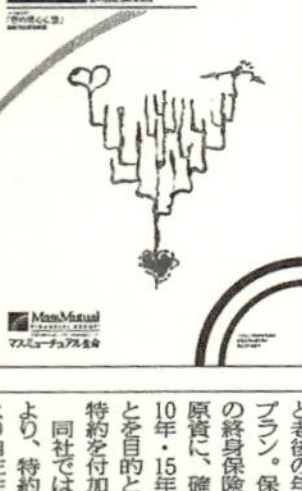

販売に当たっては、①生涯保障プラン②年金移行プラン―の二つの販売プランを提供していく。このうち、生涯保障プランには「トータルパック」と「フリーデザイン」を用意した。

「トータルパック」は、さまざまな保障を盛り込んだ"一生涯安心"のパック。契約時から払込終了時まで保険料が変わらないプランなので、長期の生活設計を計画的に行うことができる。「フリーデザイン」は、必要に応じて各特約の保障期間を自在に選択できるので、ライフステージに合わせた設計が可能。例えば、加入当初は割安な保険料設定とするなど、顧客のニーズに細かく対応できる。

年金移行プランは、保障と老後の年金準備を考えたプラン。保険料払込終了後の終身保険の解約払戻金を原資に、確定年金（5年・10年・15年）に移行することを目的として、年金移行特約を付加したもの。

同社では、今回の改定により、特約の保障期間に、より自在性をもたせることで、販売プランのバリエーションが増え、多様化する顧客のニーズに柔軟な対応ができるようになったとしている。

S＆P
朝日生命の格付け変更
東海と日動は据え置き

スタンダード＆プアーズ（S＆P）は1月31日、東京海上との生保事業の早期統合計画が見送られたことを受けて、朝日生命の保険財務力格付けとカウンターパーティ格付けをそれぞれ「BBマイナス」から「Bマイナス」に引き下げた。アウトルックは「ネガティブ」。また、東京海上と日動火災の保険財務力格付けとカウンターパーティ格付け（いずれも「AA」）は据え置いた。両社のアウトルックはいずれも「ネガティブ」。

同社では格付けの変更について、「東京海上が、深刻な資産の質および自己資本の悪化の課題に直面している朝日生命に対し財務支援を提供しないと公式発表したことに基づく」と発表した。

同社は、朝日生命の格下げについて、短期的に東京海上からの直接的財務支援を受けられなくなることによる影響への懸念を反映したものとし、「リスク資産の圧縮に取り組み、市場地位の維持に向けてさまざまな措置を講じてきてはいるものの、その効果は十分ではなく、短期間で財務内容を改善するのは難しくなっている」と分析している。

また、東京海上と日動火災の格付け据え置きは、「東京海上が朝日生命への直接的な財務上の支援を提供しないことを正式に決定したことにより、これら2社の財務面と事業面での強さが維持されることが確認されたことによる」としている。

階で、新規営業部門を東京海上火災保険の生保子会社である東京海上あんしん生命保険に移管したうえで、予定より早めて2003（平成15）年に株式転換をして東京海上あんしん生命保険と合併するという内容の「早期経営統合策」を発表したのですが、東京海上火災保険との意見調整がうまくいかず、翌年２月にこの策を取り下げ、予定どおり2004（平成16）年に株式会社転換を行うことにしました。そして、それまでに資本強化を図るため、第一勧業銀行とあさひ銀行等へ相互会社基金への拠出増額を要請することにしましたが、経営不安の完全な払拭には充分でなく、この状態では株式会社転換に必要な資金を集めるのは困難であると東京海上火災保険は判断してしまいます。朝日生命保険は、古河グループから110億円の基金を調達して経営不安を乗り越えたのですが、こういう経緯から致し方なく、巨大保険グループ構想から離脱をすることになったのです。

二つ目の問題は、共栄火災海上保険に関するものです。東京海上火災保険は農協チャネルに強い共栄火災海上保険に統合への参加を促し、2002（平成14）年３月に合流が決まっていましたが、共栄火災海上保険は株式会社に転換した後、全国共済農業協同組合連合会（全共連）の完全子会社になる道を選んでしまい、８月に離脱を発表しました。

⑥　東京海上日動火災保険と東京海上ホールディングスの誕生

結局、当初構想した巨大保険グループ構想は、生保部分は2003（平成15）年10月に日動火災海上保険の生保子会社の日動生命保険と合併した東京海上日動あんしん生命保険を核とせざるを得なくなりましたが、2004（平成16）２月にスカンディア生命保険を買収して社名変更した「東京海上日動フィナンシャル生命保険」を2014（平成26）年に吸収合併することによって補強を図っています。

一方、損保部分は、共栄火災海上保険が抜けてしまいましたが、「ミレアホールディングス」の子会社だった東京海上火災保険と日動火災海

２０００年(平成１２年)１１月７日(火曜日)　THE HOKEN MAINICHI　(第１４０１０号)　(昭和46年3月9日 第３種郵便物認可)

保険毎日新聞

損保版

日　刊(但土曜 日曜 祝日休刊)
購読料 2,600円(本体2,476円+税)
郵送料　800円(税込み)
合　計 3,400円(1ヵ月分)
発行所
©保険毎日新聞社
東京都新宿区市谷本村町２番16号
〒162-0845
電　話 03(3268)１２１１(代表)
振　替 00140－６－70860
編集発行兼印刷人 真鍋幸充

安田火災・日産火災・大成火災

2002年4月めどに合併

統合準備委で協議開始

みずほグループとの関係確立

安田火災、日産火災、大成火災の3社は11月2日、２００２年4月の合併に向けて正式協議に入ることで合意した。今後、3社共同で統合準備委員会を設置して協議を開始する。安田火災は第一生命と包括業務提携を結んでいるが、日産火災、大成火災と統合することで提携効果を加速させるとともに、みずほフィナンシャルグループとのパートナーシップを確立する狙いがある。3社合わせた正味収入保険料は1兆２５７３億円となり、東京海上・日動火災の1兆６６９８億円には及ばないが、三井海上・住友海上の1兆１４２４億円を上回り、業界第2位の規模になる。今回の3社統合発表で、再編の第一段階はほぼ完了した。

正味収保で第2位に

合併３社の主要経営指標（2000年３月期）　単位：百万円

	安田火災	日産火災	大成火災	単純合計
総資産	3,751,122	1,024,202	410,228	5,185,552
元受正味保険料(含積立)	1,220,901	348,255	129,321	1,698,477
正味収入保険料（シェア）	904,560（14.6%）	261,144（4.0%）	91,571（1.4%）	1,257,275（20.0%）
当期利益	12,866	4,320	1,036	18,222
正味損害率(%)	59.1	59.0	55.2	58.8
正味事業費率(%)	36.7	39.1	42.1	37.6
コンバインド・レシオ(%)	95.8	98.1	97.3	96.4
代理店数(店)	66,053	21,928	13,060	101,041
従業員数(人)	11,269	3,909	1,713	16,891

損保各社の提携・合併が相次ぐ中で、日産火災と大成火災が生き残りをかけてどういった選択をするか、また、三井海上・住友海上や東京海上・日動火災の連合で水を空けられた形の安田火災がどのような戦略を打ち出すか注目されていたが、3社がみずほフィナンシャルグループのもとに結集することで規模を拡大、保険連合の一角を占めることになった。

3社は、8月28日に安田火災と第一生命の包括業務提携で示された〝最強・最優の総合保険連合〟構築に向けたビジョンも踏まえて、提携・統合の可能性を検討。その結果、①各種金融サービス事業の業態を超えた商品・サービスの幅広い提供②損保事業におけるコアコンピタンスの強化と新たな事業領域への展開体制の早期構築③そのための収益拡大策と効率化策の早期・効果的な実行④総合保険グループ構築に向けて安田火災と第一生命の包括業務提携の効果実現の加速推進⑤合併による新たな損保会社の創造―が3社が飛躍するための最短の道との認識で一致した。

3社は今後、損保事業におけるそれぞれのコアコンピタンス（チャネル、マーケット、商品開発力）を相互に補完・強化し、リテール分野、ホールセール分野で加速的成長と高い収益性を確保するとともに、新たなビジネスモデルの構築、安田火災と第一生命の包括業務提携効果の大幅な拡充を目指す。また、保険関連・周辺事業、新規事業でも統合効果を最大限発揮するため、統合や共同展開を検討する一方、みずほフィナンシャルグループとのパートナーシップ確立を積極的に模索していく。

「徹底したカスタマーオリエンテッドであることを最大の目的とし、長寿社会が生み出す新たなリスクや企業の総合的リスクなど個人・法人を問わず、あらゆるお客さまに総合的で最適のソリューションを提供する〝最強・最優の総合保険連合〟を目指す」考えを強調。また、「お客さまにとってベストであり続けるための独自のビジネスドメイン、ビジネスモデルを構築する。そのために必要な機能とノウハウを獲得するため、自前主義と一線を画し、同業界・他業界を問わず、各産業の一流プレーヤーとの機能別提携も積極的に模索していく」としている。

3社は２００２年4月の合併直後から効果をできる限り発揮できる体制を整えるため、準備期間中もさまざまな取り組みを行う。

具体的には、現在の各社の戦略を加速して収益の拡大と効率性を向上させるほか、3社の全代理店のサービス提供力を強化するため、3社のベストプラクティスを適用してシステム面、商品面、コンサルティング機能面での支援を徹底的に強化。また、新たなビジネスモデル構築のカギとなるIT、e・ビジネス領域への共同展開による顧客利便性の向上と新規事業への展開を推進するほか、銀行業界、信用金庫業界、信用組合業界の保険販売に最適な損保商品などの共同開発、企業顧客に対する共同企画提案や3社の顧客の相互紹介を含めた共同マーケティングを展開する。システム投資・コストの効率化に向けて、共同インフラの構築や代理店システムの共同開発などIT関連投資の共同展開も行う。

一方、生保事業では引受機能、販売機能などについて3社の最適な組み合わせを検討し、合併後の生保事業強化に向けた体制を整備する。すでに共同展開している安田火災と第一生命の各種提携分野でも合併前に実施可能なものについては早急に第一生命と協議を開始する考え。このほか、各社のアセットマネジメント事業、確定拠出年金事業、リスクマネジメント事業など関連周辺事業に関しても共同展開を検討するのをはじめ、人事制度の統一など合併直後から効果が可能な限り発揮できるインフラ整備に取り組む。人材の交流も積極的に行い、3社の企業文化を短期間に融合するとともに、新しい企業文化形成の基盤を構築する。

統合準備委員会の共同委員長には安田火災の宮川昌夫副社長、日産火災の土肥之芳専務、大成火災の横田紀彦専務が就任。合併比率など合併計画については年末までのできる限り早期の公表に向けて、協議を進めていく方針でいる。

損保協会

ISO14001の認証取得に向け　9日にキックオフイベント

環境マネジメントシステムの国際規格「ISO14001」の認証取得に取り組むことになった損保協会は11月9日にキックオフイベントを開催する。

イベントでは先行取得している三井海上の水越喜博総務部副部長が「自社のISO14001の取得事例」（仮称）をテーマに講演するほか、協会の環境改善事務局が「損保協会と環境問題」について説明する。損保協会604・605号室を会場に午後5時半から行う。

損保協会は2000年1月から環境改善委員会を設置して環境改善への取り組みを進めてきているが、先月19日の第744回理事会で、来年10月をめどに「ISO14001」の認証取得に取り組むことが了承された。

「活気あふれる議論期待」

金融問題スタディグループの討議で

――日野金融庁長官――

金融庁の日野正晴長官は先月30日の記者会見で、金融審議会の審議状況を説明するとともに、金融の基本問題に関するスタディグループに関して「わが国金融システムの今後のグランドデザインに資する活気あふれた議論が行われることを期待している」と考えを示した。

金融審議会第1部会では、現在、異業種参入に伴う銀行法上の整備や他業禁止の緩和などについて、年末をめどに、次期通常国会での法制化を目指した事項を中心に論議しているが、次回の会合でこれまでのワーキンググループでの検討状況が報告される予定になっている。

また、第2部会では10月3日の金融庁移管後の初会合で、個人情報保護基本法制の検討について内閣内政審議室から説明を受けたほか、保険会社における金融商品の時価評価導入問題について部会としての意見を集約。今後は個人信用情報保護・利用のあり方に関して、基本法制の立案作業の進捗状況を踏まえながら、どのような追加的措置を講ずる必要があるかについて審議することになっている。次回会合15日を予定。

一方、金融の基本問題に関するスタディグループは先月20日の第1回会合で、わが国金融システムの今後の方向性を展望していく上での必要事項をどのような視点、切り口、問題意識で考えていくべきかについて自由討議した。今後は今月中に3回程度会合を開き、ゲストスピーカーを招いてプレゼンテーションを行うとともに、それを基に議論を行い、12月頃をめどにこれまでの議論を踏まえて、検討テーマの大枠とその後の進め方について議論する予定になっている。

損保業界の伸展　ブローカーに及ぶ

――低迷状況から回復――

【ダウジョーンズ＝米国10月23日】今年の株式市場で最大の功労者となっている損保会社の業績の伸展は保険ブローカーにとっても好ましいニュースだ。世界でも1、2を争う保険ブローカーのマーシュ＆マクレナンとエーオンは低迷状況から回復し、収益がそれぞれ76%、34%改善した。

前回、保険ブローカーと損保会社の株価サイクルが上昇したのは１９８０年代半ばで、当時は保険料収入はどんどん増加したが、今回は昨年10－12月期の2・2%から今年1－3月期で3・1%となっている。保険アナリストは4－6月期には5・2%にまで上昇したと指摘する。

保険ブローカーの株価は急騰している。エーオンは最近37・88㌦を付けたが、1年以内に46㌦に達すると予測されている。一方、マーシュの株は123・06㌦前後で取引されているが、これは２００１年の1株当たり利益の調査予測である4・76㌦の26倍近くになる。この数字は同社が目標とする長期成長率の年率を大幅に上回り、同業者グループの19・5倍を大きく上回る。マーシュの株は常に高めだが、その理由は子会社で世界第4位の投資信託会社のパットナム・インベストメントからの手数料収入に基づく高い自己資本収益率にある。

上保険が、2004（平成16）年10月に合併して「東京海上日動火災保険」となりました。そして、2008（平成10）年７月には、「ミレアホールディングス」を「東京海上ホールディングス」と改称して、東京海上ブランドを強めた形としました。

(7) 損害保険ジャパンの誕生

① 安田火災海上保険、日産火災海上保険と大成火災海上保険の３社合併

ミレア保険グループの誕生にひときわ強い危機感を抱いたのが、東京海上火災保険のライバルである安田火災海上保険でした。安田火災海上保険は、高度経済成長時のモータリゼーションに伴い、自動車保険の販売に積極的に取り組み、損保業界で順位を上げ、第１位の東京海上火災保険に次ぐ第２位の地位を確保していました。

既に述べたように（本節3⑷②参照）、安田火災海上保険はメガバンク再編を好機と捉え、生命保険業界第２位の第一生命保険と全面提携に踏み切り、自らがみずほHDを代表する保険会社であると宣言しました。

しかし、東京海上火災保険が芙蓉グループ（富士銀行系）の日動火災海上保険、古河グループ（第一勧業銀行系）の朝日生命保険を仲間に引き入れる巨大保険グループ構想を打ち出したことで、みずほHDにおける生損保の序列がバランスを崩しかねない状況となりました。

意外に知られていませんが、第一勧銀グループにおけるメインの損害保険会社は、実は東京海上火災保険だったのです。もともと第一勧業銀行は、第一銀行と日本勧業銀行が合併してできた銀行で、第一銀行と親しかった古河グループに属している大成火災海上保険、日本勧業銀行と業務提携していた日産火災海上保険の２社を第一勧銀グループの損害保険会社と呼んでいました。しかし、第一銀行と東京海上火災保険の創業者はともに渋沢栄一で、第一銀行と最も親密な損害保険会社といえば、

東京海上火災保険だったのです。さらには、第一銀行と親しかった川崎造船グループは、戦前に川崎造船が経営不振に陥った際に経営陣の川崎家・松方家が去った後に社長に就任したのが、元東京海上火災保険専務の平生釟三郎だったことから、東京海上火災保険と親密な取引関係になっていました。

このような関係から、第一勧銀グループの主要企業の株式を保有する損害保険会社のうち、東京海上火災保険がトップの保有割合でした[72)]。

東京海上火災保険　1.16%
安田火災海上保険　0.42%
大成火災海上保険　0.12%
日産火災海上保険　0.11%

しかも、芙蓉グループ（富士銀行系）の主要企業の株式を多く保有する損害保険会社を見てみると、

安田火災海上保険　1.80%
日動火災海上保険　0.57%
東京海上火災保険　0.53%

となっており、東京海上火災保険・日動火災海上保険が経営統合すると、みずほHD（富士銀行＋第一勧業銀行＋日本興業銀行）を代表すると宣言した安田火災海上保険の地位を脅かす存在となる可能性が出てきたのです。しかも、既に述べたように朝日生命保険が第一勧銀グループの損害保険会社である大成火災海上保険のミレア保険グループへの加入を勧めていたことから、大成火災海上保険がミレア保険グループ入りするうわさが流れ、安田火災海上保険としては心中穏やかな状況ではありませんでした。

こうした背景から、安田火災海上保険は、第一勧銀グループの日産火災海上保険と大成火災海上保険を合併し、みずほHDでの基盤を固めようと決断します。そして、ミレア保険グループ結成発表の2ヶ月後の

2000（平成12）年11月に3社統合を発表したのです。

②　大成火災海上保険の破綻[73)]

安田火災海上保険、日産火災海上保険と大成火災海上保険の3社合併は、当初2002（平成14）年4月に予定されていましたが、思わぬ事件から予定が狂ってしまいました。

その事件とは、2001（平成13）9月11日に米国で起きた「同時多発テロ事件」です。テロリストにハイジャックされた旅客機2機がニューヨークの超高層ビル「ワールド・トレード・センター（WTC：世界貿易センタービル）」の2棟にそれぞれに突っ込み、同ビルが崩壊するという大惨事が起こりました。この事件ではほかにも2機、計4機の旅客機が墜落・激突しました。これらの旅客機に付保された航空保険の海外再保険を大成火災海上保険が引き受けており、744億円という多額の保険金支払いを余儀なくされてしまったのです。

同社は、米国のフォートレス・リーという再保険会社が運営・管理する再保険プールに参加していたのですが、再保険契約内容やその運営・管理が杜撰だったにもかかわらず、再保険契約の更改を継続していたようで、保険金支払いのためのCP（コマーシャル・ペーパー：無担保約束手形）発行等による資金調達を試みましたが間に合わず、債務超過となって破綻する羽目に陥りました。この再保険プールには、日産火災海上保険や千代田火災海上保険も参加していたのですが、その2社はなんとか資金調達ができたため破綻しなくて済みました。

③　2社合併による損害保険ジャパンの誕生

結局、安田火災海上保険、日産火災海上保険、大成火災海上保険の3社での合併は、安田火災海上保険と日産火災海上保険の2社だけの合併となり、当初より3ヶ月遅れて2002（平成14）年7月に「損害保険ジャパン」が誕生しました。更生特例法の適用を受けていた大成火災海上保険は、翌年に「損害保険ジャパン」にその資産を買い取られて姿を消し

2000年(平成12年)10月25日(水曜日)　THE HOKEN MAINICHI　(第14002号)　(昭和46年3月9日 第3種郵便物認可)

保険毎日新聞

損保版

日　刊(但土曜 日曜 祝日休刊)
購読料 2,600円(本体2,476円+税)
郵送料　800円(税込み)
合　計 3,400円(1ヵ月分)
発行所
©保険毎日新聞社
東京都新宿区市谷本村町2番16号
〒162-0845
電　話 03(3268)1211(代表)
振　替 00140－6－70860
編集発行兼印刷人 真鍋幸充

4社提携で合意

三井・住友海上、同和火災、日本生命

"ベストサービス"の提供へ
事業会社設立し参画呼びかけ

三井海上、住友海上、同和火災、日本生命の4社は10月23日、共同で取り組みを展開することで合意したと発表した。各社が優位性を持つ商品・サービスなどを相互に供給するとともに、新規対応分野での共同開発を行うほか、新市場の創造に向けた共同ブランド商品・サービスを開発・提供していく方針。また、サービスインフラの構築と運営を行う事業会社を来年3月をめどに設立し、生・損保各社などに広く参画を呼びかける。これら取り組みの早期実現を図るため、各領域ごとにプロジェクトチームを設置し、準備が整い次第実施する。4社は今回の合意に基づいてグループ間の資本関係強化についても今後検討していく。業態を超えた提携や巨大外資の参入など世界規模での生き残り戦略が展開される中、今回の4社の提携は今後の業界再編に大きな影響を与えることは必至で、先行各社も戦略の見直しを迫られることになりそうだ。

資本関係強化も検討へ

今回の合意の背景について4社は「第三分野をはじめとして、生保・損保といった旧来の枠組みが変化しつつある中で、お客様に最高水準の保険サービスを提供していくためには生・損保トータルで商品・サービスを企画・開発・提供することと責任ある保険引受（アンダーライティング）を行うことがますます重要になってきている」とするとともに、「ますます多様化・高度化するお客様の商品・サービスニーズに対して、的確・効率的でスピード感を持って対応していくことが保険業界の共通かつ喫緊の課題となっている」と説明。

フルラインの保険サービスを提供する総合保険グループの4社は、こうした共通認識に基づいて今回、共同展開に合意したもので、圧倒的な商品・サービスの企画・開発力、保険引受力、顧客基盤をベースに、各パートナーが独自のブランド力と高度なデザイン力を生かした"お客様ベストのサービス"の提供と、ネットワーク社会にふさわしい"オープンなインフラストラクチャーの構築"をリードしていく姿勢を強調している。

具体的には、企業向け高機能・個別対応商品、個人向け高付加価値商品などについて、OEM方式、共同保険方式などによる相互供給・共同開発を行う。このため、事務・インフラの共同構築・運営を検討する。販売に当たっては、各社が持つブランド力を生かして提案することで、トータルマーケットの拡大につなげていく考え。

さらに、業界トップクラスの強みを融合して、新しい商品・サービスを提供する。インターネット取引志向には"顧客が自ら創る保険"を提案する共同ブランドを構築し、ネットサービスと代理店・営業職員などによるフェイス・トゥ・フェイスのコンサルティングサービスを連携した複合サービスを展開する。

来年3月をめどに設立する共同事業会社を通じて、生・損保総合販売を進めるための代理店インフラの効率化・高度化をリードし、保険業界共通のオープンなプラットフォーム構築による事務・システムなどの標準化を推進する。生・損保各社やシステム開発会社などに広く参画を呼びかける方針だ。

4社は共同取り組みの基本精神に基づいて、海外リスクや金融リスクなどの高度なリスクマネジメント分野でも協業の可能性を検討するとしている。

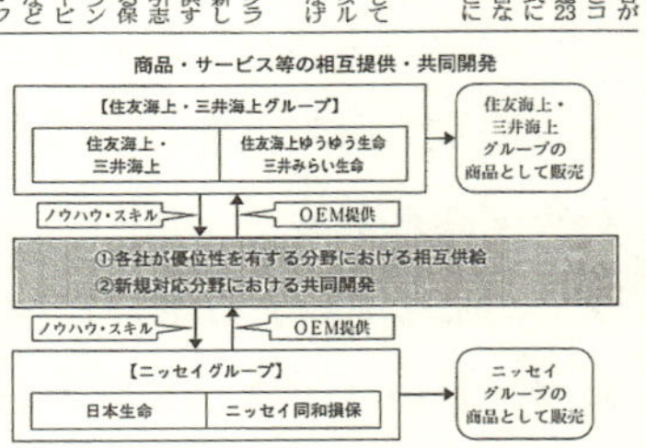

提携4社
23日に急遽―― 記者会見行い発表

今回の提携については、各マスコミが早い段階で報じたのに対して4社は22日に、「協力の可能性について検討しているのは事実だが、未だ合意に至っていない。今後、具体的な内容が固まり次第発表する」とコメントしていたが、急遽23日に共同記者会見を正式に行い、合意の背景や趣旨などについて発表することになった。

ACCJ

銀行の保険窓販で意見書

取扱商品の制限撤廃求める

在日米国商工会議所（ACCJ）は、来年4月から解禁となる銀行の保険窓販について、「日本で免許を受けた保険会社のいずれからも商品を選ぶことが許されるべきである」とする意見書をこのほど発表した。

銀行による保険販売に関しては、1997年の保険審議会答申で、銀行の保険子会社あるいは銀行と持株会社を同じくする保険会社の商品に限定すべきとされているが、これに対して意見書では、取扱商品を限定することは競争の制限につながり、市場参入の重大な障壁になるとして制限の撤廃を求めたもの。

ACCJでは「保険審議会の報告から3年が経過し、競争の環境が変化してきたにもかかわらず、金融庁はなお当時の審議会報告に拘束される必要を感じているのか」とし、次のように提案している。

「多数のプロバイダー（保険商品提供者）が参加して、より一層の競争を行うことが消費者の利益につながり、この中で創造性のある会社は成長することができる。銀行が販売することができる保険商品を関連会社の商品のみに制限することにより、競争をも制限する結果となる。銀行は日本において免許を受けた保険会社のいずれからもその商品を選ぶことを許されるべきであり、これによって保険会社間で銀行とのビジネスをめぐる競争が促進される。関連会社の商品に制限することは市場参入の重大な障壁となり、日本政府の発表した日本版ビッグバン、金融活性化の指針とされる"自由・公正・グローバル"の原則に反する結果となる。在日米国商工会議所は、日本政府に対し、銀行による保険販売について、日本において免許を受けた保険会社の商品であれば、いずれの会社のものであってもこれを取り扱えるものとすることにより、競争を制約するのではなく、促進する方針を採択されることを要望する」

各国に貨物の盗難防止要請
推定で損害の30%占める
―IUMI―

ビジネスインシュアランス10月9日号によると、国際海上保険連合（IUMI）の貨物保険委員会は、盗難が貨物アンダーライターにとって大きな問題となっていることから、損害防止に取り組むよう各国に要請した。貨物の盗難は損害の30%を占めると推定されているため、盗難に関する情報組織や国境を越えた貨物盗難対策委員会を設置する必要性が指摘された。

貨物の盗難は米国だけで毎年約120億ドルに上る。国境を越えた組織犯罪は貨物保険業界が直面している新たな課題となっており、オーストラリアやヨーロッパでも米国の対応を学びつつある。

一方、貨物損害防止委員会は、IUMI加盟38カ国から収集した貨物損害防止のための調査報告書を提出した。当該地域の貨物損害防止に関する新たな展開や動向に関して、数カ国の協会から興味深い動きが報告されている。例えば、オーストラリアでは、たばこや宝石のような高価品は人工衛星を使って動静を把握する動きが増えている。また、米国の協会は、貨物の盗難に関与した者への罰則を厳しくするよう、目下、連邦議会に働きかけているという。

ピュアネットに「保険情報コーナー」を開設
インズウェブ

保険情報サイトを運営するソフトバンク・ファイナンスグループのインズウェブ㈱（東京都千代田区、沖本普紀代表）は、㈱ピュアネット（東京都港区、大竹祐司代表）が運営する結婚情報サイト「ピュアネット」に保険情報コーナーを開設した。

今回の提携により、結婚を機に保険の保障内容の見直しや新たに加入の必要性が生じた時、「ピュアネット」上に用意された保険情報・サービスを無料で利用できることになった。

インズウェブが提供する保険コンテンツは、自動車保険一括見積もり請求サービス、一括見積もり参加保険会社の各種比較情報、自動車保険の基礎知識、保険料シミュレーション、保険料節約クイズなどで、今後、生命保険情報も随時追加する予定。

協栄生命の格付け「B」から「R」に
S&P

スタンダード&プアーズ（S&P）は10月20日、協栄生命の格付けを「B」から「R」に変更した。同社が10月20日に更生特例法の適用を申請したことに基づく。

「R」は保険契約上の債務履行能力に関して規制当局の監督下にあることを示す。

ました。

⑻　日本生命保険と三井住友海上火災保険の接近[74)]

2000（平成12）年10月に、日本生命保険は同和火災海上保険との連名で、2001（平成13）年10月に合併を予定していた三井海上火災保険と住友海上火災保険の両社に対して、保険商品の相互供給とシステム開発を柱とする業務提携を申し入れて合意しました。同和火災海上保険とニッセイ損害保険も合併作業の最中の出来事であり、両社の合併をやめて同和火災・三井海上・住友海上で合併交渉をやり直すのか、それとも日本生命保険が三井海上・住友海上を足がかりにして、三井グループと住友グループの生保市場に進出しようとしているのではないかなどの多くの憶測が流れました。

この業務提携で注目されるのは、生損保総合販売を進めるために必要な保険代理店システムの開発・運営会社を共同で設立することでした。翌年４月に「インシュアランス・システム・ソリューション株式会社（ＩＳＳ）」が設立されました。

この会社が提供する「ＩＳＳシステム」は、第三分野を含む生損保相互参入が本格化するのに伴い、ＩＳＳ社が標準データフォーマットで乗合生損保険会社各社から提供を受けたデータを保険代理店に還元するという保険代理店のためのＷｅｂ型システムです[75)]。1998（平成10）年頃から、保険代理店を販売チャネルとする保険会社は、自社と委託契約を締結している保険代理店とＷｅｂによって結ぶ代理店ポータルサイトを開設し、代理店オンライン化を実現しつつありました（第３章第１節２⑴参照）。しかし、その代理店オンラインは、保険会社ごとにつながったものであり、保険会社を横断したものではありませんでした。ＩＳＳシステムは、保険代理店が乗合っている複数の保険会社を横断的に結ぶことを目的とした保険代理店専用システムのニーズを捉えて開発されたのです。

この業務提携で日本生命保険が目論んでいたのは、ＩＳＳシステムというＩＴビジネスだけではなかったといわれています。この業務提携は、住友生命保険や朝日生命保険のように大手損害保険会社の顧客基盤を期待した提携でもありませんでした。日本生命保険の狙いは、大手損害保険会社である三井住友海上火災保険の商品開発力だったようです。

日本生命保険が傘下に収めた同和火災海上保険は、ホールセール部門に弱く、主だった企業の株主でもある日本生命保険の営業力を活用しても、それに見合った企業取引の開拓が進まなかったようです。つまり、当時の同和火災海上保険では、損害保険のホールセール部門のノウハウ（商品開発力および営業力）が満足できるものでなかったようなのです。そこで、日本生命保険は三井住友海上火災保険と提携することによって、その商品開発のＯＥＭ供給[76)]やホールセールの営業力等のノウハウ吸収を目論んだのではないかといわれています。

注

1) 九條守『スーパープロフェッショナル 保険実務の道しるべ』(2015年、保険教育システム研究所) 47 - 48頁.
2) 九條守『スーパープロフェッショナル 保険実務の道しるべ』(2015年、保険教育システム研究所) 48 - 49頁.
3) 財団法人日本経営史研究所編『東京海上百二十五年史』(2005年).
4) 九條守『スーパープロフェッショナル 保険実務の道しるべ』(2015年、保険教育システム研究所) 49頁.
5) 九條守『スーパープロフェッショナル 保険実務の道しるべ』(2015年、保険教育システム研究所) 50 - 51頁.
6) あいおい損害保険編『共感・共創・共生 — あいおい損害保険史』(2011年).
7) 九條守『スーパープロフェッショナル 保険実務の道しるべ』(2015年、保険教育システム研究所) 51 - 53頁.
8) 山浦広海『日米保険協議とＧＡＴＳサービス交渉』(2000年)「文研論集」第131号51 - 52頁.
9) 中泰彦＝谷口道郎『日本機械保険連盟による独占禁止法違反事件』(1997年、公正取引員会)「公正取引」第558号71頁.
公正取引委員会『平成八年度　公正取引委員会年次報告』(1996年、公正取引委員会).
斉藤隆明『日本機械保険連盟による独占禁止法違反事件』(1997年、商事法務)「ＮＢＬ」第617号19頁.
10) 三輪鷹一『我が国の機械保険の歴史と展望』(1968年、日本高圧力技術協会)「高圧力」第6巻第1号10 - 11頁.
11) 三輪鷹一『我が国の機械保険の歴史と展望』(1968年、日本高圧力技術協会)「高圧力」第6巻第1号11頁.
12) 三輪鷹一『我が国の機械保険の歴史と展望』(1968年、日本高圧力技術協会)「高圧力」第6巻第1号11頁.
13) 三輪鷹一『我が国の機械保険の歴史と展望』(1968年、日本高圧力技術協会)「高圧力」第6巻第1号11頁.
14) 三輪鷹一『我が国の機械保険の歴史と展望』(1968年、日本高圧力技術協会)「高圧力」第6巻第1号11頁.
15) 佐々木修『損害保険業界におけるコンプライアンスの展開』(2012年)「保険学雑誌」第618号151頁.
16) 斉藤隆明『日本機械保険連盟による独占禁止法違反事件』(1997年、商事法務)「ＮＢＬ」第617号21頁.
17) 佐々木修『損害保険業界におけるコンプライアンスの展開』(2012年)「保険学雑誌」第618号150 - 151頁.
18) 中泰彦＝谷口道郎『日本機械保険連盟による独占禁止法違反事件』(1997年、公正取引委員会)「公正取引」第558号74 - 75頁.
19) 中泰彦＝谷口道郎『日本機械保険連盟による独占禁止法違反事件』(1997年、公正取引委員会)「公正取引」第558号74 - 75頁.
20) 財団法人日本経営史研究所編『東京海上百二十五年史』(2005年).
21) 九條守『スーパープロフェッショナル 保険実務の道しるべ』(2015年、保険教育システム研究所) 53 - 56頁.
22) 喜田亜紀子ほか『イギリス、ドイツ、フランスの損害保険市場の動向－イギリスの金融監督規制改革とイギリス、ドイツの自動車保険におけるダイレクトチャネル－』(2012年、損保ジャパン総研)「損保ジャパン総研レポート」第60号55 - 56頁.
23) 財団法人日本経営史研究所編『東京海上百二十五年史』(2005年).
24) あいおい損害保険編『共感・共創・共生—あいおい損害保険史』(2011年).
25) 九條守『スーパープロフェッショナル 保険実務の道しるべ』(2015年、保険教育システム研究所) 59頁.
26) 九條守『スーパープロフェッショナル 保険実務の道しるべ』(2015年、保険教育システム研究所) 59 - 60頁.
27) 町田七重『生命保険と損害保険の融合化と今後の課題』(2002年、郵政研究所)「郵政研究所月報」59頁.
28) 町田七重『生命保険と損害保険の融合化と今後の課題』(2002年、郵政研究所)「郵政研究所月報」59頁.
29) 町田七重『生命保険と損害保険の融合化と今後の課題』(2002年、郵政研究所)「郵政研究所月報」59頁.
30) 九條守『スーパープロフェッショナル 保険実務の道しるべ』(2015年、保険教育システム研究所) 60 - 61頁.
31) 山本信一＝中路翔『生命保険会社の健全なる経営を目指して－健全性低下要因のパネルデータ分析－』(2011年、生命保険文化センター)「生命保険論集」第175号42頁.
32) 山本信一＝中路翔『生命保険会社の健全なる経営を目指して－健全性低下要因のパネルデータ分析－』(2011

年、生命保険文化センター）「生命保険論集」第175号42頁．
33）下平尾勲『金融再編成の構図（３）－生命保険業を中心として－』（2001年、福島大学）「商学論集」第69巻第3号42頁．
34）小藤康夫『生保危機と保険機能の分離－金融サービス産業としての生保会社－』（2001年、専修大学）「商学研究所報」第32巻第3号6頁．
35）下平尾勲『金融再編成の構図（３）－生命保険業を中心として－』（2001年、福島大学）「商学論集」第69巻第3号42頁．
36）山本信一＝中路翔『生命保険会社の健全なる経営を目指して－健全性低下要因のパネルデータ分析－』（2011年、生命保険文化センター）「生命保険論集」第175号43頁．
37）小藤康夫『生保危機と保険機能の分離－金融サービス産業としての生保会社－』（2001年、専修大学）「商学研究所報」第32巻第3号10頁．
38）山本信一＝中路翔『生命保険会社の健全なる経営を目指して－健全性低下要因のパネルデータ分析－』（2011年、生命保険文化センター）「生命保険論集」第175号43頁．
39）山本信一＝中路翔『生命保険会社の健全なる経営を目指して－健全性低下要因のパネルデータ分析－』（2011年、生命保険文化センター）「生命保険論集」第175号43－44頁．
40）山本信一＝中路翔『生命保険会社の健全なる経営を目指して－健全性低下要因のパネルデータ分析－』（2011年、生命保険文化センター）「生命保険論集」第175号44頁．
41）山本信一＝中路翔『生命保険会社の健全なる経営を目指して－健全性低下要因のパネルデータ分析－』（2011年、生命保険文化センター）「生命保険論集」第175号44頁．
42）山本信一＝中路翔『生命保険会社の健全なる経営を目指して－健全性低下要因のパネルデータ分析－』（2011年、生命保険文化センター）「生命保険論集」第175号44－46頁．
43）植村信保『生命保険会社の経営悪化』（2009年、慶應大学出版会）「企画監修・内閣府経済社会総合研究所、池尾和人・編『バブル／デフレ期の日本経済と経済政策　第4巻〔不良債権と金融危機〕』」187頁．
44）植村信保『生命保険会社の経営悪化』（2009年、慶應大学出版会）「企画監修・内閣府経済社会総合研究所、池尾和人・編『バブル／デフレ期の日本経済と経済政策　第4巻〔不良債権と金融危機〕』」187頁．
45）植村信保『生命保険会社の経営悪化』（2009年、慶應大学出版会）「企画監修・内閣府経済社会総合研究所、池尾和人・編『バブル／デフレ期の日本経済と経済政策　第4巻〔不良債権と金融危機〕』」201－202頁．
46）黒木達雄『終戦後の生命保険会社再建における所有と経営の分離』（2015年、名古屋商科大学）「NUCB Journal of Economics and Information Science」Vol.60 No.1 87－89頁．
47）マスミューチュアル生命保険株式会社ＨＰ「会社概要・沿革」
48）菊地浩之『図解 合併・再編でわかる日本の金融業界』（2015年、平凡社）132－141頁．
49）下平尾勲『金融再編成の構図（３）－生命保険業を中心として－』（2001年、福島大学）「商学論集」第69巻第3号33－34頁．
50）植村信保『Ｒ＆Ｉ格付けシリーズ⑥　損保が変わる－問われる信用力』（2001年、日本経済新聞社）90－113頁．
51）朝日火災海上保険『ディスクロージャー　２０１６ 朝日火災の現状』（2016年、朝日火災海上保険）7－8頁．
52）九條守『スーパープロフェッショナル 保険実務の道しるべ』（2015年、保険教育システム研究所）96－100頁．
53）菊地浩之『図解 合併・再編でわかる日本の金融業界』（2015年、平凡社）143－146頁．
九條守『スーパープロフェッショナル 保険実務の道しるべ』（2015年、保険教育システム研究所）96－97頁．
54）菊地浩之『図解 合併・再編でわかる日本の金融業界』（2015年、平凡社）146頁．
九條守『スーパープロフェッショナル 保険実務の道しるべ』（2015年、保険教育システム研究所）97頁．
李洪茂『保険業界の再編について』（2001年、早稲田大学）「早稲田商学」第389号、141頁．
55）菊地浩之『図解 合併・再編でわかる日本の金融業界』（2015年、平凡社）146－148頁．
九條守『スーパープロフェッショナル 保険実務の道しるべ』（2015年、保険教育システム研究所）97－98頁．
56）菊地浩之『図解 合併・再編でわかる日本の金融業界』（2015年、平凡社）154頁．
九條守『スーパープロフェッショナル 保険実務の道しるべ』（2015年、保険教育システム研究所）98頁．

李洪茂『保険業界の再編について』(2001 年、早稲田大学)「早稲田商学」第 389 号 140 - 141 頁.
57)菊地浩之『図解 合併・再編でわかる日本の金融業界』(2015 年、平凡社) 156 - 158 頁.
58)植村信保『生命保険会社の経営悪化』(2009 年、慶應大学出版会)「企画監修・内閣府経済社会総合研究所、池尾和人・編『バブル／デフレ期の日本経済と経済政策　第 4 巻〔不良債権と金融危機〕』」189 - 190 頁.
59)『日本経済新聞』2001 年 11 月 2 日.
60)植村信保『Ｒ＆Ｉ格付けシリーズ⑥損保が変わる－ 問われる信用力』(2001 年、日本経済新聞社) 13 頁.
61)住友海上火災保険『ディスクロージャー誌 住友海上の現状 ２００１』(２００１年、住友海上火災保険) 18 頁.
62)菊地浩之『図解 合併・再編でわかる日本の金融業界』(2015 年、平凡社) 158 頁.
李洪茂『保険業界の再編について』(2001 年、早稲田大学)「早稲田商学」第 389 号 144 - 145 頁.
63)李洪茂『保険業界の再編について』(2001 年、早稲田大学)「早稲田商学」第 389 号 141 - 142 頁.
64)住友海上火災保険『ディスクロージャー誌 住友海上の現状 ２００１』(２００１年、住友海上火災保険) 3 頁.
65)植村信保『Ｒ＆Ｉ格付けシリーズ⑥損保が変わる－問われる信用力』(2001 年、日本経済新聞社) 58 - 61 頁.
66)菊地浩之『図解 合併・再編でわかる日本の金融業界』(2015 年、平凡社) 148 - 150 頁.
67)菊地浩之『図解 合併・再編でわかる日本の金融業界』(2015 年、平凡社) 148 - 150 頁.
九條守『スーパープロフェッショナル 保険実務の道しるべ』(2015 年、保険教育システム研究所) 100 頁.
李洪茂『保険業界の再編について』(2001 年、早稲田大学)「早稲田商学」第 389 号 142 - 143 頁.
野崎稚恵＝倉田楽＝久野康成『東京海上ホールディングス』(2015 年、出版文化社) 87 - 90 頁.
68)『日本経済新聞』2000 年 11 月 3 日.
69)李洪茂『保険業界の再編について』(2001 年、早稲田大学)「早稲田商学」第 389 号 143、150 頁.
70)野崎稚恵＝倉田楽、久野康成『東京海上ホールディングス』(2015 年、出版文化社) 90 頁.
71)菊地浩之『図解 合併・再編でわかる日本の金融業界』(2015 年、平凡社) 150 頁.
植村信保『生命保険会社の経営悪化』(2009 年、慶應大学出版会)「企画監修・内閣府経済社会総合研究所、池尾和人・編『バブル／デフレ期の日本経済と経済政策　第 4 巻〔不良債権と金融危機〕』」187 - 189 頁.
72)『週刊東洋経済臨時増刊／ＤＡＴＡ　ＢＡＮＫ　企業系列総覧』(2000 年版) をもとに試算.
73)九條守『スーパープロフェッショナル 保険実務の道しるべ』(2015 年、保険教育システム研究所) 98 - 99 頁.
74)住友海上火災保険『ディスクロージャー誌 住友海上の現状 ２００１』(２００１年、住友海上火災保険) 18 頁.
75)インシュアランス・システム・ソリューション株式会社『ＩＳＳ代理店システム　パンフレット』.
76)李洪茂『保険業界の再編について』(2001 年、早稲田大学)「早稲田商学」第 389 号 148 頁.

第 3 章

これからの保険業界

ー質的能力向上への時代へ

第2章で見たように、貿易摩擦による日米構造協議の結果として、保険業界にも商品や保険料率の自由化がもたらされ、また世界的な金融制度改革の流れによる銀行等の再編の動き、さらにはバブル崩壊後の円高・金利低下という厳しい金融環境による運用の失敗もあり、それらが複合的に絡み合って、2000（平成12）年前後に、保険業界は破綻・合併・統合という激しい動きに翻弄される事態に陥りました。

そして、その後も保険業界の再編の動きが続く中で、思わぬ事件が起こります。損保業界の独禁法違反事件、生・損保両業界の保険金不払い問題、火災保険構造級別判定誤り問題です。保険業界はコンプライアンスが問われる時代となり、金融庁の検査により業務停止を受ける保険会社が続出する前代未聞の事態が発生しました。

激動の事態が続く中で、保険仲立人（ブローカー）制度の導入、銀行窓販の全面解禁、保険ショップや保険比較サイト等の新しい保険募集形態が全国展開をするなど、保険販売の多様化が進み、保険募集人・保険代理店には厳しい時代となり、自然淘汰が始まります。その一方で、募集のあり方について厳格な対応を求める議論が活発となり、保険業法が改正されます。保険募集人・保険代理店に対する管理・監督の一層の強化が図られ、今や保険募集人・保険代理店にとって試練の時代となっています。

この章では、これらの事態の詳細を振り返ったうえで、これからの保険業界、とりわけ保険募集人・保険代理店が質的能力を向上させることが必須となっている現状を見ていくことにします。

第１節　販売チャネルの多様化

１．旧来型販売チャネルの衰退

(1)　生命保険販売チャネルの変化

我が国が世界でもトップクラスの生命保険の普及大国となったのは、営業職員による活動が大きく[1)]、第１章で見たように（第１章第３節１(2)②参照)、とりわけ戦後にデビット・システムから始まった女性外務員の目覚ましい活躍がなければ、実現しなかったといっても過言ではありません。

この女性外務員は、我が国の特徴的な販売チャネルであり、高コストという人件費の問題が存在しても、「護送船団方式」による保険料価格決定メカニズムによってスケールメリットを享受できた大手生命保険会社が、戦後から高コストへの投資を促進して大量の販売部隊を投入し続けた結果[2)]、バブル期の1991（平成2）年度には登録営業職員数が、45万284人にも達しました[3)]。生保経営の重点が、商品よりも女性外務員という販売チャネルの量的拡大に置かれていたのです[4)]。

この女性外務員は、戦後期に少額の掛金による月掛保険から始まり、死亡保障というよりは「貯蓄」を主体にした養老保険の販売を親戚・知人という縁故関係中心に行い続けました[5)]。高度経済成長時の死亡保障需要が増大した際にも、大手生命保険会社は保有契約高の拡大を目標とし、次々と女性外務員を大量に投入して、量によって量を求める経営を継続していました[6)]。

1980年（昭和55年）頃から2000（平成12）年頃までの女性外務員の離職率が、採用後１年経過すると50％以上で、２年後の定着率は20から30%程度となっており、2002（平成14）年では、営業職員の新規登録者数が11万9452人に対して業務廃止者数は13万2556人という数字が示しているように、いわゆるターン・オーバーといわれる「大量導入・大量離脱」という状態が続きました[7)]。2015（平成27）年のデータでは、登録営業職員数は22万9668人であり[8)]、ピーク時と比較すると半減しています。この営業職員数の半減の原因は、女性外務員が新規顧客獲得を最大化する短期志向による販売至上主義に辟易したことにありますが[9)]、そのほかにも原因はいくつかあります。

その一つが、女性外務員が親戚・知人縁者のマーケットのほかに担当している企業職域マーケットで変化が起きていることです。それは、2005（平成17）年4月に全面施行された個人情報保護法によって、企業のセキュリティ強化が急速に進み、企業の職員個人の情報やその企業の顧客情報に関しても企業外の人間の眼に触れさせないために、女性外務員がかつてのように企業の職場に足を踏み入れることができなくなったからです[10)]。個人情報保護法が、女性外務員の活動の場であった職域マーケットを急速に縮小させたのです。生命保険に関する実態調査では、生命保険に加入するチャネルとして、2003（平成15）年には、女性外務員等の「生命保険会社の営業職員」から加入したとする回答が71.8%で、「職場に来る営業職員」は20.4%もありましたが、2015（平成27）年では、「生命保険会社の営業職員」から加入したとする回答が59.4%、「職場に来る営業職員」は12.0%と激減しています[11)]。

その他の原因としては、生保の保険代理店が増加したのに伴い、後で述べる（本節3参照）保険ショップや比較サイト、そして銀行窓販による生命保険の募集が増えたことも、女性外務員の活動の場を狭めるようになっていると考えられます。

しかし、現在でも20万人を超える女性外務員等の営業職員数は相当な人数であり、特に大手生命保険会社は、大学新卒の女性外務員を積極的に採用しており、女性外務員が依然として中核をなす有効なチャネルであることに変わりはありません[12)]。

図３－１　生保営業職員数の推移〈1968 年～ 2016 年（単位：人）〉

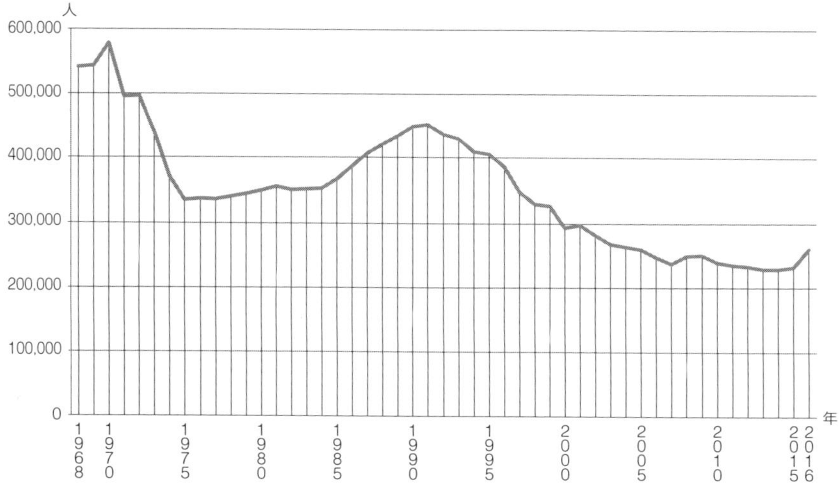

(2)　損害保険販売チャネルの変化

損保業界では、第２章で見たように、1995（平成 7）年公布の保険業法改正と金融制度改革「日本版金融ビッグバン」構想の発表、そして日米保険協議の決着によって、生保業界よりも自由化と規制緩和が急速に進んで環境が大きく変化し、その影響を受けて第一次再編が行われました（第２章第１節～第３節、第５節参照)。かつての損害保険会社は護送船団方式の下で効率化を無視した量的拡大路線を歩んでいましたが、この再編の動きは、各損害保険会社の経営資源を共有化することで経営基盤の強化を図り、コンバインド・レシオ（損害率＋事業費率）を意識した効率化・収益重視の体制づくりをして、大競争時代に生き残る路線転換を目指したものでした。

そうした大きな環境変化の中、後で述べるように（本節３参照）銀行窓販が開始され、消費者利便を優先することによる保険市場の発展が図られることになり、さらに保険比較サイトを含めた通信販売やコールセンター、そして保険ショップも展開を始め、販売チャネルの多様化が進みます。これは、従来の保険募集のあり方を大きく変えることになりました。

銀行、信託、証券、生・損保等の金融機関が、保険や投資信託等の金融商品を相互に販売することによって販売チャネルの拡大を図ることは、消費者が利便性を享受できるだけでなく、金融機関自身も市場の拡大により、一層の利益獲得が見込めることになるというメリットがありますが、その反面、競争による負担やリスクを抱えることになるというデメリットもあります。保険会社を含め金融機関に対する戦後からの大蔵省による護送船団方式による政策はなくなり、2000（平成12）年以降の金融庁の監督行政下における収益を重視する政策は、損害保険会社が損保代理店よりも自らを重視せざるをえなくなる状況をもたらしました[13)]。

その結果、損害保険会社は自らのコストを軽減するため、損保代理店に試練を与えることになります。その試練とは、次に述べる「損保代理店のオンライン化」と「損保代理店手数料ポイント制度」等です。

２．損保代理店の試練

⑴　損保代理店オンラインの出現[14)]　［1998（平成10）年］

業務効率化とＩＴ化の進展に伴い、代理店ポータルサイトによる代理店オンライン化が実現し、次の業務を損保代理店に行わせる動きが、1998（平成10）年頃から始まりました。

代理店ポータルサイトによる代理店オンラインは、次の機能をベースとしています。

・申込書作成と契約計上 ⇒ 従来は、保険契約内容の入力（契約計上）は、損害保険会社の業務。
・保険料の収納管理 ⇒ 紙ベースからオンラインベースに変更。
・情報の伝達 ⇒ 紙ベースでの配布から掲示板または専用メールでの配信に変更。

この代理店オンライン化は、またたく間にほとんどの損害保険会社に広まりました。この動きは、コンバインド・レシオを指標とする損害保険会社間の収益力競争に拍車がかかった時期とほぼ重なります。つまり、損害保険会社のコスト意識が強くなり、従来は損害保険会社が行っていた更改申込書作成や入力業務を損保代理店に業務転嫁し、担当業務、人件費、紙代等の削減という狙いがあって実施されたのです。

代理店オンライン化は、損害保険会社側のメリットだけでなく、満期管理や保険料の収納管理等の業務管理面で優れた機能を発揮することにより損保代理店にもメリットを供与していますが、損保代理店にとっては次のような問題が発生しており、当時は「メリットよりはデメリットの方が多い」という声が損保代理店から上がりました。

損保代理店は、損害保険会社側のコスト削減とは裏腹に、今までなかった業務やプリンターインク代と紙代等を負担することになりました。これは損保代理店にとって完全なコスト増加です。

また、損害保険会社から損保代理店への情報伝達は、従来は担当の営業社員や代理店ニュース等のペーパーによって行われていましたが、代理店オンライン化以降は、代理店オンラインを通じて行われることが当たり前になったことにより、特に乗合代理店は、各損害保険会社のそれぞれの代理店オンラインを自発的に毎日覗きに行かなくてはならず、それは実際にはかなり手間がかかることから、結局は多くの乗合代理店は覗かなくなってしまい、その結果、情報伝達が不充分な状態になっています。それは、保険募集人の情報不足による知識・能力の低下という深刻な問題を引き起こす一因にもなっています。このように、代理店オンライン化は、損保代理店のコストや業務負担を増やすだけでなく、保険募集人の知識・能力にも深刻な影響を与えています。

(2)　損保代理店手数料ポイント制度の導入[15)]　[2001（平成13）年３月]

2000（平成12）年３月に、当局（金融監督庁）が「損害保険代理店制度の見直し」に関する趣旨説明を公表しました。

それは、損保代理店の個人資格制度、代理店種別制度および代理店の種別等に対応して代理店手数料の水準を規定している従来の取扱いを、保険商品・料率の多様化の進展等に対応して、より損害保険会社・代理店の自主性を取り入れる観点から見直しを実施し、関連する保険業法施行規則の規定の改正を行うという内容でした。

当局は、損保代理店の資質の向上のために、代理店種別制度とそれにリンクした代理店手数料制度を廃止して各損害保険会社に任せて自由化すると表明したわけです。パブリック・コメントの回答でも「損保会社が代理店に求める資質、消費者が代理店に求めるサービスが多様化する中、行政が画一的に種別を設定するという現在の仕組みは不適当であり、基本的にこれを廃止することとする」と説明しています。

このような当局の趣旨を基に、翌年（平成13）年３月に損害保険業界としての代理店種別制度とそれにリンクした代理店手数料制度が廃止され、４月から各社別の代理店制度・代理店手数料体系が導入されました。ただし、「代理店手数料については、これまで種別制度に応じ、事業方法書に規定する取扱いとなっていたことから、急激にこれを完全自由化することは、代理店手数料の意図せざる高騰といった事態を招来する惧れもある」と考えられたことから、当初２年間は、引き続き当局の認可を要することとされ、2003（平成15）年４月から金融庁の認可が不要となって完全自由化となりました。

代理店手数料の完全自由化により、各社が導入した「代理店手数料ポイント制度」は、導入当初は、各社とも基本的な仕組みはよく似ていました。

・代理店手数料 ＝ 保険料×適用代理店手数料率
・適用代理店手数料率 ＝ 商品別標準代理店手数料×代理店評価ポイント／100
・代理店評価ポイント ＝ 業務評価ポイント＋付加ポイント＋成長性・収益性ポイント

「代理店評価ポイント」は、「業務評価ポイント」「付加ポイント」「成長性・収益性ポイント」の合算で算出されます。「業務評価ポイント」は募集や事務処理等における顧客対応やコンプライアンス等の問題の発生有無、代理店計上件数率・証券直送率等の一定基準以上の充足度によって、「付加ポイント」は損害保険大学課程資格取得者や日本代協の保険代理士資格者等の割合、保険代理店の挙績規模、早期更改率・契約継続率・キャッシュレス化率等の一定基準以上の充足度によって、ポイントが決まります。「成長性・収益性ポイント」は増収率や損害率等によってポイント・テーブルがあり、それでポイントが決まります。

これらの内容は、各社ともに毎年見直しを行っていましたが、最近の傾向としては、細かい内容からシンプルな内容に改め、一定程度成果があった「早期継続率」を廃止したり、従来は毎年のように基準引上げが行われた「キャッシュレス化率」は、その動きがなくなる傾向にあります。また、前年度と同じ水準を維持してもポイントが下がるという厳しい基準を導入する保険会社も出てきたりしています。さらには、保有契約の維持と更なる増収を求めるとともに、従来以上に損害率を重視する傾向があり、保険会社の収益性に貢献する保険代理店を評価しようとする意図が強く感じられます。

このように代理店手数料ポイント制度は、代理店オンラインによる保険会社から保険代理店への事務移行と募集面等におけるコンプライアンス強化という点を前提にして、その達成度と保険会社への収益面での貢献度を評価したものです。この達成と貢献について一定水準をクリアできない保険代理店は、手数料が下がり、人員整理、廃業、M＆A等に追い込まれ、切り捨てられ、淘汰されることになり、保険代理店の世界にも再編の波が波及することになりました。

この「代理店手数料ポイント制度」の導入後、損保代理店数は半減し、20万店を割り込むまで減少しています。この制度で損保代理店の資質は一定の向上が図られたものの、この制度は外的な条件基準を満たすという管理手法による資質向上策であって、知識やスキルの習得という教育面からのアプローチとはいえません。先のパブリック・コメントにおいて当局は、「各損保会社がどのようにして代理店の資質の向上を行うかは、基本的には保険会社の自主性に委ねられる問題であるが、当局としては、結果として代理店の業務やその教育体制に問題があれば、保険業法に則し、適切に対処していく。また、代理店の教育に当たっては、損保協会が実施する試験等も活用して、各社において積極的に取り組まれることを期待している」と回答しています。

ただいえるのは、この「代理店手数料ポイント制度」の導入によって、損害保険会社は自社のコンバインド・レシオの改善のために、代理店手数料の高低を調整できるようになったのは確かな事実だということです。

図３－２　損保代理店実在数の推移〈1955 年～ 2016 年（単位：店）〉

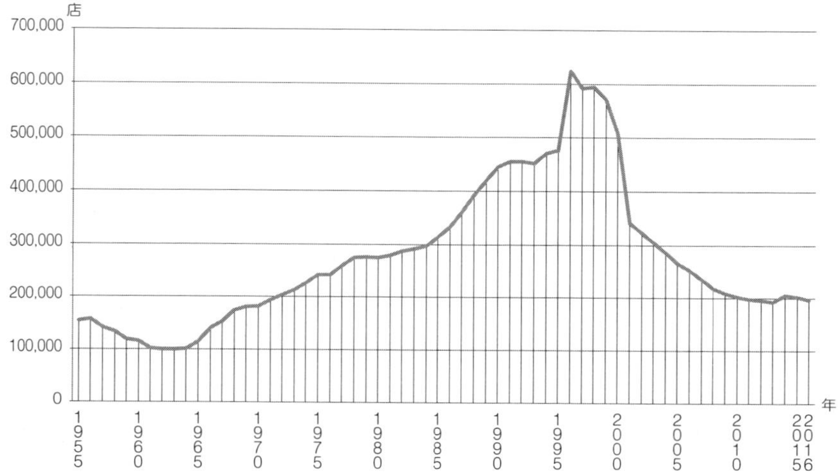

図３－３　損保募集従事者数の推移（国内会社、外国会社合計）〈1992 年～ 2016 年（単位：人）〉

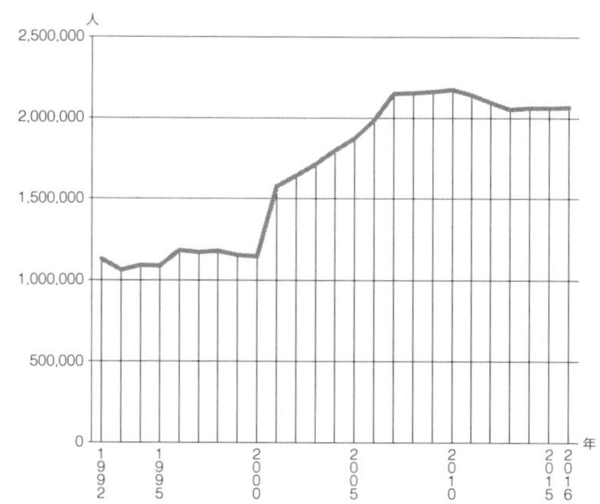

3．新しい販売チャネル

消費者は保険商品に加入する際に、自らのニーズに適合した保険商品に加入したいと思っていますが、消費者自らが保険商品の情報を集めて比較することは、保険の基本知識がなく、保険会社や保険商品によってパンフレット等の記載内容やその箇所も異なることから、非常に困難です。ましてや、保険の専門家である女性外務員や保険代理店は、戦後の1948（昭和23）年に制定された「保険募集の取締に関する法律（募取法)」によって保険商品の比較は厳しく禁止されていたため、消費者にとって保険商品を比較してその中から自らのニーズに適合した保険を選ぶことが困難な状態が続いていました。

1995（平成7）年6月に公布された改正保険業法では、保険契約者のために最適な保険契約の締結を実現する保険仲立人（ブローカー）の制度を導入するとともに、「募取法」を条文の中に盛り込み、それまで募取法が禁止していた保険商品の比較を限定条件付で可能とする規制緩和を行いました。保険商品を比較した情報の提供を「誤解させるおそれのあるもの」についてのみ禁止するという内容にとどめ、禁止する比較情報の絞り込みをすることによって、従来の規制に風穴を開けるものでした。

この規制緩和によって、保険の販売チャネルに異変が起こりました。保険仲立人（ブローカー)、来店型の保険ショップや保険比較サイトの登場と銀行での保険窓口販売の解禁です。保険の販売チャネルの多様化が始まったのです。

⑴　保険仲立人（ブローカー）制度の導入[16)]　［1996（平成8）年］

保険仲立人（ブローカー）制度の導入については、1973（昭和48）

年に制定されたノンマリン代理店制度の検討過程において、損害保険業界が検討を行っていますが、その時は乗合代理店制度があることなどを理由に不要であるという結論を出していました。その後、1981（昭和56）年の保険審議会答申の段階で「今後、商品面・価格面における多角化が進めば、保険会社の代理人ではなく、消費者の需要に応じて保険取引の仲介を行う者が必要とされることになるとも考えられるので、長期的検討課題としては、ブローカー制度導入の是非について検討することが有益である」と判断され、それ以後から検討が開始されました。そして、1992（平成4）年6月に意見が取りまとめられ、「中立的な立場から利用者に最もふさわしい商品をアドバイスすることが期待される保険ブローカーには、現行の損害保険代理店や生命保険募集人とは異なる存在意義が認められ、販売チャネルの多様化および販売面での競争の促進要因になることが期待される」と表明され、「諸外国において保険ブローカーが一般に存在する以上は国際性の観点から、わが国でも導入が必要である」という結論が出されました。これによって、1996（平成8）年の保険業法改正において、保険仲立人（ブローカー）制度が導入されました。

保険業法で、保険仲立人（ブローカー）とは、「保険契約の締結の媒介であって生命保険募集人及び損害保険募集人がその所属保険会社のために行う保険契約の締結の媒介以外のものを行う者をいう」と規定され、保険の募集を行うにあたっては、保険会社と保険契約者となる者との間で中立的な立場または保険契約者となる者の側に立って活動することが原則となっています。

保険仲立人は、「保険会社のため」の代理人ではなく、「保険契約者のため」に保険契約の締結の交渉を行ういわば「保険契約者のための代理店」ともいえますが、保険契約の締結のための仲介、斡旋、勧誘のみを行い、契約締結権や保険料の領収権を与えられていません。したがって、

「乗合代理店」と「保険仲立人（ブローカー）」は、似て非なるものです。たとえば、損保代理店は、他の損保代理店と共同募集ができ、保険契約の扱いについて代理店間分担が可能ですが、「保険仲立人（ブローカー）」とは共同募集および代理店間分担はできません。

「保険仲立人（ブローカー）」は、複数の保険会社の保険商品を「公正・中立」を標榜して販売しているなど、外見上「乗合代理店」とほとんど機能的に変わらないため、「保険仲立人（ブローカー）制度」ができて20年以上が経過しましたが、期待されたような活躍が展開されるほどには至っていません。現在、日本における「保険仲立人（ブローカー）」は、そのほとんどが海外の日系企業マーケットの案件を扱い、特に日米保険協議後に意気込んで日本に進出してきた外資系保険ブローカーも、結局は海外の日系企業マーケットの案件を扱うだけで、国内マーケット案件については別法人を設立して乗合の損保代理店として活動しています。つまり、結果的に海外マーケットは「保険仲立人（ブローカー）」、国内マーケットは「乗合代理店」となってしまっている観があります。

なお、保険仲立人（ブローカー）は、保険募集代理店と異なり保険会社の指示・監督を受けることが期待できないため、保険仲立人特有の規制がありました。その主なものは次のとおりです。

・保証金の供託義務（年間取扱保険料によって変動。最低4000万円から最高８億円）
・顧客への誠実義務
・保険契約締結にあたって受ける手数料等の開示義務
・５年以上の保険契約の媒介を行う場合は、保険仲立人の登録のほか「認可」が必要これらの規制のために、保険仲立人（ブローカー）の活用が低調になっているという意見が寄せられるようになり、保険仲立人の新規参入や既存業者の活性化を促進できるようにするため、2015（平成27）年5月の保険業法改正によって一部規制が緩和されました。具体的には、保証金の最低金額を2000万円に引き下げ、5年以上の保険契約の媒介を行う場合に必要だった「認可」が不要となりました。

(2)　来店型保険ショップの台頭　［1999（平成11）年］

①　保険ショップの出現

バブル期に入る少し前に、百貨店やスーパーが保険の店頭販売に乗り出し、一時話題になりましたが、その後の販売成果は芳しくありませんでした。1999（平成11）年12月に、「保険クリニック」（アイリックコーポレーション社）が、複数の保険会社の商品を揃え、コンサルティングをしながら販売展開を行う来店型保険ショップを開店しました。2000（平成12）年3月には、「住まいと保険のライフプラザ」（ライフプラザホールディングス社［現・ほけんの窓口グループ社］）、2004（平成16）年1月には、通信販売やインターネット・サイトを展開していた「保険市場」（アドバンスクリエイト社）が保険ショップにも業容拡大し、その後も「保険見直し本舗」（保険見直し本舗社）や「みつばち保険ファーム」（みつばち保険グループ社）等も続き、今や、ショッピングセンターや商店街、そして駅前に保険ショップを見かけることが多くなり、来店型保険ショップは急速な拡大を見せ、店舗数は全国各地で急増しています。

保険ショップが出現した背景を考えると、次の経過から必然的に生まれてきたといえます[17)]。

すなわち、まず、自由化により保険商品や保険料率が認可制から届出制になって保険商品開発や保険料率設定が自由となると、商品開発ラッシュにより保険商品が一挙に増えました。そして、次に生命保険と損害保険の相互参入が可能となり、統合・合併による保険会社の再編も進んだことによって、保険商品は一層増え続け、その内容も多様化しました。さらには、特に生保では従来は一社専属制だった保険募集に乗合が認められるようになったことから、その乗合代理店で取り扱う保険商品の数が増え過ぎ、その結果、消費者が選択に困る状況となってしまったのです。そのため、消費者に分かりやすく保険商品の比較や組合せについて説明をしながらコンサルティングをして、個々の消費者に最適な保険提案をする必要性が出てきたというわけです。

従来の訪問型の保険募集（たとえば女性外務員）とは異なり、来店型の保険ショップは、顧客自らがショップに足を運んでくれるので、顧客を獲得するために時間や費用等のコストをかける必要がなく、その分を取扱商品の拡充や相談等のサービス強化に当てることができるという長所があります[18)]。保険代理店だけでなく保険会社も保険募集にかける労力を軽減でき、特に保険募集コストをかけられない中小生命保険会社

表3－1　来店型保険ショップ（FC型・直営型）〈2018.2現在〉

店舗名	運営会社・母体	形　態	店舗数	取引保険会社数
ほけんの窓口 みんなの保険プラザ ほけんの専門店	保険の窓口グループ㈱	FC	626	損保 16 生保 27
保険見直し本舗	㈱保険見直し本舗	直営	253	損保 16 生保 26 少短　3
みつばち保険ファーム	みつばち保険グループ㈱	FC	80	損保　9 生保 20 少短　1
保険クリニック	㈱アイリックコーポレーション	直営	178	損保 16 生保 24

（備考）各社HPより調査

（損害保険会社の生保子会社や外資系生命保険会社等）にとっては、有難い販売チャネルとなっています[19)]。

大手生命保険会社も当初は「保険は（保険会社が）売りに行くもので、（消費者が）買いに行くものではない」という意識が強く、ここまで保険ショップが拡大するとは予想していなかったようです。消費者にとって保険ショップが身近な存在となってきたことから、消費者の動向に変化が生まれ、勧誘を受けて保険に加入するというのではなく、保障の見直しや保険の比較に関心を持った消費者自らが行動して保険に加入するという自発的な意識・行動スタイルが芽生えてきたことは、当時の大手生命保険会社からすれば驚きだったのです。

②　大手生保直営の保険ショップ

消費者の意識の変化を背景に、大手生命保険会社も来店型保険ショップが保険販売の主要なチャネルになりつつあると認識し、自社や子会社を窓口として保険商品を販売する店舗展開を試みています。それは、前にも述べたように（本節１⑴参照）、女性外務員が個人情報保護や顧客情報の流出防止の観点から企業の職場に入れないようになっただけでなく、昨今は自宅への訪問を嫌う消費者が多くなったり、マンション等のセキュリティが厳しくなったり、さらには共稼ぎの家庭が多くなったりと、女性外務員の営業活動の範囲がかなり制約されてきているという状況があるからです。

ただし、当初の大手生命保険会社の保険ショップは、一部の会社を除き、主に自社の保険商品しか取り扱ってきませんでした。しかし、最近では、その方針を改め、一般の保険ショップを買収する動きが出てきています。

ア．日本生命保険

日本生命保険が、直営の保険ショップを開設したのは、1987（昭和57）年と、他の大手生命保険会社よりもかなり早く、第１号店舗「ニッセイ・ライフプラザ」を東京・新宿に出店しました。

当初は、解約の防止や保全サービスによる保有契約の防衛を最大の目的としていましたが、その後は、保険契約に関する諸手続きや相談、無料セミナーの開催、ライフイベントの各種情報提供の発信等を行うことにより、次第に既契約者へのアフターサービスだけでなく自社商品の新規顧客への販売も目的に含め、積極的に拠点展開を行い、現在では全国98ショップにまで増やしています[20)]。2013（平成25）年には、千葉・幕張新都心のイオンモールに新しいコンセプトの「くらしと保険の相談デスク」を出店し、窓口にはＦＰ（ファイナンシャル・プランナー）資格を持つスタッフを配置しています[21)]。

また、最近では、自社商品だけでなく、他社商品も扱う乗合代理店の保険ショップ戦略にも踏み出しています。2015（平成27）年5月に、約50店舗の運営をしている保険ショップ「ライフサロン」（ライフサロン社）の10億円の第三者割当増資を引き受け、同社を子会社化しました[22)]。同年11月には、ライフプラザパートナーズ社（現・ほけんの窓口グループ社の子会社）のファイナンシャルアドバイザーの保険ショップでの活用を目論んで、同社の株式の一部を取得して子会社化しています[23)]。さらには、2017（平成29）年3月に、九州地方を中心に全国で90店舗を展開している保険ショップ「ほけんの110番」（ほけんの110番社）の全株式を取得して買収する発表を行っています[24)]。

イ．住友生命保険

住友生命保険の保険ショップ展開は、当初から直営ではなく、子会社のいずみライフデザイナーズ社の「ほけん百花」「保険の森」（後に「ほけん百花」に統合）を中心に進められ、同保険ショップは住友生命保険の商品だけでなく、乗合代理店として他社の商品も扱っています。2017（平成29）年10月現在、全国で74店舗の運営をしています。

また、2010（平成22）年9月には、アドバンスクリエイト社が運営しているインターネット保険サイト「保険市場」にアクセスしたユーザーを「ほけん百花」「ほけんの森」に紹介誘導するために、アドバンスクリエイト社と業務提携を結んでいます[25)]。

さらに、2013（平成25）年にはほけんの窓口グループ社の第三者割当増資を引き受け、約7億円を出資して第3位の株主となっています。ただし、ほけんの窓口グループ社には、翌年7月に大手商社の伊藤忠商事が、発行済株式の24.2%を取得して、同社の筆頭株主になっています[26)]。保険ショップをめぐって、大手の保険会社だけでなく異業種である大企業からの本格的な進出は、保険ショップの社会的な存在意義とその将来性に大いに期待を寄せていることの現れといえます。

住友生命保険は、このような異業種からの進出の動きに対して戦略を練り直したのか、2017（平成29）年7月に、関西地域に20店舗の保険ショップを展開している「保険デザイン」（保険デザイン社）を買収したと発表しました。「ほけん百花」が首都圏を中心に展開しているため、関西地域での販路を拡大するための戦略とも見られています[27)]。

ウ．明治安田生命保険

2004（平成16）年に明治生命保険と安田生命保険が合併した明治安田生命保険（合併経緯は第5節1⑴参照）は、2009（平成21）年に直営型（一社専属）「保険がわかるデスク」と乗合型「ほけんポート」の二つのタイプの保険ショップを同時に開設しています。乗合型「ほけんポート」は子会社の乗合代理店であるMYＪ社が運営しています。

直営型「保険がわかるデスク」は、2018（平成30）年2月現在で全国に16店舗あり、保険相談コーナーとフリースペースを併設した〝カフェタイプ〟の保険ショップを東京・丸の内の本社ビルの1階に開設させるなど、意欲的な取り組みを展開しています。

乗合型「ほけんポート」は、まだ2店舗ですが、他の生命保険会社の動きによっては、新たな展開も予想されます。

エ．第一生命保険

第一生命保険の保険ショップは、2007（平成19）年３月に東京・王子に保険ショップ「生涯設計パーク」を開設したのが始まりです。もともと「既契約者フォローの強化」を狙いとして保険ショップをスタートさせたようですが、当初の想定よりも同社の既契約者ではない新規契約者が多く訪問することが分かり、2010（平成22）年４月の同社の株式会社化を機に、各支社の「手続き窓口」を店舗化するとともにショッピングセンターへも新規出店して保険ショップの全国展開を図り、「ほけんショップ」という名称で、2017（平成29）年４月現在、全国75店舗で展開しています[28)]。

第一生命保険は、日本生命保険、住友生命保険や明治安田生命保険のように乗合代理店である一般の保険ショップには進出せず、2014（平成26）年に損保ジャパンＤＩＹ生命を子会社化して「ネオファースト生命保険」に社名変更したうえで、保険ショップや銀行窓販向けに商品・サービスを提供する戦略で臨んでいます[29)]。

③　保険ショップの現状

保険ショップに関するアンケート調査[30)]では、保険ショップの存在を知っている消費者が、54.1％と半数を上回っており、保険ショップの認知度が高まっていることを示しています。保険ショップを駅前やショッピングセンターで見かけて、その存在を知っている人が多いことを示しています。

利用者の割合は17.5％、生命保険や損害保険に加入した人の割合は12.0％で、そのうちの91.6％が生命保険に加入しているという結果が出ており、「医療・がん保険」の第三分野商品に75.3％、「終身・養老保険や定期・収入保障保険等」の死亡保障に54.1％と、２種類以上の保険に62.0％も加入しています。

利用者の年齢別では、30歳代が39.7％と最も多く、次に40歳代が

24.1％となっており、30歳代と40歳代で6割を超え、30歳代は既婚で子供がいる層が半数以上を占めています。

保険ショップを利用した理由は、「複数の保険会社の保険商品を比較できるから」が48.4％、「必ずしも加入する必要がなく、気軽に相談できそうだから」が45.8％、「保険の専門家（ＦＰなど）の意見が聞けるから」が36.3％、「土日休日や平日の遅い時間でもできるから」が30.4％となっており、従来の女性外務員等とは違った商品比較・専門性・気軽さ・利便性を兼ね備えた特色に消費者が注目しているようです。そして、保険ショップの利用者の82.0％、そのうち保険に加入した人の89.2％が、再利用意向を持っています。

⑶　保険比較サイトの登場[31)]

①　保険比較サイトの誕生と種類

我が国における保険比較サイトは、1999（平成11）年10月に「保険スクエアｂａｎｇ」（グローバルコスモス社）が開設したのが最初で、翌年4月に「ｅ-ｈｏｋｅｎ.ｃｏｍ（良い保険どっと混む）」（イーエフピー社）と「保険の窓口インズウェブ」（現・ＳＢＩホールディングス社）が続き、9月には「ｅ-代理店」（エヌ・ティ・ティ・イフ社）が開設されました。現在では、ユーザー数の多い代表的なサイトから挙げると、「楽天　保険の比較」（楽天社）、「保険市場」（アドバンスクリエイト社）、「価格.ｃｏｍ-保険」（カカクコム・インシュランス社）、「保険比較ライフィ」（ライフィ社）、「Ｙａｈｏｏ！保険」（ヤフー社）、「保険チャンネル」（リクルート社）、「ｉ保険」（アイ・エフ・クリエイト社）、「インズネクスト」（トイロ社）、「Ｌｉｆｕｌｌ保険相談」（ＬＩＦＵＬＬ ＦｉｎＴｅｃｈ社）、「＠ｎｉｆｔｙ保険アドバイザー」（ニフティ社）等があり、ユーザー数の多いサイトは月間最大70万人を超えるといわれています[32)]。

もともと保険比較サイトには、二つのビジネスモデルがありました。

一つは、「広告モデル」、もう一つは「代理店モデル」です。「広告モデル」は、見積もり希望ユーザーがサイトに表示されたいくつかの保険会社の中から選択した保険会社に見積もりを希望すると、その時点でその保険会社から広告料がそのサイト運営会社に支払われる仕組みです。「代理店モデル」は、見積もり希望ユーザーがサイトに表示されたいくつかの保険会社の中から選択した保険会社と保険契約を締結すると、その保険会社から代理店手数料として保険代理店であるサイト運営会社に支払われる仕組みです。保険の比較サイトについては、当初、保険会社側に「他社比較」に対するアレルギーがあり、サイトの内容は単なる保険会社の資料の一括請求という形でした。しかしその後、同種商品の内容や保険料などの情報がサイト上に掲載されることとなり、サイト数も一挙に拡大され、扱う保険商品の種類も増えて、現在では、後者のモデル（保険ショップと兼営）やサイト運営会社が提携した保険会社や保険代理店に話を繋ぐ「リーズ」（「手がかり、きっかけ、見込み客」の意味）というモデルが多くなっているようです。

②　保険比較サイトの現状

保険比較サイトは、対面ではないので、時間を選ばず、最近ではスマートフォンの普及によって場所も選ばずに、比較的容易にアクセスして利用できるメリットがあります。保険比較サイトが登場し、かなり普及しはじめた頃の2007（平成19）年頃のインターネット（ブロードバンド）の世帯普及率は、50.9％もあり[33)]、これをビジネスチャンスと捉えたインターネット情報企業が、複雑で専門的な保険分野での比較サイトを立ち上げ、保険を比較して自らのニーズに適合した保険を選びたいという消費者のニーズに対応し、保険ショップとも連携して発展させてきた意義は大きいといえます。

保険比較サイトの利用者を年代別に見てみると、少し古いデータですが、2007（平成19）年に「保険の窓口インズウェブ」が実施した調査によると、最も多い年代は30歳代で、その割合は全体の40％に達しており、次いで40歳代が23％、20歳代が20％と、20歳代から40歳代で80％を超えています[34]。これは保険ショップの利用者とほぼ一致しています（本節3⑵③参照）。60歳代以降の年代は5％となっていましたが、現時点では高齢者のスマホやパソコンの利用率が高まっていることを考えると、10％程度に増えている可能性があります。

保険に加入するにあたって比較検討の際に利用した情報源を尋ねた別の調査では[35]、「保険比較サイト・マネー情報サイト」が26.9％であり、女性外務員等の「外交員」（営業職員）の35％に次ぐ割合で、「保険ショップ」の19.5％よりも高くなっています。保険ショップで保険の購入をする人の九割近くが、前もってインターネットの比較サイトで情報を入手してから訪問していることから、保険比較ネットと対面販売の保険ショップの融合化が進み、お互いが事業成長しているといえます。

⑷　銀行窓販――第二次から全面解禁へ[36]

①　全面解禁へのルール対応

2001年（平成13）4月の「第一次解禁」を皮切りに、銀行窓販（銀行が窓口で保険を販売する形態）は段階的に解禁され、翌年10月に「第二次解禁」として、生命保険は「個人年金（定額・変額）」と「財形保険」、損害保険は「年金払積立傷害保険」と「財形傷害保険」も解禁の対象となりました。

銀行窓販では、販売のルール（弊害防止措置）が策定され、販売面では融資担当者と保険販売担当者の分離、事業性融資申込者への保険募集の禁止（タイミング規制）等、圧力販売の防止措置が細かく規定され、その発表の都度、保険代理店も含め保険業界の関係者の注目を集めました。当時、一般の保険代理店、特に個人のプロ代理店にとっては、顧客を奪われるおそれの高い銀行窓販での「全面解禁」は脅威だったからです。

2004（平成16）年1月に、金融審議会が保険の銀行窓販の「全面解禁」について審議を開始しました。その審議会の答申を受けて、翌年（平成17）年12月に保険業法が改正され、「第三次解禁」が行われました。しかし、この時点ではまだ「全面解禁」ではなく、各方面の意見を尊重して、「一時払終身保険」「一時払養老保険」「短満期平準払養老保険（保険期間10年以下・回払）（法人契約を除く）」「貯蓄性生存保険」（以上、生保）、「積立火災保険（団体扱可）」「積立傷害保険（団体扱可）」「自動車保険・自賠責保険・傷害保険以外の個人向け損害保険（団体扱・集団扱・団体契約の販売禁止）」（以上、損保）というラインナップの貯蓄型の商品を中心とした解禁でした。

「全面解禁」が実施されたのは、それから2年後の2007（平成19）年12月です。「全面解禁」に至るまでに、金融審議会はもちろんのこと、保険会社や保険代理店（代協等）から様々な意見や要望が出され、金融庁は、優越的地位の濫用や抱き合わせ販売の禁止等、「銀行窓販における販売ルール（弊害防止措置）」をまとめ上げていきました。

「全面解禁」後、国民生活センターへの苦情、代協等によるモニタリングや関係団体へのヒアリングが行われ、このルールの見直しが行われました。実際に一般消費者から寄せられた苦情は、「変額年金」や「一時払終身」等の生保に関するものが多く、損保に関しては「長期火災保険」の債務者団体割引に関するもの程度でした。

②　銀行窓販の現状

「第一次解禁」から16年、「全面解禁」から10年経過し、今や銀行窓販は保険販売の有力な販売チャネルとなっています。

銀行窓販に関するアンケート調査[37]では、保険の説明や勧誘を受けたり、保険の相談をしたりした利用者の65％近くが、銀行等の金融機関の窓口で保険を扱っていることをはじめて認知し、その多くが貯蓄や投資等の相談をした際に、資産運用の選択肢として保険を勧められているようです。保険ショップの認知度が半数を超えていたのと比べ（本節3⑵③参照)、銀行窓販の認知度は低い結果が出ています。

そして、60％近くの利用者が「死亡保障」「第三分野」「貯蓄型・資産運用」「個人年金」等の生命保険に加入しています。生命保険の加入者は、男性が39％、女性が61％で、年代を見ると、50歳代が26.7％、40歳代が25.6％、30歳代が19.8％となっています。

加入した人に成約に至った理由をきくと、「保険に関する説明がわかりやすく、納得できたから」が46.5％、「担当者が親身になって対応してくれたから」が42.4％と高く、「以前から取引の経験があるから」が22.7％もあり、銀行等の金融機関の既存顧客が信頼して保険に加入していることが分かります。ただし、「気軽に相談できた」「保険の内容等に関する理解が高まった」「複数の保険会社の保険商品を比較できた」「保険の専門家（ＦＰ等）の意見が聞けた」等の評価および今後も「利用してみたい」という再利用意向は、20～30％で程度あり、既に述べた「保険ショップ」と比較して（本節3⑵③参照)、低い数値となっています。

⑸　販売チャネル多様化により明らかになった問題[38)]

銀行窓販、保険比較サイトや保険ショップ等の保険販売チャネルの多様化が進むと、従来の乗合代理店ではあまり表面化していなかった問題が明らかになってきました。

①　主な問題

ア．保険スタッフの能力の問題

まずは、銀行窓販や保険ショップで保険の説明・相談を行う「スタッフの能力」の問題です。インターネットの普及や金融・保険に関する情報誌等の出版等によって、以前は保険会社の広告や女性外務員・保険代理店等でしか提供されることのなかった保険に関する情報が、今では増

えています。それによって、消費者の保険に関する関心も高まって、眼に見えない商品である保険は、分かり難いため、よく知っておきたいと思う消費者も増えてきました。そして「分かりやすく説明して欲しい」というニーズが強くなり、自発的な消費者は保険ショップへ足を運ぶようになりました。

アンケート調査にあったように、乗合代理店で多くの保険会社の商品を扱う保険ショップに訪れる利用者は、複数の保険会社の商品を比較して、よく理解し、自分にとって最適な保険に加入したいと思っている消費者です。そのようなニーズに対応する保険ショップ等の保険スタッフは、保険に関する知識量が豊富で、様々な保険会社の保険商品に精通していることが大前提となることはいうまでもなく、一社専属の女性外務員や専属代理店等によりは、遥かに多くの詳しい知識が求められることになります。保険ショップ等を利用する消費者は、その保険スタッフにどの保険会社のどの商品にも精通していることを求め、分かりやすく説明できるプレゼンテーション能力も期待しているはずです。

しかし、生・損保のそれぞれの業界で実施されている保険募集人の資格試験に合格していても、基本的な共通した保険内容のみの試験であって、保険の自由化によって保険会社ごとに異なる多様化した商品の内容全てを事細かく、保険募集人は精通しているわけでもなく、説明できるわけでもないのが実態です。消費者の保険スタッフに求める水準が高くなってきているのですが、実際に金融庁や保険会社等に多く寄せられている消費者からの苦情からすると、その水準を満たす保険スタッフが充分ではないことがうかがえます。

イ．保険商品比較の正確性の問題

乗合代理店である保険ショップや銀行窓販、そして保険比較サイトにおける取扱保険会社や保険商品の数が、保険ショップによって、銀行によって、比較サイトによってそれぞれ個々に異なっています。同じ法人

によって運営されている保険ショップでも、取扱保険会社や保険商品の数が異なっている場合さえあります。つまり、保険販売チャネルが多様化しても、日本で販売されている全ての保険商品を網羅した保険ショップ、銀行窓販、比較サイトは存在しないのが現状です。

この現状からすれば、消費者が正しく保険商品を比較して加入することは、実際には実現できていないということになります。乗合代理店である保険ショップや銀行窓販、そして保険比較サイトが、全ての保険商品を扱っておらず、一部の保険会社の一部の保険商品しか扱っていなければ、公正・中立に保険商品を比較したことにはなりません。それは、消費者に偏った商品を説明して勧誘したことになるという問題を惹起します。

ウ．代理店手数料の開示の問題

自由化に伴い保険会社が保険代理店に支払う代理店手数料は、保険会社や保険商品によって多寡が異なります。乗合代理店である保険ショップに訪れた利用者が、数ある保険商品の中で比較検討して、自分に最適な保険商品を選択することを求めていても、保険ショップが手数料率の高い保険会社の商品を優先して顧客に紹介・勧誘しているのではないかと問われはじめるようになりました。そして、乗合代理店は、代理店手数料を開示する必要があるのではないかという議論が巻き起こりました。

②　問題解決への対応プロセス

上記に挙げた主な問題の解決を図るため、金融審議会保険部会等で検討が重ねられ、金融庁は保険法や保険業法を大幅に改正する方向で動き始めます。

従来は保険会社が保険代理店を教育・指導・管理していたのですが、その実効性を一層高めるため、後述するように（本章第３節１、４～11および第７節参照）、金融庁検査が指導型から摘発型に変化し、保険募集による規制強化も図られ、そして保険代理店自身にも自己責任の原理を適用して、保険代理店に厳しい規制を適用することになります。それによって、保険募集の実務が大きく変わり、保険代理店のあり方も大きな見直しが迫られるようになっていきます。

第２節　海外進出

１．損害保険会社の海外進出

⑴　積極的な海外進出への転換

我が国の損害保険会社の海外事業は、1980 年代（昭和の時代）までは海外進出した日系企業の現地リスクの引受けと再保険取引を主たる目的としており、積極的に展開を図る動きはありませんでした。それは、まだ自動車保険をはじめ国内保険市場の成長が期待できる段階にあったからです。

ところが、その後の中国や東南アジア諸国等の新興国の発展や世界的な金融ビッグバンの動きを経て 21 世紀に入ると、損害保険会社は統合・合併により本格的な海外進出の戦略を打ち立てます。その背景には、バブル崩壊後の低成長と少子高齢化の時代に突入したことに伴う国内の自動車販売台数の減少によって、主力商品の自動車保険の伸び悩みがあったからといわれています。そのため、中国や東南アジア諸国等の新興国の経済成長を取り込むことが、損害保険会社の経営戦略上、極めて重要になったのです。

もう一つ損害保険会社が海外事業に積極的になった要因があります。それは、エクスポージャーの問題[39]です。日本でも大地震や異常気象による風水害が頻繁に起こるようになり、損害保険会社の事業展開が国内保険市場だけでは、国内にエクスポージャーが集中していることになり、損害保険会社の経営上問題だということです。しかも、統合・合併前は 20 社の損害保険会社に分散されていたエクスポージャーが統合・合併により主要三大グループに集中してしまい、一層深刻な事態を招くことになってしまったのです。エクスポージャーを分散して危機的な状況を打開するためにも、海外事業に積極的にならざるを得なかったのです。

(2)　主要三大グループの海外事業展開

①　三井住友海上火災保険[40]　(MS&ADホールディングス)

三井住友海上火災保険の海外事業の特徴は、ASEAN（東南アジア諸国連合）の各国で圧倒的な強さを誇っていることです。その歴史は、前身の大正海上火災保険が1934（昭和9）年にタイで元受事業を展開したことにはじまり、当初は日系企業の海外進出にあわせアジア各国に拠点を増やしたことに由来します。前身の住友海上火災保険も1956（昭和31）年に香港で元受営業開始しています。

転機となったのは、2004（平成16）年に英国アヴィヴァ社のアジア損害保険事業を買収したことです。2006（平成18）年には、シンガポールにASEAN事業を統括する中間持株会社MSIG HD（Asia）を設立しています。これによって、日系企業の海外物件契約よりも、現地での純粋な契約が増え、アジアでの保険事業の基盤を着実に拡大させることに成功しています。

また、2010（平成22）年には、マレーシアの金融コングロマリット・ホンレオングループと資本提携し、翌年にはインドネシアの財閥・シナールマス傘下のシナールマスMSIG生命保険会社に半額出資する等[41]、アジアの有力保険会社との提携を損害保険会社だけでなく生命保険会社にも拡げて積極的に展開しています。これは、アジアでは損害保険市場と同様に生命保険市場にも急成長が期待できることから、同グループ（MS&AD HD）傘下の三井住友海上あいおい生命保険と三井住友海上プライマリー生命保険のノウハウも活用でき、さらには現地法人の損害保険会社と連携したシナジー効果が発揮できるという戦略に基づく動きです。

ただし、この生命保険事業における出資は、原則100％出資とする損害保険事業と異なり、マイノリティ出資となっています。これについては、損害保険は企業顧客が多いのに比べ、生命保険は個人顧客が中心であり、ローカル性が強いため、地元でのニーズをよく把握している現地の有力財閥企業・金融大手を表に立てた方が得策であるという慎重な判断からだという指摘があります[42]。

このように三井住友海上火災保険を主軸とするMS&ADグループの海外事業は「ＡＳＥＡＮでナンバーワンの損害保険会社」をキャッチフレーズに掲げ、2012（平成24）年度にはＡＩＧやアリアンツを凌いで、ＡＳＥＡＮ10ヶ国での収入保険料およそ1100億円（損害保険）でトップになっています[43]。

なお、中国への進出は、2007（平成19）年に上海に現地法人の三井住友海上火災保険（中国）有限公司を設立し、広東、北京、江蘇に支店、深セン営業サービス部、蘇州営業サービス部、上海営業部を配置して営業展開をしています。2012（平成24）年からは自動車保険（任意保険）の引受けを実施し、2014（平成26）年には中国の保険監督官庁である中国保険監督管理委員会より、自動車交通事故強制保険の取扱いに向けた「経営範囲変更認可」を取得しています[44]。

②　東京海上日動火災保険[45]（東京海上ホールディングス）

東京海上日動火災保険は、前身の東京海上火災保険が、終戦から５年が経過した1950（昭和25）年３月に、インドのニュー・インディア社と海上保険の引受けに関する代理業務契約を締結したことを皮切りに、海外取引を再開しました。そして、同年４月にウィリス社を介してロンドン市場との再保険取引を再開し、翌年には複数の保険会社間で相互に引き受けあう交換再保険を受けることにも成功しました。1956（昭和31）年にはアメリカのアプルトン・アンド・コックス社を中心につくられた再保険プールへの参加を実現して、イギリス、オランダ、シンガポール、マラヤ連邦（現マレーシア）、カナダでも営業を開始し、海外元受取引の営業網を拡大しました。

東京海上日動火災保険となってからは、三井住友海上火災がアジアで積極的な展開をしているのとは対照的に、欧米で積極的な買収戦略を展開しています。

2007（平成19）年に、同社は三つに分かれていた海外事業部門を統合して円滑な海外事業推進を図り、世界でトップクラスの保険グループを目指す戦略を実行しました。まず、翌年に英国ロイズ保険のキルン社を930億円で買収して、ロイズ市場に参入を果たしました。続いて世界最大の保険市場である米国の優良な損害保険会社のフィラデルフィア・コンソリデイティティット社を4715億円で買収しました。この買収金額は、当時において日本の金融機関が外資系企業を買収した過去最大額であり、注目を集めました。さらに2012（平成24）年には米国の生損保兼営保険会社であるデルファイ・フィナンシャル・グループ社を2150億円で買収しています。

東京海上日動火災保険は、2013（平成25）年度に海外事業での正味収入保険料が1兆円を超え、海外事業での利益が会社全体の49％にも及びました[46)]。同社は、さらに2015(平成27）年6月には米HCCインシュアランス・ホールディングス社（HCC社）を、保険事業の買収では最大といわれる9413億円で買収しました。HCC社の収入保険料は約30億ドルで、純利益は4億6000万ドルにも上り、買収によって東京海上日動火災保険の収入保険料は3500億円の増収が期待されるといわれました。HCC社は、米国全州および英国・スペイン等で事業展開する世界トップクラスの優良スペシャルティ保険グループです。同社の扱っているスペシャルティ保険は、一般の保険ではカバーされない特定のリスクを対象とし、専門性の高いアンダーライティングや技術力を必要とする保険で、医療・傷害保険（医療補償額があらかじめ定めた一定額を超過した場合に、その超過額に対し保険金を支払う上乗せ保険）、会社役員賠償責任保険、航空保険、保証・信用保険、農業保険等、相互に相関性が低いスペシャルティ保険種目が100種類以上もあります[47]。東京海上日動火災保険がHCC社を買収したのは、先進国市場での元受営業においては欧米の保険会社に対抗するには充分な競争力はないため、スペシャルティ保険というニッチな分野で存在感を示していく戦略によるものという見方もあります[48]。

中国への進出は、2008（平成20）年に現地法人の東京海上日動火災保険（中国）有限公司を設立し、2010（平成22）年には広東支店を開業、翌年に江蘇支店を開設しています。また、2014（平成26）年5月には、中国の政府系企業で銀行や保険、さらに不動産やエネルギー事業まで、幅広い事業を手掛けるコングロマリットある「中国中信集団グループ」に約100億円を出資することを公表しています[49]。これは、同社から中国ビジネスに関する高いレベルの知見を得て、今後の中国展開の足掛かりにするとみられています。

③　損害保険ジャパン　（SOMPOホールディングス）

海外事業で後れをとっていた損害保険ジャパンも、2013（平成25）年12月に英キャノピアス社を992億円で買収しています。英キャノピアス社は、英国ロイズ保険のトップ10に入る保険会社で、スペシャルティ保険を専門としており、ロイズ保険マーケットや米国のエクセス＆サープラスマーケットにおける損害保険ジャパンの欧米事業の基盤的な存在として位置づけられています[50]。東京海上日動火災保険の場合と同様に、スペシャルティ保険のニッチな分野においての戦略が垣間見えます。

合併して損害保険ジャパン日本興亜となってからは、2015（平成25）年3月に、フランス最大の再保険会社のスコール社に資本参加（発行済株式総数の7.8％相当、出資額約1000億円）をしています[51)]。

さらに、2016（平成26）年10月には、米国を中心に英国・バミューダなどで元受事業・再保険事業を展開するスペシャルティ保険グループのエンデュランス社の買収を発表し、翌年3月に6800億円の買収手続きを完了しています。エンデュランス社は、米国第5位のプレゼンスを持つ農業保険をはじめ、賠償責任保険や財物保険、スペシャルティ保険などの保険種目を幅広く取り扱い、バランスのよい引受ポートフォリオを実現しているほか、高度なERM体制の確立により、安定的かつ高収益な事業経営を実現している保険会社で、米国だけでなく英国などにおける保険事業にも領域を拡大しています[52)]。

ところが、大きな保険会社の買収を続けてきた損保ジャパン日本興亜は、2017（平成29）年9月になって、買収して3年余りしか経っていないキャノピアス社を売却すると発表しました[53)]。この売却によって、損保ジャパン日本興亜は単体で約7億円の利益を計上するものの、連結ベースでは約140億円の損失となるようです。

キャノピアス社とエンデュランス社は、ともにスペシャルティ保険を専門とする保険会社であり、損保ジャパン日本興亜としては、この2社を合併させる検討が進められていましたが、キャノピアス社が反対したため、同社を売却することとなったようです[54)]。この売却は、海外の企業を買収して運営管理することがいかに難しいかを示した事例となりました。

中国進出については、三井住友海上火災保険や東京海上日動火災保険よりも早く、2005（平成17）年4月に日本の損害保険会社としては最初に現地法人設立認可を取得し、6月に日本財産保険（中国）有限公司を設立して、翌月から営業を開始し、上海、江蘇、広東、北京等で支店を開設しています。中国太平洋財産保険とリスクマネジメント分野で技術提携を、また陽光財産保険股份有限公司や渤海財産保険股份有限公司等と営業提携を積極的に結んで、中国での基盤拡充を図っています[55)]。

２．生命保険会社の海外進出

⑴　ドメスティックからグローバルへの展開

日本における生命保険市場の環境は、少子高齢化や低金利時代により、低迷しつつあります。その環境下で、生命保険市場の自由化も段階的に進み、特に損害保険会社の生保子会社や外資系生命保険会社の躍進によって、縮小傾向にある国内市場での競争はますます激化しているため、国内生命保険会社の利益減少が発生するおそれがあるといわれています。

一方、自由主義貿易の流れから、生保の世界市場はグローバル化の波がさらに大きくなって、生命保険会社間の国際的な競争が厳しくなると予想されています。生命保険産業における国際的な事業展開は、既に米国とヨーロッパの生命保険会社によって、特に経済成長・保険市場の拡大を見込んで、中国、インド、ベトナム、タイ、インドネシア、オーストラリア、そしてブラジル等のアジアや南米の新興国の生命保険市場に積極的な進出が開始されています。それは欧米の生命保険会社が、自国の生命保険市場が成熟期に入り、自社の成長に限界があると早く認識したからです。

このような状況から国内生命保険市場を主力としていた日本の生命保険会社も、今や海外進出は必要不可欠な課題として認識して、ドメスティックからグローバルへの積極的な展開を開始しています。

⑵　大手生命保険会社の海外事業展開

①　日本生命保険[56)]

日本生命保険は、1991（平成3）年に米国のニューヨークに現地法人

「米国日生」を設立しています。発行済株式の97%を保有して、ニューヨークのほか、ロサンゼルス、シカゴ、アトランタ等に拠点を配置して、米国に進出している日系企業だけでなく、米国企業に対して団体健康保険等の商品を提供しています。

そして、アジアでは、1997（平成9）年に、タイの大手生命保険会社であるバンコク・ライフ社の発行済株式の約25%を取得して筆頭株主となっています。また、2003（平成15）年9月には中国上海市に合弁会社を設立し、2009（平成21）年9月に合弁パートナーを中国四大国有金融資産管理公司の一つである中国長城資産管理公司に変更して、「長生人寿」として新たにスタートさせ、上海市、浙江省・江蘇省の長江デルタ地域と北京市等の華北地域において、事業基盤を拡大しています。2011（平成23）年10月には、インドの有力財閥の一つであるリライアンス・グループ傘下の生命保険会社であるリライアンス・ライフ社の発行済株式を26%取得しています。さらに、2014（平成26）年10月には、インドネシアの企業グループであるグヌン・セウ・ケンカナグループ傘下の生命保険会社セクイス・ライフ社に出資して、発行済株式の約20%を取得しています。そして、翌年10月には、豪州大手銀行の一つであるナショナルオーストラリア銀行（NAB）との間で、同行傘下の生命保険会社MLC社の発行済株式の80%の取得と、MLCがNABにおいて20年間にわたり生命保険の販売を行う旨の契約締結等に合意しています。

②　第一生命保険 [57)]

第一生命保険は、日本の大手生命保険会社の中では、一番古くから海外進出をしています。1949（昭和24）年1月に、タイのバンコクにある生命保険会社オーシャン・ライフ社に24%出資をしています。

それからしばらく時を置いて、2007（平成19）年1月に、ベトナムのホーチミン市に持分100%の第一生命ベトナムを設立しています。この第一生命ベトナムは、その後にHDバンク（ホーチミン市開発株式商業銀行）と10年間の生命保険独占販売契約を締結し、HDバンクのベトナム全土約220支店を通じた完全独占販売を実現しています。さらに、2016（平成28）年4月に、日本のかんぽ生命と包括的業務提携をして、ベトナム郵便会社との間でも15年間の生命保険独占販売契約を締結しています。

また、2007（平成19）年9月には、インドのムンバイにあるスター・ユニオン・第一ライフにも26％出資して、2009（平成21）年から営業を開始しています。

さらには、2010（平成22）年に、オーストラリアのシドニーにあるタワー・オーストラリア・グループ（TAL）を1000億円で買収し、完全子会社化しています。そして、2013（平成25）年10月にはインドネシアのパニンライフ社の株式を40％取得し、関連会社としています[58)]。

米国でも、積極的な展開をしています。2014（平成26）年6月に、米国のアラバマ州にあるプロテクティブ生命保険を5750億円で買収して完全子会社化し、さらに、2016（平成28）年8月にこのプロテクティブ生命保険は米国フロリダ州のユナイテッド・ステーツ・ワランティ（USWC）社を買収することで合意し、買収手続きを完了しています[59)]。USWC社は米国46州で車両等の機械の故障費用や、全損時のローン残高相当分を補償する損害保険事業「アセットプロテクション事業」を展開しており、この買収を通じて事業規模の拡大および収益源の多様化を実現するとしています[60)]。

第一生命保険では、これらの大規模買収を中心とする積極的な海外事業戦略により、海外生命保険事業が2015（平成27）年度において第一生命保険グループ全体利益の2割超となる450億円の利益を創出することに成功しています。

③　明治安田生命保険[61)]

合併前の明治生命保険と安田生命保険はともに、海外事業には積極的でした。

まず明治生命保険は、1976（昭和51）年に米国ハワイ州のパシフィック・ガーディアン生命保険の株式を過半数取得し、1985（昭和60）年に同社を100％子会社にしています。その後も、ハワイアン生命保険会社を買収し、1991（平成3）年6月には両生命保険会社を合併させて、ハワイ州で最大の生命保険会社にし、ハワイや米国西海岸を中心に営業展開しています。また、明治生命保険は、1987（昭和62）年には、ニューヨークに現地法人を設立しています。

アジアへは、同年に香港に現地法人を設立していましたが、2000（平成12）年12月に中国第4位の生命保険会社である新華人寿保険股份（有限）公司に出資しています。これは日本の生命保険会社として最初に中国生命保険市場に参入したケースとされています。

さらには、海外に進出する多国籍企業の海外支店や子会社が、団体保険や企業年金等を設立する際に、現地の生命保険会社と協力し、適切な制度導入の機会を提供する仕組みとして「国際団体保険制度」があり、明治生命保険は、各国の有力生命保険会社23社と個別提携し、独自のサービス網を形成していました。また、ドイツのアリアンツ生命を中心とする「オールネット」、スイス生命を中心とする「スイス・ライフ・ネットワーク」という二つの有力な国際団体保険ネットワークに加盟し、広域にわたるサービスを提供していました。

一方、安田生命保険も、1988（昭和63）年に、米国のニューヨークに安田生命アメリカエージェンシー社を設立し、主に海外に展開する日系企業の従業員福祉制度の整備・充実といった経営課題解決のサポートおよび保険仲介業務を開始しました。また、明治生命保険と同様に海外の有力保険会社19社と個別に業務提携し、団体生命保険・団体医療保険・

団体年金等の保険サービスを提供していました。さらに、同様に「スイス・ライフ・ネットワーク」にも加盟していました。

合併後は、2010（平成22）年11月に、インドネシアのジャカルタにある「アーヴェスト アシュアランス」に23%出資し、翌月には中国上海にある「北大方正人寿保険有限公司」に29.2%を出資しています。そして、2012（平成24）年には、6月にポーランドのブロツワフにある「TUオイロパS.A.」に33.5%を出資し、7月にワルシャワにある「TUiRワルタS.A.」にも25%を出資しています。さらに、2013（平成25）年にタイのタイ・ライフに出資し、2015（平成27）年には米国のスタンコープ・フィナンシャル・グループを6200億円で買収、完全子会社化しています。同社の海外保険事業の展開は、アジア・欧州を中心に5ヶ国7社となっています。

④　住友生命保険 [62)]

住友生命保険は、他の大手生命保険の海外事業の展開に追いつくべく、最近急ピッチで力を入れ始めています。同社は、2015（平成27）年3月期になって大手生命保険会社社の中で一番遅れていた「逆ザヤ」をようやく解消できたことが、積極的な展開につながっているものと思われます。

まず、2005（平成17）年に中国で合弁会社・中国人寿保険有限公司（現・中国人民人寿保険）を設立し、11月に、中国最大手損害保険会社を傘下に持つ中国人民保険集団股份有限公司とともに、中国人民人寿保険股份有限公司（ＰＩＣＣ生命）を設立しています。ＰＩＣＣ生命は、メインチャネルの銀行窓販や28万人を超える保険代理人（営業職員）等によるマルチチャネル戦略を進めて順調に業容を拡大しており、2016（平成28）年の収入保険料は同国の生命保険会社76社中第7位となっています。

また、2013（平成25）年3月に、ベトナム最大手の保険・金融グループであるバオベト・ホールディングスの発行済株式18％を取得して、ベトナム政府に次ぐ民間筆頭株主となり、傘下に生命保険、損害保険のほか、証券会社、アセット・マネジメント会社等も保有し、2016（平成28）年の収入保険料は、損害保険が第1位、生命保険が第2位の座を占めています。

さらには、2014（平成26）年5月、インドネシアの大手国営商業銀行であるバンク・ネガラ・インドネシアの生保子会社であるBNIライフ・インシュアランスの発行済株式の約40％を取得し、バンク・ネガラ・インドネシアの1800を超える支店網を活用した銀行窓販をはじめ、営業職員、従業員福利厚生およびシャリア（イスラム法に基づく保険商品の販売）の各販売チャネルを通じて、個人および団体向け保険を提供しています。

住友生命保険は、アジアだけでなく、米国にも積極的な展開をしています。2016（平成28）年2月に、米国の上場生命保険グループであるシメトラ・フィナンシャル・コーポレーションに約4600億円を投じて買収し、完全子会社としています。

第3節　厳格なコンプライアンスへの対応

1．金融庁検査の変化[63)]　［2000（平成12）年7月］

行政の体制が金融監督庁から金融庁に改組される直前の2000（平成12）年6月に、金融監督庁は「金融検査、今後の課題」を公表しました。その内容は、保険会社を含む金融機関等を対象として、より安定的な金融システムの構築と改革の進展、早期是正措置や金融検査マニュアルの導入によって、重点的かつ効率的で、専門的で実効性があり、公正で信頼性の高い検査を目指すというものでした。同庁はこの公表と同時に、初めて「保険会社に係る検査マニュアル」を発表しています。

翌7月に金融庁が発足し、これ以降の検査方針が、従来の「指導型」から「摘発型」に変更され、保険会社のコンプライアンス態勢の強化が打ち出されました。

2．保険金不払い問題[64)]　［2005（平成17）年～2006（平成18）年］

金融庁の「摘発型検査」が実施されると、様々な問題が露見しました。その中でも、保険業界はじまって以来の大問題となったのは、「保険金不払い問題」です。2005（平成17）年2月に生命保険会社（明治安田生命保険）および損害保険会社（富士火災海上保険）の各々1社に入検し、前者は死亡保険金が、後者は自動車保険の特約の保険金が、支払われるべきであるにもかかわらず、支払われずに処理済みとなっている事実が摘発されました。

それ以降の他の保険会社の入検の際にも、調べてみると、次々と同様の保険金の不払いが摘発され、2005（平成17）年から2006（平成18）年の2年間で、金融庁が保険会社に対して「保険金不払い問題」で発出した業務停止命令が4件、業務改善命令が32件という未曾有の異常な事態となり、結果的に生命保険会社および損害保険会社のほぼ全社で保険金不払いが発生していることが明らかになりました。

(1)　生命保険の不払い問題発覚

まず、明治安田生命保険から見てみると、2000（平成12）年度から2004（平成16）年の過去5年間において、保険金や給付金等を支払うべき契約で支払われていないケース（162件）があったことや、不適切な募集行為によって死亡保険金が支払われていなかったことが判明しました。

こうした不払い発覚を受けて、金融庁は明治安田生命保険に対して2005（平成17）年3月4日から2週間の一部業務停止命令、業務改善命令を発し、再発防止に向けた態勢整備の確立を求めました。7月には90件あまりの不払いが追加発覚し、社長が引責辞任を余儀なくされます。

これを受け、7月に金融庁は生命保険各社へ不払い件数の調査を命じ、11月に生命保険38社でそれぞれ保険金不払いが数十件にものぼることが明らかになりました（この間、6月に三井生命保険に業務改善命令、10月に明治安田生命保険に二度目の一部業務停止命令および業務改善命令が発せられました）。

なお、金融庁は、生命保険の保険金不払いの内容を、次のように定義しています。

・不適切な不払い――本来、保険金等を支払うべきであったにもかかわらず、支払いがなされていない保険金等。

・支払い漏れ――保険金等の請求に必要な診断書等に記載された入院、

手術に関する情報の見落としまたは見誤り等により、本来、支払われるべき保険金等が支払われていなかったもの。

・請求案内漏れ――診断書等に記載された内容等から、請求を受けた保険金等以外にも支払える可能性がある保険金等があったにもかかわらず、契約者等へ請求が可能な保険金等があることを案内していなかったことから、他に支払い可能であった保険金等が支払われていなかったもの。

(2)　損害保険の不払い問題発覚

こうした保険金・給付金の不払いや支払い漏れは、生命保険業界にとどまりませんでした。

2005（平成17）年９月に損害保険16社で、自動車保険の特約条項を中心とした保険金不払いが計16万件、67億円にものぼることを公表。金融庁は全損害保険48社への不払い件数の調査を命じます。その結果、11月に損害保険26社で保険金不払いが計18万件にものぼることが明らかになり、損害保険26社に業務改善命令が発せられました。

金融庁が定義している損害保険の保険金不払いの内容は、次のとおりです。

・付随的保険金の支払い漏れ――保険事故が発生し、主たる保険金の支払いは行われているにもかかわらず、臨時費用保険金等の付随的な保険金（見舞金、香典、代車費用等）について、契約者から請求がなかったため、本来支払われていなければならなかったものを支払っていなかったもの。

・第三分野の不適切な不払い――生命保険会社の場合と同じ定義で、第三分野において発生したもの。

(3) 広がる不払い問題

翌2006（平成18）年になっても不払い問題は収束する気配すらなく、2006（平成18）年6月に損害保険ジャパン、翌7月に三井住友海上火災保険が、各々2週間の業務停止命令を受け、損害保険ジャパンでは社長が辞任する事態に発展しました。7月に、金融庁は損害保険26社に対して過去5年分の第三分野の保険金支払い状況報告を命じ、9月に26社が不払い再調査報告を公表すると、不払いが約26万件、162億円に上ることが明らかになります。

さらに2007（平成19）年4月に東京海上日動火災保険と日本興亜損害保険が第三分野商品の販売停止命令を受ける等、厳しい処分が行われ、2社の社長が交代しています。

一方、生命保険業界でも、2007（平成19）年2月に金融庁が生命保険38社に対して過去5年分の保険金支払い状況報告を命じ、4月に38社の不払いが約44万件、359億円にも上ることが明らかになります。7月に日本生命保険に業務改善命令や一部業務停止命令が発せられました。

不払い件数は調査する度に当初の報告から増加し、2008（平成20）年7月3日には金融庁からの業務改善命令は生命保険10社に及びました。各社とも共通して不払いの継続性・反復性が認められたことがその理由でした。

表3－2　保険金不払い事件の規模

		件数（万件）	金額（億円）
生保	保険支払い漏れ	9.70	92
	請求案内漏れ	45.00	705
	失効返戻金案内不足	81.00	175
	計	135.00	973
損保	自動車保険特約	49.00	350
	第三分野	0.57	16
	計	49.57	366

⑷　保険代理店への影響

直接処分を受ける保険会社は、その処分への対応（業務停止のための準備）で大変でしたが、特に損害保険会社の場合は、処分を受けていない損保代理店がその対応に巻き込まれて煽りを喰ったという事態に陥りました。損害保険会社が業務停止命令を受けて営業活動を停止するということは、その営業の主体である損保代理店も営業を停止しなければならないということであり、それだけでなく損保代理店に置かれている業務停止命令を受けた当該損害保険会社のパンフレット、申込書、ポスター等すべてが、当該損害保険会社によって回収されるということになったのです。損保代理店にしてみれば、たまったものではありませんでした。この保険金不払い問題は、損害保険会社と損保代理店の委託契約関係では、損害保険会社が行政処分を受けると、損保代理店がこのような迷惑を被ることがあるということを示した事例です。

⑸　不払い問題の原因

さて、このような保険金不払いは、なぜ起こったのでしょうか？　その主な要因について、各保険会社から公表された業務改善計画等を調べてみると、次のとおり要約できます。

・保険契約の締結時に保険契約者に商品の内容を充分に説明しきれていないこと。
・特に、損害保険会社では、保険料の自由化が進み、主契約で目減りした収入保険料を補うために、多くの特約を開発して付帯しすぎたこと。
・主契約と特約の事務・システム上の関連管理ができていなかったこと。
・商品部門（開発・管理）と保険金支払部門との連携ができておらず、

保険金支払部門が商品の内容をしっかり理解できていなかったこと。

・監査部門も、上記の実態を把握できずにいたこと。

さらに根本の原因を探ると、次の二点に絞られます。

一つは、商品や特約の多様化・複雑化です。損害保険会社の場合は、保険料率、商品の自由化で商品が複雑化し、本来支払われるはずの保険金が見落とされたという、いわば、自由化の副作用ともいうべきものでした。生命保険会社の場合は、不払いの多くが医療特約に関するもので、診断書の入院・手術の記載内容の見落としや入院期間の見誤りから不払いになったケースが多くありました。また、保険会社からの案内がなく、不払いになったケースなどもありました。

もう一つは、生損保ともに、保険金支払いに対する「請求主義」という考え方です。「請求主義」とは、契約者からの請求があって初めて支払い処理を始めるというもので、未請求である案件に対しては、保険会社の方から保険金支払いの案内をせず、支払わないのです。金融庁は「請求主義」が不払い問題を助長したと考え、請求がなくても支払いが類推されるものについては支払うべきとの方向を打ち出します。これを受け、生損保各社で対象契約の再確認が行われました。

つまり、保険商品の開発、パンフレットや申込書等における商品プランの構成、保険募集における保険募集人の顧客への説明、保険金請求・事故受付体制、契約内容照会システムおよび保険金支払システムの開発・運用等といった保険会社の全体業務における組織一体的なガバナンスや態勢整備がなされていなかったということなのです。これは、保険会社が急激に訪れた自由化の波に事前に充分な備えをせずに突き進んでしまったことによるものです。保険会社は自由化に備えた「自らのオペレーショナル・リスクの分析と対策準備」を明らかに怠っていたのです。金融庁は、保険会社に対し、経営管理態勢および内部管理体制の改善強化、募集管理態勢の改善に向けた具体的施策や実施時期の明示を６ヵ月ごとに報告するよう義務づけしました。

その結果、各社で態勢の整備が図られるとともに、保険金・給付金の支払いが行われ、2005（平成17）年に発生した「保険金不払い問題」は、金融庁による厳しいトレースの結果、一応は解決しました。しかし、この問題は保険業界の信頼を大きく失墜させ、以後の募集態勢や管理態勢の厳格化に影響を与えることになりました。上記に列挙した要因や保険会社のオペレーショナル・リスク対応については、その後の保険法や保険業法の改正によって強化され、また、保険契約の内容理解の妨げになるとして、難解な保険専門用語が一般的な呼称に改められ、契約申込書に意向確認欄が付けられる等の対応が図られました。

３．火災保険の構造級別判定誤り問題[65)]　［2006（平成18）年］

「保険金不払い問題」が収束しかけた2006（平成18）年12月に、また損害保険業界を揺るがす新たな問題が発生しました。それは、損害保険会社がツーバイフォー（２×４）住宅の火災保険料を取り過ぎていたという事実から始まった「火災保険料過徴収問題」です。

ツーバイフォー住宅だけに限らず、省令準耐火建物等の構造判定の誤りや保険料割引の適用漏れ等を原因として、日本損害保険協会が加盟22社に自主調査を求め、最終的には損保業界全体において件数で153万件以上、金額で371億円以上の火災保険料の過徴収があったことが判明し、これまた大きな社会問題となりました。

ツーバイフォー住宅については、損保業界では1999（平成11）年にＢ構造として引き受けることとしていたにもかかわらず、Ｃ構造（木造）として引き受けている契約がかなりあったことが、この問題の直接的な要因ですが、実は、次のような背景があったことから起こったといわれています。

従来は、建物の柱・屋根・外壁等の主要構造部の材質や仕様を確認して構造級別を判定していましたが、近年、建築工法や建材開発の進歩が著しく建物の構造が多種多様化し、外見からはその確認が困難となる建物が増えていました。にもかかわらず、損害保険業界では、昔ながらの建物の構造級別判定の内容を改めようとしていませんでした。

損害保険会社が建物の構造級別判定の内容を改めようとしなかった原因の一つに、火災保険の保険募集・契約締結に直接携わっているのは損害保険代理店であり、損害保険会社の社員は直接携わっていないため、この困難さを実感できていなかったことが挙げられます。おそらく火災保険の募集を行っていた多くの保険代理店の保険募集人は実感していたに違いないのです。

これは、損害保険会社の社員が、募集現場の実務経験から乖離していたことを物語る証左ともいえます。実際に、この問題が発覚した際に、損害保険会社が代理店のために用意していた「構造級別判定のための手引き」等は、昔ながらの建物の写真が掲載されていました。

この問題を契機に、損害保険業界では、2010（平成22）年に火災保険の改定を行い、建物の構造級別については、木造・鉄骨造・コンクリート造等の「建物の種類」および建築基準法等の法令上の「建物の性能」（耐火建築物・準耐火建築物、省令準耐火建物）から判断するようになりました。

「建物の種類」については、納税や不動産取引の書類で、「建物の性能」については、耐火建築物・準耐火建築物の場合は、建築確認申請書類等により、省令準耐火建物の場合は、設計仕様書や施工者・メーカーによる証明書類等により確認するようになりました。

４．「保険商品の販売勧誘のあり方に関する検討チーム」の検討[66)]　［2005（平成17）年４月］

2005（平成17）年４月から、金融庁は、有識者、弁護士、サービス利用者、生損保業界の実務者等のメンバーからなる「保険商品の販売勧誘のあり方に関する検討チーム」を立ち上げ、検討会を開催することを公表しました。これは、保険金不払い問題が起こり、保険募集時の不充分な説明等も原因の一つとされ、そのほかにも依然として保険募集等での不正行為・トラブル等が発生していることや、また保険ショップや銀行窓販等の保険販売チャネルの多様化が進み、消費者からの苦情や意見も多数寄せられるようになっていたことなど、保険勧誘に関する諸問題を検討しなければならない状況が生じていたのです。この検討会の開催趣旨は次のとおりでした。

・保険分野においては、依然、販売勧誘についての苦情等が多いことや保険商品や販売方法が多様化していること等を踏まえ、利用者利便の向上及び保険契約者等の保護の観点から、保険商品の販売勧誘のあり方について検討する必要がある。
・検討の進め方としては、以下のような事項について、専門的・実務的な検討を行う。
　→明瞭かつ丁寧に説明されるべき重要事項及び顧客への説明態様をさらに整理・明確化すること。
　→適合性原則については、施行規則において、適合性原則を踏まえた健全かつ適切な業務運営を確保するための措置に関する社内規則等の整備を義務づけるにとどまっているが、契約者保護の観点から適合性原則をより明確化すること。

→保険会社等による商品比較は、現状では必ずしも積極的に行われていないが、適正な比較広告は顧客の商品選択に資するものと考えられることから、適切な比較情報が顧客に提供されるようルール等を見直すこと。

この検討会では、１年間にわたり意見交換がなされ、中間論点整理報告が同年７月と翌年３月に２度行われ、最終報告は2006（平成18）年６月にまとめられました。

５．約款文言の改正[67]　[2007（平成19）年～2008（平成20）年]

「保険商品の販売勧誘のあり方に関する検討チーム」が行った最終報告の「中期的な課題」に、次の提言がありました。

・用語の統一、説明ルールの策定等
　消費者が保険商品の内容を適切に理解し、かつ比較考量を容易に行うことができるようにするため、保険業界において用語の統一もしくは説明ルールの策定等を検討する必要があるのではないか。
・消費者利便・消費者保護の観点に立った約款の平明化・簡素化
　保険会社をはじめとする関係者によって、消費者利便・消費者保護の観点に立った約款の平明化・簡素化に向けた取り組みをより一層強化する必要があるのではないか。
　その際には、あわせて保険契約の一方の当事者である消費者の意見を反映させるような仕組みを検討することが考えられるのではないか。

生命保険業界では、「保険商品の販売勧誘のあり方に関する検討チーム」が立ち上げられる以前の2003（平成15）年10月に「生命保険商品に関する適正表示ガイドライン」を作成しており、この検討チームの最終報告を受けて2007（平成19）年1月に見直しを行っています。

一方、損害保険業界では、この検討チームの最終報告を受けて、日本損害保険協会において2008（平成20）年3月に「保険約款のわかりやすさ向上ガイドライン」、6月に「保険約款および募集文書等の用語に関するガイドライン」を作成しています。これを基に、損害保険会社の多くは、約款をより分かりやすく、明確なものにするために、約款作成の社内標準ルールを策定し、販売中のほぼすべての保険商品の普通保険約款および特約等の改定に取りかかり、約款の用語や表記の統一を図りました。その際、分かりやすい用語に変更した例としては、「担保／不担保」→「補償／対象外」、「一般条項」→「基本条項」、「異動日」→「変更日」、「保険の目的」→「保険の対象」、「被保険自動車」→「ご契約のお車」等があります。

また、後述するように、2010（平成22）年4月に保険法が100年ぶりに改正されて「片面的強行規定」が定められ、これに反する約款規定は無効となることから、保険約款はさらに改定されることになりました。

6．「契約概要」「注意喚起情報」の導入[68)]　[2006（平成18）年4月]

「保険商品の販売勧誘のあり方に関する検討チーム」では、2005（平成17）年7月の中間論点整理報告「保険商品の販売・勧誘時における情報提供のあり方」において、販売・勧誘時に顧客に対して重要な情報を適切に提供するべきであるとして、特に説明すべき重要事項を「契約概要」「注意喚起情報」に整理することを提言していました。その「契約概要」「注意喚起情報」は、一般的な消費者が理解しようとする意欲を失わない程度の情報量に限定した最低限の情報提供として考え出されたものでした。

この提言を受けて、金融庁は、2006（平成18）年２月に「保険会社向けの総合的な監督指針」（以下、「総合監督指針」）の一部改正を行い、従来よりも保険商品を理解しやすく、また大事な情報を事前にしっかりと確認できるような仕組みとして、従来の「重要事項説明書」の記載内容を「契約概要」「注意喚起情報」に分けて導入することにしました。

・契約概要——保険を契約しようとする人が、保険商品の内容を理解するのに必要な情報を記載したもの。

→商品の仕組み（保険種類等、商品の概要）

→補償の内容（保険金が支払われる場合、支払われない場合等の主な事例）

→セットできる主な特約およびその概要

→保険期間

→引受条件（保険金額や免責金額等）

→保険料（保険料に関する事項、保険料の支払規定、払込方法、保険料支払期間等）

→満期返れい金・配当金に関する事項（満期返れい金・配当金の有無、配当方法、配当額の決定方法）

→解約返戻金等の有無、その内容　　　等

・注意喚起情報——保険会社が、顧客に対して告知義務等のいわゆる不利益情報について注意喚起すべき情報を記載したもの。

→クーリング・オフ（申込の撤回）

→告知義務および通知義務等の内容

→補償の開始時期

→支払事由に該当しない場合、免責事由等の保険金等を支払わない

場合のうち、主なもの

→保険料の払込猶予期間、契約の失効、契約の復活等

→解約と解約返れい金の有無

→保険会社破綻時等の取扱い（セーフティネット）

→特に法令等で注意喚起することとされている事項

また、「総合監督指針」では、「契約概要」「注意喚起情報」の記載方法、説明方法等については、次のように体制を整備することを規定しました。そして、「契約概要」「注意喚起情報」を読むことが重要であることを喚起する表示を行うことなども規定しています。

・記載方法

→例えば、文字の大きさを８ポイント以上とするなど、文字の大きさ、配列等について顧客にとって理解しやすい記載とすること。

→使用する文言について、その平明性および明確性を確保すること。

→顧客に対して、具体的な数値等を示す必要がある事項（保険期間、保険金額、保険料等）については、具体的な数値を記載すること。

→情報量について、例えば「契約概要」「注意喚起情報」併せてＡ３両面程度とする等顧客が理解しようとする意欲を失わないよう配慮すること

→他の書面と分離・独立させること。

・説明方法

→「契約概要」「注意喚起情報」が記載された書面を読むことが重要であること、主な免責事由等顧客にとって特に不利益な情報が記載された部分を読むことが重要であること、乗換・転換の場合には、これらが顧客にとって不利益になる可能性があること、について口頭により説明すること。

→書面の交付にあたり、顧客が「契約概要」「注意喚起情報」の内容を理解するための充分な時間を確保すること。

7.「意向確認書面」の導入[69)]　［2007（平成19）年4月］

「保険商品の販売勧誘のあり方に関する検討チーム」は、2006（平成18）年3月の「適合性原則を踏まえた保険商品の販売・勧誘のあり方」という中間論点整理報告において、まず消費者にとって自らのニーズに合致した保険商品を適切に選択・購入することが重要であることから、購入しようとする保険商品が顧客のニーズに合致しているものであるかどうかを、顧客が契約締結前に最終的に確認する機会を確保することが必要であると強調しています。そのため、顧客のニーズに関して情報を収集したうえで、保険商品が顧客のニーズに合致したものであることを確認する「意向確認書面」を作成・交付・保存することを提言しています。

この提言を受けて、金融庁は「総合監督指針」を改定し、2007（平成19）年4月に「意向確認書面」に関する規定を設けました。これは、顧客が購入しようとする保険商品が顧客のニーズに合致しているものであることを「意向確認書面」で確認できる体制整備をしっかりと保険会社に行わせるために、「意向確認書面」の趣旨、記載事項、保存、確認・交付・修正、適用範囲等について、次のとおり詳しく定めています。

・「意向確認書面」の導入
　消費者が自らのニーズに合致した保険商品を適切に選択・購入するための方策として「意向確認書面」という制度を導入する。
・「意向確認書面」とその保存
　契約の申込みを行おうとする保険商品が顧客のニーズに合致してい

るものかどうかを、顧客が契約締結前に最終的に確認する機会を確保するために、顧客のニーズに関して情報を収集し、保険商品が顧客のニーズに合致することを確認する書面のことであり、保険会社と顧客が共同で作成し、保険会社が顧客に交付の上、保険会社においても保存すること。

・「意向確認書面」の記載事項

「意向確認書面」に記載しなければならない事項は、次のとおり。

→顧客のニーズに関する情報

保険商品が顧客のニーズに合致した内容であることを確認するために、最低限必要と考えられる顧客のニーズに関する情報を収集のうえ、記載すること。

→当該保険商品が顧客のニーズに合致すると考えた主な理由

→その他顧客のニーズに関して特に記載すべき事項

具体的には、特記事項欄を設け、特に顧客から強く要望するニーズがあった場合のニーズに関する情報、等を記載すること。

→募集人等の氏名・名称

・「意向確認書面」の確認・交付・修正

保険会社に対し、「意向確認書面」により、保険契約を締結するまでに、顧客が申込みを行おうとしている保険商品が顧客のニーズと合致しているか否かの確認を行い、遅滞なく交付すること。

さらに、「意向確認書面」の記載内容のうち、特に顧客のニーズに関する情報については、顧客に対して事実に反する記載がないかを確認するとともに、顧客から当該部分の記載の修正を求められた場合には、速やかに対応を行うこと。

・「意向確認書面」の適用範囲

特に、顧客のニーズを確認する必要性が高いと考えられる次の保険商品について、募集人等と顧客が共同のうえ、相互に顧客のニーズに関する情報の交換をする募集形態により販売・勧誘が行われる場合に、「意向確認書面」を適用すること。

→変額年金保険、外貨建て保険等の投資性商品

→生命保険商品

→医療保険等の第三分野の保険商品（但し、身体告知を伴わない、海外旅行傷害保険や保険期間が１年以下の傷害保険を除く）

・「意向確認書面」が適用されない場合への対応

「意向確認書面」が適用されない場合においても、保険商品が顧客のニーズに合致しているものかどうかを、顧客が契約締結前に確認する機会を確保することは重要であるため、保険会社は、適切な社内規則等を定め、それに基づき業務運営を行うための体制を整備すること。

・保険会社に求められる説明

保険会社は、顧客が保険契約の内容等について、理解していないことや誤解していることが明らかである場合には、より分かり易い説明や誤解の解消に努めること。

募集人は、取り扱える保険会社の範囲や、健康状態等の告知を顧客から受けることが可能かどうかについても、説明すること。

８．比較販売を行う場合の禁止事項の明確化[70)] ［2007（平成19）年７月］

「保険商品の販売勧誘のあり方に関する検討チーム」では、保険商品についての適切な「比較情報の提供」は、消費者がニーズに合致した保険商品を選択するための参考情報として有用にもかかわらず、実際の保険募集の現場では必ずしも「比較情報の提供」が行われていないことについて問題視していました。

2006（平成18）年６月の最終報告は、「比較情報の提供」が積極的に行われないのは、顧客に誤解させるおそれのない比較情報とはどのようなものであるかが明確でないからであるという原因等の分析を行い、「比較情報の提供」を促すための環境整備として、「比較情報の提供」を行う際の留意点等を「総合監督指針」で明確化することが必要であると提言しました。

金融庁は、この最終報告を踏まえ、「比較情報の提供」を行う際の「契約内容の一部のみの比較」や「保険料の比較」等に関する留意点等を明確にするために、2007（平成19）年７月に「総合監督指針」の改正を行いました。

まず、「契約内容の一部のみの比較」について、従来の「総合監督指針」が「保険契約の契約内容について、正確な判断を行うに必要な事項を包括的に示さずに一部のみを表示すること」が保険業法第300条第１項第６号に抵触する行為として掲げられていたことから、次のように明確にしています。

・「契約概要」を用いた比較表示（それぞれの「契約概要」を並べる方法により行う場合や「契約概要」の記載内容の全部を表形式にまとめ表示する場合等）を行う場合は、保険契約の契約内容について、正確な判断を行うために必要な事項を包括的に示したものであること。

比較表示を行うに際し、次の各要件が全て充足されている場合には、保険契約の契約内容について、正確な判断を行うに必要な事項を包括的に示したものであること。

a　比較表示の対象とした全ての保険商品について、比較表示を受けた顧客が「契約概要」を入手したいと希望したときに、その「契約概要」を速やかに入手できるような措置が講じられていること。たとえば、次のような措置が考えられる。

→対象とした全ての保険商品について、比較表示と同時に「契約概要」が提供される措置

→比較表示の対象とした全ての保険商品について、インターネットのホームページ上に「契約概要」を表示できるようにすること、あるいは顧客からの要望があれば遅滞なく郵送等で要望のあった「契約概要」を交付できるようにすること等の体制を整備したうえで、これを顧客に周知する措置

b　比較表示に関し、次のような注意喚起文言が記載されていること。

→比較表には、保険商品の内容の全てが記載されているものではなく、あくまで参考情報として利用する必要があること。

→比較表に記載された保険商品の内容については、必ず「契約概要」やパンフレットにおいて全般的に確認する必要があること。

「保険料に関する比較」については、次のとおりです。

・保険料に関して顧客が過度に注目するよう誘導したり、補償内容等の他の重要な要素を看過させるような表示を行うことがないよう配慮する必要があること。具体的な配慮の内容は次のとおり。

→契約条件や補償内容の概要等保険料に影響を与えるような前提条件を併せて記載することが最低限必要であること。

→顧客の年齢や性別等の前提条件に応じ適用される保険料の相違が顕著である場合には、以下の注意喚起文言を併せて記載することが適当であること。

・前提条件の相違により保険料が異なる場合があるので、実際に適用

される保険料について保険会社等に問い合わせたうえで商品選択を行うことが必要であること。

・顧客が保険料のみに注目することを防ぐため、保険料だけでなく補償内容等の他の要素も考慮に入れたうえで比較・検討することが必要である旨の注意喚起を促す文言を併せて記載すること等、比較表の構成や記載方法等を消費者が誤解を招かないように工夫することが必要であること。

そのほかに「比較表示の主体」「保険会社と保険代理店の利害関係」、さらには「比較情報の根拠となる情報」についても、次のとおり示しています。

・比較情報の提供主体や情報源に関する情報は、消費者が、提供された比較情報をどのように利用するのか、どの程度の信頼をおいて利用すべきものなのか等を判断するにあたって重要であるため、次の情報については、比較表示を行う際に顧客に対して明示することが望ましいことを明確にしました。

→比較表示を行う主体がどのような者か？
保険会社、専属代理店、乗合代理店、保険仲立人等

→比較の対象となった保険商品を提供する保険会社や代理店等との間に、提供する比較情報の中立性・公正性を損ない得るような特別の利害関係（たとえば、強い資本関係が存在する等）を有していないか？

→どのような情報を根拠として比較情報を提供するのか？

9．金融商品取引法の制定 71) ［2007（平成19）年9月］

投資信託の販売が認められた頃から、金融制度改革として銀行・証券・保険の三業態を横並びで監督・管理するために、従来の「証券取引法」は、金融先物取引法等の諸法と統合されて「金融商品取引法」と改められ、2007（平成19）年9月に施行されました。保険（貯蓄性・金融性の高い商品に限定）も、預金・債券・外国為替・抵当証券・投資信託・株式等と同じ金融商品として扱われ、銀行や証券会社等で販売されるようになりました。これらの金融商品を販売する側（銀行・証券・保険の三業態を含む）の行為規制等が設けられ、消費者の保護を明確にしてコンプライアンスが強化されました。証券業界では悪質な不祥事が多かったため、従来の「証券取引法」には厳しい規定が多く設けられていましたが、「金融商品取引法」では、この厳しい水準を証券会社だけでなく銀行や保険会社等にも適用しています。

10．100年ぶりの保険法の改正 72) ［2010（平成22）年4月］

銀行や証券会社等の金融制度改革が進む中で、保険業界も法制度とコンプライアンスの整備が行われ、1899（明治33）年に商法に制定されて以来、ほとんど改定されずに運用されてきた保険に関する規定は、2010（平成22）年4月に実に100年ぶりに独立した「保険法」として全面改正されました。

特に特徴的であるのは、「保険契約者の保護」を明確化し、「告知義務」「通知義務」「保険金の支払時期」の取り扱いについて、従来よりも保険契約者が有利になるように改正されたことです。たとえば、「告知義務」については、従来の「自主申告義務」から「質問応答義務」に変更となりました。そして、従来は「告知義務違反による契約解除で保険金を支払わない」というケースでは、その告知をしなかった事実と事故の発生に因果関係がない場合は、保険金が支払われることになりました。主な改正のポイントは、次のとおりです。

<共通ルール>

・適用対象契約の見直し

従来の商法では「共済」への適用はなかったが、この「保険法」では、法律上の基本的な契約ルールが、保険契約と同等の内容を有する「共済」にも適用されることとなった。（第２条ほか）

・傷害疾病保険契約に関する規定［新設］

従来の商法では「傷害疾病保険契約」についての規定はなかったが、この「保険法」では、契約の要件・効果等の明確な規定が設けられた。（第２章損害保険第５節、第４章傷害疾病定額保険）

<保険契約者保護の明確化>

・片面的強行規定の規律［新設］

「片面的強行規定の規律」が設けられ、保険契約者、被保険者または保険金受取人に不利な内容の約款があった場合、その約款の定めは無効となった。ただし、この規定は個人分野の保険に限られ、企業分野の保険には適用されない。（第７条、第36条ほか）

・告知義務に関する規定［改定］

告知義務が、「自発的申告義務」から「質問応答義務」に変更された。保険契約者は、重要事項のうち保険会社から告知を求められた事項のみ告知すればよいことになった。（第４条、第66条）

また、保険募集人による告知の妨害や不告知の教唆があった場合は、保険会社は解除できないとする規定が設けられた。（第28条第２項、第84条第２項）

・保険給付の履行期

保険金の支払時期の規定が設けられた。(第21条、第81条)

この規定により、保険会社は、適正な保険金支払のために不可欠な調査に要する時間的猶予が認められ、その調査に必要な合理的な期間が経過した後は、遅滞の責任を負うことになった。ただし、保険契約者または被保険者が正当な理由なく、保険会社の調査を妨げたり、調査に応じなかったりした場合は、保険会社は遅滞の責任を負わない。

・他人を被保険者とする契約に関する規定［新設］

他人を被保険者とする「傷害疾病保険契約」については、被保険者の同意を取り付けることが原則となった。ただし、次のいずれの条件も満たす場合は、同意は不要。

→死亡保険金のみ支払う契約以外の契約であること。

→被保険者またはその相続人が保険金受取人として指定されていること。(第67条)

また、他人を被保険者とする傷害疾病保険契約において、被保険者が一旦同意をしても、その後に保険契約者や保険金受取人との間の信頼関係が損なわれた場合や、同意の基礎となった事情に著しく変更が生じた場合（離婚等）には、被保険者からの解除請求を認める規定「被保険者離脱制度」が設けられた。(第87条)

原則としては、被保険者から保険契約者への申し出となるが、「傷害疾病定額保険契約」等において、被保険者となることに同意をしていなかった場合等、所定の要件を満たす場合であれば、保険会社で申し出を受け付けることができる。

＜保険機能の拡充＞

・超過保険の改定

保険金額が保険の対象である物の実際の価額（保険価額）を超える

「超過保険」については、従来の商法では超過部分は「無効」だったが、この「保険法」では「取消し可能」へ変更となった。（第9条）

・重複保険における「独立責任額全額支払方式」の導入

同一の保険の対象に複数の損害保険が締結された「重複保険契約」については、「独立責任額全額支払方式」が導入された。この方式の導入によって、保険会社は、他の損害保険契約が締結されていても「按分支払い」をせずに、他の保険契約がないものとして算出した補償すべき損害の額（独立責任額）を支払う義務を負うこととなった。なお、自らの本来の負担（按分により算出した額）を超えて保険金を支払った保険会社は、後日、その超過分について、他の保険会社に請求することになる。ただし、保険契約者は、損害額を超えて複数の損害保険会社から保険金を受け取ることはできない。（第20条）

・賠償責任保険契約についての「先取特権」

「賠償責任保険契約」において、被保険者が企業の場合で倒産した場合であっても、被害者が他の債権者に優先して保険金から被害の回復ができるように「先取特権の制度」が導入された。（第22条）

・重大事由解除［新設］

保険金詐欺等のモラルリスクを防止するための「重大事由解除」の規定が設けられた。これにより、故意、詐欺、保険会社の保険契約者または被保険者に対する信頼を損ない、契約の存続を困難とする重大な事由がある場合には、保険会社は契約を解除できることとなった。（第30条、第86条）

・保険金受取人による「介入権制度」

保険契約者の債権者等による「傷害疾病定額保険契約」の解約返れい金を目的とした契約解除に対して、保険金受取人が保険契約を存続させることができる「介入権の制度」が設けられた。保険金受取人が「介入権」を行使するためには、次の要件を満たす必要がある。

→介入権行使について保険契約者の同意を得ること。

→保険会社が解除（解約）の通知を受けたときから1ヶ月以内に解約返れい金相当額を債権者等に支払うこと。　等（第89条）

11．保険代理店への直接入検[73)]　[2012（平成24）年]

従来、金融庁は保険会社への検査の中で、保険会社が保険代理店をしっかり指導・管理できているかを確認すること等を目的に、保険代理店への臨店検査を間接的に行っていました。ところが、2008（平成20）年頃から、保険会社への検査とは関係なく、別個に保険代理店への直接臨店検査を実施する旨を表明し、2012（平成24）年後半から保険代理店への直接臨店検査を実施するようになりました。

また、金融庁は、2012（平成24）年の夏に、大型乗合代理店に対して実態を掌握するためにアンケート調査を実施し、プロ代理店だけでなく、保険ショップの代理店をはじめ大型の乗合代理店を検査ターゲットとして捉えている模様で、2015（平成27）年の改正保険業法の施行後には、本格的に臨店検査が行われる可能性が高くなっています。保険代理店への直接臨店検査が行われることになったのは、自由化を迎えて以降、金融庁は生損保業界におけるコンプライアンスへの厳格対応を進めてきたものの、不祥事や保険契約者からの苦情等が絶えず、保険会社による保険代理店への指導・管理の能力が低下してきていることなどからであると推察されます。

12. 委託型募集人問題[74)]　[2014（平成26）年1月]

保険ショップを展開するような大型の保険代理店で、保険募集の業務をアウトソーシングしている実態が、2014（平成26）1月に明るみに出て、保険業界全体に激震が走りました。いわゆる「委託型募集人問題」です。直ちに金融庁は、保険会社に対して、委託型募集人の契約形態等の把握および適正化を図るため、異例の報告徴求命令を発令しました。

もちろん、保険募集そのものについての再委託（復代理）は、募取法の時代から禁止されており、保険代理店が再委託できる業務は、保険募集行為に該当しない「バック業務」に厳格に限定されていました。「バック業務」とは、たとえば、「保険料専用口座の管理・保険料の精算業務・収支明細表の記帳業務」「委託元で使用人届がある保険募集人の指示に基づき業務委託先が顧客との接点を持たない前提で申込書・保険料領収証・自賠責保険証明証を作成する事務」「顧客へパンフレット・申込書・重要事項説明書等を郵送する業務」「コールセンターのオペレーターが行う事務的な連絡の受付・事務手続き等についての説明」「商品説明会における一般的な保険商品の仕組み・活用法等についての説明」等でした。

保険募集の再委託に関する過去の経緯を見ると、募取法から保険業法にも受け継がれ、第275条で禁止されていましたが、2012（平成24）年3月に同条を改正して再委託を一部認めるようにしました。ただし、その場合においても、保険募集を再委託できる要件として、次の三要件にいずれも該当していなければなりませんでした。

・保険募集再委託者が保険会社又は外国保険会社等であって、その所属保険会社等と内閣府令で定める密接な関係を有する者であること。

・再委託を受ける者が、保険募集再委託者の生命保険募集人又は損害保険募集人であること。

・保険募集再委託者が、再委託について、所属保険会社等の許諾を得ていること。

一つ目の条件に「その所属保険会社等と内閣府令で定める密接な関係を有する者であること」となっており、その内閣府令は、保険業法施行規則第212条の6の2に規定され、「一　当該所属保険会社等の子法人等」「二　当該所属保険会社等を子法人等とする親法人等」「三　前号に掲げる者の子法人等（当該所属保険会社等及び前二号に掲げる者を除く。）」と定めています。

改正によって保険業法第275条が改正された背景には、2011（平成23）年4月8日に企業グループの組織再編に資する規制の見直しとして「規制・制度改革に対する方針」が閣議決定され、金融庁および金融審議会の「保険会社のグループ経営に関する規制の在り方ワーキング・グループ」が、それを受けて、保険会社の組織再編が進む中で保険会社の業務の効率化・集約化を図る検討を行いました。その検討では、製販分離等の考えを入れて、あくまでも保険会社グループ内に販社としての役割の総代理店を設立し、その総代理店が一般の保険代理店に再委託するイメージ案が示され、それを実現するべく、保険業法を改正したのでした。

このイメージ案では、二つの委託関係がありました。一つは「グループ内の保険会社間の委託関係」があって一般の保険代理店に再委託されるイメージで、もう一つは「グループ内の保険会社とグループ会社（保険会社の明記はない）との間に委託関係」があり、グループ会社から一般の保険代理店に再委託するイメージです。特に注目したいのは、後者のイメージです。これは、保険会社の100％子会社である「直資代理店」が、一般の保険代理店（主に個人代理店）に保険募集業務を再委託する形と重なります。改正された保険業法第275条および内閣府令の保険業法施行規則第212条の6の2の規定からは、前者のイメージだけを実現したことになります。この2012（平成24）年3月の保険業法改正を挟んで、「直資代理店」による一般代理店の保険募集人との再委託について、法的な整理が示されなかったことが「委託型募集人問題」の根本原因であったように思われます。

再委託（復代理）は、再委託すると委託先代理店の管理を誰が行い、誰が責任を負うのか、という委託管理・責任の問題等があるため、禁止されてきました。保険募集以外の業務を第三者に委託することは認められていますが、募集そのものの業務の再委託は、上述したとおり保険会社のグループ保険会社から再委託をする場合等を除いては保険業法第275条で禁止されています。

保険ショップの大型乗合代理店等の経営を企てた経営者は、おそらく保険業法で禁止されていることを知らずに、この「直資代理店」の展開を見て、自分たちも一般の保険代理店の保険募集人に再委託を始めたのだと思います。そして、保険ショップの大型乗合代理店等が、多くの一般代理店を巻き込んで保険募集人と再委託契約を結び、積極的な店舗網拡大を図ったのです。

第4節　新たな保険会社

1．少額短期保険の誕生

2005（平成17）年5月に保険業法が改正され、翌年4月から施行されました。その改正の目玉が「根拠法のない共済の契約者保護ルールの導入」です。その背景には、根拠法を持たない自主共済（いわゆる無認可共済）が急増したことがあります。

無認可共済の中には最高限度額や入通院保障など民間生命保険会社と遜色ない保障を提供している共済、マルチ的手法によって加入者拡大を図る共済、財務内容がディスクローズされていない共済など、問題が少なくありませんでした。さらに破綻の危険があるのみならず、万一破綻した場合には加入者に及ぼす影響も大きく、消費者団体や生損保関連団体への問い合わせや苦情が寄せられていました。

このため、契約者保護の観点から、何らかの規制の必要が求められ、金融審議会第二部会で論議され、報告書がまとめられて保険業法の改正へとつながったのです。保険業法の改正で保険業の対象範囲を拡大し、「特定の者を相手方として保険の引受けを行う事業についても保険業に含める」と定義されました。これにより、無認可共済を保険業法の規制下に置くことで、契約者保護を図ろうとしたのです（法律に特別の規定のある農協法や協同組合法などの「制度共済」、企業内や労働組合、学校が学生等を相手方として行う共済は、特例として保険業法の適用外としています）。

そのうえで、無認可共済は、改正保険業法施行後、2年間の猶予期間を設けられ、その期間内に新たに創設された「少額短期保険業」または

「保険業」として事業を転換することが求められました。

少額短期保険業の特徴としては、次の点が挙げられます。

まず、登録による事業認可（保険会社の認可制）という特例が設けられています。

次いで、少額・短期ということから、保険期間を１年（第二分野［損害保険］は２年）とし、引受限度（保険金額）合計を1000万円以下におさえることとしています。具体的には保険金額の上限が死亡保険300万円以下、医療保険（傷害疾病保険）80万円以下、疾病による重度障害保険金300万円以下、障害による特定重度障害保険600万円以下、傷害死亡保険300万円以下、損害保険1000万円以下としています。

また、保険募集についても、少額短期保険募集人としての資格試験が定められました。

なお、2005（平成17）年に任意団体として「全国少額短期保険業協会」が、翌年には「日本少額短期保険協会」が設立され、６月に両協会が統合して「日本少額短期保険協会」としてスタートしました。

2006（平成18）年10月に少額短期保険業者第１号として、日本震災パートナーズが登録され、自主共済からの転換に加え、新たに事業参入を図る事業者が年々増加し、2018（平成30）年３月現在、97社が協会に参加しています[75)]。

２．かんぽ生命保険の誕生[76)]

2007（平成19）年10月にかんぽ生命保険が誕生しました。その歴史は1916（大正５）年に逓信省によって創設された簡易生命保険に遡ります。明治時代に生まれた生命保険事業は、資本家、地主、高級官吏・軍人などの中産階級をターゲットにしたもので、労働者をはじめとした低所得者は対象としていませんでした。

労働者を相手にする簡易保険の必要性は、明治期から論じられていたものの、民間生命保険会社は積極的に取り組もうとしなかったこともあって、官営の簡易生命保険が創設され、民業との競争を避けるため、政府の独占事業として認められたのです。

簡易生命保険の特徴は、最高保険金額を低額に限定し、小口で無審査での加入、職業上の加入制限がないなどが挙げられますが、最大の特徴は、政府による保証により破綻リスクがないという点でした。

簡易生命保険の歴史は、民間生命保険会社との攻防で彩られたものでした。簡易生命保険が加入限度額を引き上げたり、団体保険や小児保険（こども保険）等への事業拡大を図ったりした一方で、民間生命保険会社が低廉な類似商品を開発するなどして、絶えず軋轢が生じていたからです。

戦後、1949（昭和24）年に逓信省が解体されて、簡易生命保険は郵政省管轄となり、さらに中央省庁再編などを経て2003（平成15）年4月に日本郵政公社の管轄とされました。

2005（平成17）年に総理大臣・小泉純一郎が「郵政民営化」を公約に掲げて圧勝すると、2007（平成19）年には持株会社・日本郵政グループの下に郵便事業会社、郵便局会社、ゆうちょ銀行とともに、簡易生命保険事業もかんぽ生命保険として事業会社化されました。

2014（平成26）年には「日本郵政株式会社」（2012（平成24）年には郵便局会社と郵便事業会社が統合されて発足）、そしてその傘下の「株式会社ゆうちょ銀行」および「株式会社かんぽ生命保険」の3社を同時上場することが決定され、2015（平成27）年11月に無事上場し民営化が完了しました。

３．ネット生保の誕生とその成長性

損害保険では、リスク細分型自動車保険の認可が解禁され、1997（平成9）年９月にアメリカンホーム保険が認可を取得したのにはじまり、翌年から2001（平成13）年頃にかけて通販への参入や会社設立が相次ぎましたが、それ以降は2009（平成21）年６月にイーデザイン損害保険が開業したくらいでした。生命保険では2006（平成18）年頃からインターネット販売だけによる生命保険会社（以下「ネット生命保険会社」）の設立の気運が高まり、2008（平成20）年４月にＳＢＩホールディングス、アクサジャパンホールディング、ソフトバンクの３社の共同出資で「ＳＢＩアクサ生命保険」（現・アクサダイレクト生命保険）と、戦後以来初めてどの保険会社系列にも属さない独立系生命保険会社「ライフネット生命保険」が金融庁から生命保険業免許を取得し、前者は４月から後者は５月から営業を開始しました[77)]。

「ライフネット生命保険」のマニフェスト[78)]を見ると、インターネット販売の特徴がよく分かります。たとえば、同社の商品は「初めてのひとが、私たちのウェブサイトを見れば理解できるような、簡単な商品構成」で「複雑な仕組みの『特約』を捨て、『単品』のみ」にし、「配当や解約返戻金や特約はない」もので「内容がシンプルで、コストも安く作られている」かわりに「保険料の支払いも月払いのみ」とするとしています。そして、同社のウェブサイトは、「生命保険購入のためのみに機能するものではなく、『生命保険がわかる』ウェブサイト」で、「生命保険は形のない商品である」ため「誰でも読んで理解でき、納得できる『約款』にする」としています。さらに、「インターネットで、24時間×週７日、いつでもどこでも、申し込める」利便性を強調しています。

同社のようにネット生命保険会社は、保険商品をシンプルにして分かりやすさを売りにしています。そして、注目を浴びたのは、圧倒的な安さを誇る保険料です。生命保険の保険料は、保険金等の支払いに充てられる「純保険料」と、宣伝・設備・人件費等の保険会社の運営に使われる「付加保険料」から成り立っていますが、女性外務員等の営業職員によって保険販売をしている大手生命保険会社では、全国展開で支社や営業所等の営業拠点を展開して営業職員や社員を配置しているため、「付加保険料」部分が高くなる傾向があります。一方、支社や営業所等の営業拠点を持たず、営業職員や社員の数が少なくてすむネット生命保険会社は、「付加保険料」部分を低く抑えることができます。そのため、保険料を比較すると、その差は実に2倍以上となり、圧倒的にネット生命保険会社が有利です。20～40代を中心に注目を集め、業績も急拡大しました。

既存の保険会社もネット販売チャネルに注目し、2011（平成23）年5月に「オリックス生命保険」、2013（平成25）年9月に「チューリッヒ生命保険」、2014（平成26）年9月に「楽天生命保険」がネット専用商品を発売し、ネット生命分野に参入しました[79)]。また、住友生命保険と三井生命保険の合弁会社として「メディケア生命保険」が設立され、2014（平成26）年7月にネット専用商品を発売し、第一生命保険の子会社である「ネオファースト生命保険」も医療関係商品のネット販売をしています[80)]。

このようにネット生命保険会社は、その成長が期待されましたが、注目を浴びていた「ライフネット生命保険」は、当初の計画どおりに進まず、営業開始以来、赤字決算が続いている状態です[81)]。ネット生命保険会社同士によるネット生保市場の競争が激化したことが原因の一つだとする分析もありますが、同社の会長は「東日本大震災の際に既存生保の担当者が現場で安否確認を行ったことで、やはり生保はネットではなく人から買うべき、という意識が強まった」と述べています[82)]。現時点では、ネットだけの販売チャネルでは業績を伸ばすことは難しく、「保険の窓口」の保険ショップでの店頭販売も開始しており、ネット生命保険会社の経営の難しさがうかがえます。他のネット生命保険会社も苦戦を強いられているようで、銀行や来店型ショップなど対面販売チャネルとの提携販売へ方向転換を検討している会社もあるようです。

第５節　生損保再編の第二幕

１．生保の合併・破綻

(1)　明治安田生命保険の合併発表

2002（平成14）年１月に、明治生命保険と安田生命保険が、相互会社のまま合併すると発表し、2004（平成16）年に合併して明治安田生命保険となりました。

明治生命保険は、既に述べたように（第２章第５節３(6)②参照）、2000（平成12）年頃に同じ三菱グループの東京海上火災保険から巨大保険グループ構想を持ち掛けられましたが、本業の生命保険に重点投資した方が得策だと総括し、東京海上火災保険の誘いを断っていました。明治生命保険は、生命保険重点投資プランとして「生保大連合構想」を練っており、2001（平成13）年、明治生命保険は中堅生命保険会社との勉強会で、この「生保大連合構想」を披瀝したといいます。それは、比較的経営が安定している中堅５社（明治生命保険、安田生命保険、富国生命保険、太陽生命保険、大同生命保険）が包括提携することで、日本生命保険等に対抗しうる勢力を目指そうという大構想でした。

しかし、富国生命保険、太陽生命保険、大同生命保険の３社は、規模を拡大して大手生命保険会社に対抗するよりは、堅実な独自戦略を歩もうという考えでしたので（第２章第４節３参照）、この構想案には興味を示さなかったようです。ところが、残った安田生命保険だけが、明治生命保険の話に興味を持ったのでした。

これがきっかけで、明治生命保険と安田生命保険の２社の合併話は急速に進むことになり、合併に至ったのです。安田生命保険も明治生命保

２００２年(平成１４年)１月２５日(金曜日)　THE HOKEN MAINICHI　(第１４３０３号)　(昭和21年4月23日 第３種郵便物認可)

保険毎日新聞
生保版
日　刊(但土曜 日曜 祝日休刊)
購読料 3,466円(本体3,301円＋税)
郵送料　800円(税込み)
合　計 4,266円(１ヵ月分)
発行所
©保険毎日新聞社
東京都新宿区市谷本村町２番16号
〒162-0845
電　話 03(3268)１２１１(代表)
振　替 00140－6－70860
編集発行兼印刷人 真鍋幸充

明治、安田生命合併へ

金融グループの枠超える
総資産26兆、業界3位に

保険業界の再編が進む中、動向が注目されていた明治生命と安田生命が合併することになった。両社を合わせた総資産は26兆8526億円（昨年9月末現在）となり、住友生命を抜いて、日本生命、第一生命に次いで業界第3位となる。両社の合併により、損保を含めた保険業界の再編がさらに加速するものと見られる。（次号で1月24日に行われた記者会見の内容を詳報）

三菱東京フィナンシャル・グループ系の明治生命と、みずほフィナンシャルグループ系の安田生命の合併は金融グループの枠を超えた再編となる。

明治生命は三菱グループの東京海上が朝日生命などと設立したミレア保険グループには参画しないことを表明し、その動向が注目されていたが、今回の合併で姿勢を鮮明にした。

保有契約高は、明治生命が124兆6487億円で業界第4位、安田生命が72兆8153億円で業界第6位。合併により保有契約高は合わせて197兆4640億円となるが、業界順位は第4位で変わらない。一方、経営の健全性を示すソルベンシー・マージン比率（支払い余力）は明治生命504・0％、安田生命576・0％と安田生命が高いが、いずれも健全とされる200％を大きく上回っている。

両社は今後、商品面、販売面などで全面的な提携を進めていくとともに、経営全般にわたって組織体制を見直し、合理化・効率化を追求していくことになると見られる。

競合他社の経営戦略に影響大
R&Iシニアアナリスト　植村 信保 氏

今回の明治生命と安田生命の合併について、格付投資情報センター（R&I）シニアアナリストの植村信保氏は「正式な発表をまだ聞いておらず、新聞報道などの情報の範囲でしか答えられないが、大手生保同士の合併がどのくらい効果があるのかは疑問だ。ただ、今回のケースに限らず、規模が大きくなれば効率化は可能になる。個社で進めていた抜本的コスト削減が、合併という外圧的作用で大きく進められるかどうかがポイントだ。大手の中でも安田生命は団体分野に強いなど特徴もあり、ある程度のすみ分けは可能で、補完的意味のある組み合わせといえなくもない。明治生命は、近年生損保業界で、合併や提携などの大規模な再編が進展する中、去就が最も注目されていた会社の一つだ。業界の他社の経営戦略などにも大きな影響を及ぼす可能性が高い。昨今の大手生保を取り巻く環境は、かなり厳しいことは事実だ。各社とも信用力の低下に直面しており、それを食い止めるための行動といえる」と見ている。

今後の戦略策定がカギに
国際ビジネスマネジメント代表　酒井 孝 氏

一方、保険業界の動向に詳しい国際ビジネスマネジメント代表の酒井孝氏は、「依然として規模の追求であり、最大に近づこうとしているだけで、最良を狙うものでないことが問題だ。グループの枠を超えた合併といっても、今の時代、あまり意味はない。明治生命がミレア保険グループへの参画を断ったのは東京海上主導を嫌ったからで、主導権を握りやすい安田生命との合併を選択したのではないか。安田生命としても、内容は良いが、規模で上位3社との格差を縮めるために合意したのだろう。いずれにしても、今後、両社が従来にない戦略を打ち出せるかどうかにかかってくるが、保険業界の再編を含めてまだまだ二転三転はありうる。しかし、このような形での規模拡大は、末端の消費者、契約者にまで目が届かなくなる危険性を増大させると思う」とコメントしている。

2大コンビニで入金サービス開始

契約貸付金の返済も
日本生命

日本生命は、1月15日からインターネットを利用したコンビニエンスストア（セブン・イレブン、ローソン）での保険料入金と契約貸付金返済サービスを開始した。

これは、同社と、㈱セブン・イレブン・ジャパン（工藤健社長）ならびに㈱ローソンの関連会社である㈱イーコンテクスト（下山二郎社長）との提携により実現したもので、生保業界で初の試み。

今回のサービスの開始により、契約者はインターネットやiモードを利用することで、振込用紙の請求や窓口へ出向くなどの手間をかけることなく、いつでも・無料で、1円単位から、最寄りのコンビニエンスストアでの入金・返済ができるようになる。

同社ではすでに、昨年10月から銀行4行と提携し、ネットバンキングサービスを利用した保険料入金と契約貸付金返済サービスを実施しているが、今回の新たなサービスにより、契約者の利便性がさらに向上するとしている。

〈サービスの概要〉

▽利用対象の顧客：ニッセイ保険口座カード保有者（約650万人）。

▽サービス内容：「保険料の入金（初回保険料を除く）」と「契約貸付金の返済」。

▽利用方法：日本生命のホームページ（http://www.nissay.co.jp）上で本人認証後、「インターネットATM」の入金サービスを選択。セブンイレブン利用の場合は、バーコード付払込依頼票をプリントアウトし、店舗入金、ローソン利用の場合（iモードからも利用可能）は受付番号を取得し、店舗で入金。

▽利用時間：インターネットATM受付時間は24時間（日曜20時〜月曜8時を除く）、コンビニエンスストアでの入金は各店舗の営業時間（最大24時間365日）。

▽対象コンビニエンスストア：全国のセブンイレブン（8924店舗）と全国のローソン（7614店舗）―店舗数は平成13年12月末現在

プルデンシャル・ファイナンシャル
株式をNY証券取引所に上場

昨年12月13日、日本のプルデンシャル生命が所属するプルデンシャル・グループの持ち株会社「プルデンシャル・ファイナンシャル社」が、株式をニューヨーク証券取引所に上場。同日、新規公開企業としてニューヨーク証券取引所内のバルコニーで、その日の取引開始を告げる「オープンニング・ベル」を打ち鳴らした。＝写真（プルデンシャル・グループの役員。左から6番目がプルデンシャル会長のアート・ライアン氏）

公募価格は1株当たり27ドル50セント（約3465円）、公募に際し発行された株式数は1億1000万株、時価総額（資金調達額）は約30億ドル（約3781億円）、プルデンシャル・アメリカの保険契約者に割り当てられた株式数は4億5600万株、初値は29ドル10セント（約3668円）をつけた。（昨年12月13日の為替レート1ドル126円5銭で換算）

「エージェンシー支社」に
営業店の名称を変更
クレディ・スイス生命

クレディ・スイス生命は、2002年1月1日付で営業店名称の変更を行った。同社の代理店チャネルの営業拠点は、従来「代理店営業所」と称され、首都圏2カ所（東京）、中部（名古屋）、関西（大阪）、九州（福岡）の5カ所に置かれていた。それをすべて「エージェンシー支社」の名称に変更した。

同社の販売チャネルは直販営業員と代理店だが、現在の販売占率はほぼ7対3だ。同社では数年内にその比率を5対5まで持っていく方針で、代理店チャネルの強化、拡充は急務となっている。

また、同社は昨年4月に日本初のユニットリンク保険を発売しており、代理店チャネルにおいても従来の法人向けからリテール業務にシフトしている。このため戦力の増強は不可欠だ。今回の措置は、代理店営業のさらなる拡充のため、社内体制の整備と諸営業政策の展開をより一層充実していくためのもの。

「おかげさまで、代理店チャネルは2001年度の新規収入保険料ベースで対前年比130％と高い業績でした。今回の名称変更により、これまで本社が担当していた業務についても今後は支社が責任を持って行うことになり、ご契約者ならびに代理店の皆さまへのサービスがさらに向上します」（浅川泰行エージェンシー・マーケティングディビジョンヘッド）。

同社の代理店数は2001年12月末現在375店。今回の名称変更により、監督官庁や生命保険協会に対する責任をより明確化するとともに、代理店や契約者に対して金融機関の一員としてより一層のサービス向上に努める考えだ。

今回名称変更された営業店は次の通り。

首都圏代理店第1営業所→首都圏エージェンシー第1支社、首都圏代理店第2営業所→首都圏エージェンシー第2支社、中部代理店営業所→中部エージェンシー支社、関西代理店営業所→関西エージェンシー支社、九州代理店営業所→九州エージェンシー支社。所在地・電話番号の変更はない。

険と同様に企業・団体分野に強い生命保険会社でしたので、結果として理想的な合併となり、その後の進むべき成長戦略が明確となりました。

なお、明治生命保険の時代に、業務提携していた日本火災海上保険との関係は、各々が明治安田生命保険と日本興亜損害保険となっても維持されていましたが、その後、2010（平成22）年4月に日本興亜損害保険が損害保険ジャパンと経営統合してＮＫＳＪホールディングスを立上げ（本章第5節2(2)参照）、第一生命保険との提携関係を重視する方針を固めたため、明治安田生命保険は日本興亜損害保険との提携を解消せざるをえなくなり、結局は東京海上日動火災保険との関係を強化しています。

(2)　三井生命保険の株式会社転換発表

「逆ザヤ」解消ができずに経営難に陥って格付がダブルＢまで低下していた三井生命保険は、2004（平成16）年4月に株式会社転換して、三井グループによる救済を受けました。

1999（平成11）年10月に、さくら銀行（旧・三井銀行）と住友銀行が経営統合（現・三井住友銀行）を発表してから、三井グループと住友グループの経営統合が進み、2001（平成13）年10月に三井海上火災保険と住友海上火災保険、2012（平成24）年4月に中央三井信託銀行と住友信託銀行が経営統合しましたが、金融機関では唯一、三井生命保険と住友生命保険の組合せが経営統合に至っていませんでした。

その理由は定かでありませんが、一説には、三井住友銀行が住友生命保険による三井生命保険の救済合併を企図していたものの、三井生命保険の不良債権の深刻度がなかなかつかめず、住友生命保険も2015（平成27）年まで「逆ザヤ」が解消できていなかったこともあり、話が前に進まなかったようです。

そこで、三井住友銀行を中心にして三井生命保険の救済プロジェクトが設けられます。2001（平成13）年7月、三井生命保険は三井住友銀行、中央三井信託銀行を中心とした三井グループ企業から基金350億円、翌2003年３月に基金1000億円を調達し、自己資本を増強しました。これと同時に三井住友銀行副頭取が三井生命保険会長に就任し、80人近い銀行員が同社に派遣され、経営の立て直しを図り、株式会社化に至ったわけです。

なお、その後の三井生命保険については、後述します（本節１(4)②参照）。

(3)　リーマン・ショックによる生保の再編

①　リーマン・ショックによる外資系保険会社への影響

2008（平成20）年、サブプライムローン問題を発端として、米国のバブル経済が崩壊し、９月15日に世界有数の大手証券会社である米リーマン・ブラザーズが破綻しました。そして、信用不安は米モルガン・スタンレー、米シティグループ、米ＡＩＧ（アメリカン・インターナショナル・グループ）などに次々と襲いかかりました。特に米国保険最大手のＡＩＧは、2005（平成17）年に不適正な会計処理が発覚し、実質的な創業者といわれたグリーンバーグ社長が引責辞任したばかりで、市場が不安をあおって株価が急落し、経営危機に陥ってしまいました。

９月17日、米国政府とＦＲＢ（連邦準備制度理事会）は米ＡＩＧの支援を表明します。最大850億ドル（およそ９兆円）の有担保融資枠を設定する見返りに、米国政府は米ＡＩＧの80％弱の株式を取得する権利を得て、事実上、政府の管理下で再建することとなりました。その再建の過程で、米ＡＩＧは生命保険事業を売却し、損害保険事業に経営資源を集中する決断を下します。

当時、米ＡＩＧが傘下に置いていた日本の生命保険会社は、「アリコジャパン」、「ＡＩＧエジソン生命保険」（旧・東邦生命保険。ＧＥエジソン生命保険となり、ＧＥからＡＩＧに売却）、「ＡＩＧスター生命保険」

(旧 千代田生命保険）でした。「AIGエジソン生命保険」と「AIGスター生命保険」は、米AIGが両社の合併を決め、2008（平成20）年8月に合併契約書に締結したばかりでした。

結局、合併予定の「AIGエジソン生命保険」、「AIGスター生命保険」はともに米プルデンシャル・ファイナンスに売却され、2012（平成24）年1月に「ジブラルタ生命保険」(旧 協栄生命保険）に吸収合併されます。

米プルデンシャル・ファイナンスは、これに先立ち1987（昭和62）年に日本法人「プルデンシャル生命保険」を設立し、2005（平成17）年に「あおば生命保険」(旧・日産生命保険）を吸収合併し、後述するように（本節1⑶②参照)、2008（平成20）年10月に破綻した「大和生命保険」も救済しました。これにより、破綻した国内の生命保険会社の多くが、米プルデンシャル・ファイナンスの傘下に集約されることになりました。

また、米国ではAIG傘下の生命保険会社「アリコ（ALICO)」が、2010（平成22）年3月、米国最大の生命保険会社「メットライフ」によって買収されます。アリコの総資産の7割を占める「アリコジャパン」も、「米メットライフ」に買収され、翌年4月に「メットライフアリコ生命保険」(現・メットライフ生命保険）となりました。

一方、米AIGの損害保険分野を担う「AIU保険会社日本支店（AIU保険)」は、2011（平成23）年8月に富士火災海上保険を100％子会社としました。富士火災海上保険は、2002(平成13）年3月にオリックスと米AIGにそれぞれ22%の出資を仰ぎ、経営不振から脱出を図り、2008（平成20）年12月に米AIGに買収されていました。2012（平成24）に「AIU保険会社日本支店」は日本法人の「AIU損害保険」となり、2018（平成30）年1月に富士火災海上保険を吸収合併して「AIG損害保険」となりました[84)]。

2011年(平成23年) 2月15日(火曜日)　保険毎日新聞　(第16488号)　(昭和21年4月23日 第3種郵便物認可)

保険毎日新聞

日　刊(但土曜 日曜 祝日休刊)
定価1カ月4,000円(送料＋税込み)
発行所
保険毎日新聞社
東京都千代田区岩本町1丁目4番7号
〒101-0032
電　話 03(3865)1401(代表)
振　替 00140－6－70860

チャーティス
富士火災を完全子会社化
全株式取得に向け公開買付け
事業基盤強化でさらなる成長へ

チャーティスは2月10日、グループ会社であるチャーティス・ジャパン・キャピタル・カンパニー・エルエルシー（チャーティス・ジャパンLLC）を通じて、富士火災の普通株式と新株予約権のすべてを公開買付けにより取得すると発表した。買付価格は1株当たり146円となる。

富士火災の取締役は、10日の取締役会で、公開買付けに賛同を表明するとともに、株主が公開買付けに応募することを推奨すること、新株予約権に関して公開買付けに応募するか否かについては新株予約権の新株予約権者の判断に委ねることを決議した。

また、チャーティス・ジャパンLLCは、富士火災の主要株主であるオリックス（株式所有割合15・53%）との間で、10日付で公開買付応募契約を締結した。オリックスは、公開買付応募契約の条項に従い、同社が保有する富士火災株式のすべてを公開買付けに応募する予定。

公開買付価格は、2月9日までの過去3カ月間の東証1部における富士火災の普通株式取引終値の単純平均値113円に対して29・20%、9日の終値112円に対して30・36%のプレミアムをそれぞれ加えた金額となる。公開買付取引総額は約470億円。公開買付期間は2月14日から3月24日まで。

チャーティスは、富士火災を完全子会社とすることで、業界再編が進む日本の損保市場における地位をさらに強固なものとする。一方、富士火災は、チャーティスのグローバルな経営資源、ブランド力、資本力を活用して競争力の強化を図る。

チャーティス・グループの日本および韓国事業を統括するチャーティス・ファー・イースト・ホールディングスのホゼ・ヘルナンデス社長兼CEO＝写真＝は「富士火災は過去10年以上にわたり当社グループと協業関係にあり、当社グループは富士火災の主要な株主となっている。今回の完全子会社化に向けた本公開買付けはそのパートナーシップを一層強固にするためのもので、これまで積み重ねてきた両社間の連携の延長線上にあると言える。チャーティス・グループの販売網が一段と拡充されることにより、より多くの日本のお客さまに対して、画期的な商品や最高品質のサービスを提供することができるようになる」と述べた。

2月10日時点でチャーティス・グループ会社は合計で富士火災の株式の54・66%を保有しており、富士火災はチャーティスの連結子会社となっている。

公開買付け成立後、チャーティスは日本の法令に従った必要かつ適切な組織再編などの手続きにより、公開買付けに応募しなかった全株式を取得する予定。手続き完了後、富士火災は東京証券取引所と大阪証券取引所から上場廃止となり、チャーティスの完全子会社となる。

アリコ
先進医療給付特約で 付加取扱保険種類を拡大

アリコジャパンは、1月2日から新疾病保険・医療保険（S63F）・無事故給付金付医療保険・終身医療保険・生活習慣病保険（定期・終身）への付加の取り扱いを開始した。

同特約は、厚生労働大臣が定める先進医療による療養を受けた際に、先進医療給付金として1000万円を限度に先進医療にかかる技術料実額を保障する。また、医療機関までの交通費などに利用できる先進医療一時金（5万円）も支払う。

新疾病保険・医療保険（S63F）・無事故給付金付医療保険・終身医療保険では中途付加の取り扱い、生活習慣病保険では新契約時の付加と中途付加を取り扱う。

なお、契約内容や健康状態などにより、同特約を付加できない場合もある。

ニッセンライフ
自動車保険で見積もりサービス
NTTイフの比較・契約サイト活用

ニッセングループの生損保代理店であるニッセンライフ（会社名：nインシュアランスサービス㈱、京都市中京区、権藤祐司代表取締役社長）は、㈱エヌ・ティ・ティ・イフ（NTTイフ）の自動車保険一括見積もり比較・契約サイトを活用し、ニッセン会員向けに自動車保険の見直しサービスを2月中旬から開始する。

ニッセンライフとNTTイフが提供する自動車保険一括見積もり比較・契約サイトでは、一括見積もりから、そのまま申し込みができる。見積もりから契約までを同時に行えるサービスは今回が初めて。加えて、①同条件で10社の保険料が比較できる②PC（パソコン）でも携帯でも計算結果が一覧で見られる—などの特徴を持つほか、宿泊・レジャー施設の優待など契約オリジナルサービスも充実している。

同サービスはニッセンオンラインショッピングのPCサイト（http://www.nissen.co.jp/hoken）＝写真、ニッセンライフのPCサイト（http://www.nissen-life.co.jp/）、携帯サイト（http://www.nissen-life.co.jp/mobile/top/top.aspx）のいずれからでも利用できる。

また、サービス利用者にニッセンの買物券などをプレゼントするキャンペーンなどニッセングループならではのサービスを実施する予定。

同社では「PC・携帯でのショッピングに慣れたニッセンの顧客に、保険分野でも顧客満足を提供し、これをきっかけに自動車保険を見直していただきたいと考え、本サービスの開始に至った」としている。

名案企画
保険業界に特化したアプリ開発
iPadなど活用したコンサルの増加見込む

名案企画㈱は2月9日、今後、保険業界でiPadやAndroid端末を活用した対面コンサルティングの需要増加を見込み、アプリ開発スクールを運営するジークラウド社と連携を図り、保険業界に特化したアプリケーション開発を開始すると発表した。

iPad、Androidなど、現在急増しているタブレット端末を活用し、商品説明や販売に活用しようという動きが各業界で活発化している。業務用端末としての需要も増加しており、2015年には10年の約10倍となる800万台規模になると見込まれている。こうした中、保険業界では対面コンサルティング品質の向上が重要な課題となっており、顧客満足度調査でも対面によるツールを使った説明がないと満足度は極端に低くなる傾向がある。

同社では第一弾として、保険会社の既存パンフレットを電子化し、タブレット上で利用できるアプリケーションを開発、さらに動画などを組み込んだ保険対面プレゼン専用アプリの開発を開始する。タブレット端末の特徴である快適な操作性と視認性により、対面プレゼンテーションの品質向上に貢献する。

印刷関連コスト 大幅削減にも期待

また、保険会社における印刷関連コストは膨大で、環境問題への取り組み強化の観点からもペーパーレス化が喫緊の課題となっている。膨大な募集ツールを紙からデジタル化することで、これらの課題解決につながるだけでなく、顧客の利便性向上にも貢献する。

保険業界に特化したノウハウを持つ同社では、アプリケーション開発に強いジークラウドと連携し、業務の効率化とペーパーレス化、対面コンサルティングの品質向上に向け、保険会社と連携しながらアプリケーションの開発を進めていく。

日本生命
10年長期貸付 基準金利引き上げ

日本生命は、当面の10年長期貸付基準金利を0・15%引き上げて1・75%とした。適用開始は2月10日。

10年スワップレートをベースに、10年物国債流通利回りなど、10年前後の市場金利水準と動向を総合的に勘案して決定した。

②　大和生命保険の破綻

米国で起きたリーマン・ショックの余波は、日本の保険会社にも現れました。2008（平成20）年10月、大和生命保険がリーマン・ショックによって破綻したのです。生命保険会社の破綻は、2001（平成13）年の東京生命保険以来、7年ぶり8社目のことでした。

もともと大和生命保険は、戦前は日本徴兵保険という名称で、東邦生命保険（第一徴兵保険）、富国生命保険（富国徴兵保険）、第百生命保険（国華徴兵保険）と同様、徴兵保険専門の保険会社として、1911（明治44）年に創設された会社です。徴兵保険とは、15歳までの男子が加入でき、徴兵検査に甲種合格して出征する際に保険金が支払われる養老保険で、明治時代は自己負担だった軍隊生活の食費や下着代を賄うためや稼ぎ頭を徴兵に取られて残された家族の生活費を補うためのものでした。戦争が終わった1945（昭和20）年10月に大和生命保険株式会社と名称変更し、1947（昭和22）年には相互会社に組織変更し、一般の商品を扱って再スタートしました。高度経済成長時を順調に経てバブルも乗り越え、2000（平成12）年8月に破綻した大正生命保険の受け皿として2001（平成13）年2月にソフトバンク・ファイナンスとともに設立した合弁会社のあざみ生命保険と2002（平成13）年4月に合併し、株式会社化も成し遂げていました。この株式会社化は、当時相互会社から株式会社化を成功させた生命保険会社として大同生命保険等とともに話題になりました。その話題となった大和生命保険が、リーマン・ショックによる株価の暴落で約115億円の債務超過に陥り、2008（平成20）年10月に会社更生法を申請して破綻してしまったのです。

このリーマン・ショックでは、他の生命保険会社も影響を受けて財務内容を悪化させましたが、破綻に至るほど深刻な状況ではありませんでした。大和生命保険だけが破綻に追い込まれてしまった原因を見てみると、それは同社がハイリスク・ハイリターンの運用を行っていたためと分析されています。

株式会社化していたことは、相互会社に比べ資金調達のうえで有利で、Ｍ＆Ａ戦略が展開できるメリットもあったはずです。ところが、同社は他社の２倍近くの事業費を要していて経営合理化が進んでおらず、株式会社であるがために、その穴を埋めるために高利回りの有価証券で資産運用していたのではないかと見られています。つまり、相互会社であれば、保険契約者に高リスクの負担を強いるような大胆で無謀な経営は行うことは難しく、安全・慎重に臨むような経営をすると考えられますが、株式会社の場合は、株主が利益の最大化を求めるため、ハイリスク・ハイリターンの危険な経営をするおそれがあるというのです。これは、株式会社化が裏目に出て、株式会社化が破綻の要素となった不幸なケースだったのかもしれません。

破綻後の契約者救済のスポンサーには米プルデンシャル社が選ばれ、2009（平成21）年６月に「プルデンシャル・ジブラルタ・フィナンシャル生命保険（ＰＧＦ生命保険）」として業務を再開することになりました。

⑷　大手生保の戦略

①　第一生命保険の株式会社化

第一生命保険は、1902（明治35）年に設立された日本初の生命保険相互会社でしたが、2010（平成24）年４月に株式会社に転換しました。第一生命保険の「第一」という社名は、第一番目に設立された相互会社であることを意味して付けられたといわれています。日本ではじめてできた相互会社という誇りを捨ててまで、なぜ第一生命保険は株式会社転換へと踏み出したのでしょうか？

第一生命保険には約820万人の保険契約者がおり、株式会社転換した時には最大で360万人の株主が誕生すると予想され、大同生命保険や太

2009年(平成21年) 7月3日(金曜日)　保険毎日新聞　(第16106号)　(昭和21年4月23日 第3種郵便物認可)

保険毎日新聞
日刊(但土曜 日曜 祝日休刊)
定価1カ月4,000円(送料＋税込み)
発行所
保険毎日新聞社
東京都千代田区岩本町1丁目4番7号
〒101-0032
電話 03(3865)1401(代表)
振替 00140－6－70860

第一生命 株式会社化を決定

第108回定時総代会（6月30日）

契約者第一主義の継続強調

第一生命は6月30日、ホテルオークラ東京（東京都港区）で第108回定時総代会を開催した。約170人の総代が出席し、報告事項と決議事項はすべて原案どおり承認・可決された。これにより2010年8月の上場を目指した株式会社化が決定、国内最多となる300万人の株主を持つ株式会社が誕生する。同社は組織変更のメリットとして、資本調達力の強化や競争力のある商品・サービスの提供、成長分野への資本投下による持続的経営などを強調した。質問では「株式会社化による減配はないのか」「契約者第一主義の理念がおろそかになるのでは」などの声も挙がった。同社は「契約者から理解を得て円滑な組織変更を進めるため、総力を挙げて取り組む」と述べ、今後も契約者第一主義・品質保証を強調した。

株式の交付方法

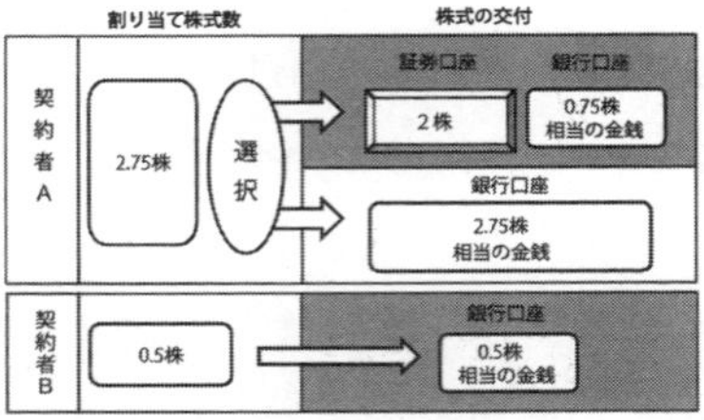

総代数186人のうち、当日出席数は166人、委任状出席は20人。

株式会社化に関する決議事項の審議が長時間に及ぶことを想定し、報告事項の説明後、同事項に関する質問を受け付け、休憩をはさんで決議事項とその質疑応答という進行方法を取った。

報告事項は、①08年度事業報告、連結貸借対照表、連結損益計算書および連結基金等変動計算書報告②08年度貸借対照表、損益計算書および基金等変動計算書報告③会計監査人および監査役会の監査結果報告④相互会社制度運営報告－の四つ。

①と②はDVDを使って概要を説明し、すべての報告事項がスムーズに承認・可決された。

休憩後、決議事項に入り、①平成20年度剰余金処分案承認の件（第1号議案）②取締役7名選任の件（第2号議案）③組織変更計画承認の件（第3号議案）④定款変更の件（第4号議案）⑤総代選出細則変更の件（第5号議案）－の五つの議案が説明された。

まず、①については、剰余金処分額は1339億1135万円で、約649億円を社員配当準備金に繰り入れること、差引純剰余金のうち任意積立金が約664億円で、その中から250億円を価格変動積立金、約9億円を社会公共事業助成資金などCSRに使うことなどを説明した。

②については、総代会終結時で取締役5人が任期満了となるため、新たに2人を加えた7人が選任された。

総代会の最重要項目でもあった③については、株式会社化への目的として、「少子高齢化・生産年齢人口の減少により、主要事業の死亡保障事業で保有契約高の継続的な減少が避けられないこと」「その結果、競争力のある商品・サービスの提供が困難になるおそれがあること」を説明。その上で、持続的成長のためには資本調達力を強化するとともに、収益力を高めるためのM&Aへの柔軟性や、成長分野への投資が必要なことから、市場から資金を調達できる株式会社形態の魅力を強調。加えて、成長戦略のためには相互会社にこだわる理由がないと述べるとともに、「契約者第一主義」を明記した同社の「品質保証新宣言」の継続的な遂行のためにも組織変更が必要として理解を求めた。

また、株式会社化後は1000万株の普通株式を契約者への割り当てにより発行し、増資は実施しない。新会社の資本金と資本準備金はともに2102億円。契約者の保険契約内容に変更はないが、社員配当が契約者配当となる。総代選出権などの社員としての権利は消滅し、寄与分（保険契約ごとの収支から保険契約上の債務を履行するために確保すべき資産の額を引いたもの）に応じた株式が割り当てられる。

割り当て計算の対象は、補償基準日の09年3月31日の社員名簿に記載されている契約者（社員）で、保険契約ごとの寄与分を算出、それを名寄せして契約者ごとにまとめ、株式を割り当てる。

1株以上の割り当てがある契約者については、整数分の株式を保有するか、相当分を金銭で受け取るかを選択できる。割り当てが1株に満たない部分や、寄与分により割り当てが1株未満の契約者には、銀行口座に相当分の金銭が送金される（上図参照）。

約820万の契約者数のうち、1株以上の割り当てがある契約者は37%の約300万人に達し、株式数では全体の82%を保有する。1株未満の契約者は53%で、株式数では18%を保有、割り当てなしの契約者は10%となる。

同社は株式会社化・上場の一時的な費用として302億円を見込んでおり、7割を契約者とコミュニケーションを取るための費用に充てる。具体的には、合計4回の郵送物の発送、株式会社化専用コールセンターの運営など。

組織変更日程は、7月1日付の日本経済新聞に「組織変更に係る公告」を掲載、820万人の契約者に「株式会社化・上場に関するお知らせ」の資料を送付。2010年4月1日から組織変更の効力が発生し、株式発行・組織変更後の公告掲載後、株式上場となる。

一方、④と⑤については、総代候補者の選考や選出方法などを株式会社化に際しての経過措置として変更した。

第3号から5号議案に対し、「株式会社化することで減配するのでは」といった懸念の声も挙がった。これに対し同社は「中長期的な視点で見たときに、会社が成長し、株主に利益を還元できるかという点を基本に配当率を熟慮していく」とコメントした。

また、「これまで設けていたお客さま懇談会がなくなって、『契約者第一主義』がおろそかになるのでは」「株主が300万人では多すぎる。株主総会で適切な経営判断ができるか」などの質問に対しては、「契約者の長期的な満足度向上が企業価値の向上につながる。『契約者第一主義』という理念は変わらない。株主総会は、多数の株主を抱える企業をベンチマークとし、対策に取り組んでいる」と理解を求めた。

最後に、五つの議案が承認され、同社は10年4月1日をもって国内最多数の300万人の株主を持つ株式会社となることが決定した。

マスミューチュアル生命

会社機構を一部変更（7月1日）

効率経営と人的資源を有効活用

マスミューチュアル生命は、効率的経営と人的資源の有効活用を目的として、本社の管理部門を中心に7月1日付で次のとおり会社機構を一部変更した。

▽AFチャネル、SRチャネルそれぞれに組織されている契約管理、顧客管理部門を一元化することを目的にオペレーション本部を新設し、管下に市場開発本部契約サービス部、同新契約部、カスタマーサービス部、契約管理部、営業コンプライアンス室を設置。

▽お客様相談室、AFコンプライアンス室、SR営業コンプライアンス室を統合し、営業コンプライアンス室とした。

▽支払監査部は支払い関連機能を契約管理部へ、監査機能を監査部へ移管して廃止。

▽市場開発本部ナレッジ・マネジメント部、同マーケティング企画室、同マーケティングサービス部、経営企画部広報室を統合し、マーケティング部とした。

▽市場開発本部法人営業部を同代理店営業部に統合。

▽商品企画部と商品開発部を統合し、商品部とした。

▽リスク管理を踏まえた戦略立案機能の強化を目的に、収益管理部、経営企画部、リスク管理部の機能を統合・再編し、新たに経営企画部を設置。

▽業務開発部を業務管理部に改称。

▽事務システム改善室、ITリスク管理室をシステム企画部に統合。

陽生命保険が株式会社転換した時の株主数32～33万人と比べると、その10倍を上回る株主の数になることから、相当周到な準備が必要とされました。

2007（平成19）年12月に第一生命保険の株式会社化が新聞各紙で報じられ、翌年3月の取締役会で株式会社転換と上場する「方針」が決議され、7月の社員総代会でその「方針」が確認されました。そして、2009（平成21）年6月の社員総代会で株式会社に転換して上場することが決定され、ようやく2010（平成22）年4月に実現しました。この2年以上の歳月をかけて行われた転換事務とそれに伴う社員や関係者の労力は相当なものであったと思われます。転換事務の代表的なものとして、保険契約者である相互会社の社員への「寄与分計算」と膨大に発生する「株主の管理」等が挙げられますが、その負荷は相当な労力といわれています[86)]。第一生命保険の株式会社転換を受けて、他の大手生命保険会社の社員総代会では「なぜ当社は株式会社化を選択しないのか」という質問が相次いだようです。日本生命保険や住友生命保険は株式会社転換を研究し、膨大な転換事務を鑑みて断念したともいわれています。

第一生命保険が、それほどまでの労力等をかけて、株式会社転換に踏み切ったのは、資金調達の多様性、ひいては経営の自由度を手に入れるためであるといわれています。株式上場に際して、第一生命保険の幹部は、M&Aのための1兆円程度の資金調達が可能となったと語ったそうです。

株式会社転換後に、確かに第一生命保険は積極的な海外保険会社のM&Aを進めています。既に述べたように（本章第2節参照）、特に2015（平成27）年の米国プロテクティブ生命保険買収（5750億円）は、第一生命保険が戦後はじめて日本生命保険を抜いて第1位の座を占める原動力となりました。

相互会社のままで事業を拡大しようとすると、基金を増額する必要がありますが、基金の募集金額、償還期間、付与利率をあらかじめ定めて、保険契約者である社員の代表を集めて総代会を開催して総代決議を経なければならなく、また基金を償還する場合には、償還額と同額の基金償却積立金を自己資本に積む必要もあるなど、株式会社の場合と比べるとかなり機動性の面で劣ります[87)]。

また、企業グループを形成する際にも、相互会社には株式会社と比べ制約があり、相互会社が株式会社を子会社として傘下に持つことはできますが、株式会社（たとえば持株会社）の傘下に相互会社を置くことができません[88)]。第一生命保険は、株式会社転換後、2016（平成28）年10月に第一生命ホールディングスを設立して、持株会社体制への移行を行っています[89)]。

戦後に再建のために相互会社の道を選択した多くの生命保険会社（第1章第1節4(3)③参照）が、バブル崩壊後の経営難を株式会社転換によって乗り切ろうとし（第2章第4節2、3参照）、そして大和生命保険のように株式会社転換をしたが故に株主の求める利益の最大化のために無理をして破綻したケース、さらに、第一生命保険のように株式会社転換によって経営の自由度を手に入れて事業拡大を目指すケースと、保険会社にとって相互会社であることと株式会社であることの違い（メリット・デメリット）について、歴史的な感慨を覚えるとともに、改めて深く考えさせられます。

②　日本生命保険が三井生命保険を買収

2015（平成27）年8月、日本生命保険が三井生命保険の買収を発表しました。日本生命保険はTOB（株式公開買い付け）で三井生命保険の全株式を取得（約4000億円）し[90)]、同年12月に子会社化した後、翌年3月に同社の株式の約15％程度を三井住友銀行、三井物産、三井不動産に売却し、三井系グループとの関係を維持するとともに、4月から三井生命保険の新経営体制をスタートさせています[91)]。

2015年(平成27年) 9月15日(火曜日)　保険毎日新聞　(第17603号)　(昭和21年4月23日 第３種郵便物認可)

NEWS INDEX

◀コープ共済連
佐藤利昭理事長に聞く（3面）
2020年ビジョン達成目指す

■ミューニックリー 「ペット保険の可能性と新しい潮流」（2面）
■公的保険アドバイザー協会　セミナー開く（7面）
■石碑は語る（84）　帰らぬ少女（11面）

保険毎日新聞
日刊（但土曜 日曜 祝日休刊）
定価１カ月4,115円（送料＋税込み）
発行所
保険毎日新聞社
東京都千代田区岩本町1丁目4番7号
〒101-0032
電話 03（3865）1401（代表）
振替 00140－6－70860

日本生命・三井生命

経営統合で基本合意書締結

営業職員チャネル基軸に基盤構築

16年3月末に統合を完了

日本生命と三井生命は9月11日、両社の取締役会決議に基づき、経営統合と統合後の方針に関して基本合意書を締結したと発表した。両社は強みを持つ営業職員チャネルを基軸に、さらなる発展を目指す考えだ。統合後の三井生命の資本については、総議決権ベースで日本生命が85%、三井グループ会社が15%程度を保有する見通しで、三井生命の称号とブランドは引き続き継続する。今後、両社は2016年3月末の経営統合に向けて具体的な協議を進める。

記者会見での筒井社長（左）と有末社長

近年、国内人口が減少する一方で、顧客ニーズが多様化している。日本生命と三井生命は、今後も両社が成長し続けるためには、引き続き営業職員を主要チャネルに、強みを持つ領域をさらに伸ばすと同時に、今後の収益拡大に向けた機軸を構築することが不可欠との認識を共有。互いを最良のパートナーと認識した上で、両社の事業運営の自主性とブランドを尊重し、それぞれのアイデンティティーに配慮することを前提に、経営統合に向けた動きを進めてきた。

統合の目的は①両社で協力し、強みを持つ営業職員領域をさらに強化・発展させること②多様化する顧客のニーズに機動的に対応するため、適正な引受態勢を構築・維持した上で、銀行窓販や代理店領域において適切な商品供給が可能なチャネル・基盤を両社が協力して構築すること③前述の①②以外でも、相互に協力し、知見を共有し、シナジーを発揮することでグループとして成長すること―の3点。今後は、商品の相互供給や、営業職員の教育ノウハウの共有、顧客対応窓口の共同設置などを進めたい考えだ。

統合の実現に当たっては、10月下旬から11月上旬をめどにTOBを開始する予定で、TOB後、速やかにスクイーズアウト手続きなどを行い、16年3月末の経営統合完了を目指していく。

なお、両社は三井生命の事業運営の自主性を尊重することで合意しており、統合後の主要な経営方針として、両社の拠点統合などは行わないことや、三井生命の従業員・営業職員の雇用を維持し、原則として雇用条件や処遇の不利益な変更は行わないことを確認している。

同日にホテルニューオータニ（東京都千代田区）で行われた記者会見で三井生命の有末真哉社長は、「今回の基本合意が、シナジー効果によるグループとしての成長を目的としたものであると同時に、単体としても経営基盤の安定化による信用力の向上、統合後には協力体制の構築による各種機能の向上につながる」との見解を強調している。

また、日本生命の筒井義信社長は、「三井生命とはフィロソフィーと戦略理論を共有できた。三井ブランドの強さや柔軟な経営インフラを生かしながら、揺るぎない国内マーケットナンバーワンプレゼンスを目指す」と展望した。

太陽生命

優良子育てサポート企業として評価

「プラチナくるみん」認定取得

太陽生命は8月26日付で、東京労働局より、次世代育成支援対策推進法に基づく特例認定企業として「プラチナくるみん」の認定を取得した。

「プラチナくるみん」とは、子育てサポート企業として「くるみん認定」を取得した企業のうち、より高い水準の取り組みを行った企業が認定される制度。

太陽生命では、T&D保険グループの一員として「多様な人材が働きがいを感じながら能力発揮できる企業風土づくり」に取り組んでおり、子育て支援についても、短時間勤務制度の導入など、各種制度を整えている。

その一環として、2005年に施行された次世代育成支援対策推進法に基づき、07年4月より東京労働局長から、次世代育成支援に積極的に取り組む企業として「くるみん認定」を取得以来、4回継続して取得している。

第5期（13年4月1日～15年3月31日まで）は、短時間勤務制度をはじめとした、育児・介護を支援する人事制度の積極的な活用に加え、早帰り施策の継続的な取り組みや有給休暇取得促進、配偶者の出産に伴う男性育児休業等の取得推進など、さまざまな両立支援の取り組みが評価され、5回目の「くるみん認定」と同時に、より高い水準の取り組みを行っている企業として「プラチナくるみん」の認定を取得した。

同社では、今回の認定を励みに、今後も従業員が安心して働ける環境の整備に一層取り組んでいくとしている。

大同火災　10月から自動車保険改定

旧盆期間中の特約新設

大同火災は、10月1日以降保険始期契約より自動車保険の保険料および商品改定を実施する。

保険料については、損保料率機構の参考純率改定や沖縄県における近年の保険金支払状況などを踏まえて改定される。また、それに伴い、ゴールド免許割引、新車割引、運転者限定特約、早期更新割引について割引率の見直しが行われる。

人身傷害補償保険については、「商品内容が複雑で分かりにくい」といった声を受け、補償の対象となる事故を「契約車に搭乗中の事故」に限定する改定が行われる。これに伴い、補償範囲を「他の車に搭乗中の事故や歩行中・自転車運転中など車外での事故」に拡大する「人身傷害の被保険自動車外事故補償特約」の新設が行われる。

特約では、旧盆期間中において、運転者範囲や年齢条件に合致しない親族などが一時的に契約車を使用することができるよう運転者限定特約および家族運転者等年齢条件特約を適用しない「旧盆期間中の運転者範囲に関する特約」が新設される。これは、年中行事で親族などが帰省した際に年齢条件や運転者の範囲を変更する必要があるのを改善してほしいという声を受けたもの。

車両の事故・故障時における補償については、ロードサービスの対象自動車が全用途・車種に拡大される他、自宅駐車場からのレッカー搬送についても、事後（保険金）請求での対応が可能となる。また、契約車が事故または盗難された場合だけでなく、故障・走行障害により自力走行できなくなった場所から修理工場へレッカーけん引された場合にも代車費用を補償する「事故・故障時代車費用補償特約」が新設される。

契約がノンフリート契約の場合、一部の契約を除き「契約更新サポート」（保険契約の更新に関する特約）が自動セットされる。早期の更新案内により更新時の契約内容を十分検討した上で更新できるようサポートするとともに、満期日までに連絡が取れず、顧客から更新しない旨の申し出がない場合は更新前の契約と同条件の契約内容にて自動更新（更新サポート）されるようになる。

その他、車両保険無過失特約や無保険車傷害特約などが改定される。また、「無事故の割増引率」について、2012年10月のノンフリート等級制度改定以降2年間設けていた経過措置が終了となる。

住友生命

保険金据置利率改定

住友生命は10月1日、現在の運用環境、市中金利動向などを踏まえて、保険金据置利率、給付金据置利率、配当金積立利率を、全て現行の年0・15%から年0・10%に改定する。

三井生命保険は、先に述べたように（本節１⑵参照）、「逆ザヤ」解消ができずに、三井住友銀行の支援を仰ぎ、財務基盤の強化に取り組んでいました。しかし、苦しい経営状態が続いていたため、三井住友銀行が完全子会社化する案や、住友生命保険と合併する案も検討されていましたが、日本生命保険からの声掛けにより、ようやく活路を見い出すことができたようです。日本生命保険の子会社となった後も、三井ブランドを残す形で存続できることも重要な決め手となったといわれています。

日本生命保険としては、株式会社転換後の事業拡大によって著しい成長戦略を示している第一生命保険に奪われた第１位の座を奪還するべく、この買収に踏み切ったといわれています。もちろん三井生命保険は2004（平成16）年４月に既に株式会社に転換していたため、相互会社に比べて買収が容易であったことや、再建にあたって三井住友銀行が中心となった経緯もあって銀行窓販に強いこと、さらには三井グループの企業・団体に圧倒的に強いことが、買収の決め手になったようです。

2017（平成29）３月期の生命保険会社の決算を見ますと、連結ベースの保険料収入等では、第１位が日本生命保険で５兆2360億円、第２位がかんぽ生命で５兆418億円、第３位が第一生命ホールディングスで４兆4687億円となっています[92]。

２．損保業界の第二次再編 - 三メガ損保時代へ[93]

第二次再編により、三メガ損保グループが形成され、損害保険会社全社の合計収入保険料の九割以上を占めるまでになりました。

⑴　ＭＳ＆ＡＤインシュランス・グループ・ホールディングス

①　MS&ADインシュランス・グループ・ホールディングスの誕生

［2010（平成22）年４月］

図３－４　生命保険会社の再編

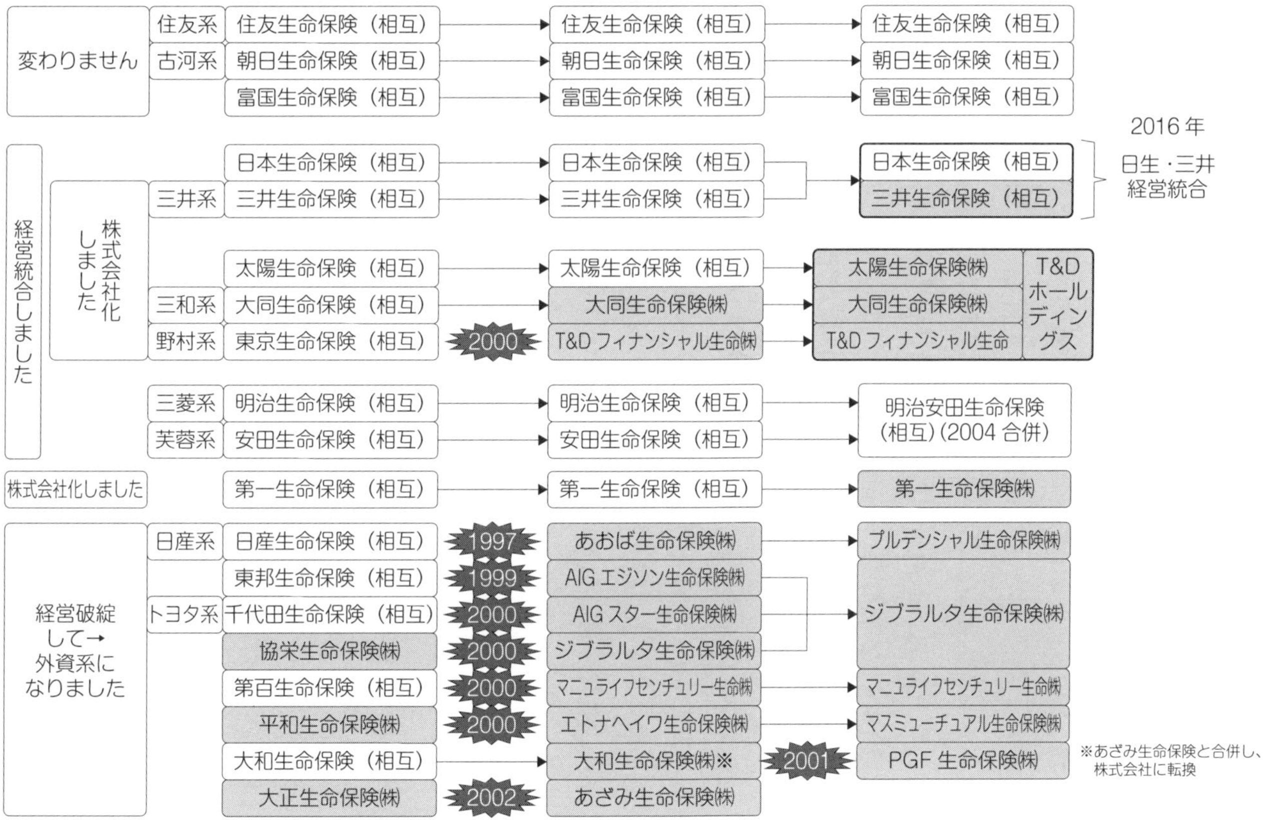
変わりません
住友系
住友生命保険（相互）
住友生命保険（相互）
住友生命保険（相互）
古河系
朝日生命保険（相互）
朝日生命保険（相互）
朝日生命保険（相互）
富国生命保険（相互）
富国生命保険（相互）
富国生命保険（相互）
経営統合しました
株式会社化しました
日本生命保険（相互）
日本生命保険（相互）
日本生命保険（相互）
三井系
三井生命保険（相互）
三井生命保険（相互）
三井生命保険（相互）
2016年
日生・三井経営統合
太陽生命保険（相互）
太陽生命保険（相互）
太陽生命保険(株)
三和系
大同生命保険（相互）
大同生命保険(株)
大同生命保険(株)
野村系
東京生命保険（相互）
2000
T&Dフィナンシャル生命(株)
T&Dフィナンシャル生命
T&Dホールディングス
三菱系
明治生命保険（相互）
明治生命保険（相互）
芙蓉系
安田生命保険（相互）
安田生命保険（相互）
明治安田生命保険（相互）（2004合併）
株式会社化しました
第一生命保険（相互）
第一生命保険（相互）
第一生命保険(株)
経営破綻して→外資系になりました
日産系
日産生命保険（相互）
1997
あおば生命保険(株)
プルデンシャル生命保険(株)
東邦生命保険（相互）
1999
AIGエジソン生命保険(株)
トヨタ系
千代田生命保険（相互）
2000
AIGスター生命保険(株)
協栄生命保険(株)
2000
ジブラルタ生命保険(株)
ジブラルタ生命保険(株)
第百生命保険（相互）
2000
マニュライフセンチュリー生命(株)
マニュライフセンチュリー生命(株)
平和生命保険(株)
2000
エトナヘイワ生命保険(株)
マスミューチュアル生命保険(株)
大和生命保険（相互）
大和生命保険(株)※
2001
PGF生命保険(株)
大正生命保険(株)
2002
あざみ生命保険(株)
※あざみ生命保険と合併し、株式会社に転換

三井住友海上火災保険は、2008（平成20）年に設立した金融持株会社「三井住友海上ホールディングス」の傘下に三井住友海上きらめき生命等とともに属していました。翌年9月に、三井住友海上ホールディングス、あいおい損害保険、ニッセイ同和損害保険が、経営統合を発表しました。2010（平成22）4月に金融持株会社を「MS&ADインシュランス・グループ・ホールディングス」に社名変更し、三井住友海上火災保険、あいおい損害保険とニッセイ同和損害保険がその傘下に入りました。グループ全体で、日本国内における損害保険事業の正味収入保険料シェアは第1位になりました。

② **あいおい損害保険とニッセイ同和損害保険との合併**　［2010（平成22）年10月］

あいおい損害保険とニッセイ同和損害保険は、2010（平成22）10月に合併し、「あいおいニッセイ同和損害保険」が誕生しました。そして、あいおいニッセイ同和損害保険は、2013（平成25）年9月に三井住友海上火災保険と商品調整を行い、三井住友海上火災保険が開発したシステムと同型のシステムを導入しました。

2014（平成26）年4月からは、前年の保険業法改正で認められた「保険契約の移転」等を可能とする新しいビジネスモデル「機能別再編」を採用することとし、三井住友海上火災保険とあいおいニッセイ同和損害保険は合併せずに現在に至っています。「機能別再編」の具体的な内容は、たとえば次のとおりです。

・船舶保険、貨物・運送保険、航空・宇宙保険を強みとする三井住友海上火災保険は、あいおいニッセイ同和損害保険の同種の保険契約を満期毎に三井住友海上火災保険に切替・移行し、両社がともに委託している自動車整備工場や中古車販売業等の保険代理店のうち、あいおいニッセイ同和損害保険のシェアが高い方の保険代理店には、

2009年（平成21年）１月27日（火曜日）　保険毎日新聞　（第15999号）　（昭和21年４月23日 第３種郵便物認可）

2010年４月めどに経営統合

三井住友海上ＨＤ、あいおい損保、ニッセイ同和損保

世界トップクラス目指す

３社の強み生かしグループシナジー追求

三井住友海上グループホールディングス（ＨＤ）、あいおい損保、ニッセイ同和損保の３社は1月23日、東京・千代田区の帝国ホテルで記者会見し、新たな保険・金融グループの形成を目指して経営統合および業務提携に向けた協議を進めることに合意したと発表した。２０１０年４月をめどに、あいおい損保とニッセイ同和損保が合併するとともに、持ち株会社である三井住友海上ＨＤの傘下に入り、３社の経営統合をスタートさせる予定だ。約１２０人の報道陣を前に、三井住友海上ＨＤの江頭敏明取締役社長は「損保事業を核として、世界トップ水準の保険・金融グループの実現を目指す」と力強く宣言。あいおい損保の児玉正之取締役社長は「システム開発の効率化やコスト削減など、３社統合によるグループシナジーを追求していきたい」、ニッセイ同和損保の立山一郎取締役社長は「３社の強みを生かして、高い効率性・収益性を実現していきたい」などと語り、３社長は固く手を握り合った。

記者会見で握手する江頭三井住友海上ＨＤ社長（右）、児玉あいおい損保社長（左）、立山ニッセイ同和社長（中央）

３社の経営統合に向けた話が浮上したのは、「昨年の春で、ちょうど桜の咲くころ」（江頭社長）。当時、損保協会長だった同社長は、さまざまな局面で他社の経営トップと会う機会があり、意見を交換してきたという。不払い問題などを起こした保険業界は企業品質向上が最優先課題であり、同社長も「品質競争が新たなステージに入っている」として、品質向上の重要性を業界内で訴えてきた。

そうした中、児玉、立山両社長と問題意識が一致。「まさに波長が合ったというのが実情」（江頭社長）。経営統合に向けた話し合いが急速に深まったのは昨年の夏ごろという。

記者会見で立山社長は「損保業界を取り巻く経営環境は非常に厳しく、トップラインの伸びは期待できない上、自動車保険などの損害率も高止まり数値を示している。また、顧客への利便性向上のため、システム開発費は年々増加している。資産運用のマーケットも厳しく、会社の成長のためには効率化が必要」と３社の共通認識を語った。

同時に「この3社で何か面白いことができないかと考えた」と述べ、統合により規模でわが国ナンバーワンの損保が誕生し、世界での事業展開が本格化すれば、社員や代理店にも夢を与えることができるとの見方で一致したことを明らかにした。

児玉社長はこれに加えて、「以前から共通基盤を構築するなどしてシステム開発のコストを削減することが必要と考えており、資産運用を取り巻く環境が厳しくなる中、保険引受利益をしっかりと挙げることが大切という点に共鳴した」と語った。

３社の経営統合については、まず、あいおい損保とニッセイ同和損保が来年４月の合併を目指して具体的な協議に入る。あいおい損保の強みは、国内外でトヨタ自動車のマーケットを持つことや地域に密着したプロチャネル、住宅産業チャネルなどリテールマーケットの開拓力があること。また、ニッセイ同和損保の強みは、日本生命の営業職員約５万人の営業力や全国の企業・金融機関など幅広い親密取引先があること。こうした両社の強みを発揮できる新会社を目指す。

同時に両社はそれぞれ、持ち株会社である三井住友海上ＨＤと株式を交換して同社の傘下に入る。これにより、合併新会社と三井住友海上が三井住友海上ＨＤ傘下の中核損害保険会社として並存する予定。合併新会社と三井住友海上ＨＤの社名は２０１０年４月の経営統合に合わせて、新たな名称に変更する。

経営統合した10年４月以降については、合併会社と三井住友海上の機能・分野別の再編や、両社の合併なども検討していく。また、持ち株会社傘下の三井住友海上きらめき生命と、合併新会社傘下のあいおい生命についても、現在の形を維持するか、再編・統合するかについて今後協議する。

３社は今後、経営統合をスピード感をもって実現するため、各社社長を本部長とする「統合推進本部」、担当役員を委員とする「統合推進委員会」と、その傘下にテーマ別の専門部会を設置し、具体的な協議を開始する。

また、①欧州・米州・アジア３極を中心とした海外事業と新規事業の共同展開・拡大②各種基幹システム、サーバー系システムの３社共有化③代理店教育の制度・システム・ツールの共有と教育の共同実施④新商品、サービスの共同開発⑤国際会計基準・金融商品取引法・会社法などに対応した経営基盤の共通整備―について早期に業務提携を実現する。

日　刊（但土曜 日曜 祝日休刊）
定価１カ月4,000円（送料＋税込み）
発行所
保険毎日新聞社
東京都千代田区岩本町１丁目４番７号
〒101-0032
電　話 03(3865)1401(代表)
振　替 00140－6－70860

経産省

NEXIと民間損保で 共同保険制度導入へ

貿易保険への民間参入促す

経済産業省が検討を進めてきた貿易保険の官民による共同保険について、２００９年度に日本貿易保険（ＮＥＸＩ）と損保会社が共同で引き受ける制度が導入される見通しとなった。05年から民間損保の貿易保険への参入が解禁されたものの、カントリーリスクによる突発的な保険事故の発生など損失規模が計れないケースが多いため、民間単独でカバーし切れないリスクに対応できる共同保険の開発が要請されたことに対応。民間参入を促すため、産業構造審議会貿易経済協力分科会貿易保険小委員会で議論してきた。今年度末までに新たな「協調保険」の詳細をさらに詰めていく。

日本の貿易保険は、国の再保険とＮＥＸＩによる業務運営を両輪に構築されてきた。ＮＥＸＩは商社やメーカー、銀行などの被保険者（ユーザー）から保険料と回収金を受け取る一方、国はＮＥＸＩから再保険料と回収金を受け取り、再保険金をＮＥＸＩに支払ってきた。金融技術やリスク・ヘッジ手法の多様化など金融・保険を取り巻く環境が変化したため、05年４月から民間参入が可能となった。

ただ、貿易保険に民間損保が参入する際、想定外リスクに対応できるように慎重な商品設計が求められる。貿易保険は通常の保険数理が働きにくい分野で、リスクに見合う保険料率の設定が容易ではない。このため、現在までに11社が参入しているものの、各社の販売状況を見ると、06年実績でＮＥＸＩの年間保険料（３５６億円程度）の約５％と低い割合で推移している。

システムや募集ツールの開発・維持に見合うコストに相当する収益が得られるか、市場規模・収益性に加えて顧客ニーズ、市場における会社の位置付けなどが明確化できず、参入を検討中とする保険会社も多い。参入済みの保険会社からも、民間単独ではカバーし切れないリスクに対応するための共同保険の開発を要請する声が挙がっていた。

こうした状況の中、経済産業省は07年４月から包括保険制度の見直しや共同保険の開発により、民間保険会社の参入の円滑化を図りつつ、関連する制度の見直しを今年度末をめどに進めてきた。協調保険は、損保会社が貿易保険を引き受ける際に、限度額を超えた部分をＮＥＸＩが引き受ける制度。

ＮＥＸＩは損保の貿易保険の信用リスク部分だけを手掛ける方式も取り入れ、引受額が大きい保険も扱えるようにする。共同で保険を引き受けることで、リスクの高い途上国も対象とするなど顧客利便の向上を図っていく。

産構審貿易保険小委員会の議論の中では、民間損保から「ＮＥＸＩを排除してほしいとはいわないが、民間と競合する分野では政府の再保険制度の見直しをお願いする」「ＮＥＸＩの消費財の組合包括保険を企業包括単位に移行してほしい」などの意見が出されていた。一方、商社などユーザー業界からは「民間参入により選択肢が増えるのはよいが、拙速にすみ分けをするのではなく、互いが協力する協調保険を実現してほしい」などが要望されていた。さらに、問題点として「民間損保にとって再保険市場の存在は非常に重要だが、貿易保険の再保険市場はそれほど大きなキャパシティーを持っていない」との指摘も出ていた。

三井住友海上火災保険の保険契約を満期毎にあいおいニッセイ同和損害保険に切替・移行する。

・三井住友海上火災保険とあいおいニッセイ同和損害保険が販売する第三分野の長期契約は、三井住友海上あいおい生命保険に移行する。

・三井住友海上火災保険とあいおいニッセイ同和損害保険の拠点の有無、営業活動の規模や効率性等を踏まえ、拠点の集約を実施し、集約される拠点の保険会社の保険契約および保険代理店を残存する拠点の保険会社へ移行する。

この「機能別再編」の目的は、合併を行うことなく、それぞれの個社の強みを一層強化し、重複して代理店や取引先を担当する非効率性の解消、商品開発・管理コストの圧縮、拠点の集約および共同利用による不動産賃貸コストの削減等にあるとしています。

特に、拠点の集約においては、保険代理店にとって所属する保険会社が変わるという大きな変化が起こりました。この変化の中で、直資代理店への整理統合等も推進されて、老齢代理店や非効率代理店等の整理も行われたようで、廃業も含め、今までにない大きな決断を迫られた保険代理店も少なくないようです。

(2)　SOMPOホールディングス

①　NKSJホールディングス　［2010（平成22）年4月］

2009（平成21）年9月に、三井住友海上ホールディングス、あいおい損害保険、ニッセイ同和損害保険が、経営統合を発表した時点で、後に残った大手の損害保険会社は、東京海上日動火災保険、損害保険ジャパン、日本興亜損害保険の3社になりました。特に日本興亜損害保険の動向に注目が集まりました。東京海上日動火災保険、損害保険ジャパン、三井住友海上火災保険のいずれかのグループと経営統合しないと、メガ損保から脱落してしまうのではないかと予想されたからです。結局、日本興亜損害保険は損害保険ジャパンとの経営統合を選びます。2010（平成22）年4月に、両社は金融持株会社「NKSJホールディングス」を設立し、その子会社になりましたが、合併には踏み込みませんでした。

② 損保ジャパンと日本興亜損害保険との合併　［2014（平成26）年9月］

「NKSJホールディングス」の設立から暫くすると、「時間が経過すれども経営統合の成果が出ていないのではないか？」「どのような経営戦略ビジョンがあるのか？」等の声が、株主や投資家等のステークホルダーから聞こえはじめます。2011（平成23）年11月にタイの洪水被害によって多額の保険金の支払いがあり、また法人減税による繰り延べ税金資産の取り崩し等があったことも影響し、経営陣は危機感を持ったようで、ステークホルダーの声にも押され、当初考えた「共同本社という形」だけでなく、一歩踏み込んだビジョンを示さざるを得ず、統合から2年が経った2012（平成24）3月に、2社は2014（平成26）年9月を目指して合併する旨を発表しました。この合併には、金融当局が両社の融合が進んでいないと指摘し、合併に踏み込むように指導したといわれています。

合併発表から合併時期まで2年以上もあるため、2012（平成24）年11月と翌年3月に、損害保険ジャパンと日本興亜損害保険の「二社の合併を待たずに効率化を進め、業界トップレベルの事業効率と収益性を実現するとして、共同本社体制や営業・保険金サービス部門の同居とそれに伴う一体化運営による業務の共通化・効率化を進め、事業費を削減する」等の内容を骨子とした合併計画の見直しを発表します。

この「一体化運営」の具体的な内容は次のとおりで、合併の1年半前の2013（平成25）年度から実施されました。

2009年(平成21年) 3月18日(水曜日)　保険毎日新聞　(第16034号)　(昭和21年4月23日 第3種郵便物認可)

損保ジャパン、日本興亜損保 2010年4月 経営統合へ

ソリューション・サービスグループ創設

標準化で「品質向上」目指す

「自由化がもたらしたのは料率競争ではなく、品質競争」との基本認識で一致を見た損保ジャパンと日本興亜損保は3月13日、2010年4月をめどに共同持ち株会社を設立し、経営統合することで正式に合意した。両社合わせて国内の約半数の都道府県でトップの市場シェアを有することになり、組織基盤が強固な専業プロ代理店などを武器に国内に軸足を置きながら収益拡大を図る。少子高齢化が加速する中で、将来に向けて海外戦略も強化する。また、これまで個別に行われていた代理店業務の標準化を図ることで約150億円のコスト削減と品質向上を実現し、保険分野にとどまらず、健康、医療、環境などをキーワードに消費者の生活や企業活動などに幅広く貢献する新たな「ソリューション・サービスグループ」の創設を目指す。

握手を交わす損保ジャパンの佐藤社長（左）と日本興亜損保の兵頭社長

国内に軸足、海外も

2010年4月の経営統合を目指す両社は、共同持ち株会社を設立して2社が完全子会社になる組織形態をとる。その結果、両社は上場を廃止し、持ち株会社が上場。経営体制は、公正で透明性の高いグループ運営に最適な形態として「委員会設置会社」も視野に入れている。統合監査の結果、それぞれ指名する専門家の助言を勘案し、算定された株式移転比率を09年7月をめどに公表。共同CEO体制とし、取締役候補は社内取締役を両社同数指名し、社外取締役を加える。統合への準備を円滑に進めるため、両社社長を共同委員長とする「統合準備委員会」を設置し、傘下のテーマ別専門部会で、損保事業以外でもグループのシナジー効果を追求する観点から、来年4月以降に実行すべき事項を検討していく。

1998年7月の保険料率の自由化をきっかけに損保業界は01年から04年の再編劇で、規模拡大による収益確保を目指した。しかし、04年の不払い問題で状況は一変し、各社とも品質向上への取り組みが喫緊の課題として浮上。今回、2社（損保ジャパン、日本興亜損保）統合により正味収入保険料は2兆円を超え、三井住友海上、あいおい損保、ニッセイ同和損保の統合3社、東京海上HDに次ぐ3位に位置することになるが、損保ジャパンの佐藤正敏社長と日本興亜損保の兵頭誠社長は会見で、「規模よりも、どのように社会に貢献できるのか、品質向上に軸足を置きたい」との認識を示した。国内事業の収入保険料で比較すると統合2社は3位ではなく、2位となる。都道府県の約半数でトップシェアを有し、専属専業プロ代理店や地銀を中心とした金融機関関連代理店など強い販売網を持つ。また、生保事業は生保子会社を合算すると国内損保系生保では最大規模。統合によりこの得意とする国内事業をさらに強化し、海外戦略の基盤固めを行う。

09年度の損保協会長を務める兵頭社長と副会長を務める佐藤社長は協会の会合では机を並べる。そうした中で両社とも120年の歴史を持つ損保会社であることを認識し、環境問題など本業を通じた社会貢献意欲の高い経営理念を互いに理解し合ったという。金融危機の厳しい環境下での株主の金融機関の動きや、3社統合の動きなどを背景に、今年に入って急速に統合の話が現実化したものと見られる。

損保ジャパンをベストパートナーと考えた理由について兵頭社長は、①経営理念と将来ビジョンの一致②国内に軸足を置き、顧客基盤はリテール分野、販売基盤は金融機関、生保、代理店に強みを持つ点が親和性が高い③互いに自主独立のグループのため、幅広い企業との事業機会がある④対等の精神にのっとり、2社を存続させる形式により社員の士気が一層上がり、統合効果が得られる⑤両社とも環境や医療の問題解決に向けた社会貢献に力を入れている―の5点を挙げ、「何よりトップ同士の強い信頼関係を構築できたことが大きい」と強調した。

両社が描く「ソリューション・サービスグループ」像とは、①商品開発力、事故対応力、システム対応力を一層強化し、最高品質の安心とサービスを提供②国内事業に軸足を置き、事業基盤の共通化を進めることにより、グループの経営効率を向上させる③企業の社会的責任（CSR）を実現し、地球温暖化問題への積極的な取り組みによる環境と経営の両立④海外保険事業、アセットマネジメント事業など成長分野に経営資源を投入し、株主価値を最大化することなどとしている。

統合メリットとして、顧客視点、社会貢献、企業価値の向上を挙げ、カスタマーセンター、コールセンターの共同活用、マルチアクセスと呼ばれる顧客との直接契約手続きなど利便性の向上や、代理店システムを中心としたサービス基盤の強化などを視野に入れている。

代理店事務を抜本改革し飛躍へ

「日本では各社が個別に申込書を作り、個別に事務処理を行い、それに合わせて個別のシステムを作り、コスト構造を高めてきた。海外ではそれらを共有し、第三者に委託する事例が多く存在する。代理店システムが始まったころから、日本の損保業界共通の事務処理を行うことを主張してきたが、自賠責では実現できた。さらに次のステップに進むべき」。佐藤社長はこのように述べ、「少なくとも損保ジャパンと日本興亜損保の2社では絶対に共通化したい」と意欲を見せた。

代理店と保険会社が情報のやり取りを直接できるようになると、コスト削減だけでなく、品質向上にもつながる。現在、代理店事務に投入される約630億円のうちの20～30％が削減でき、約150億円の節約が見込まれる。

記者団からの「商品も共通化するのか」との質問に対し、佐藤社長は「商品ではなく、事務。商品と事務、システムが一体というのは古い考え方。商品が異なってもシステムの共通化は可能」と述べるとともに、「従来、保険会社が行ってきた仕事は代理店と分散する。現在の保険会社がすべて仕切る仕組みで二重のコストを掛けたままでいる必要はない」と付け加えた。

現在、損保ジャパン約5万店、日本興亜損保約3万店、合わせて約8万店で共通の申込書を使うことは保険会社にも代理店にもプラスになる。兵頭社長は「代理店ですべてできるようになると営業支社の仕事内容が変わることになる。代理店はさらに大型化する。保険会社もお客さまに直に向き合える」と話した。佐藤社長は雇用を守ることを強調し、支社そのものは存続すると明言した。

また、合併ではなく、経営統合を選択した理由について佐藤社長は「合併は競争相手と一緒になるため、非常なエネルギーが必要で、今の時代に内向きのエネルギーをかけている暇はない」と語った。兵頭社長は「募集基盤などが異なっている。10年先は分からないが、今は互いに独立した形でやっていく」と述べた。さらに、兵頭社長は「当社はエコ安全ドライブを6000社で実施し、事故を47％削減できた。これだけ減ると当社もその分保険金を支払わなくて済むため、顧客に還元できる。こうした総合的なサービスによって保険料を下げることを考えていきたい」と説明した。

両社は現在、日系企業のサポートを中心に海外事業を展開。拠点数は2社で相当数に上るが、日本の保険会社として商品の販売実績を一段と高めたいところ。兵頭社長は「ゼロから始めて、現地でローカルの契約を得るのは無理がある。M&Aをしなくてはならない。その際、われわれの100％子会社を作る必要があるかというと、必ずしもそうではない。その土地に強固なネットワークを持つ企業グループと提携すればよい」と指摘。佐藤社長は「未来に向かって海外にも進出しなければならない。損保ジャパンはアジアにホールディングカンパニーを作り、各国の事業を注視しながらM&Aを行っていこうとしているが、その形態を今後も継続していく」と説明した。

海外戦略は両社の重要課題に位置付けられる。国内の少子高齢化が進む中、これまでの経験を生かしながらどのように海外市場の深耕を図っていくかが両社の課題となっている。

保険毎日新聞
日刊(但土曜 日曜 祝日休刊)
定価1カ月4,000円(送料+税込み)
発行所
保険毎日新聞社
東京都千代田区岩本町1丁目4番7号
〒101-0032
電話 03(3865)1401(代表)
振替 00140－6－70860

・全部署を「一体化部署」とし、「共同本社体制」を開始する。
・両社の業務を一体運営することで、スリムで高品質な業務遂行体制を構築する。
・本社担当役員や地区本部長を両社兼務により一本化する。
・各種役員会議を一本化する。
・部支店レベルで組織を統一する。
・10月には部支店長を原則一本化し、業務運営の一体化、トップライン対策等の連携強化により増収を図る。

これは、合併効果を早期に発揮するための前倒し施策を打ち出したもので、経営統合や合併による組織統合を、このように大掛かりに前倒しで行ったのは、損害保険業界の経営統合や合併の歴史の中では、極めて珍しいものでした。

この合併により、損保ジャパン日本興亜は、単体の正味収入保険料ベースで2兆円を超え、東京海上日動火災保険を抜いて国内最大規模になりました。なお、この合併に伴い、「NKSJホールディングス」は、2014（平成26）年9月に「損保ジャパン日本興亜ホールディングス」、2016（平成28）年11月に、「SOMPOホールディングス」に名称変更しており、三大メガ損保の2017（平成29）年3月期の決算を見ますと、連結の正味収入保険料ベースでは、第1位は「東京海上ホールディングス」で3兆4804億円、第2位が「MS&ADホールディングス」で3兆4073億円、第3位が「SOMPOホールディングス」で2兆5503億円となっています 。

図3－5 損害保険会社の再編

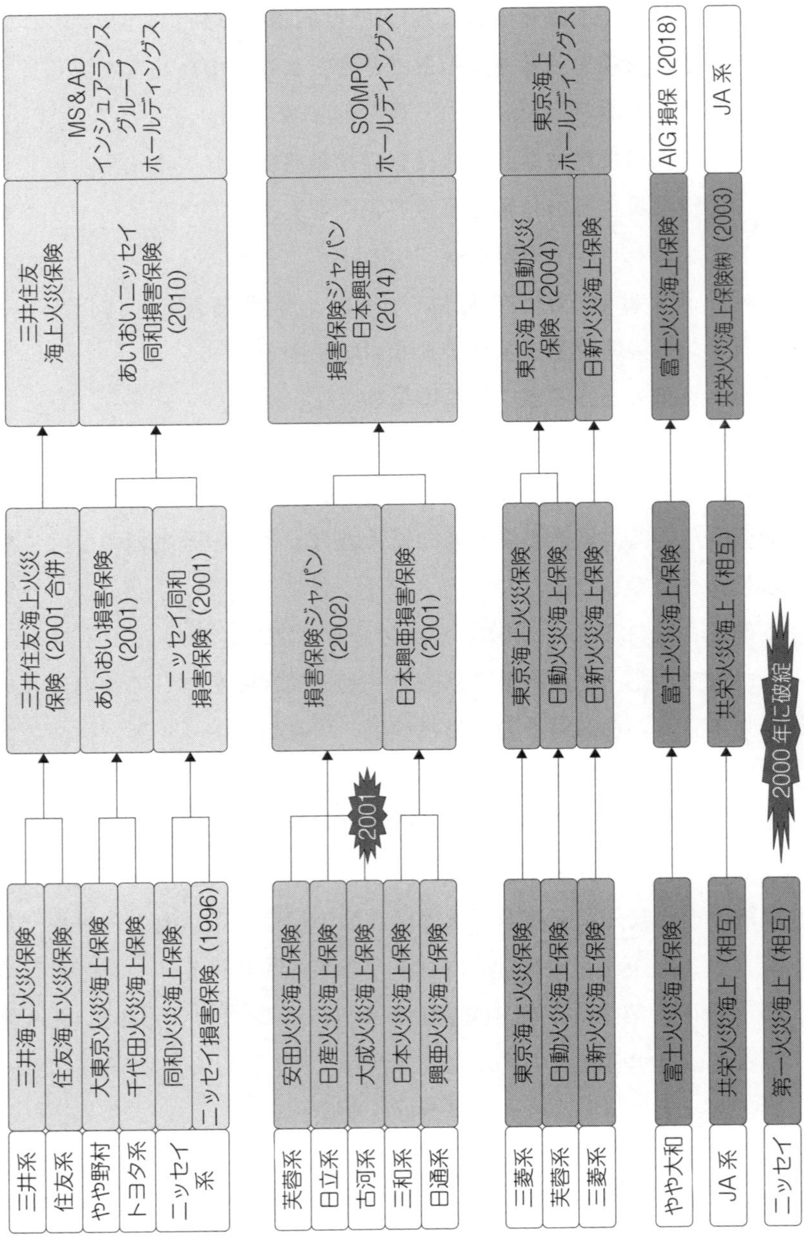

第６節　生損保相互参入の結末 95)

(1)　対照的な結果

1996（平成８年）４月の保険業法の改正により、生・損保の子会社方式による相互参入が認められ、損害保険会社の生保子会社が11社、生命保険会社の損保子会社が６社、設立されてから早くも20年以上の歳月が経過しています。

この20年以上の間を振り返って見ると、これまで述べてきたように、保険料等の自由化が始まって護送船団行政がなくなり、バブル崩壊のあおりで中堅生命保険会社が次々と破綻し、販売チャネルの多様化で銀行窓販・保険ショップ・保険比較サイトが登場、そして銀行等の統合・合併による再編に続いて損害保険会社の統合・合併・再編が一次・二次と起こり、生命保険会社も事業拡大による統合再編をし、その間に保険金の不払い問題や火災保険の構造級別判定問題が発生、さらには、保険制度や募集の見直しから保険法や保険業法の改正が行われる等、保険業界は正に「激動の時代」を歩んできました。

この「激動の時代」の中で、相互参入による損害保険会社の生保子会社や生命保険会社の損保子会社は、どうなったのでしょうか。

生命保険会社の損保子会社から詳しく見てみると、６社あった会社のうち、まずニッセイ損害保険が2001（平成13）年４月に同和火災海上保険と合併してニッセイ同和損害保険（現・あいおいニッセイ同和損害保険）となり、そして第一ライフ損害保険が2002（平成14）年４月に安田火災海上保険（現・損保ジャパン日本興亜）へ契約移転して清算し、さらに三井ライフ損害保険が2003（平成15）年11月に、スミセイ損害保険が2011（平成23）年１月に三井住友海上火災保険へ契約移転して清算となっています。残る２社の明治損害保険と安田ライフ損害保険は、親会社の明治生命保険と安田生命保険が2004（平成16）年１月に合併したことにより、翌年４月に合併し明治安田損害保険となって現在に至っています。結局、設立された当初の名前を残した会社はなく、唯一子会社として存続しているのは明治安田損害保険だけとなっています。

次に、損害保険会社の生保子会社ですが、11社あった会社のうち、まず日本火災パートナー生命保険と興亜火災まごころ生命保険が、親会社の日本火災海上保険と興亜火災海上保険が2001（平成13）年４月に合併して日本興亜損害保険となったことから、同時に合併して日本興亜生命保険となり、千代田火災エビス生命保険と大東京しあわせ生命保険が、親会社の千代田火災海上保険と大東京火災海上保険が2001（平成13）年４月に合併してあいおい損害保険となったことから、同時に合併してあいおい生命保険となっています。また、三井みらい生命保険と住友海上ゆうゆう生命保険が、親会社の三井海上火災保険と住友海上火災保険が10月に合併して三井住友海上火災保険となったことから、同時に合併して三井住友海上きらめき生命保険となり、さらにMS&ADインシュランス・グループ・ホールディングスにあいおい損害保険が統合されることとなったため、2011（平成23）年10にはあいおい生命保険と合併して三井住友海上あいおい生命保険となっています。そして、東京海上あんしん生命と日動生命が、親会社の東京海上火災保険と日動火災海上保険が2004（平成16）年10月に合併する予定だったことから、１年前に先行合併して東京海上日動あんしん生命となり、結局８社が４社となって存続しました。残りの３社については、同和生命は2001（平成13）年４月に日本生命保険に契約移転して解散となり、共栄火災しんらい生命は2008（平成20）２月に富国生命保険に営業譲渡され、フコクしんらい生命と名称変更して事業を継続しており、富士生命保険は、親会社の富士火災海上火災が2013(平成25）年４月にＡＩＧジャパン・ホールディングスの傘下に入ったことから、ＡＩＧ富士生命保険となり、

2017（平成29）年４月にパシフィック・センチュリー・グループ傘下の生命保険会社ＦＷＤに売却され、ＦＷＤ富士生命保険となりました。結局、この３社は、損害保険会社系列の会社ではなくなりました。

現存している生保子会社と損保子会社の数を比較してみると、親会社の統合再編があったとはいえ、生命保険会社の損保子会社は明治安田損害保険１社だけが残っているだけで、損害保険会社の生保子会社は、４社が残っているという対照的な結果となっています。

(2)　原因分析

子会社方式による金融業態間での相互参入は、保険業界よりも前に1993（平成5）年から始まっており、銀行・証券・信託の間で解禁されました。たとえば、銀行では証券子会社や信託子会社が次々と設立されましたが、銀行の統合・合併による再編の影響もあり、現在ではその子会社の数は激減しています。この金融業態間での相互参入は、成功したのか、疑問が残るという意見もあります[96)]。

そう考えると、損害保険会社の生保子会社は、清算・解散することなく生き残った会社が多く、生命保険会社の損保子会社よりも新規事業として成功したのではないか、という評価ができるのかもしれません。このような結果となった原因については、分析研究が論文等で発表されていますが[97)]、効率性の違いは認められなかったとしています。おそらく根本的な原因は、損害保険と生命保険の保険料に占める社費の違いにあると思われます。損害保険の保険料に占める社費は生命保険に比べ小さく、収益を生むためには時間がかかり、しかも損害保険の場合は、事故サービス体制やシステム等のインフラに要する費用と労力の負荷も生命保険に比べ重いため、生保よりも損保の経営の方がかなり難しかったのではないかと推測されます。

第７節　保険募集人の試練の時代

2014（平成26）年５月に成立・公布され、2016（平成28）年５月に施行された改正保険業法は、その改正を受けて改定された総合監督指針を含めて、保険代理店にとっては、大変荷の重い内容になっています。内容が発表された際には、多くの保険代理店に衝撃が走ったともいわれています。

本節では、その背景と経緯を保険代理店の視点から解説したうえで、改正内容について説明し、今後の保険代理店の具体的な対応策について考えます。

１．保険業法改正　［2015（平成27）年］

(1)　改正までの経緯

既に述べたように（本章第３節４、６、７参照）2005（平成17）年４月に「保険商品の販売勧誘のあり方に関する検討チーム」が発足し、当時から「販売勧誘についての苦情等が多いことや保険商品や販売方法が多様化していること等を踏まえ」て論議がなされ、その結果、2006（平成18）年４月に「重要事項説明書（契約概要・注意喚起情報）」が、2007（平成19）年４月には「意向確認書」が導入されました。そして、同年７月には、総合監督指針に「比較販売を行う場合の禁止事項」が明確化されました（本章第３節８参照）。

このように、保険の販売勧誘（保険募集）等に関しては、有識者によって様々な論議を経て規制やルール化が行われてきました。しかし、この程度の規制やルールでは、保険募集の現場においては、大きな改善は見られなかったため、2012（平成24）年６月に金融審議会に「保険ワーキング・グループ」が新たに発足し、規制・ルールの強化を検討する議論を開始しました。当時の事務局説明資料には、次の検討項目が挙げられていました[98)]。

・利用者目線に立って必要な情報を提供する保険募集のあり方について（利用者にとってわかりやすい募集文書のあり方 等）
・利用者が多様な保険の中から安心して選択できる商品募集のあり方について
→保険仲立人がより活発に利用されるようにするための方策について
→募集にあたって複数商品の比較を行う場合の行為規制のあり方について
→乗合代理店に対する監督の実効性を確保するための方策について
・募集・販売時規制の適用範囲について
→インターネット等、顧客へのアプローチ手段の多様化に対応するための募集・販売時規制の適用範囲（「募集」の概念）の考え方について
→保険募集人（代理店）が業務をアウトソーシングする際に求められる措置について

(2)　金融審議会「保険商品・サービスの提供等の在り方に関するワーキング・グループ」報告書

この保険業法の改正は、金融審議会の「保険商品・サービスの提供等の在り方に関するワーキング・グループ」が2013（平成25）年6月に提言としてまとめた報告書を受けて行われました。

①　報告書の内容[99)]

その報告書は、次の「保険商品・サービスのあり方」と「保険募集・

販売ルールのあり方」の二つの柱を内容とするものでした。

ア．保険商品・サービスのあり方

近年、「少子高齢化をはじめとする社会情勢の変化に伴い、保険商品や保険会社によるサービスに対する国民のニーズ・期待の変化」が起こっており、この「新しいニーズに対応するため、以下の見直しを行う」としています。

・新しい保険商品の販売
　→不妊治療保険
　→提携事業者による財・サービスの提供がキャッシュレスで受けられる保険
・保険会社グループの業務範囲の拡大
　→子会社による保育所運営の解禁等
・共同行為制度の活用促進

イ．保険販売・販売ルールのあり方

「来店型保険ショップやインターネットを通じた募集の増加といった保険募集チャネルの多様化やいわゆる保険代理店の大型化等、保険募集を巡る環境の変化」が生じており、この環境の変化に対応するため、「募集・販売ルールについて、以下の見直しを行う」としています。

・保険募集の基本的ルールの創設
　→意向把握義務の導入
　→情報提供義務の法定化
　→募集文書の簡素化（業界の自主的な取り組み）
・保険募集人の義務
　→保険募集人の体制整備義務の導入

→乗合代理店に係る規制の見直し

→保険募集人の業務委託先管理責任

・募集規制の適用範囲

→募集規制の適用範囲の再整理・明確化

・保険仲立人に係わる規制の見直し

→契約手続きの簡素化、供託金の最低金額の引下げ等

②　報告書の重要ポイント

この報告書は、発表された当初は「保険商品・サービスのあり方」の柱の方が注目されました。新聞紙上で取り上げられ、話題となったのは「不妊治療保険」や「保育所運営の解禁」でした。もう一つの柱である「保険募集・販売ルールのあり方」はほとんど取り扱われませんでした。それは、その内容が専門的で分かり難かったからだと思われますが、このワーキング・グループが検討・議論にかなりのエネルギーを注ぎ込んだのは、実は「保険募集・販売ルールのあり方」の柱の方でした。そして、この柱での検討・議論の結果が、2015（平成27）年の保険業法の主たる改正内容に反映されたのです。

この報告書は、「保険募集の現場においては、銀行窓販やいわゆる来店型保険ショップ、インターネットによる募集が増加しつつある等、募集チャネルが多様化している。また、保険代理店の大型化が進展してきており、保険会社と保険募集人の関係も、大型の乗合代理店と個々の所属保険会社の関係のように、法が従来前提としていた、ある特定の保険会社が保険募集人の業務の全容を把握し、管理・指導を行うというケースに必ずしも当てはまらない場合が増えつつある」という指摘をし、そのため、「保険募集の規制のあり方を、販売チャネルの変化をはじめとする募集実態の変化に対応できるよう、⑴情報提供義務等、保険募集全体に通じる基本的なルールを法律で明確に定めるとともに、⑵保険会社

を主な規制対象とする現行法の体系を改め、保険募集人自身も保険会社と並ぶ募集ルールの主要な遵守主体とする法体系へと移行する必要がある」として、「保険募集規制について見直しを行うことが適当である」という提言をしています。

そして、この報告書は、銀行窓販、来店型の保険ショップやインターネットによる保険募集（保険比較サイト）によって保険募集が多様化し、保険代理店が大型化したため、保険会社が充分に保険代理店、特に乗合代理店を教育・指導・管理することが困難になってしまっている状況を認めたうえで、今後はこれまでの保険会社に課していたのと同様に保険代理店（保険募集人）に対しても体制整備義務を課して、保険代理店（保険募集人）に対して「行政の直接的な監督の道を開くこと」としています。

明治時代に保険業が始まって以来、常に保険募集は問題を抱えていました。ところが、特に1990年代後半から保険業界の自由化が始まって「激動の時代」を迎え、保険会社が競争のため統合・再編されていく中で、販売チャネルが急激に多様化したことから、保険会社では保険募集の実態の把握や保険代理店のコントロールが困難な状況になってしまい、保険会社が保険募集人や保険代理店を監督するというだけでは立ち行かなくなり、結局は、規制を強化して（保険業法等を改正して）保険募集人や保険代理店自らに保険募集の問題解決を迫るということになってしまったのです。

⑶　保険業法改正に伴う政府令・監督指針案の公表

金融庁は、2014（平成26）年５月に成立・公布された改正保険業法（２年後に施行）に伴って、2015（平成27）年２月に改正保険業法に係る政府令（保険業法施行令・施行規則等）および総合監督指針の案を公表しました。そして、同年５月に政府令および総合監督指針についてのパブリックコメントへの回答を開示しています。政府令・監督指針案の概要は、次のとおりです。

＜保険業法施行令の改正＞

・「保険募集人の関係者（業務委託先等）」に対する検査権限等について、財務（支）局長に委任する。

＜保険業法施行規則及び保険会社向けの総合的な監督指針の改正＞

・情報提供義務の導入に伴う規定の整備

→商品情報等、顧客が保険加入の適否を判断するに当たって必要な事項を、保険募集に際し、顧客に情報提供すべき事項として規定する。

→複数保険会社の商品から比較推奨して販売する場合、上記に加え、「比較可能な商品の概要」、「特定の商品の比較推奨を行う理由」について、情報提供を求める旨を規定する。

・意向把握義務の導入に伴う規定の整備

→保険商品や募集実態に応じた各保険募集人の意向把握を求めるため、具体的な意向把握のプロセスを例示する。

・保険募集人に対する体制整備義務の導入に伴う規定の整備

→保険会社による教育・管理・指導に加えて、保険募集人自身が、その業務を適切に行うため、自ら整備すべき体制を規定する。

・その他

→「保険募集の意義」及び「募集関連行為」について明確化する。

→電話による保険募集に係る監督上の留意点を規定する。

(4)　保険業法の主な改正内容

保険業法の改正内容について、保険業法施行令、保険業法施行規則、総合監督指針およびパブリックコメントへの回答結果を網羅して、特に注目すべき点をピックアップして説明することにします。

①　情報提供義務

従来から保険募集人は募集の際に「重要事項説明書（契約概要・注意喚起情報）」を使って、充分な情報提供を行っていました。ところが、自由化に拍車を掛けた「三大メガ損保誕生に至る第一次～第二次の業界再編」や「生保の事業拡大のための統合・再編」によって、多種多様な保険商品が頻繁に開発されるようになり、消費者だけでなく当事者である保険募集人にとっても、ますます非常に分かり難いものになっていました。そのため、保険契約者の苦情やトラブルが絶えず、ますます適切な情報提供と分かりやすい説明が求められていました。

そこで、この保険業法の改正では、「保険募集の基本的なルールの創設」として第294条第1項において「積極的な情報提供の義務」を導入しました。その義務とは、「保険募集の際に、商品情報等、顧客が保険加入の適否を判断するのに必要な情報の提供を求める」というものです。不適切な行為の禁止だけでなく、従来よりも積極的な顧客対応を法令上義務化したのです。

ここで特に注目しておきたいのは、乗合代理店の場合です。保険業法施行規則第227条の2第3項では、第4号において、乗合代理店に対して、「他の保険契約の契約内容と比較した事項を提供しようとする場合」の事項の説明について「情報提供義務」を課しています。これは、保険商品の比較を行う場合に、保険業法第300条第1項第6号の「保険契約者若しくは被保険者又は不特定の者に対して、一の保険契約の契約内容につき他の保険契約の契約内容と比較した事項であって誤解させるおそれのあるものを告げ、又は表示する行為」を念頭に、乗合代理店が商品比較をする際にも比較に係わる事項について「情報提供義務」を課しています。

この乗合代理店の「情報提供義務」は、乗合代理店が保険会社から援助を得ようとしても、他の保険会社との比較であるために限界があり、乗合代理店自らがしっかりと比較できる商品知識と説明能力を持ち合わせている必要があるということを示しています。

ア.「顧客の意向に沿って比較・推奨による販売を行う」乗合代理店の場合

「顧客の意向に沿って比較・推奨による販売を行う」乗合代理店の場合、顧客の意向に沿った比較可能な「同種の保険契約の概要」と「その推奨提案の理由」の説明を求められています。乗合代理店で複数の保険募集人がいる場合、保険募集人が顧客の意向に沿って絞り込んで「提示・推奨する理由」は、その保険募集人毎の各々の事情に応じた基準や理由ではなく、あくまでもその乗合代理店が定めた基準や理由によるものでなければならないとされています。特に保険募集人が大勢いる大型乗合代理店では、明確な基準や理由を策定して、すべての保険募集人に徹底する必要がありますが、これはかなりの労力を要することになります。

イ.「自店独自の理由・基準で商品を提案する」乗合代理店の場合

「自店独自の理由・基準で商品を提案する」乗合代理店は、「提案の理由」を説明しなければならないとされています。この「提案の理由」とは、その乗合代理店と提案された保険商品の保険会社との資本関係やその乗合代理店の事務手続きおよび経営方針の事情等から「提示・推奨」の「基準・理由等」を説明することであって、その「提示・推奨」が「公平・中立」であることを掲げる場合には、その「基準・理由等」には、その損害保険会社との資本関係、事務手続き、経営方針、さらには代理店手数料の水準等の事情を入れてはならないとしています。

「顧客の意向に沿って比較・推奨による販売を行う」乗合代理店であれ、「自店独自の理由・基準で商品を提案する」乗合代理店であれ、乗合代理店が、商品の提示・推奨や保険代理店の立場の表示等を適切に行うためには、そのやり方を社内規則等で定めることとしています。

②　意向把握・確認義務

今回の保険業法の改正における「保険募集の基本的ルールの創設」には、「情報提供義務」のほかに、もう一つ大きな柱となる「意向把握義務」があります。

「意向確認」は、10年以上も前にその必要性が指摘され、「意向確認書面」の規定制定と体制整備が実施されたのは2007（平成19）年でした（本章第３節７参照）。それから８年後の今回の保険業法改正で「意向把握義務」が法令上規定化されたのです。

総合監督指針では、「顧客の意向を把握して提案・説明する場合」と「顧客の意向を推定して提案・説明する場合」に分けて、保険募集の実務プロセスを示しています。

ア．顧客の意向を把握して提案・説明する場合

「顧客の意向を把握して提案・説明する場合」では、まず最初に「個別プランを説明する前に、顧客の意向を把握する」としています。パンフレットで商品の説明を行い、アンケート等を使って顧客の意向を把握するのです。そのうえで、その意向に沿って個別プランを作成して顧客に提示し、保険募集人は個別プランの推奨理由を説明するとしています。

次に、最終的に顧客の意向が確定した段階で、「当初把握した顧客の意向」の内容を振り返って「最終的に確定した顧客の意向」と比較することを求めています。比較して相違している場合には、その相違点を記載しなければならないとしています。つまり、相違していれば、その相違点を個別プランの設計書面等に記載したうえで、それを顧客に提示して説明をしなければならないのです。個別プランがどの箇所をどのように対応したのか、そして顧客の意向が相違することとなった経緯についても、顧客に分かりやすく説明しなければならないとしています。

最終プロセスでは、「最終的に確定した顧客の意向」と「契約の申込

みを行おうとする保険契約の内容」が本当に合致しているのかどうかを確認します。これが「意向確認」で、従来のように「意向確認書面」で確認することになります。顧客である保険契約者は、この段階をもって自己の責任で契約を締結するか否かを判断することになるのです。

このように保険募集の実務プロセスに沿って全体を眺めると、従来の「意向確認書面」は最終プロセスの一部分であることがよく分かります。今回の改正による「意向把握義務」は、このように保険募集プロセス全体で行われるものなのです。

イ．顧客の意向を推定して提案・説明する場合

「顧客の意向を推定して提案・説明する場合」では、顧客の意向を推定（把握）して、その意向にどのように対応して当該個別プランを設計したのかを顧客に説明します。そして、保険募集人は、個別プランの設計書等の書面に、推定した顧客の意向と個別プランの関係性、すなわち、推定した顧客の意向に対応した個別プランであることを記載して、顧客に分かりやすく説明するのです。つまり、保険募集人は個別プランの推奨理由を説明するのです。

次に、最終的に顧客の意向が確定した段階で、「当初推定した顧客の意向」の内容を振り返って「最終的に確定した顧客の意向」と比較し、比較して相違している場合には、その相違点を設計書等の帳票に記載したうえで、それを顧客に提示して説明をします。個別プランがどの箇所をどのように対応したのか、そして顧客の意向が相違することとなった経緯についても、顧客に分かりやすく説明しなければならないとしています。

最終プロセスでは、「最終的に確定した顧客の意向」と「契約の申込みを行おうとする保険契約の内容」が本当に合致しているのかどうかを、従来のように「意向確認書面」で確認します。顧客である保険契約者は、この段階をもって自己の責任で契約を締結するか否かを判断することに

なります。

③　体制整備義務

保険募集人および保険代理店に対して、いくつかの体制整備義務を課しています。

ア．保険募集に関する体制整備義務

保険業法第294条の3は、保険募集人（保険代理店）に対して、保険募集の業務に関し、次の事項を実施する場合において、「指導の実施方針の適正な策定」「実施方針に基づく適切な指導」「その他の健全かつ適切な運営」を確保するための措置を講じなければならないとしています。

・保険募集の業務に係る重要な事項の顧客への説明
（＝「重要事項説明」）

・保険募集の業務に関して取得した顧客に関する情報の適正な取扱い
（＝「顧客情報の適正な取扱い」）

・保険募集の業務を第三者に委託する場合における当該保険募集の業務の的確な遂行
（＝「委託先管理」）

・二以上の所属保険会社等を有する場合における当該所属保険会社等が引き受ける保険に係る一の保険契約の契約内容につき当該保険に係る他の保険契約の契約内容と比較した事項の提供
（＝「比較説明・推奨販売」）

・保険募集人指導事業（他の保険募集人に対し、保険募集の業務の指導に関する基本となるべき事項（当該他の保険募集人が行う保険募集の業務の方法又は条件に関する重要な事項を含むものに限る。）を定めて、継続的に当該他の保険募集人が行う保険募集の業務の指導を行う事業をいう。）
（＝「保険募集人指導事業」）

上記三つ目までは、既に「保険会社」に対する体制整備義務として存在し、現時点においても保険業法第100条の2（業務運営に関する措置）において、保険募集人（保険代理店）は、保険会社の管理・指導の下、所属する保険会社の諸規則に沿って業務運営を求められています。今回の保険業法の改正に合わせて、現行の保険会社の諸規定も改定されることになりました。

次に、上記四つ目と五つ目は、今回初めて体制整備が求められたものです。これらは、保険代理店のみに限られる固有業務であり、保険代理店が制定する社内規則等に、当然記載しなければならなくなりました。たとえば、「意向把握・確認のフロー」と「情報の把握と確認の仕方」等を「プロセス等」と表現して、保険会社だけでなく保険募集人（保険代理店）も社内規則に定めなければならなくなりました。そして、これに対応する知識や能力を養うためには、「適切な教育・管理・指導を実施」することも求められることになりました。

イ．外部委託に関する体制整備義務

この体制整備は、ワーキング・グループ報告において「保険募集人が保険募集に関連する業務の一部について外部委託を行う場合には、当該委託先の業務運営が適切に行われているかを確認するための体制整備を求めることが適当である。また、保険募集人がこのような業務についてアウトソーシングを行っている場合には、所属保険会社等に対して、当該保険募集人が適切な委託先管理態勢を構築しているかについて、保険募集人に対する管理・指導の一環として把握・指導をすることを求めることが適当である」と提言された内容を法令化したもので、いわゆる「委託型募集人問題」（本章第３節12参照）に関連して明確に規定されたものです。

総合監督指針では、「募集関連行為」は、保険業法等の募集規制は適用されないとしています。「募集関連行為」の例示として、「契約見込み

客の情報提供」を挙げ、単なる取次ぎに当たるとしています。たとえば保険比較サイトによる保険商品の情報提供については、保険会社または保険募集人（保険代理店）からの単なる転載の場合で、受託する者自身が主体的かつ積極的に保険商品の説明を行うものでないことが判断基準になるとしています。したがって、次のような場合は、「募集行為」となり、「再委託（復代理）の禁止」に抵触するとしています。

・業として特定の保険会社の商品（群）のみを見込み客に対して積極的に紹介して、保険会社又は保険募集人等から報酬を得る行為
・比較サイト等の商品情報の提供を主たる目的としたサービスを提供する者が、保険会社又は保険募集人等から報酬を得て、具体的な保険商品の推奨・説明を行う行為

ウ．フランチャイズ代理店固有の体制整備義務

全国展開している保険ショップ（本章第１節３(2)参照）は、フランチャイズ方式をとっている場合が多くあり、全国各地のプロ代理店等をフランチャイジーにして、規模の拡大を図っています。保険ショップを経営するフランチャイザーは、保険業法と保険業法施行規則により、「保険募集人指導事業」を実施する保険募集人として、「指導対象保険募集人」（フランチャイジー等）が行う保険募集の業務について、次の体制整備を求められるようになりました。

・保険募集の業務の指導に関する基本となるべき事項（保険募集の業務の方法または条件に関する重要な事項を含むもの）を「実施方針」として社内規則等に定めること。
・その社内規則等に定めた内容に基づいて、適切に教育・管理・指導を行うこと。

・「指導対象保険募集人」（フランチャイジー等）の保険募集の業務の実施状況を定期的または必要に応じて確認すること。
・それが的確に遂行できているかを検証すること。
・必要に応じて改善等を求める等の態勢整備を行うこと。

総合監督指針では、特に「教育・管理・指導」のあり方について、さらに細かく確認を求めており、全国に数百の店舗を展開して「保険募集人指導事業」を実施する保険募集人（フランチャイザー）にとって、この「教育・指導・管理」は極めて難しいと思われます。一般の企業代理店の場合は、大型でも事業所は数十ヶ所程度で、主な事業所毎に「教育・指導・管理」を担う専門部署と担当者を配置すれば実現性は高いと思いますが、この「保険募集人指導事業」の場合は、もともと個人代理店であった保険募集人が多く、極めて個性的で属人性の高い保険募集を行ってきた人が多いと思います。その人たちを一律に「教育・指導・管理」するということは、従来人材や資力も充分な保険会社が一般の代理店に行ってきた「教育・指導・管理」よりも極めて実務的で実効性が問われることから、これは「保険募集人指導事業」を実施する保険募集人（フランチャイザー）にとってかなり厳しい体制整備義務を課されたと思います。今回の改正による「体制整備」は「保険代理店の人材養成問題」に帰結するといってもよく、求められている任務を果たせる適任者がどれだけいるのか、フランチャイザーにとって頭の痛い話となっています。

④　規模の大きい特定保険募集人

ワーキング・グループの報告が、「乗合数の多い代理店等一定の要件を満たす代理店には業務に関する報告書の提出を義務づける等、監督当局が乗合代理店の募集形態や販売実績等を把握するための措置を講じることが適当である」と提言したことにより、今回の保険業法の改正で、所属する保険会社（生保、損保いずれか）が15以上で、事業年度中の手数料収入等の合計が10億円以上の乗合代理店である「大規模な保険代理店（特定保険募集人）」は、「帳簿書類」の備付けと「事業報告書」の提出を義務づけされました。

＜帳簿書類＞

・保険契約の締結の年月日
・保険契約の引受けを行う保険会社等または外国保険会社等の商号または名称
・保険契約に係る保険料
・保険募集に関して当該特定保険募集人が受けた手数料、報酬その他の対価の額

＜事業報告書＞

・取扱保険会社名
・保険会社毎の取扱商品数
・事業年度毎の契約件数
・保険料の金額と割合
・募集手数料（＝保険会社から支払われる報酬手数料）の金額と割合
・苦情の発生件数の状況
・フランチャイジーに対する教育・管理・指導の状況等

2．これからの保険募集人のあり方

⑴　保険募集人の能力アップの必要性

保険代理店のうち損保代理店は、自由化を迎える前までは、「元手が要らずに誰でも気軽に始めることができる仕事」として、損害保険会社に勧められるがままに開業できる業務でした。個人だけでなく、企業も

兼業として損保代理業を始められました。当時は、損害保険商品は家計分野を中心に、どの損害保険会社の火災保険や自動車保険等も同じ補償内容で同じ保険料（同一商品・同一価格）であり、どちらかといえば、消費者は損害保険会社を選択するというよりは、損保代理店との人的な関係や本業の商売の取引上の関係等から、損害保険に加入していた場合が多かったといえるかもしれません。当時の損保代理店は、損害保険会社から厳しいノルマを課せられるということも少なく、損害保険会社の営業社員からの「お願いベース」でのコミュニケーション・人間関係を重視した営業スタイルによって、業務を営んできました。

「自由化の波」が押し寄せると、損害保険会社各社が保険料に差がある独自商品を販売し、消費者が損害保険会社を選択する時代に突入しました。保険商品の数は増え、特約の付帯・非付帯によっては、商品のバリエーションはかなりの数になり、特に乗合代理店では、商品の内容をよく理解できないままに販売するという状況が生まれました。消費者からの苦情や不祥事も増え、コンプライアンスが叫ばれようになりました。

また、ＩＴ化によって損保代理店に「計上」業務が移行され、事務処理の向上が求められるようになると、早期更改やキャッシュレス化等への取組み結果を代理店手数料に反映して、代理店の差別化を行う代理店手数料ポイント制度が導入されました。

この頃から、じわじわと損保代理店の業務が重くなり始め、損保代理店の自然淘汰が始まりました。今振り返れば、この時期に、損害保険会社がしっかりと損保代理店を教育・指導・管理を徹底して行えば、今回の保険業法改正には至らなかったかもしれません。

残念ながら、特に損害保険業界は、「保険金不払い問題」を挟んで、第一次と第二次の業界再編が行われ、業態の基本構造が変わってしまったのか、保険代理店の不祥事やトラブルは起こり、金融庁や保険会社に寄せられる苦情は増え、決して保険会社の保険代理店への教育・管理・

指導が充分とはいえない状況が続きました。一方、保険代理店は、従来から教育・管理を保険会社に依存してきたため、自ら自主・自立の態勢を築くことを行ってきませんでした。そのような状況の中で、保険ショップ、保険比較サイト、そして銀行窓販等の新しい代理店の形態が生まれ、保険販売チャネルが多様化したため、統制のとりにくい業界になったのではないかと思われます。

今回の保険業法の改正は、保険代理店に「情報提供義務」「意向把握義務」「体制整備義務」等を法令化してかなり厳しい対応を迫っています。保険代理店は、保険業法や総合監督指針等によって厳しい基準で管理・監督され、教育・管理等についても自分自身で体制整備をしなければならなくなりました。そのため、突然自己責任の世界に突き放された感じを抱いている保険代理店も少なくはないはずです。保険代理店は、保険会社のように資本・人材等の面に余裕があるわけではありません。保険商品の種類が多く、同じ種類の商品でも、契約によって保険の対象、契約内容や条件、付帯する特約等、様々な違いがあり、多種多様な契約がありますが、自信を持ってこれらの内容をしっかりと正しく説明できる保険募集人は多くないと思います。特に、比較推奨販売を行う乗合代理店では、同じような保険商品でも保険会社によって商品内容は異なるため、それを細かい補償内容まで正しく比較して説明することは容易ではありません。各保険会社の保険商品を比較した表でもあれば助かるのですが、保険会社は他の保険会社の商品部分までは作成できないため保険会社の援助を仰ぐには限界があり、結局は保険代理店が自分で作成しなければなりません。残念ながら、そのような比較表を自分で作成でき、その内容をチェックできる保険募集人を擁する保険代理店は意外と少ないのかもしれません。

今回の保険業法改正によって、保険代理店は社内規則等を作成して、それに基づいて代理店内での教育・指導・管理の徹底を行わなければならなくなりました。これは、かなり荷の重い仕事です。保険代理店の中に、それらをしっかりと遂行できる人材は、決して多くはないはずです。結局、今回の保険業法や総合監督指針等の改正によって決定された事柄を実行できるか否かは、「保険代理店の人材養成問題」に帰結してしまうことになるといわざるをえません。

(2)　急がれる保険募集人のための「教育プログラムとメソッド」の開発

女性外務員等の営業職員（一社専属）や専属代理店の育成については、所属する保険会社の教育・指導・管理が行き届くため、あまり問題なく、保険業法等が求める一定水準のレベルをクリアできると思われますが、特に比較推奨販売を行う乗合代理店の保険募集人の育成は、乗り合っている保険会社の援助に限界があるため、代理店自身による教育しか方法がありません。

「いや、うちには損害保険大学課程の資格を取得している者がたくさんいるので、大丈夫だろう」と反論される保険代理店の経営者や保険募集人の方がいるかもしれません。たとえば「損害保険大学課程」の資格は、損害保険代理店の営業活動の実務には活用し難い内容であり、その資格を得たからといって、比較推奨販売を行うに充分な商品知識や説明能力に直結しているわけではありません。

今や、特に比較推奨販売を行う乗合代理店の保険募集人の知識と能力を養成する「教育プログラムとメソッド」の開発が必要であり、保険業界全体でこの開発に取り組むべきことが、保険業界の喫緊の課題となっているのです。「教育プログラムとメソッド」に関する書物は極僅かで[100)]、保険代理店をコンサルティングする会社も、そのコンテンツはコンプライアンス・内部統制に関する教育・指導で、商品知識や説明能力に関するものはほとんどありません。金融庁の保険代理店への直接入検が実施されて指摘・摘発が増えても、おそらく保険代理店を「自己責任論」で追い詰め窮地に立たせるだけで、検査だけでは知識や能力の質的な向上は充分に図られないのではと危惧されます。

特に乗合代理店にとって、比較推奨販売を行う場合は、今回の改正で保険業法等が求める一定水準のレベルをクリアするのが相当至難の業であることから、自信のない乗合代理店は、専属代理店になるか、あるいは比較推奨販売を行わない乗合代理店になるかという道を選択するかもしれません。事実、その選択をする保険代理店が増えていると聞きます。また、保険会社も乗合代理店にその道を選択することを勧める可能性があります。そうなると、特定の保険会社の商品しか知らない保険代理店が増えることになります。保険会社は自社商品を扱ってくれるこうした保険代理店を歓迎し、「システムを含む戦略的で差別的な支援策を拡充する」と予想されることから、それが「体制整備の軽さとともに保険会社からの手厚い資源投入は専属代理店または比較推奨販売を行わない乗合代理店にとって大きな強みになる」という意見も保険関係者の中から出ています[101)]。

しかし、それは消費者の立場、すなわち消費者が自分のニーズに適合した保険商品に加入したいためにできるだけ多くの保険商品の中から比較検討するという立場を考えていないことになりはしないでしょうか？さらにいえば、それは保険業界を退行させることになりはしないでしょうか？

今回の保険業法の改正は、そのような保険代理店を増やすために行われたわけではないはずです。消費者の立場に立って、自信を持って比較推奨販売ができる能力の高い乗合代理店を目指すことこそ、自立した本当にプロフェッショナルな保険募集人といえると思います。そのためには、自立した本当にプロフェッショナルな保険募集人を育成する「教育プログラムとメソッド」を一刻も早く開発して保険業界で共有できるようにすることが必要であり、保険募集の実務を把握している保険関係者による叡智の結集が待たれます。

注

1)田中隆『生命保険販売における営業職員に関する一考察』(2009年、生命保険文化センター)「生命保険論集」第169号3頁.
刀禰俊雄＝北野実『現代の生命保険』(1995年、東京大学出版会).
2)田中隆『生命保険販売における営業職員に関する一考察』(2009年、生命保険文化センター)「生命保険論集」第169号8頁.
米山高生『戦後生命保険システムの変革』(1997年、同文館出版).
3)田中隆『生命保険販売における営業職員に関する一考察』(2009年、生命保険文化センター)「生命保険論集」第169号3頁.
4)田中隆『生命保険販売における営業職員に関する一考察』(2009年、生命保険文化センター)「生命保険論集」第169号3頁.
5)田中隆『生命保険販売における営業職員に関する一考察』(2009年、生命保険文化センター)「生命保険論集」第169号11 - 12頁.
6)田中隆『生命保険販売における営業職員に関する一考察』(2009年、生命保険文化センター)「生命保険論集」第169号11 - 12頁.
7)金井郁『雇用と自営の間 ― 日本の生命保険業における営業職の雇用とジェンダー ―』(2014年、埼玉大学経済学会)「社会科学論集」第143号134頁.
8)一般社団法人生命保険協会『生命保険の動向 (2016年版)』(2016年、生命保険協会) 29頁.
9)田中隆『生命保険販売における営業職員に関する一考察』(2009年、生命保険文化センター)「生命保険論集」第169号12頁.
10)田中隆『生命保険販売における営業職員に関する一考察』(2009年、生命保険文化センター)「生命保険論集」第169号12頁.
植村信保『今度こそ「販売至上主義」から「顧客重視」経営への転換を』(2007年、東洋経済新報社)「週刊東洋経済　臨時増刊」.
11)生命保険文化センター『平成27年度 生命保険に関する全国実態調査＜速報版＞』(2015年9月) 48頁.
12)田中隆『生命保険販売における営業職員に関する一考察』(2009年、生命保険文化センター)「生命保険論集」第169号3 - 4頁.
13)大塚武敏『わが国における損害保険募集の構造―販売チャネルの多様化に見る消費者利便と問題点―』(2009年、千葉商科大学) CUC policy studies review 25、33頁.
14)九條守『スーパープロフェッショナル 保険実務の道しるべ』(2015年、保険教育システム研究所) 86 - 87頁.
15)九條守『スーパープロフェッショナル 保険実務の道しるべ』(2015年、保険教育システム研究所) 89 - 93頁.
16)江澤雅彦『保険ブローカーの機能に関する一考察』(1998年、生命保険文化研究所)「文研論集」第123号141 - 157頁.
九條守『スーパープロフェッショナル 保険実務の道しるべ』(2015年、保険教育システム研究所) 303 - 308頁.
17)堀田一吉研究会 (第20期)『来店型ショップは今後も生き残れるか？』(2015年、慶應義塾保険学会)「保険研究」第67集198 - 199頁.
18)堀田一吉研究会 (第20期)『来店型ショップは今後も生き残れるか？』(2015年、慶應義塾保険学会)「保険研究」第67集199頁.
19)堀田一吉研究会 (第20期)『来店型ショップは今後も生き残れるか？』(2015年、慶應義塾保険学会)「保険研究」第67集200頁.
20)日本生命保険相互会社「ディスクロージャー」(2016年).
21)日本生命保険相互会社「ニュースリリース」(2013年11月29日).
22)日本生命保険相互会社「ニュースリリース」(2015年5月25日).
23)日本生命保険相互会社「ニュースリリース」(2015年11月27日).

24) 日本生命保険相互会社「ニュースリリース」(2017 年 3 月 24 日).
25) 株式会社アドバンスクリエイト「ニュースリリース」(2010 年 9 月 21 日).
26) 伊藤忠商事株式会社「ニュースリリース」(2014 年 7 月 3 日).
27) 住友生命保険相互会社「ニュースリリース」(2017 年 7 月 24 日).
28) 第一生命保険株式会社「ディスクロージャー」(2017 年 7 月).
29) 損保ジャパンＤＩＹ生命保険株式会社「ニュースリリース」(2014 年 8 月 1 日).
30) 大沼八重子『保険ショップの現状』(2015 年、ＪＡ共済総合研究所)「共済総研レポート」142 号 18 - 21 頁.
31) 日吉浩之『インターネットにおける保険比較サイトの現状と今後の役割』(2008 年、慶應義塾保険学会)「保険研究」第 60 集 289 - 308 頁.
堀田一吉研究会（第 13 期）『インターネットで知っ得！保険比較サイト研究』(2008 年、慶應義塾保険学会)「保険研究」第 60 集、365 - 387 頁.
32) ユニオンネット株式会社 運営サイト「ナレッジデポ」(https://www.unionnet.jp/knowledge/similarweb/).
日本移動体通信株式会社 運営サイト「OFFICE LIFE」(http://officelife.tokyo/A/corporation/inside-story/368).
33) インターネット協会「インターネット白書」(2007 年).
34) 堀田一吉研究会（第 13 期）『インターネットで知っ得！保険比較サイト研究』(2008 年、慶應義塾保険学会)「保険研究」第 60 集 375 - 376 頁.
35) 湊一郎『生命保険 チャネル選択の現状』(2016 年、ＪＡ共済総合研究所)「共済総合研究」第 72 号 146 - 156 頁.
36) 九條守『スーパープロフェッショナル 保険実務の道しるべ』(2015 年、保険教育システム研究所) 60 - 64 頁.
37) 大沼八重子『銀行窓販の現状―保険ショップ利用者との比較を通して―』(2016 年、ＪＡ共済総合研究所)「共済総研レポート」144 号 42 - 45 頁.
38) 堀田一吉研究会（第 20 期）『来店型ショップは今後も生き残れるか？』(2015 年、慶應義塾保険学会)「保険研究」第 67 集 200 - 222 頁.
39) 鈴木智弘『わが国損害保険会社の国際化―新たな成長とリスク管理の観点から―』(2015 年、日本保険学会)「保険学雑誌」第 629 号 114 - 115 頁.
40) 鈴木智弘『わが国損害保険会社の国際化―新たな成長とリスク管理の観点から―』(2015 年、日本保険学会)「保険学雑誌」第 629 号 121 - 122 頁.
41)『週刊東洋経済臨時増刊　生保・損保特集』(2012 年版) 60 - 61 頁.
42) 鈴木智弘『わが国損害保険会社の国際化―新たな成長とリスク管理の観点から―』(2015 年、日本保険学会)「保険学雑誌」第 629 号 121 頁.
43)『週刊東洋経済臨時増刊　生保・損保特集』(2014 年版) 26 頁.
44) ＭＳ＆ＡＤインシュアランス グループ ホールディングス株式会社「ニュースリリース」(2014 年 5 月 12 日).
45) 野崎稚恵 = 倉田楽 = 久野康成『東京海上ホールディングス』(2015 年、出版文化社) 92 - 94 頁.
東京海上日動火災株式会社ＨＰ『敗戦からの再出発１９４５年～』「東京海上日動の歴史」.
46)『週刊東洋経済臨時増刊　生保・損保特集』(2014 年版) 23 頁.
47) 東京海上ホールディングス株式会社「ニュースリリース」(2015 年 6 月 10 日).
48) 鈴木智弘『わが国損害保険会社の国際化―新たな成長とリスク管理の観点から―』(2015 年、日本保険学会)「保険学雑誌」第 629 号 117 頁.
49) 東京海上ホールディングス株式会社「ニュース　リリース」(2014 年 5 月 15 日).
50) ＭＫＳＪホールディングス株式会社「ＩＲ資料」(2013 年 12 月 18 日).
51) ＭＫＳＪホールディングス株式会社「ニュースリリース」(2015 年 3 月 6 日).
52) ＳＯＭＰＯホールディングス株式会社「ニュースリリース」(2016 年 10 月 6 日).
53) ＳＯＭＰＯホールディングス株式会社「ニュースリリース」(2017 年 9 月 1 日).
54) Bloomberg「ニュース」(2017 年 9 月 1 日).
55) ＳＯＭＰＯホールディングス株式会社「ディスクロージャー」(2016 年).
56) 日本生命保険相互会社「ディスクロージャー」(2016 年).
崔桓碩『生命保険会社の海外進出に関する研究』(2014 年、生命保険文化センター)「生命保険論集」第 186 号 130 - 131 頁.
57) 第一生命保険株式会社「ディスクロージャー」(2016 年).

崔桓碩『生命保険会社の海外進出に関する研究』（2014年、生命保険文化センター）「生命保険論集」第186号131頁.
58）第一生命保険株式会社「ニュースリリース」（2013年10月8日）.
59）第一生命保険株式会社「ニュースリリース」（2016年8月22日）.
60）第一生命保険株式会社「ニュースリリース」（2016年8月22日）.
61）明治生命保険相互会社「ディスクロージャー」（2003年7月）42頁.
安田生命保険相互会社「ディスクロージャー」（2002年7月）38頁.
明治安田生命保険相互会社「ディスクロージャー」（2017年7月）.
崔桓碩『生命保険会社の海外進出に関する研究』（2014年、生命保険文化センター）「生命保険論集」第186号131頁.
62）住友生命保険相互会社「ディスクロージャー」（2017年7月）46－48頁.
63）九條守『スーパープロフェッショナル 保険実務の道しるべ』（2015年、保険教育システム研究所）65頁.
64）九條守『スーパープロフェッショナル 保険実務の道しるべ』（2015年、保険教育システム研究所）66－69頁.
65）九條守『スーパープロフェッショナル 保険実務の道しるべ』（2015年、保険教育システム研究所）69－71頁.
66）九條守『スーパープロフェッショナル 保険実務の道しるべ』（2015年、保険教育システム研究所）71－72頁.
67）九條守『スーパープロフェッショナル 保険実務の道しるべ』（2015年、保険教育システム研究所）88－89頁.
山下信一郎『保険法施行にともなう損害保険約款の改定と実務の対応』（2011年、生命保険文化センター）「生命保険論集」第175号.
68）九條守『スーパープロフェッショナル 保険実務の道しるべ』（2015年、保険教育システム研究所）72－74頁.
69）九條守『スーパープロフェッショナル 保険実務の道しるべ』（2015年、保険教育システム研究所）75頁.
70）九條守『スーパープロフェッショナル 保険実務の道しるべ』（2015年、保険教育システム研究所）78－81頁.
71）九條守『スーパープロフェッショナル 保険実務の道しるべ』（2015年、保険教育システム研究所）65－66頁.
72）九條守『スーパープロフェッショナル 保険実務の道しるべ』（2015年、保険教育システム研究所）81－85頁.
73）九條守『スーパープロフェッショナル 保険実務の道しるべ』（2015年、保険教育システム研究所）85－86頁.
74）九條守『スーパープロフェッショナル 保険実務の道しるべ』（2015年、保険教育システム研究所）237－248頁.
75）『週刊東洋経済臨時増刊　生保・損保特集』（2011年版）121頁に表あり.
76）株式会社かんぽ生命保険「ディスクロージャー」（2017年7月）.
77）ライフネット生命保険株式会社「ニュースリリース」（2008年4月11日、5月18日）
78）ライフネット生命保険株式会社「ライフネットの生命保険マニフェスト」（http://www.lifenet-seimei.co.jp/profile/manifesto/）.
79）『週刊東洋経済臨時増刊　生保・損保特集』（2013年版）57頁に表あり.
80）『週刊東洋経済臨時増刊　生保・損保特集』（2013年版）56－59頁.
81）ライフネット生命保険株式会社「ディスクロージャー」（2017年7月）.
82）「週刊東洋経済」（2015年5月23日号）「核心リポート」.
83）ライフネット生命保険株式会社「ニュースリリース」（2014年11月27日）.
84）ＡＩＵ損害保険株式会社「ディスクロージャー」（2017年7月）．ＡＩＧジャパン・ホールディングス株式会社「ニュースリリース」（2017年2月13日）.
85）小藤康夫『大和生命の経営破綻と生保の株式会社化』（2010年、生命保険文化センター）「生命保険論集」第172号1－4頁.
86）丸山高行『生保相互会社の業務多角化と株式会社化』（2016年、日本証券経済研究所）「証券経済研究」第95号104頁.
87）丸山高行『生保相互会社の業務多角化と株式会社化』（2016年、日本証券経済研究所）「証券経済研究」第95号97頁.
88）丸山高行『生保相互会社の業務多角化と株式会社化』（2016年、日本証券経済研究所）「証券経済研究」第95号96－99頁.
89）第一生命ホールディングス株式会社「ニュースリリース」（2016年10月1日）.
90）日本生命保険相互会社・三井生命保険株式会社「ニュースリリース」（2015年11月6日）.
91）三井生命保険株式会社「ニュースリリース」（2016年10月1日）.

92) 金融庁『主要生命保険会社の平成 29 年 3 月期決算の概要』(2017 年 6 月 2 日).
93) 九條守『スーパープロフェッショナル 保険実務の道しるべ』(2015 年、保険教育システム研究所) 100 - 108 頁.
94) 金融庁『主要損害保険会社の平成 29 年 3 月期決算の概要』(2017 年 6 月 2 日).
95) 播磨谷浩三『生損保相互参入の効果に関する効率性の観点からの検証』(2010 年、生命保険文化センター)「生命保険論集」第 173 号.
96) 新庄浩二＝藤原賢哉＝播磨谷浩三『わが国信託銀行業の生産性と効率性の検証』(2003 年、信託協会)「信託研究奨励金論集」第 24 号 88 - 101 頁.
奥山英司･播磨谷浩三『近年の証券市場における参入規制緩和の影響 - 銀行の証券業参入に関する検証 -』(2007 年、大阪銀行協会)「大銀協フォーラム研究助成論文集」第 11 号.
97) 播磨谷浩三『生損保相互参入の効果に関する効率性の観点からの検証』(2010 年、生命保険文化センター)「生命保険論集」第 173 号.
98) 金融庁ＨＰ「保険募集・販売ルールのあり方に係る検討項目について」事務局説明資料（1）.
99) 金融庁ＨＰ「新しい保険商品・サービス及び募集ルールのあり方について」.
100) 損保代理店向けに、セールス・営業能力、経営、事務・システムに関する書物は出版されていますが、損保代理店（保険募集人）の商品・業務の知識、説明・話法の能力を養成する「教育プログラムとメソッド」に関する書物は、九條守『スーパープロフェッショナル 保険実務の道しるべ』(2015 年、保険教育システム研究所) 以外には、ほとんど出版されていないのが現状です.
101) 栗山泰史『保険募集制度の歴史的転換―募集改革の経緯・狙い・展望―』(2017 年、保険教育システム研究所) 59 - 61 頁.

■あとがき■

本書を書き終え、戦前からの流れを含めて生・損保業界の戦後70余年を振り返った今、二つの事柄が脳裡に浮かびます。

一つは、直近の20年間が如何に波乱に満ちた「激動の時代」であったか！ということです。最近まで保険会社および保険代理店に勤め、実務をこなしてきた筆者にとって、保険業界にもたらされた自由化によって、保険法や保険業法の改正等によるコンプライアンス強化だけでなく、保険会社の合併・統合等の再編と保険代理店のＭ＆Ａ等も経験し、改めて「時代に翻弄された」という実感が生々しく甦ってきました。突然、保険会社が破綻して職を失った方々、合併・統合等の再編によりリストラされた方々、また、保険代理店が自然淘汰により激減し、Ｍ＆Ａや廃業に追い込まれた保険募集人の方々にとって、その時の衝撃的な体験はどれ程辛くて苦しいものだったのでしょうか？

もう一つは、保険業界が辿ってきた歴史的過程における一つひとつの出来事が、今や殆ど忘れられて風化しつつあるということです。2年前に、筆者が損害保険代理店向けに著した書で損保の歴史を解説した部分について、ある保険代理店の方が、「損保の歴史を振り返っても、今の仕事に殆ど役に立たない」と仰った言葉が、ずっと筆者の心に棘のように刺さっています。今回は、損保だけでなく生保も含めて保険業界の歴史を網羅的に詳しく書いてみましたが、「そういうことがあったのか？」あるいは「確かにそういうことがあったなあ！」という驚きや懐かしさだけでなく、心に何か別の「無視できない感覚」が残っていることに気付きました。

戦後70余年が経過し、新聞・雑誌・ラジオ・テレビ等のマスメディアによって、日本の第二次世界大戦以降のこれまでの歴史を振り返る特集が組まれることが多くなりました。このマスメディアの営みは、「無視できない感覚」と相通じるものであると思います。今、過去の歴史を振り返って、風化して埋もれてしまった事実を掘り返して、それらを整理してみる…。人間には、その習性と能力が備わっていて、それが人類の繁栄をもたらした一面があるのではないか…。人間は、過去を振り返ることによって、冷静に受け止め、反省すべきところは反省し、そして考えを巡らし、その結果として得られた知恵によって、二度と同じ過ちを繰り返さないように、無駄なく進歩・発展する…。このことが、今の世の中、忘れられているのではないか…。筆者は、最近の世の状況を危惧して、そのように感じています。

わが国は、先進国では未曾有の急速な少子高齢化社会を迎え、長いデフレ不況が続いており、国の財政も苦しく国債発行による国の借金も1000兆円を超えています。また、非正規社員や生活保護受給者が増えて貧富の格差が拡大しており、老後破産も増えつつあります。さらには地震や自然災害も頻発し、原発事故の処理も思うように進んでいません。しかも政治不信も募っており、課題が山積するばかりで、将来に対する不安が日本社会の全体を覆っています。

現代は、情報が洪水の如く溢れ、また価値観も多元的で相対化しているため、そこから最適な情報や価値観を取捨選択することが、物理的（量・質・時間等）にも精神的にも極めて難しい状況にあります。最適な情報や価値観を得て、山積している課題を解決してより良い社会や生活に改善していくためには、優れた知恵が必要であることはいうまでもありません。知恵がなく、ただ茫然と立ち尽くしているだけでは、特に現代のこの混迷した不安状況を打開できません。

保険業界の今後を考えるにあたっても、同じです。保険業界は、とりわけ保険募集人は、今までにない厳しい状況に直面しています。だからこそ、この保険業界の課題の打開策や更なる発展の鍵は、まずはこの業界の過去を振り返ることから始め、その中から優れた知恵を紡ぎ出し、無駄なく効率的で、しかも的を外さない最適な方法を見つけ出すことが極めて重要だと思います。その意味で、本書をきっかけにして保険業界の歴史を振り返っていただくことを切に望みます。本書が、保険業界の将来のために、微力ながらお役に立てることを願ってやみません。

なお、保険業界の歴史を著すにあたって、膨大な資料に眼を通しましたが、重要な出来事が漏れている、あるいは事実の検証が充分でないなどの至らぬ部分が多々あるかもしれません。ご寛恕とともにご指摘を賜ることができれば、幸甚に存じます。

今回、本書の執筆にあたり、多くの書物や論文等を参考にさせていただきました。改めて保険の世界は、学問的に支えられていることを痛感しました。著者の皆様に、日頃の研究のご努力に敬意を表するとともに、感謝を申し上げたいと思います。また、企業系列・企業集団の研究者で保険業界について詳しい菊地浩之氏、保険毎日新聞社で永年保険業界を取材され、現在は保険ジャーナリストとして活躍しておられる中﨑章夫氏と石井秀樹氏からは、貴重な情報や資料の提供をいただきました。さらに、保険毎日新聞社の森川正晴氏と大塚和光氏には、原稿に眼を通していただき、校正・編集等で多大なるご尽力を賜りました。ここに心から厚く御礼を申し上げます。

2018（平成30）年5月　　九　條　守

保険業界戦後 70 年史年表

年　月	生	損	事　項
1945(昭 20)年　4 月		○	全額政府出資による損害保険中央会設立
	○		生命保険中央会が設立され、協栄生命保険を吸収
9 月	○	○	損害保険統制会、生命保険統制会が解散
10 月	○		生命保険集会所を生命保険協会と改称
	○		徴兵保険各社が生命保険会社に転換
12 月	○	○	保険毎日新聞社創業
1946(昭 21)年　4 月		○	損害保険中央会の再保険業務を東亜火災海上再保険が承継
10 月	○	○	「金融機関再建整備法」公布
	○		簡保独占の月掛保険が民間生保に月払生命保険として解禁
11 月	○		GHQ の指令により生命保険中央会を閉鎖
	○	○	「戦時補償特別措置法」により戦争保険金支払いを大幅カット
-	○	○	経営悪化で損保数社が生保会社から融資受ける
1947(昭 22)年　1 月		○	二度にわたる大幅な火災保険料率引上げ
3 月	○	○	「保険業法施行規則」改正
4 月		○	進駐軍指導で「独占禁止法」施行、料率協定制度廃止
		○	長野県飯田市で大火、保険金支払いに市中銀行から借入も
5 月	○		日本生命保険が第二会社を相互会社で設立
7 月		○	「損害保険料率算出団体に関する法律」公布
9 月	○		生命保険中央会が閉鎖機関に指定され、保有契約は協栄生命保険が承継
11 月	○		「生命保険の月」を創設
1948(昭 23)年　7 月		○	米国を範に「損害保険料率算出団体に関する法律」の公布・施行
	○	○	「保険募集取締に関する法律」公布。生保募集人、損保代理店の登録制度スタート
9 月	○		企業福祉制度として団体定期生命保険販売
	○		明治生命保険と千代田生命保険が団体保険に本格的進出。各社追随
11 月		○	損害保険料率算定会を設立。算定会体制スタート
	○		明治生命保険、月払保険に本格的進出。各社追随
1949(昭 24)年　2 月	○		全国生命保険外務職員組合連合会結成
4 月		○	ＡＦＩＡ（ホーム・コンチネンタル）社が営業認可取得
6 月	○	○	「外国保険会社に対する法律」施行
8 月		○	第一火災海上保険設立
9 月	○		生保協会が生命保険講座を開設
12 月		○	ＡＩＵ保険会社が営業認可取得
1950(昭 25)年　2 月		○	東洋火災海上保険設立
5 月		○	全国損害保険代理業協会連合会設立
		○	「住宅金融公庫法」公布
9 月		○	日本損害保険協会が国際海上保険連合へ加入
		○	ノースアメリカ社、ニューインディア社が営業認可取得

年　月	生	損	事　項
11 月	○	○	日本保険学会が再発足
12 月	○	○	保険業法改正案が発表されるが、不成立
		○	未収代理店勘定増加のため、大蔵省が「損害保険会社の募集事務等の取扱について」業務命令を通達
-		○	海外再保険取引再開
1951（昭 26）年　1 月	○		明治生命保険がデビットシステムを導入。各社追随
		○	海外旅行者に対する「外貨建傷害保険」が認可
2 月		○	株式会社損保会館設立
		○	太陽火災海上保険と朝日火災海上保険が設立
7 月		○	大蔵省が「手形による保険料領収等の禁止について」通達を示達
9 月	○		「外務員ブラックリスト制度」が発足
12 月		○	「損害保険料率算出団体に関する法律」が一部改正され、損害保険会社に遵守義務を課す
1952（昭 27）年　7 月		○	「火災保険代理店格付制度」実施
12 月	○		「生命保険文化研究所」発足
1953（昭 28）年　2 月		○	東京海上火災保険が「海外派遣員制度」復活
4 月	○		民間生命保険契約高が 1 兆円を突破
1955（昭 30）年　7 月		○	「自動車損害賠償保障法」（自賠法）の公布・施行
12 月		○	「自動車損害賠償責任保険」（自賠責保険）発売
1956（昭 31）年　6 月		○	「テーブル・ファイヤー事件」が発覚し、社会問題化
1958（昭 33）年 10 月		○	「火災保険代理店格付制度」が改定され、代理店資格は四階級制（特別A、特別B、甲、乙）となる
-	○		大蔵省が「外務員制度等のありかた」と題して生命保険会社に問題提示
1959（昭 34）年　4 月	○		保険審議会を大蔵省に設置
7 月	○		日本生命保険、定期付養老保険「暮らしの保険」を発売。定期付養老保険ブームとなる
9 月	○	○	伊勢湾台風、死者 5041 人。保険金支払いは損保が 45 億円、生保が 3 億円
-			「国民年金制度」実施
-		○	千代田火災海上保険がトヨタ自動車販売（現 トヨタ自動車）と業務提携
1962（昭 37）年　3 月	○		保険審議会が「生命保険計理に関する答申」を提出
	○		企業年金に関する税制整備
4 月	○		生命保険各社が退職年金保険を発売
7 月	○		保険審議会が「生命保険募集に関する答申」を提出
9 月	○		「生命保険外務員協会」発足
1963（昭 38）年　1 月		○	保険審議会が「新価保険等新しい構想の保険に関する」答申で積立型火災保険を承認
2 月	○		登録外務員数が 50 万人を突破
4 月	○		生保協会で営業職員試験開始、ご契約のしおり配布へ
6 月		○	第一火災海上保険の積立型火災保険の「火災相互保険」（マルマル）認可
11 月		○	共栄火災海上保険の積立型火災保険の「建物更新保険」（タテコー）認可

年　月	生	損	事　項
1964(昭 39)年 1 月		○	自動車保険料率算定会が発足
6 月		○	火災保険新代理店制度を制定
		○	新潟地震（地震保険制度の検討開始）
9 月	○		生保協会が苦情処理機関の設置を決定
10 月	○		戦後はじめての生命保険大会を開催
1965(昭 40)年 3 月		○	保険審議会が「損害保険募集機構の改善に関する答申」を提出
4 月		○	「火災保険代理店制度」実施（代理店制度改定）
5 月		○	大蔵省が「金融機関代理店に対する措置」通達を示達
	○		「外務員専門試験制度」実施決定
11 月	○		保険審議会が「生命保険募集制度の合理化と継続率改善に関する答申」を提出
1966(昭 41)年 5 月		○	「家計地震保険制度」発足。地震再保険会社設立
10 月	○		「厚生年金基金制度」開始
12 月	○		日本の生命保険契約高が世界第二位に
-	○		全日空機羽田沖墜落事故、生保の保険金支払い 3 億 5000 万円
1967(昭 42)年 2 月		○	「損害保険労働組合」発足
1968(昭 43)年 2 月		○	大蔵省が「自動車保険の引受について」通達を示達
4 月		○	自動車保険・自賠責保険が損害保険会社の元受保険料の 5 割を超える
		○	興亜火災海上保険と千代田火災海上保険が「長期総合保険」認可取得
-	○		全生保、世帯加入率 88%で以後は微増に
1969(昭 44)年 1 月	○		大蔵省が「生命保険会社の財産利用方法について」通達を示達
2 月	○		大蔵省が「生命保険会社の経理基準について」通達を示達
3 月	○		「貿易・資本の自由化」を受け、外資系生命保険会社に国内事業免許認可
4 月		○	損害保険大手 4 社に「長期総合保険」を認可。積立戦争が熾烈さを増す
		○	「長期総合保険販売」における過当競争の自粛要請
5 月	○		大蔵省が「相互会社の運営上の注意について」通達を示達
		○	保険審議会が「今後の保険行政のあり方について」答申を提出
1970(昭 45)年 4 月	○		「生保リサーチセンター」発足
1971(昭 46)年 12 月		○	沖縄の損害保険会社 2 社の合併により大同火災海上保険設立
1972(昭 47)年 5 月	○		沖縄返還に伴い、沖縄生命保険の契約を協栄生命保険に包括移転
6 月	○		保険審議会が「保険商品および生保資産運用に関する答申」を提出
11 月	○		保険審議会が「国際化の進展等に伴う法制上の諸問題について」答申を提出
1973(昭 48)年 4 月		○	「火災保険代理店制度」を「ノンマリン代理店制度」に改定
12 月	○		専業営業職員育成に業界共通教育制度
	○		アリコジャパンが認可取得、外国生保の円建保険販売認可は戦後初
1974(昭 49)年 10 月	○		アメリカンファミリー生命保険会社がガン保険の認可取得
1975(昭 50)年 1 月		○	日動火災海上保険等、損害保険 14 社が積立ファミリー交通傷害保険を先行販売
6 月	○	○	保険審議会が「今後の保険事業のあり方について」を答申

年　月	生	損	事　項
8 月	○		沖縄返還に伴い、琉球生命保険の契約を日本生命保険に包括移転
9 月	○	○	大蔵省が「保険会社とその関連会社の関係について」通達を示達
12 月	○		西武オールステート生命保険設立
1976(昭 51)年 1 月		○	自動車保険 PAP 発売、対人示談代行制度導入、日弁連との交渉
	○		「生命保険文化センター」設立
10 月		○	学生就職ランキングで東京海上火災保険がトップに
		○	酒田大火による損保の保険金支払い 45 億円は、この時点で戦後最大
-	○		「生命保険の募集体制に関する整備改善三ヶ年計画」(募体三計画)スタート
1977(昭 52)年 -		○	AIU が日本での営業免許取得、1978 年 1 月 AIU 保険会社発足
1978(昭 53)年 6 月		○	宮城県沖地震、損保支払いは 2 億円に対し、全共連は 28 億円、批判受け制度見直しへ
9 月		○	損保会館完成
1979(昭 54)年 3 月		○	損害保険大手 4 社に積立ファミリー交通傷害保険を認可。積ファ戦争
8 月	○		ソニー・プルデンシャル生命保険設立
1980(昭 55)年 10 月		○	「新ノンマリン代理店制度」スタート
-		○	全労済自動車共済、損保の 4 割の値段で参入
1981(昭 56)年 6 月		○	火災保険大改定(1981 年、風水災保険金支払いが大幅増)
8 月		○	保険審議会が「今後の損害保険業界のあり方について」答申
1982(昭 57)年 1 月		○	AIU 社とアメリカンホーム社が通販認可取得
2 月	○	○	ホテルニュージャパン火災(生保の保険金支払い 2 億 3315 万円)
	○	○	羽田沖日航機墜落事故(生保の保険支払い 8 億 3378 万円)
7 月	○	○	西日本集中豪雨による水害で保険金支払いが損保 311 億円、生保 19 億円
10 月		○	SAP 発売、対物示談代行制度、再び日弁連との交渉
-		○	アメリカンホーム社が傷害保険の通信販売を開始
1983(昭 58)年 7 月		○	パッケージ型保険の発売開始
11 月		○	信販業界が損保代理業に進出
1984(昭 59)年 1 月	○		三池有明鉱火災、生保の保険金支払い 14 億 4594 万円
7 月		○	自動車保険リザルト悪化で「等級別料率制度」導入
-		○	積ファ大量満返迎え、積立新商品開発
-	○		証券会社、生保会社との提携商品、キーワードは総合金融化
-	○	○	行政の弾力化、契約者配当水準弾力化、ファイルアンドユース
1985(昭 60)年 5 月	○		保険審議会が「新しい時代に対応するための生命保険事業のあり方」答申
	○		南大夕張炭鉱爆発事故、生保の保険金支払い 14 億 6872 万円
8 月	○		日航ジャンボ機の御巣鷹山墜落事故、520 人死亡、生保の保険金支払い 111 億 4074 万円
9 月		○	東京海上火災保険が積立型基本特約を認可取得
-	○	○	行政、財産利用方法書の弾力化で運用の多様化
-		○	米国ＰＬ危機問題
1986(昭 61)年 10 月		○	東京海上火災保険が積立型追加特約を認可取得。全商品の積立型可能に
		○	損害保険ネットワークがスタート、総合オンライン化

年　　月	生	損	事　　　　項
-	○		生保で変額保険発売
1987(昭62)年 3月		○	安田火災海上保険がゴッホひまわりを購入し、話題に
5月		○	保険審議会が「新しい時代を迎えた損害保険事業のあり方」答申
11月	○		南アフリカ航空機墜落事故、生保の保険金支払い16億658万円
-	○		日産生命保険が「保険料ローン」を発売。資産倍増へ
-	○		米プルデンシャル・ファイナンスが日本法人・プルデンシャル生命保険を設立
1988(昭63)年 1月	○		生命保険18社が国債の窓販を開始
4月		○	損害保険会社が財形保険を発売
12月		○	損害保険ネットワーク「自動車事故情報交換システム」(損保VAN)がスタート
1989(平元)年 3月		○	積立性資産が損保総資産の5割に
4月	○	○	全金融機関が完全週休二日制に移行
		○	損害保険会社が国債の窓販を開始
	○	○	保険審議会が「保険事業の在り方・保険関係法規の見直し」について審議を開始し、総合部会を設置
9月	○	○	日米構造協議開始
10月		○	損害保険会社が介護費用保険を発売
1990(平2)年 4月		○	損害保険事業研究所を損害保険事業総合研究所に改組
9月		○	台風19号で損保の保険金支払い286億円、一つの台風で過去最高額
1991(平3)年 1月		○	自賠責保険改定、死亡限度額3000万円への引上げと料率引下げ
6月	○		雲仙普賢岳火砕流事故、生保の保険金支払い10億8892万円
7月		○	公取委、独禁法適用除外で料率カルテル、再保険プール俎上に
9月		○	台風19号関連で損保の保険金支払い5679億円、異常危険準備金取り崩し、44年振りに銀行借入れ
10月			バブル崩壊で金融不祥事、行動規範作成
-		○	積立型保険の大量満期金返戻到来
1992(平4)年 6月	○	○	保険審議会答申。利用者の立場・国民経済的視点・国際性の視点から、規制緩和、自由化、競争促進、事業効率化、健全性の維持、公正な事業運営の確保など。生損保相互乗入れの方向
11月		○	損害保険会社が年金払積立傷害を発売し、年金分野参入
-		○	米国ハリケーンで巨大損害、ロイズ赤字拡大、再保険キャパ問題
1993(平5)年 1月		○	釧路沖地震で地震保険の保険金支払い8億円、一部損の補償導入で過去最高額
6月			「金融制度改革関連法」が成立
7月	○		北海道南西沖地震発生。奥尻島を中心に大被害、生保の保険金支払い17億4501万円
	○	○	東京サミットで日米共同声明が発表され、日米経済包括協議の三つの優先分野に保険が取り上げられる
9月		○	台風で高額支払い、損保の保険金支払い1400億円
	○	○	日米包括経済協議で保険が最優先課題に。商品・料率の許認可の透明性、ブローカー制度導入、第三分野の段階的自由化、公取スタディ要請
12月		○	年金払積立傷害保険、発売から1年1ヶ月で100万件

年　月	生	損	事　項
-	○		予定利率引下げで保険料引上げ
-	○		非喫煙者、エイズ対応が課題に
1994（平 6）年　1 月		○	商法改正で D&O 保険発売
		○	外国保険会社が損保協会に加入
		○	ブローカー制度導入に向けて様々な動き
4 月	○	○	生損保各社が日本証券業協会に加入、国債窓販から証券業務開始
5 月		○	ロイズ 1991 年成績発表、壊滅的損失
6 月		○	「P L 法」成立
	○	○	保険審議会で法制懇談会報告提出。1992 年答申を踏まえた業法改正法案作成に
	○	○	中華航空機墜落事故、保険金支払いが損保 81 億円、生保 50 億円
10 月		○	北海道東方沖地震、地震保険の保険金支払い見込みが 12 億円、地震保険過去最高額
	○	○	日米保険協議で政府間合意。規制緩和、透明性、競争政策促進の方向
		○	公取委、自動車修理工賃算定で独禁法違反と警告
-		○	台風 26 号で損保の保険金支払い 198 億円
-	○		予定利率引下げで保険料引上げ、1993 年に続き 2 年連続
-	○		変額保険、契約者の損失が増え訴訟多発
-	○		リビングニーズ特約普及
-	○		全生保の世帯加入率 95%でピーク
1995（平 7）年　1 月	○	○	阪神淡路大震災の保険金支払い生保が 483 億円、損保が 1300 億円、地震保険の限度額引上げへ
2 月		○	火災保険料率引上げ、算定会発足以来引上げは初めて
3 月		○	政府規制緩和推進計画で独禁法適用除外の見直し、縮小整理の方向
6 月	○	○	「新保険業法」公布
7 月		○	「P L 法」施行
12 月		○	全労済が自賠責制度に参入
-		○	欧米から規制緩和促進要請、自動車直販保険会社に関心
-	○	○	住専、不良債権問題
-	○		逆ザヤ深刻、戦後初めて生命保険 7 社が経常赤字
1996（平 8）年　4 月	○	○	「新保険業法」施行
	○	○	「保険契約者保護基金」創設
		○	「保険仲立人（ブローカー）制度」導入
	○		予定利率引下げ。団体年金保険で解約増加。6 兆円の純減に
6 月		○	大蔵省が「リスク細分型自動車保険の取り扱いに関する留意事項等について」ガイドラインを提示
7 月	○	○	富国生命保険と日新火災海上保険が業務提携
10 月	○	○	子会社方式による生損保相互乗入れスタート。生損保の提携活発化
		○	自動車保険通販解禁
11 月	○	○	橋本龍太郎首相、金融ビッグバン構想「我が国金融システムの改革」を発表
	○		団体定期保険の保険金請求訴訟が社会問題化（文化シャッター事件）、団体定期 A グループ保険販売停止、総合福祉団体定期保険に切り替え

年　月	生	損	事　項
12 月	○	○	日米保険協議決着。規制緩和措置 5 項目、第三分野自由化激変緩和措置合意。翌年にリスク細分型自動車保険の先行販売、2 年後に料率自由化に
		○	公取委が機械保険連盟に排除勧告
-	○	○	東邦生命保険と三井海上火災保険が業務提携
1997 (平 9) 年　3 月		○	船舶保険連盟が解散
4 月	○		日産生命保険が業務停止命令を受け、戦後はじめての生命保険会社の破綻
		○	千代田火災海上保険がトヨタ自動車とタイアップし「GOA 傷害保険」を開発
6 月		○	保険審議会答申「保険業の在り方の見直しについて ― 金融システム改革の一環として」で算定会制度の抜本改革
9 月		○	機械保険連盟が解散
		○	アメリカンホーム保険会社がリスク細分型自動車保険を発売
10 月	○		日産生命保険が保有契約をあおば生命保険に包括移転して清算
12 月	○	○	「介護保険法」成立
		○	「仲立人協会」設立
		○	東京海上火災保険がデリバティブに本格参入
-	○		行革審規制緩和小委で構成員契約規制ルール撤廃の報告
-	○		格付機関が生保会社の格付を発表
1998 (平 10) 年　2 月	○	○	太陽生命保険が太陽火災海上保険の株式 60%程度を取得して子会社化
3 月		○	「金融持株会社法」施行
	○		三月期の決算から生命保険各社に「ソルベンシー・マージン比率」公表
	○		東邦生命保険がＧＥキャピタルと提携し、ＧＥエジソン生命保険を設立
4 月	○	○	日本版ビッグバン開始
6 月	○	○	「金融システム改革法」成立。ディスクロージャーを規定。3 年後に国際金融市場化を目指す
	○	○	金融監督庁発足。保険審議会を廃止し、金融審議会分科会に
	○		和歌山毒入りカレー事件
7 月		○	算定会料率の遵守義務廃止
		○	安田火災海上保険が台風リスクの証券化
9 月		○	セシールがインターネットで自動車保険の比較販売
		○	セコムが東洋火災海上保険の株式 34%を取得
		○	トヨタ自動車が千代田火災海上保険の出資比率を 47%程度に引上げ
10 月		○	東京海上火災保険が自動車保険で人身傷害特約を開発。ＴＡＰを発売
		○	Ｓ＆Ｐが損保会社格付け発表
	○		第一生命保険が日本興業銀行と包括提携
11 月			公取委、競争実態で調査報告
	○	○	「保険業法施行規則」改正でディスクロージャー開示基準を規定
12 月	○	○	金融再生委員会発足。生保、損保ともに「契約者保護機構」発足
-		○	各社で代理店手数料体系見直し

年　　月	生	損	事　　　　項
1999（平 11）年　1 月	○		大蔵省、ソルベンシーマージン比率に応じた早期是正措置を公布
	○		大同生命保険と太陽生命保険が全面的な業務提携
2 月	○		第百生命保険がカナダのマニュライフ・フィナンシャルと提携し、マニュライフ・センチュリー生命保険（現・マニュライフ生命保険）を設立
	○	○	明治生命保険が損保子会社・明治損害保険の一部門を生保本体に吸収し、リストラに着手
3 月	○	○	第一火災海上保険と協栄生命保険が業務提携
4 月	○	○	安田火災海上保険がＩＮＡひまわり生命保険の出資比率を 10%から 39%に引上げ
6 月	○		東邦生命保険に早期是正措置が適用、業務停止命令が発せられ、破綻
7 月	○	○	日本生命保険が同和火災海上保険の出資比率を 20%強に引上げ、同社を関連会社化
9 月		○	台風 18 号で損保の保険金支払い 2300 億円
		○	ソニー損害保険が事業免許を取得し、インターネット販売を開始
		○	東京海上火災保険がシュワブ東京海上証券を設立
	○	○	明治生命保険が日新火災海上保険の出資比率を 10%弱に引上げ
10 月		○	三井海上火災保険、日本火災海上保険、興亜火災海上保険が 3 社統合を発表
		○	安田火災海上保険がリスク細分化型自動車保険「カーオーナーズ保険ＯＮＥ」を発売
		○	安田生命保険が英ダイレクトライン社等と通販損保・安田ライフダイレクト損害保険を設立
11 月		○	住友海上火災保険が 4 社経営統合に不参加を表明
	○		平和生命保険が米エトナ・インターナショナルと業務提携
	○		第百生命保険がカナダのマニュライフ・フィナンシャルと業務提携
12 月		○	東京海上火災保険が積立自動車保険を発売
	○		安田生命保険と富国生命保険が業務提携
-		○	インターネットで比較見積りサイト盛んに
-		○	「自賠責保険制度」抜本的見直し論議進む
-	○	○	証券会社が保険販売開始、銀行窓販もスケジュール化
-		○	郵政省がバイクの自賠責保険の取扱認可取得
-	○	○	アイリックコーポレーションが来店型保険ショップ「保険クリニック」を開設
2000（平 12）年　2 月	○	○	住友生命保険が損保子会社・スミセイ損害保険の業務を縮小し、住友海上火災保険に一部移管
		○	三井海上火災保険が 3 社統合からの離脱を表明し、住友海上火災保険との経営統合を発表
		○	同和火災海上保険とニッセイ損害保険が合併を発表
		○	大東京火災海上保険と千代田火災海上保険が経営統合を発表
	○		平和生命保険が米エトナ・インターナショナルに株式公開買い付けで買収され、4 月にヘイワエトナ生命保険に改称
3 月	○		東邦生命保険が保有契約をＧＥエジソン生命保険に包括移転して清算
	○		大正生命保険がクレモント・キャピタル・ホールディング株式会社と業務提携

年　月	生	損	事　項
4 月	○	○	金融監督庁が「保険検査マニュアル」導入
5 月		○	第一火災海上保険が破綻
	○		第百生命保険が業務の一部停止命令を受けて破綻
	○	○	「保険業法」改正（相互会社の株式会社転換、相互会社の破綻処理など）
		○	ひょう害で損保の保険金支払い 300 億円
6 月	○	○	金融審答申「21 世紀を支える金融の新しい枠組みについて」を受け、金融庁で「金融トラブル連絡調整協議会」設置
	○		協栄生命保険が米プルデンシャル・ファイナンシャルと資本提携
7 月	○	○	金融監督庁が改組し、金融庁が発足
		○	損害保険各社が固有の料率に完全移行
		○	富士火災海上保険とＡＩＵ、包括的業務提携で合意
8 月	○	○	第一生命保険が安田火災海上保険と業務提携
	○		大正生命保険が業務の一部停止命令を受けて破綻
	○	○	代理代行業務が解禁
		○	東京海上火災保険があおぞら銀行に出資し、大株主へ
9 月	○	○	東京海上火災保険、日動火災海上保険、朝日生命保険が経営統合を発表
		○	東海地方集中豪雨で損保の保険金支払い 1000 億円、鳥取西部地震で 24 億円
	○		第一生命保険がアメリカンファミリー生命保険会社と業務提携
	○	○	住友生命保険と住友海上火災保険が生損保商品の相互販売を本格化
10 月	○	○	日本生命保険・同和火災海上保険が三井海上火災保険・住友海上火災保険と商品相互供給等で提携
	○		千代田生命保険が更正特例法の適用を申請して破綻。米ＡＩＧがスポンサーに
	○		協栄生命保険が更正特例法の適用を申請して破綻。プルデンシャル保険会社がスポンサーに
11 月		○	安田火災海上保険、日産火災海上保険、大成火災海上保険が経営統合を発表
12 月	○	○	金融庁が銀行窓販の方針を決定
-	○		日本団体生命保険がアクサ生命保険と経営統合し、ニチダン生命保険と改称
2001（平 13）年　1 月	○	○	金融再生委員会廃止
	○	○	第三分野自由化の激変緩和措置解除、子会社方式相互参入解禁
	○		第百生命保険が保有契約をマニュライフ・センチュリー生命保険に包括移転して清算
2 月		○	「自賠法」改正、政府再保険廃止へ
	○		大和生命保険があざみ生命保険を設立。翌 3 月に大正生命保険の契約を包括移転
	○		明治生命保険が日本火災海上保険と窓販関連で業務提携
3 月	○		東京生命保険が更生手続きを申請して破綻
4 月		○	日本火災海上保険と興亜火災海上保険が合併して日本興亜損害保険
		○	大東京火災海上保険と千代田火災海上保険合併し、あいおい損害保険となる
		○	同和火災海上保険と日本生命保険損害保険が合併し、ニッセイ同和損害保険となる

年　月	生	損	事　項
4月	○	○	「金融商品販売法」「消費者契約法」施行
	○	○	銀行窓販「第一次解禁」。住宅ローン長期火災、債務返済支援保険、信用生命保険、海外旅行傷害
	○	○	「消費者契約法」「金融商品販売法」施行
		○	「ノンマリン代理店制度」廃止で各社独自制度スタート
	○		千代田生命保険がＡＩＧスター生命保険に組織変更して営業を再開
	○		協栄生命保険がジブラルタ生命保険に組織変更して営業を再開
	○		第百生命保険がマニュライフ・センチュリー生命保険に包括移転して清算
	○	○	日本生命保険、ニッセイ同和損害保険、三井海上火災保険・住友海上火災保険が乗合代理店システムの構築・運営する共同出資会社を設立
7月	○	○	第三分野本体相互参入解禁
	○		三井生命保険が三井住友銀行など三井グループから 350 億円の基金を調達
	○		三井住友銀行副頭取が三井生命保険会長に就任し、再建を主導
9月		○	9.11 米国同時多発テロ事件。再保険で 1300 億円の支払い。あいおい損害保険、日産火災海上保険、大成火災海上保険に打撃
	○		太陽生命保険、大同生命保険が東京生命保険を買収し、Ｔ＆Ｄフィナンシャル生命保険と改称
		○	三井住友海上火災保険がシティグループと変額年金用の生命保険会社子会社・三井住友海上シティインシュアランス生命保険を設立
10月	○	○	確定拠出年金スタート、日本版 401k
		○	三井海上火災保険と住友海上火災保険が合併し、三井住友海上火災保険となる
		○	三井生命保険が三井ライフ損害保険を三井住友海上火災保険に譲渡すると発表
11月		○	大成火災海上保険が 9.11 米国同時多発テロ事件の再保険取引で破綻
	○	○	朝日生命保険が東京海上あんしん生命保険に営業網譲渡の前倒しを打診
-	○		エトナヘイワ生命保険がマスミューチュアル・フィナンシャル・グループの傘下に入り、マスミューチュアル生命保険と改称
2002(平 14)年　1月	○		明治生命保険と安田生命保険が相互会社同士での合併を発表
3月		○	共栄火災海上保険が株式会社転換とミレアホールディングスへの合流を発表
		○	富士火災海上保険はオリックス、米ＡＩＧにそれぞれ 22%の出資を仰ぐ
		○	安田火災海上保険と日本興亜損害保険が新代理店システムの共同開発を発表
4月	○		大同生命保険が株式会社化
		○	「改正自賠法」施行
	○		あざみ生命保険株式会社と大和生命保険相互会社が合併し、大和生命保険株式会社となる
		○	安田火災海上保険が第一ライフ損害保険を吸収合併
		○	東京海上火災保険と日動火災海上保険が共同出資で金融持株会社・ミレアホールディングスを設立

年　月	生	損	事　項
4 月		○	ウインタートウル・スイス保険が日本市場から撤退。10 月に保有契約をあいおい損害保険に包括移転
	○	○	日本興亜損害保険が太陽生命保険と業務提携し、太陽火災海上保険を吸収合併
6 月		○	東京海上火災保険が「超保険」を発売
	○		朝日生命保険が古河グループから 110 億円の基金を調達
7 月		○	損害保険料率算定会と自動車保険料率算定会は合併し、損害保険料率算出機構となる
		○	安田火災海上保険と日産火災海上保険が合併し、損害保険ジャパンとなる
8 月		○	共栄火災海上保険がミレアホールディングスとの経営統合見送りを発表
10 月	○	○	銀行窓販「第二次解禁」。個人年金（定額・変額）、財形保険、年金払積立傷害保険、財形傷害保険追加
12 月		○	大成火災海上保険が損害保険ジャパンに契約移転して清算
-			ライフプラザホールディングス「住まいと保険のライフプラザ」（現「保険の窓口グループ」）を開設
2003（平 15）年　1 月	○	○	朝日生命保険がミレアホールディングスへの統合見送りを発表
3 月		○	日新火災海上保険が東京海上火災保険と業務提携
4 月	○		簡易生命保険が日本郵政公社の管轄へ
		○	共栄火災海上保険が相互会社から株式会社に転換し、ＪＡ共済連の子会社に
8 月		○	損害保険 6 社が自賠責保険の共同システム「e-JIBAI」の開発を発表
-	○		太陽生命保険が株式会社に転換
-		○	代理店手数料の自由化
2004（平 16）年　1 月	○		明治生命保険と安田生命保険が合併し、明治安田生命保険となる
	○	○	金融審議会が銀行窓販「全面解禁」に向けて審議開始
4 月	○		三井生命保険が株式会社に転換
6 月			「消費者基本法」施行
10 月		○	東京海上火災保険と日動火災海上保険が合併し、東京海上日動火災保険となる
		○	日本興亜損害保険が明治安田生命保険から安田ライフダイレクトを買収、そんぽ２４損害保険として自動車通販を開始
	○	○	富国生命保険がセコム損害保険と代理代行業務を締結し、同社のガン保険を販売
12 月			金融分科会第二部会、「根拠法のない共済への対応について」公表
-	○		金融持株会社Ｔ＆Ｄホールディングスが設立され、太陽生命保険、大同生命保険がその子会社に
-	○	○	アドバンスクリエイト社が「保険市場」を開設
2005（平 17）年　2 月	○	○	明治安田生命保険と富士火災海上保険で保険金不払いが発覚
		○	東京海上火災保険が日新火災海上保険の株式 30%強を取得し子会社化
3 月	○		明治安田生命保険に保険金不払いで業務停止命令
4 月	○	○	「個人情報保護法」全面施行（従来の職域販売手法に大きな制約）
	○	○	「改正保険業法」成立。根拠法のない共済への規制整備。
9 月		○	損保 16 社で自動車保険特約 16 万件の保険金不払いを公表

年　　月	生	損	事　　　項
10 月	○		生保各社で保険金不払い公表
11 月	○	○	明治安田生命保険に 2 度目の業務停止命令、損保 26 社に業務改善命令
12 月	○	○	銀行窓販「第三次解禁」。一時払終身保険、一時払養老保険、短満期平準払養老保険、貯蓄性生存保険、積立火災保険、個人向け損害保険（自動車保険・自賠責保険・傷害保険以外）
-	○		プルデンシャル生命保険があおば生命保険（旧 日産生命保険）を吸収合併
-	○		アクサ生命保険がニチダン生命保険を吸収合併
2006（平 18）年　4 月	○	○	少額短期保険業の規定を設けた「改正保険業法」施行
5 月		○	損害保険ジャパンに保険金不払いその他不正行為で業務停止命令
6 月		○	三井住友海上火災保険に保険金不払い等で業務停止命令
	○		第一生命保険で配当金不払いが発覚
			「全国少額短期保険業協会」「日本少額短期保険協会」が統合し、「日本少額短期保険協会」
7 月	○		日本生命保険に保険金不払いで業務改善命令
9 月		○	日新火災海上保険がミレアホールディングスの完全子会社に
10 月			少額短期保険業者第 1 号として日本震災パートナーズ登録
		○	損保 26 社で保険金不払い再調査の結果、新たに 13 万件 102 億円
11 月		○	損保 26 社に保険金不払い調査やり直し命令
	○	○	富国生命保険が共栄火災海上保険と業務提携
-	○		消費者金融業者が債務者を被保険者とする消費者信用団体生命保険を債務者に無断で契約していたことが社会問題化、12 月には貸金業法改正で制限規定
2007（平 19）年　1 月	○		大手生保で医療特約などの保険金不払いを発表
2 月	○		生保 36 社に保険金不払い調査の命令
3 月		○	損保 10 社に第三分野商品の保険金不払いで業務改善命令、内 6 社は業務停止命令
7 月		○	損保 26 社の自動車保険の保険金不払い調査結果 49 万件 380 億円に
9 月	○	○	「金融商品取引法」施行
10 月	○		かんぽ生命保険誕生
	○		第一フロンティア生命が営業開始。金融機関窓販事業に特化
12 月	○	○	銀行窓販「全面解禁」
	○		生保 38 社の保険金不払い調査出揃い、120 万件 910 億円に
-			米国サブプライムローン問題
2008（平 20）年　2 月	○	○	富国生命保険が共栄火災海上保険の生保子会社を買収し、フコクしんらい生命保険と改称
3 月	○		銀行窓販「全面解禁」の結果、変額個人年金契約件数 59 万件と平成 14 年度の 16 万件から大きく進展
	○		かんぽ生命保険、民営化後初の決算、事業開始半年で個人保険新契約 59 万件
4 月	○		ＳＢＩアクサ生命保険（現・アクサダイレクト生命保険）設立
		○	三井住友海上火災保険が金融持株会社・三井住友海上ホールディングスを設立
	○		アリアンツ生命保険が営業開始し、変額年金販売

年　　月	生	損	事　　　　項
5 月		○	東京海上日動火災保険が「抜本改革」新代理店システムを本格稼働
	○		ライフネット生命保険が営業を開始。インターネット販売主体に
6 月	○	○	商法の「保険」部分を独立した「保険法」公布
7 月	○		生保主要 10 社に保険金不払いで業務改善命令
		○	東京海上日動火災保険が米フィラデルフィアを 4700 億円で買収
8 月	○		ＡＩＧエジソン生命保険とＡＩＧスター生命保険が合併契約書を締結
	○	○	第一生命保険と損害保険ジャパンが子会社への相互出資で提携強化
9 月			米国、リーマンブラザーズ破たん、「リーマンショック」による世界的金融危機が発生
	○	○	住友生命保険と三井住友海上火災保険が関係強化で合意
10 月	○		大和生命保険が会社更生法を申請して破綻
	○		米ＡＩＧ経営危機。アリコジャパン、ＡＩＧスター生命保険、ＡＩＧエジソン生命保険の 3 社売却を表明。
12 月	○	○	金融審金融分科会合同報告で「金融ＡＤＲのあり方について」が示される
		○	米 AIG が富士火災海上保険を買収
2009（平 21）年　1 月		○	三井住友海上火災保険、あいおい損害保険、ニッセイ同和損害保険の 3 社が経営統合を発表
		○	「産科医療補償責任保険制度」スタート
3 月		○	損害保険ジャパンと日本興亜損害保険が経営統合に合意
6 月			「金融ＡＤＲ制度」導入する「金商法」改正が公布
	○		大和生命保険がプルデンシャルジブラルタフィナンシャル生命保険（略称・ＰＧＦ生命保険）として業務再開
			金融庁がＦＳＡ報告書やＧ 20 行動計画踏まえ、ＥＲＭで監督指針改正
	○		第一生命保険の社員総代会で相互会社から株式会社化へ決議
		○	東京海上ホールディングスとＮＴＴファイナンスが合弁でイーデザイン損害保険を設立。自動車通販で営業開始
7 月		○	ＡＩＵ等米ＡＩＧの損保部門、「チャーティス」ブランドで再編
10 月	○		住友生命保険と三井生命保険が合弁でメディケア生命保険を設立
	○		住友生命保険が来店型保険ショップ「ほけん百花」を展開
12 月	○		ソニーライフ・エイゴン生命保険（個人年金専業）が営業開始
2010（平 22）年　1 月		○	火災保険料改定。構造区分抜本的に見直し
2 月	○	○	金融庁が生損保 85 社で保険会社ドック実施。収益力強化課題に
4 月	○	○	「保険法」施行
	○		第一生命保険が株式会社に転換
		○	持株会社・ＭＳ＆ＡＤインシュアランスグループホールディングス下で三井住友海上火災保険、あいおい損害保険、ニッセイ同和損害保険が経営統合
		○	日本興亜損害保険と損害保険ジャパンが持株会社・ＮＫＳＪホールディングスを設立
	○		メディケア生命保険が開業。来店型店舗、通販に商品
			施行規則改正、ＳＭ比率見直しへ
10 月	○	○	「金融ＡＤＲ制度」スタート。生保協会、損保協会等 5 団体が指定紛争解決機関に

年　月	生	損	事　項
		○	あいおい損害保険とニッセイ同和損害保険が合併し、あいおいニッセイ同和損害保険となる
			米国通商代表部と外務省が保険協議。郵政改革と共済規制注視と
		○	米ＡＩＧがメットライフへのアリコジャパン売却を完了
	○		ＭＳ＆ＡＤホールディングスが米メットライフのアリコ買収で三井住友メットライフ生命保険を完全子会社化
12月	○		第一生命保険がオーストラリアのタワー・オーストラリア・グループ（現・ＴＡＬ社）を1000億円で買収し、完全子会社化
2011(平23)年　1月		○	セゾン自動車火災保険が通販型自動車保険の販売を開始
3月	○	○	東日本大震災発生、大津波で壊滅的被害。福島原発事故で放射性物質汚染保険金支払いは損保が家計地震保険で１兆2000億円、企業保険で6000億円。生保は1500億円、ＪＡ共済は建物8300億円、生命300億円
4月	○		アリコジャパンが米メットライフに買収され、メットライフアリコ生命保険（現 メットライフ生命保険）に改称
8月		○	ＡＩＵ保険会社が富士火災海上保険を100%子会社化
10月		○	タイ大洪水で日本企業に甚大被害、日本損保の保険金支払い9000億円に
2012(平24)年　1月	○		ジブラルタ生命保険がＡＩＧエジソン生命保険、ＡＩＧスター生命を吸収合併
3月		○	アイペット、少額短期から初の損保会社事業免許取得
4月	○		メットライフアリコ生命が営業開始
		○	損保料率機構、自動車保険参考純率のノンフリート等級制度改定
6月	○	○	金融審議会、「保険商品・サービスの提供等の在り方」WG論議スタート
7月	○	○	外国保険会社の買収に係る子会社の業務範囲規制見直し等で法令改正
8月	○	○	金融庁、先進医療治療費給付の補償内容表示で監督指針改正
-		○	東京海上日動火災保険が米国デルファイ社をおよそ2000億円で買収
2013(平25)年　4月		○	損保各社で自動車保険料改定実施
	○	○	ＡＩＧジャパンホールディングス発足
	○		かんぽ生命、学資保険発売
5月		○	ＪＡ共済連と東京海上日動が包括的業務提携で協議開始
6月	○	○	金融審「保険商品・サービスの提供等の在り方WG」報告書公表。募集規制の抜本的再編成提言
9月	○	○	金融庁、ＥＲＭヒヤリングの結果と金融モニタリング基本方針公表
10月		○	損保各社、後遺障害保険金を政府労災に準拠
12月		○	損害保険ジャパンが英キャノピアスを992億円で買収
2014(平26)年　3月	○	○	金融庁、保険代理店の使用人要件の明確化で監督指針改正
4月		○	アメリカンホーム、ＡＩＧジャパンＨＤの子会社として日本法人化
5月	○		日本生命保険がタイのセクイスライフに440億円を出資
	○	○	「保険業法」改正、保険募集の基本的ルール創設
6月	○		第一生命保険が米プロテクティブ生命保険を5750億円で買収し、完全子会社化
	○		来店型保険ショップの最大手「ほけんの窓口」を運営するニュートン・フィナンシャル・コンサルティングが株式を上場

年　　月	生	損	事　　　項
6 月	○	○	金融庁が主要保険会社にＯＲＳＡ（リスク＆ソルベンシーマージン自己評価）レポート作成を要請、結果公表へ
		○	損保協会認定の損保トータルプランナー誕生
7 月	○		かんぽ生命保険がＡＦＬＡＣのがん保険受託販売へ
8 月	○		第一生命保険が損保ジャパンＤＩＹ生命保険を買収。翌 9 月にネオファースト生命保険と改称
	○	○	「保険仲立人」規制緩和で政令改正
9 月		○	損害保険ジャパンと日本興亜損害保険が合併し、損害保険ジャパン日本興亜となる
10 月	○		東京海上日動あんしん生命保険が東京海上日動フィナンシャル生命保険を吸収合併
	○		アクサジャパンＨＤ、アクサ生命保険と合併
2015（平 27）年　5 月	○		日本生命保険が来店型保険ショップ「ライフサロン」を買収
	○	○	金融庁が保険業法改正による監督指針改正のパブリックコメント集約結果を公表
6 月		○	東京海上日動火災保険が米ＨＣＣインシュアランス・ホールディングスを 9400 億円で買収
7 月	○		明治安田生命保険が米スタンコープ・フィナンシャル・グループを 6200 億円で買収、完全子会社化
8 月	○		住友生命保険は米国シメトラ・フィナンシャルを 5000 億円前後で買収すると発表
	○		日本生命保険が三井生命保険の買収を発表
9 月		○	三井住友海上火災保険が英アムリンを 6420 億円で買収

九條　守（くじょう まもる）

＜著者略歴＞
保険評論家
大手損害保険会社にて MOF 担　（旧大蔵省担当）、商品開発、資産運用、銀行窓販、新規事業、営業、営業推進等を担当。
退職後、大手保険代理店にて、社内規則の制定、業務管理体制の整備、教育部署の設立・教材作成等、総合的な保険代理店指導・教育に携わった。
＜著書＞
「損害保険代理店 スーパープロフェッショナル『保険実務の道しるべ』」（保険教育システム研究所、2015 年）

保険業界戦後 70 年史
生保と損保ー成長と激動の軌跡

著　者　九條　守
協　力　菊地浩之
発行日　2018 年 7 月 18 日

発行所　株式会社保険毎日新聞社
〒101-0032　東京都千代田区岩本町 1-4-7
TEL　03-3865-1401／FAX　03-3865-1431
URL　http://www.homai.co.jp/
発行人　真鍋幸充
カバーデザイン　塚原善亮
印刷・製本　株式会社モリモト印刷

ISBN978-4-89293-292-2